DAS BUCH

Dieser in Deutschland bislang unveröffentlichte Klassiker aus dem Jahre 1928 erzählt die Chronik der Entstehung des New Yorker Bandenwesens Mitte des 19. Jahrhunderts in New Yorks Lower East Side und führt bis zum Beginn der 20er Jahre des zwanzigsten Jahrhunderts, der Zeit der Prohibition und der Mafia. Das Buch zeigt auf, wie die verheerenden Lebensbedingungen der damaligen Zeit zur Gründung der berüchtigten – meist irischen oder italienischen – Straßenbanden führte. Diese Banden lieferten sich in der Gegend des so genannten Five Points-Viertels in Manhattan Furcht erregende Kämpfe und terrorisierten die Einwohner der Stadt in einem vorher ungekannten Maße.

Das Buch führt, unterhaltsam und spannend geschrieben, aber auch mit einem authentischen und soziologischen Hintergrund, durch die Hölle der damaligen Gewalt, der nackten Verzweiflung und unmenschlichen Lebensumstände vieler Immigranten, deren einzige Überlebenschance im wahrsten Sinne des Wortes auf der Straße lag.

Nachdem seit 20 Jahren immer wieder Gerüchte von einer Verfilmung die Runde machten, ist jetzt endlich die Klappe für eine der größten Kinoproduktionen der letzten Jahre gefallen. New York-Fachmann und Kinolegende Martin Scorsese hat Regie geführt, als Schauspieler ist mit Leonardo Di Caprio, Cameron Diaz, Daniel Day-Lewis, Liam Neeson und Brendan Gleeson die erste Liga Hollywoods an Bord.

DER AUTOR

Herbert Asbury, geboren am 1. September 1889, war ohne Zweifel der wichtigste amerikanische Kriminalhistoriker der ersten Hälfte des 20 Jahrhunderts. Bis 1950 veröffentlichte er Chroniken über die Rotlichtviertel, Verbrechenstreffpunkte und berühmt-berüchtigte Vorfälle in Chicago, San Francisco, New Orleans oder New York. In den 30er Jahren schrieb er einige Drehbücher für Kinoproduktionen. Er starb in New York City am 24. Februar 1963.

Herbert Asbury

Die GANGS von NEW YORK

Eine Geschichte der Unterwelt

Aus dem Englischen
von Anja Schünemann

WILHELM HEYNE VERLAG
MÜNCHEN

HEYNE ALLGEMEINE REIHE
Nr. 01/13292

Titel der Originalausgabe
THE GANGS OF NEW YORK

Umwelthinweis:
Dieses Buch wurde auf chlor- und
säurefreiem Papier gedruckt.

Redaktion: Gisela Klemt/lüra – Service für Verlage

Deutsche Erstausgabe 09/2001
Copyright © by Alfred A. Knopf, Inc., 1927, 1928
Copyright © der deutschsprachigen Ausgabe 2001
by Wilhelm Heyne Verlag GmbH & Co. KG, München
Printed in Germany 2001
Umschlagillustration: Stone/Hulton Getty, Minga
Umschlaggestaltung: Nele Schütz Design, München
Satz: Schaber Satz- und Datentechnik, Wels
Druck und Bindung: RMO, München

ISBN 3-453-18682-6

http://www.heyne.de

Für Orell

Inhalt

Einleitung 9

1. Die Wiege der Gangs 15

2. Die ersten Gangs an der Bowery
   und den Five Points 37

3. Die zwielichtigen Hafenviertel 65

4. Flusspiraten 83

5. Der Tod des Butcher Bill 109

6. Die Krawalle der Polizei
   und der Dead Rabbits 125

7. Die Aushebungskrawalle – Teil eins 145

8. Die Aushebungskrawalle – Teil zwei 179

9. Verruchte Zeiten 209

10. Der König der Bankräuber 241

11. Die Whyos und ihre Zeitgenossen 269

12. Ein Königreich für jede Gang 295

13. Der Fürst der Unterwelt 323

14. Die Tong-Kriege 355

15. Der letzte Krieg der alten Gangs 387

16. Das Ende einer Ära 411

Bibliografie 447

Die Five Points 1829

Einleitung

Dieses Buch soll keine soziologische Abhandlung sein und ist nicht als Versuch zu verstehen, Lösungen für die gesellschaftlichen, wirtschaftlichen und kriminologischen Probleme aufzuzeigen, die die Bandenkriminalität aufwirft. Es zielt auch nicht darauf ab, das Wesen des Gangsters psychologisch zu analysieren und zu interpretieren, Einblicke in die verborgensten Winkel seiner Persönlichkeit zu gewähren und die Funktionsweise seines beschränkten Geistes zu demonstrieren. Es ist vielmehr der Versuch, eine Geschichte der besonders spektakulären Machenschaften jener kriminellen Spezies zu schreiben, die fast ein Jahrhundert lang in New York ihr Unwesen trieb. Die Hintergründe, vor denen sie sich entwickeln konnte – Armut, Sittenlosigkeit und politische Korruption –, sollen dabei einbezogen werden, soweit das zum Verständnis nötig ist. Glücklicherweise verschwand diese Form der Bandenkriminalität im frühen 20. Jahrhundert aus dem Stadtbild der Metropole. In der regen Fantasie eifriger Journalisten erwies sich die Gestalt des Gangsters jedoch als zählebiger als die sprichwörtliche Katze. Seine Umtriebe lieferten den besten Stoff für Sensationsgeschichten, und hoffnungsvolle Reporter wurden nicht müde, ihn bei jedem ungeklärten Mord in den Elendsvierteln oder unter den gleißenden Lichtern des Broadway erneut heraufzubeschwören. Ein Verbrechen mochte noch so eindeutig aus Schmuggel, Drogenhandel oder anderen Zusammenhängen heraus motiviert sein – es wurde dennoch zum jüngsten Bandenmord stilisiert. Abgedroschene Phrasen wurden immer wieder aus der Mottenkiste gekramt, um am nächsten Morgen der sensationslüsternen Öffentlichkeit zu verkünden, die unheilvollen Vorzeichen eines neuen Bandenkrieges zögen am Horizont auf.

Der prophezeite Krieg brach jedoch nie aus, denn mit der Zerschlagung der Gangs des 19. Jahrhunderts war in New York eine Ära zu Ende gegangen, die ihre Entstehung der Protektion und dem Einfluss gewissenloser Politiker zu verdanken hatte. Ganoven leisteten bei Wahlen viele Jahre lang unschätzbare Dienste. Unter den veränderten Bedingungen im 20. Jahrhundert war jener Gangstertyp jedoch nicht mehr zeitgemäß. Der höhere soziale und wirtschaftliche Lebensstandard und der Ausbau des Bildungswesens führten dazu, dass es bald an Nachwuchs fehlte, und die bestehenden Gangs wichen den Schlagstöcken der Polizei, die immer bereit war, rigoros gegen die Unterwelt vorzugehen, sofern die verantwortlichen Politiker es zuließen. Inspektor Alexander S. Williams' Kampfansage an die Gangs wurde zum geflügelten Wort: »Im Schlagstock eines Polizisten steckt mehr Recht als in einem Beschluss des Obersten Gerichts.« Mit der Umsetzung dieser programmatischen Erklärung begann der Niedergang der Gangs. Hinzu kam, dass die Moral Einzug in die Politik hielt und die aufgebrachte Bevölkerung das enorme Ausmaß an Gewalt nicht mehr länger hinnehmen wollte. Als John Purroy Mitchel 1914 mit seinem Reformkurs zum Bürgermeister gewählt wurde, war der Untergang der Gangs bereits besiegelt. Douglas I. McKay und Arthur Woods, die während Mitchels Amtszeit Polizeichefs waren, gaben ihnen den Rest, indem sie rund 300 Gangster – darunter zahlreiche gefeierte Größen der Unterwelt – hinter Schloss und Riegel brachten.

Zwar versuchten kleinere Banden immer wieder, an die Tradition der großen alten Gangs anzuknüpfen. Sie nannten sich Gophers, Hudson Dusters oder Gas Housers, waren jedoch ebenso wenig Gangs, wie ein bewaffneter Haufen eine Armee ist. Sie kamen aus dem Stadium jugendlicher Randalierer, die sich mit fremden Federn schmückten, nicht hinaus. In den späten 1920er Jahren traten außerdem mehrere Vereinigungen junger Krimineller wie die Cry Babies, die Cake Eaters und die Banden unter Cowboy Tessler und Richard Reese Whittemore in Erscheinung, die in den Medien ebenfalls als Gangs bezeichnet wurden. Aber während die eigentlichen Gangs manchmal bis zu tausend Mitglieder zählten, brachten es diese Banden auf höchstens ein halbes Dutzend Mann, und keine von ihnen konnte sich länger als ein paar Monate halten. Dann wurden sie von der Polizei zerschlagen, und die Anführer endeten im Gefängnis oder auf dem elektrischen Stuhl. Mit großen Räuber- und Randalierergangs wie den Dead Rabbits, Bowery Boys, Eastmans, Gophers und Five Pointers hatten sie nichts gemeinsam. Sie waren eher mit den professionellen Einbrecher- und Bankräuberbanden vergleichbar, die in den ersten Jahren nach dem Bürgerkrieg in der Metropole ihr Unwesen trieben. Derartige Gruppen hießen in der Unterwelt nicht Gangs, sondern Mobs. Ein Mob besteht aus nur wenigen Männern– selten mehr als sechs oder acht –, die sich zu einem klar definierten Zweck wie zum Beispiel einer Einbruchserie zusammenschließen und für die weder persönliche Verbundenheit untereinander noch Loyalität gegenüber ihrem Anführer eine Bedeutung haben. Sie töten und rauben zwar, aber sie tun es nicht um der ›Ehre‹ oder ›Gerechtigkeit‹ willen und machen sich auch nicht mit offenen Kämpfen und Straßenschlachten die Finger schmutzig. Ihren Machenschaften fehlt das Spektakuläre der großen Taten aus alten Zeiten und der Glanz der mythischen Verklärung. Dennoch sind die Mobs trotz ihrer weitaus geringeren Zahl womöglich noch gefährlicher als die zweifelhaften Gestalten, die einst die Bowery, Hell's Kitchen und das alte Five Points-Viertel in Angst und Schrecken versetzten, denn viele ihrer Mitglieder sind drogenabhängig, äußerst reizbar und haben den Finger nur allzu schnell am Abzug.

Der Urtyp des Gangsters, dessen Ära mit Kid Droppers Ermordung endete, war im Wesentlichen das Produkt seiner Umwelt: Armut, chaotische Familienverhältnisse und gesellschaftliche Unsicherheit brachten ihn hervor, und die politische Korruption mit all ihren üblen Begleiterscheinungen gab ihm Auftrieb. Er begann seine Karriere meist als Mitglied einer Jugendbande und wuchs ohne richtige Erziehung und Fürsorge mit der Zeit ganz von selbst in die Reihen der älteren Gangster hinein. So wurde er erwachsen, ohne die geringste Vorstellung von Gut und Böse zu entwickeln. Er hegte einen tiefen Abscheu gegen ehrliche Arbeit und eine glühende Verehrung für Leute, die es im Handumdrehen zu etwas brachten. Hauptsächlich ging es ihm jedoch um den Nervenkitzel, der ihn sein elendes Leben vergessen ließ, und um Sex und Gewalt – die einzigen Ventile für seinen rebellischen Geist, die er kannte. Mancher Junge wurde nur zum Gangster, weil er von dem Wunsch besessen war, irgendeinem sagenumwobenen Helden der Unterwelt nachzueifern, oder weil er sich nach Ruhm und Ehre sehnte und dieses Verlangen nur befriedigen konnte, indem er sich als harter Kerl und abgebrühter Ganove einen Namen machte.

Die grundlegende Maxime eines Gangsters – wie übrigens auch die jedes anderen Verbrechers – lautet: Eigentum ist das, was man verteidigen kann, und einem anderen etwas wegzunehmen ist kein Unrecht, sondern lediglich ein Beweis der eigenen Gerissenheit. Die meisten der früheren Gangster waren anscheinend besonders mutig, aber ihre Unerschrockenheit bestand im Grunde lediglich darin, dass sie sich stur, ignorant und geistlos jedem Schicksal stellten. In diesem Zusammenhang ist bemerkenswert, dass Gangster in der Regel ausgezeichnete Soldaten wurden: Sie verfügten selten über genügend Vorstellungskraft, um sich das Leid auszumalen, das ihnen selbst oder ihren Opfern durch Geschosse oder Messerstiche zugefügt werden könnte. In einer der Taten des berühmten Monk Eastman kommt diese Grausamkeit des Gangsters und seine Gleichgültigkeit gegenüber Blut und Schmerz besonders deutlich zum Ausdruck: Eastman, der damals am Anfang seiner Karriere stand, arbeitete als Rausschmeißer in einem Tanzlokal an der East Side, wo er mit einem riesigen Knüppel in der Hand über den Hausfrieden wachte. In diese Waffe schnitzte er gewissenhaft für jeden randalierenden Gast, den er damit ruhig gestellt hatte, eine Kerbe. Eines Abends ging er unvermittelt auf einen harmlosen, alten Mann, der gerade ein Bier trank, zu und schlug ihm mit einem gewaltigen Hieb den Schädel ein. Als man Eastman fragte, warum er den Mann ohne jeglichen Anlass angegriffen habe, antwortete er: »Na, ich hatt' eben grad' 49 Kerben in mei'm Knüppel, un' da wollt' ich die 50 voll machen.«

Selbstverständlich gab es auch Ausnahmen: Einige wenige Gangsterbosse stammten aus angesehenen Familien und waren ebenso intelligent wie tüchtig; manche kehrten auch nach kurzer Zeit der kriminellen Laufbahn den Rücken und führten ein rechtschaffenes Leben. In der Regel jedoch war der Gangster ein stupider Raufbold, der in Schmutz und Elend geboren und inmitten von Laster und Korruption aufgewachsen war. Er folgte seiner natürlichen Bestimmung.

New York, 5. Januar 1928   H. A.

Kapitel 1

Die Wiege der Gangs

1

Die Keimzelle einer Reihe von Gangs, die in New York beinahe ein Jahrhundert lang nahezu ununterbrochen ihr Unwesen trieben, lag in den düsteren Mietskasernen des berüchtigten Elendsviertels Five Points im ›Bloody Ould Sixth Ward‹, dem sechsten Bezirk, der etwa die Fläche zwischen dem Broadway, der Canal Street, der Bowery und der Park Row, die früher Chatham Street hieß, umfasste. Im Gebiet der damaligen Five Points stehen heute einige der größten Justizgebäude der Stadt. In der Kolonialzeit dagegen, als der Friedhof der Schwarzen an der Kreuzung von Broadway und Chambers Street noch in einem Außenbezirk lag und das heutige Theaterviertel am Times Square nichts als wildes Indianerland war, gab es dort vor allem Sümpfe. In diesem Sumpfland lag ein großer Süßwassersee, den die Engländer Fresh Water Pond, die Holländer Shellpoint oder Kalchhook nannten. Später bekam der See den Namen Collect, unter dem er auch in alten Plänen verzeichnet ist. Er bedeckte etwa die Fläche zwischen den heutigen Straßen White, Leonard, Lafayette und Mulberry Street, wo später das berüchtigte Gefängnis Tombs und verschiedene Gerichtsgebäude entstanden. Das Stadtgefängnis, das 1838 erbaut wurde, hieß eigentlich Halls of Justice, war aber allgemein als Tombs – ›Gräber‹ – bekannt, denn seine Architektur erinnerte an altägyptische Grabmäler. John L. Stevens aus Hoboken hatte diese in *Stevens' Travels* dargestellt, einem Buch, in dem er über seine Erfahrungen während einer ausgedehnten Reise durch das Land der Pharaonen berichtete.

In der Mitte des Sees lag eine kleine Insel, die häufig für Hinrichtungen und andere Urteilsvollstreckungen genutzt wurde. Zwanzig Schwarze wurden dort gehängt, auf dem Scheiterhaufen verbrannt oder gerädert, nachdem sie sich während des Sklavenaufstands von 1741 gegen ihre ›rechtmäßigen Herren‹ erhoben und versucht hatten, die Stadt zu plündern und niederzubrennen.[1] Später diente die Insel als Pulverdepot, was ihr den Namen Magazine Island eintrug. Der Hauptabfluss des Sees befand sich am nördlichen Ufer, ungefähr dort, wo sich heute White und Center Street kreuzen. Das Wasser floss in nordwestlicher Richtung entlang dem heutigen Verlauf der Canal Street durch Lispenard's Meadows zum Hudson River. Viele Jahre vor der Revolution, als die Palisadenzäune noch standen, die zum Schutz vor Indianern nördlich des heutigen Standorts der City Hall quer über den Südzipfel Manhattans errichtet worden waren, wurde an der Stelle, wo der Broadway die Canal Street kreuzt, eine kleine Steinbrücke über den Fluss gebaut. Sie diente den Expeditionstrupps bei ihren wagemutigen Vorstößen zu den kleinen Siedlungen in Harlem und im oberen Teil der Insel. Auf dem Collect erprobte auch John Fitch – elf Jahre vor der legendären Jungfernfahrt von Robert Fultons Raddampfer Clermont auf dem Hudson – sein neuartiges Dampfschiff. Es handelte sich um eine gewöhnliche Jolle, knapp fünfeinhalb Meter lang und etwas mehr als zwei Meter breit, die mit einer

---

[1] Ausführliche Berichte über diesen Aufstand, ähnliche Unruhen im Jahre 1712 und die Ärztekrawalle von 1788 finden sich in Joel Tyler Headleys Buch *The Great Riots of New York, 1712 to 1873*. Die Ärztekrawalle entzündeten sich daran, dass Medizinstudenten immer wieder Leichen aus frischen Gräbern raubten. Der größte Teil der Ärzte floh damals aus der Stadt, die Miliz stand tagelang unter Waffen, und Baron Steuben sowie John Jay wurden bei dem Versuch, den Mob zu zerstreuen, verwundet. Dies geschah jedoch vor der Zeit der Gangs, und die Unterwelt spielte bei den Krawallen keine Rolle.

primitiven Dampfmaschine ausgerüstet war. Fitchs Passagiere waren Robert Fulton persönlich, der Staatsmann und Diplomat Robert R. Livingston und ein 16-jähriger Junge namens John Hutchings, der am Heck stand und das Boot mit einem Ruder steuerte.

Der Collect war reich an Fischen und wurde, als die Indianer aus ihren Jagdgründen nach Norden aufs Festland verdrängt wurden, so beliebt, dass Schutzmaßnahmen gegen Überfischung getroffen werden mussten. Im Jahre 1732 wurde der Gebrauch von Netzen per Gesetz verboten. Im selben Jahr bekam Anthony Rutger gut 30 Hektar Sumpfland zu beiden Seiten des Hauptabflusses zugesprochen. Im Gegenzug verpflichtete er sich, das Land innerhalb eines Jahres zu entwässern und für Siedler nutzbar zu machen. Zu diesem Zweck also baute er einen Kanal, der vom See zum Hudson River führte. Es stellte sich jedoch bald heraus, dass der Wasserarm so tief war, dass er den Wasserstand des Collect erheblich senkte und ein Fischsterben verursachte. Angesichts der Proteste der Fischer blieb Rutger nichts anderes übrig, als den Kanal vom See aus auf knapp zehn Metern Länge wieder zuzuschütten. Nachdem dieses Projekt gescheitert war, wurden fast 75 Jahre lang keine weiteren nennenswerten Versuche unternommen, das Gelände trockenzulegen. 1791 kaufte die Stadt Rutgers Erben für rund 700 Dollar alle Ansprüche auf das Land ab – und erhielt für diese Summe eine Fläche, die in der modernen Metropole New York ein Millionenfaches wert gewesen wäre.

Rutger hatte mit seinem Entwässerungsversuch trotz allem schon ein beträchtliches Areal nutzbar gemacht, und als die Bevölkerung der Stadt wuchs und die Besiedlung auf dem unteren Teil der Insel immer dichter wurde, begannen viele Familien der Mittel- und Unterschicht, am Rand des Sees und des Sumpflandes Häuser zu bauen. 1784 waren diese Siedlungen bereits so groß und zahlreich geworden, dass die städtischen Behörden einen

Ausschuss einrichteten, der mit der Planung des Baus von Straßen in der Gegend um den Collect beauftragt wurde. Im Jahre 1796 versuchte die Stadt vergeblich, die Anwohner zur Mitarbeit an einem Projekt heranzuziehen, bei dem das Wasser des Sees durch einen zwölf

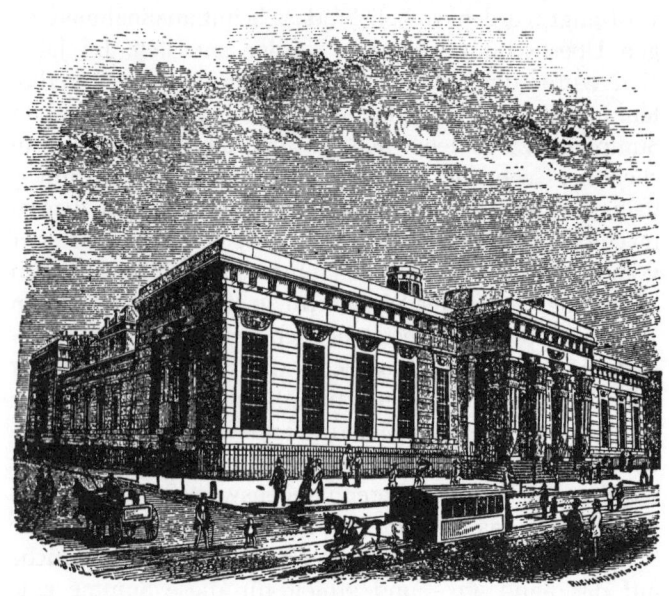

Das alte Tombs

Meter breiten Kanal abgeleitet werden sollte. 1802 sprach sich der Straßenkommissar Jacob Brown offiziell dafür aus, den Collect trockenzulegen und aufzufüllen. Er argumentierte, das Wasser sei durch große Mengen Abfall verunreinigt und stelle ein Gesundheitsrisiko dar. Aber sein Vorschlag wurde abgelehnt, und weitere sechs Jahre lang blieb alles beim Alten.

1807/1808 brachten ein außerordentlich strenger Winter einerseits und die unsichere außenpolitische Lage andererseits die Wirtschaft in New York fast völlig zum Erliegen. Die Angehörigen der Unterschicht, die ihre Arbeit verloren hatten, standen kurz vor dem Verhungern. Im Januar 1808 demonstrierte eine Menschenmenge unter der Führung von Seeleuten, deren Schiffe im Hafen festlagen, im City Hall Park. Plakate mit Forderungen nach Arbeit und Brot wurden durch die Straßen getragen. Angesichts der bedrohlichen Lage stellten die Behörden Mittel bereit, um den Collect zuzuschütten und das Sumpfland zu entwässern. So kam die erste größere Maßnahme für das Allgemeinwohl in der Geschichte der Stadt in Gang. Große Arbeitertrupps trugen die Hügel zu beiden Seiten des Broadway ab und füllten mit dem Erdreich den Teich auf, während das Wasser durch Kanäle in den Hudson und den East River abgeleitet wurde. Einige Jahre später, als sich der Boden genügend gesenkt hatte, wurden die Straßen, die am Rand des Sumpflandes angelegt worden waren, über die Fläche des ehemaligen Sees hinweg ausgebaut, und das gesamte Gebiet wurde zur Besiedlung freigegeben. Die erste Straße über den Collect war die Collect Street, die in Nord-Süd-Richtung mitten durch das aufgeschüttete Gelände führte. Später wurde sie in Rynders Street umbenannt – zu Ehren von Captain Isaiah Rynders, der das politische Oberhaupt des sechsten Bezirks und damit zugleich der oberste Boss und Schirmherr der Five-Points-Gangs war. Beinahe ein halbes Jahrhundert lang war die Straße von Bordellen und Saloons flankiert und zählte zu den verrufensten Gegenden der Stadt. Mit den ersten Versuchen, die Five Points wieder zu einer respektablen Gegend zu machen, wurden die Spelunken geschlossen, und die Straße wurde in Centre Street, später auch Center Street, umbenannt.

Das ursprüngliche Five Points-Viertel war die Gegend um einen Platz herum, in den die fünf Straßen Cross, Anthony, Little Water, Orange und Mulberry Street mündeten. In der Mitte dieses dreieckigen, knapp einen halben Hektar großen Areals lag ein kleiner Park, der Paradise Square. Er wurde später mit einem Lattenzaun umgeben, der sich mit der Zeit zur öffentlichen Wäscheleine entwickelte: Er war ständig mit allerlei Kleidungsstücken verunziert, die zum Trocknen über den Latten hingen und vor denen kleine Jungen mit Steinen und Knüppeln bewaffnet Wache hielten. Mit der Entwicklung der Stadt veränderten neue Bauprojekte die ursprüngliche Straßenführung um die Five Points. Das Erscheinungsbild des ganzen Viertels wandelte sich erheblich und mit ihm die Lebensweise seiner Bewohner. Die Anthony Street wurde zum Chatham Square hin ausgebaut, und es entstand die Worth Street. Die Orange Street wurde zur Baxter Street, und die Cross Street lebte unter dem Namen Park Street neu auf, bevor sie ebenso wie die Little Water Street aus dem Stadtbild verschwand. Aus dem Paradise Square wurde der südwestliche Zipfel des Mulberry Park, der seit 1911 Columbus Park heißt.

Der Paradise Square war praktisch der einzige Ort in der Stadt, wo die Armen nicht unerwünscht waren. Während die Aristokraten und wohlhabenden Kaufleute am Broadway und im City Hall Park promenierten oder sich in den Gärten von Cherry Hill amüsierten, strömte das gemeine Volk zur Erholung an die Five Points. So wurden der Platz und die Gegend um ihn herum zum beliebten Ausflugsziel und Vergnügungsort der Seeleute, Austernfischer, Arbeiter und schlecht bezahlten Buchhalter. Die Metzger bildeten die Aristokratie des Viertels, denn die Angehörigen dieser gehobenen Klasse waren damals die Playboys der Stadt; sie liebten den Alkohol und das Vergnügen und verlangten nach handfester Unterhaltung. Besonders beliebt war die Stierhatz, bei der man einen Stier an einen beweglichen Ring kettete und Hunde auf ihn hetzte. Die Kämpfe wurden hauptsächlich am Bunker Hill veranstaltet – einer Anhöhe etwa dreißig Meter nördlich der heutigen Grand und unweit der Mulberry Street, wo die Amerikaner während der Revolution ein Fort errichtet und es tapfer gegen die britischen Truppen unter General Howe verteidigt hatten. Nach dem Krieg wurden dort Duelle ausgetragen und Massenversammlungen abgehalten; später nutzten die Gangs von den Five Points und der Bowery den Ort als Schlachtfeld. Im frühen 19. Jahrhundert errichtete ein Metzger namens Winship vom Fly Market in der alten Befestigungsanlage einen Zaun und baute eine Arena, die 2000 Zuschauer fasste. Dort wurden vor großem Publikum Stiere zu Tode gequält, nachdem Wetten darüber abgeschlossen worden waren, wie viele Hunde die Tiere zerfleischen würden. Am südlichen Abhang befand sich die Familiengruft der Bayards, einer berühmten Familie aus der Kolonialzeit. Als der Hügel später abgetragen wurde, entfernte man die Gebeine der Toten. Anschließend belegte ein Einsiedler von den Five Points die Gruft mit Beschlag und hauste als Kinderschreck des Viertels viele Jahre darin, bis er eines Tages ermordet wurde.

In der Anfangszeit der Five Points war Tanzen das wichtigste Freizeitvergnügen, und an den Straßen um den Paradise Square entstanden Dutzende von Tanzlokalen. Sie waren die Vorläufer der späteren Nachtclubs und Cabarets, allerdings längst nicht so prächtig ausgestattet wie die Jazz-Paläste des frühen 20. Jahrhunderts. Vorhänge aus leichtem rotem Stoff zierten die Fenster, der Boden war mit Sand bedeckt, um den schweren Stiefeln besseren Halt zu bieten, und lange Bänke, die an den Wänden entlang aufgestellt waren, dienten als einzige Sitzgelegenheit. Von der Decke hingen Lampen oder Kronleuchter mit Kerzen herab, denn damals gab es noch keine andere künstliche Beleuchtung als Tran- und Talglichter. Der Eintritt war frei. Nur gelegentlich musste man an der Bar in einer Ecke des Raumes ein Glas Ale, Porter oder anderes Bier bestellen. Wenn einmal ein wandelnder Krösus eine Runde ausgab, stieg er dafür geradewegs zum Ehrenbürger der Five Points auf. Die Tanzlokale waren gewöhnlich bis drei Uhr früh geöffnet. In den ersten Jahren wurden sie durchaus anständig geführt. Zwar kam es im allgemeinen Trubel manchmal zu Schlägereien, und gelegentlich flog auch mal jemandem ein Ziegelstein an den Kopf, aber wer einen Dolch oder eine Pistole zog, wurde von der Menge sofort gepackt und in den Collect-Kanal befördert – das letzte Überbleibsel des Flusses, der einst vom See entlang der Canal Street zum Hudson geführt hatte. Harte Getränke wurden kaum konsumiert, Bier genoss das lustige Volk jedoch in ungeheuren Mengen.

Die Rollen, die später Hotdog-, Erdnuss- und Popcornverkäufer übernahmen, spielten an den Five Points damals die Kinder und die alten schwarzen Frauen, die Pfefferminz, Erdbeeren, Radieschen und dampfend heiße Jamswurzeln feilboten, vor allem jedoch die Maismädchen, die aus Zedernholzkörben, die sie am Arm trugen, heiße, geröstete Maiskolben verkauften. Sie gingen barfuß und trugen bunt getupfte Kleider mit karierten Tüchern darüber. Bei Einbruch der Dämmerung mischten sich die Maisverkäuferinnen unter das Volk auf den Straßen und in den Tanzlokalen, wo sie die ganze Nacht hindurch mit lautem Gesang ihre Ware anpriesen:

> Heißer Mais! Heißer Mais!
> Blütenweißer, heißer Mais!
> Kommt mit eurem Geld nur her –
> Ich hab keins und hab es schwer –
> Kauft mir meinen Mais doch ab,
> Dass ich was zum Leben hab.

Die Maismädchen wurden zum Gegenstand romantischer Verklärung, und die jungen Männer des Viertels warben heftig um ihre Gunst. Sie trugen Duelle um sie aus und rühmten ihre Schönheit und Gewitztheit in Liedern und Geschichten. Die hübschesten dieser Mädchen hatten beträchtliche Einnahmen, sodass es unter den arbeitsscheuen Helden von den Five Points bald in Mode kam, ihre gut aussehenden jungen Frauen nachts mit Zedernholzkörbchen voller gerösteter Maiskolben auf die Straße zu schicken. Die jungen Männer selbst folgten ihnen in einigem Abstand und vertrieben etwaige Rivalen mit gezielten Steinwürfen. Einer dieser Helden wurde der erste Todeskandidat des Tombs. Er hieß Edward Coleman, war ein Gangster der ersten Generation vom Paradise Square, und seine Braut war im ganzen Viertel als ›das schöne Maismädchen‹ bekannt. Nachdem er sich in heftigen Kämpfen gegen ein Dutzend andere Bewerber durchgesetzt hatte, heiratete er die junge Frau, brachte sie später jedoch um, weil ihre Einnahmen nicht seinen Erwartungen entsprachen. Coleman wurde am 12. Januar 1839 im gerade fertig gestellten Tombs gehängt.

3

Die Five Points waren also in den ersten zehn oder 15 Jahren ihrer Geschichte eine recht anständige und vergleichsweise friedliche Gegend. In jener Zeit genügte meist ein einziger *Leatherhead* – ›Lederkopf‹, wie die New Yorker Polizisten wegen ihres ledernen Helms auch genannt wurden –, um über Ruhe und Ordnung zu wachen. Aber dieser Zustand hielt nicht lange an. Wenig später hätte ein ganzes Regiment nicht mehr ausgereicht, um das rebellische Volk vom Paradise Square im Zaum zu halten und die Gangster und anderen Kriminellen aus ihren Diebesnestern und Schlupfwinkeln zu vertreiben. Um 1820 herum begann das Viertel zusehends zu verkommen. Viele der alten Mietskasernen waren baufällig oder sanken in den unvollständig trockengelegten Grund des ehemaligen Sumpflandes ein und wurden zum Sicherheitsrisiko für die Bewohner. Außerdem verpesteten die Ausdünstungen des morastigen Bodens die Luft in weitem Umkreis. Die angesehenen Familien zogen aus den schindelverkleideten Bruchbuden in andere Teile Manhattans. An ihre Stelle rückten hauptsächlich ehemalige Sklaven und Iren aus der Unterschicht, die New York mit der ersten großen Einwanderungswelle nach der Revolution und der Gründung der Republik förmlich überschwemmt hatten. Sie strömten in die alten Siedlungen an den Five Points und bevölkerten wahllos allen verfügbaren Wohnraum, sodass die Gegend 1840 bereits zum elendesten Slum in ganz Amerika heruntergekommen war. Zeitzeugenberichten zufolge waren die Zustände schlimmer als in den berüchtigten Londoner Vierteln Seven Dials und Whitechapel.

Der sechste Bezirk war damals knapp 35 Hektar groß, und Geschäftshäuser nahmen den größten Teil der Fläche ein. Beinahe die gesamte Bevölkerung lebte auf engstem Raum um den Paradise Square herum und in der Gegend unmittelbar nördlich und östlich der Five Points, die später als Mulberry Bend bekannt wurde. Tausende vegetierten unter furchtbaren Bedingungen in Dachkammern und feuchten Kellern dahin. Die Menschen lebten in bitterster Armut und gingen fast ausschließlich sitten- und gesetzeswidrigen Geschäften nach. Die Iren stellten die weitaus größte Bevölkerungsgruppe. Das Five Points House of Industry gab ihre Zahl zur Zeit des Bürgerkriegs mit 3435 Familien an, gefolgt von den Italienern mit 416 Familien. Es gab nur 167 Familien gebürtiger Amerikaner und 73, die erst vor kurzem aus England eingewandert waren. Mehr als 3000 Menschen hausten zusammengepfercht auf dem nur rund 600 Meter langen Abschnitt der Baxter

Street südlich der Chatham Street, wo Elendsquartiere auf einer Fläche von gut siebeneinhalb mal 30 Metern 286 Personen beherbergten. Im Gebiet der Five Points und des Paradise Square gab es 270 Saloons und ein Mehrfaches an illegalen Kneipen, Tanzlokalen, Bordellen und Gemüseläden, die hauptsächlich als Tarnung für verbotene Geschäfte mit flüssiger Ware dienten.

»Lassen Sie uns weiter gehen und nach dem Five Points ziehen«, schrieb Charles Dickens in seinen *Amerikanischen Reisebemerkungen*. »Dies ist der Platz: diese engen, nach rechts und links auseinander gehenden Gäßchen, dampfend vor Schmutz und Koth. Ein solches Leben, wie da geführt wird, trägt überall dieselben Früchte. Solche plumpe, aufgedunsene Gesichter, wie man sie hier an den Thüren erblickt, gibt es auch in England und in der ganzen Welt die Masse. Die Liederlichkeit hat selbst die Häuser vor der Zeit alt gemacht. Man sehe, wie die verfaulten Balken schlaff herabhängen, wie die verpflasterten und zerbrochenen Fenster trübe und scheel darein zu blicken scheinen, gleich Augen, die sich an trunkner Bestialität stoßen. Hier wohnen viele von den oben erwähnten Schweinen. Wundern Sie sich vielleicht, warum ihre Herren aufrecht gehen, statt sich auf allen Vieren zu bewegen, warum sie sprechen, statt zu grunzen?

Beinahe jedes Haus ist hier eine gemeine Kneipe und an den Wänden der Schenkstuben hängen Gemälde und Zeichnungen von Washington, von der Königin Victoria in England und dem amerikanischen Adler. Zwischen den Fächern, worin die Flaschen stehen, sind Stückchen Spiegelglas und farbige Papiere, denn auch hier herrscht gewissermaßen großer Sinn für Dekorationen. Da hauptsächlich Matrosen diese Höhlen besuchen, so finden sich hier Seegemälde zu Duzenden, Abschiedsscenen zwischen Seemännern und ihren Liebchen, Portraits von William in der Ballade und seiner schwarzäugigen Susanna; von Will Watch, dem kühnen Schmuggler; von Paul Jones, dem See-

*Elendsquartier
an den Five Points*

räuber, und dergleichen, worauf die bemalten Augen der
Königin Victoria und Washingtons, die sich in diese selt-
same Gesellschaft versetzt sehen, ebenso verwundert ru-
hen, als auf den meisten Scenen, die hier vor ihren er-
staunten Blicken aufgeführt werden. [...]

Öffnen Sie die Thüre einer dieser elenden Baracken, die
mit schlafenden Negern vollgepfropft sind. Pah! Sie haben
ein Holzkohlenfeuer darinnen und liegen so nahe um
die Kohlenpfanne herum, daß ein Geruch von versengten
Kleidern oder angebranntem Fleisch Ihnen entgegen-
dringt, und Dünste aufsteigen, die zugleich blenden und
ersticken. Wenn Sie sich in diesen finstern Höhlen ein

wenig umsehen, kriecht aus jedem Winkel eine halberwachte Figur hervor, als stünde die Stunde des Gerichts vor der Thüre, und jedes garstige Grab gäbe seinen Todten herauf. Wo Hunde sich nicht ohne jammervolles Geheul einsperren ließen, dahin schleichen Weiber, Männer und Kinder, um zu schlafen, und zwingen die aus ihrer Ruhe aufgestörten Ratten, sich nach bessern Wohnungen umzusehen.

Hier sind auch Gäßchen mit knietiefem Kothe bedeckt; unterirdische Kammern, wo sie tanzen und spielen; die Wände mit rohen Zeichnungen von Schiffen, Festungen, Flaggen und amerikanischen Adlern ohne Zahl ausgeschmückt; verfallene Häuser offen gegen die Straße hin, von wo durch weite Ritzen in der Mauer andere Ruinen sich dem Auge zeigen, als ob diese Welt des Lasters und Elends nichts Anderes aufzuweisen hätte; gräßliche Behausungen, die ihren Namen von Raub und Mord führen; alles Eckelhafte, Morsche und Verfallene ist hier zu sehen.«[2]

Die berüchtigtste Straße in der Frühgeschichte der Stadt New York war die Little Water Street, eine kurze Verbindungsstraße, die von der Cross Street am südlichen Rand des Paradise Square entlang zur Cow Bay führte. Letztere trug diesen Namen – ›Kuhbucht‹ –, weil dort früher, als es den See Collect noch gab, eine Viehtränke gewesen war. In der Blütezeit der Five Points war die Cow Bay eine Sackgasse, die am Anfang etwa zehn Meter breit war und sich auf einer Strecke von gut 30 Metern unregelmäßig verengte. Zu beiden Seiten dieser düsteren und beklemmenden Gasse, die meist knöcheltief mit Unrat bedeckt war, standen schindelverkleidete Miethäuser, von denen manche nur ein einziges Stockwerk, andere dagegen bis zu

---

2 Amerikanische Reisebemerkungen, geschrieben für Jedermann. Von Charles Dickens. Aus dem Englischen. Stuttgart: Franckh'sche Verlagsbuchhandlung 1843. [Mikrofiche-Ausg.]

fünf hatten. Viele der Häuser waren durch unterirdische Gänge miteinander verbunden, in denen regelmäßig Überfälle und Morde begangen und die Opfer gleich vor Ort verscharrt wurden. Eines dieser Gebäude wurde Jacob's Ladder – ›Jakobsleiter‹ – genannt, weil es von außen über eine wackelige, unsichere Treppe zugänglich war. Ein anderes trug den bezeichnenden Namen Gates of Hell – ›Höllenpforte‹ –, ein drittes war als Brick-Bat Mansion – ›Ziegelpalast‹ – bekannt.

»Wenn Sie die Cow Bay besuchen wollen«, heißt es in einem Buch von 1854 mit dem Titel *Hot Corn*, »dann sollten Sie ein kampfergetränktes Taschentuch mitnehmen, um den entsetzlichen Gestank ertragen zu können. Dann treten Sie in die lange, enge Gasse ein und ertasten sich einen Weg – rechts herum, die dunkle, gefährliche Stiege hinauf; am Fuße und in den Winkeln der breiten Stufen müssen Sie aufpassen, wohin Sie treten, denn der dampfende Unrat liegt hier mehr als knöcheltief. Nehmen Sie sich überhaupt in Acht: Sie könnten jemandem, sei es Mann oder Frau, begegnen, der Sie im Alkoholrausch kopfüber die schmierige Treppe hinabstößt – vielleicht aus purer Missgunst um Ihre bessere Kleidung oder auch aus Furcht, Sie seien gekommen, um ihn aus seinem elenden Loch zu erretten, in dem er wie lebendig begraben haust und das er dennoch närrisch liebt. Hoch empor geht es, immer rund herum, fünf Stockwerke hoch, bis Sie unter dem rußigen schwarzen Dach angelangt sind. Dort wenden Sie sich nach links – Obacht, dass Sie den siedenden Kessel voller Suppe aus Fleischerabfällen nicht umstoßen, der auf einem kleinen Ofen auf dem Treppenabsatz kocht –, öffnen die Tür... treten ein, wenn Sie können. Sehen Sie: Hier sitzt ein Schwarzer mit seiner Frau auf dem Boden – wo sollten sie auch sonst sitzen, denn einen Stuhl gibt es nicht – beim Abendbrot, das sie vom Grund eines Kübels kratzen. Ein brauner irdener Krug enthält Wasser – vielleicht aber auch nicht nur Wasser. Ein weiterer Schwarzer und seine Frau hocken in einer anderen Ecke; ein Dritter sitzt im Fenster, wo er als Einziger das Privileg genießt, etwas frische Luft zu atmen. Und was sehen wir in einer anderen Ecke? Einen schwarzen Mann und eine kräftige, dralle, recht gut aussehende, junge weiße Frau. Sie schlafen doch nicht zusammen? – Nein, das gerade nicht… es gibt kein Bett im Raum… keinen Stuhl… keinen Tisch… – kein gar nichts, nur Lumpen und Schmutz, Ungeziefer und verkommene, versoffene menschliche Gestalten.«

4

Die Old Brewery war das Herz der Five Points und die berühmteste Mietskaserne in der Geschichte der Stadt. 1792 wurde das Gebäude als Coulter's Brewery am Ufer des Collect errichtet, und das Bier, das dort gebraut wurde, war an der ganzen Ostküste berühmt. Nachdem der Brauereibetrieb 1837 wegen Baufälligkeit eingestellt und das Gebäude zum Mietshaus umfunktioniert worden war, wurde es allgemein die Old Brewery genannt. Es war fünf Stockwerke hoch[3] und ursprünglich gelb gestrichen, aber der Zahn der Zeit und die Witterung ließen die Farbe bald abblättern und setzten auch den Schindeln arg zu, sodass das Gebäude schließlich einer riesigen, aussätzigen, warzigen Kröte glich, die feist mitten im Unrat und Schmutz der Five Points hockte. Um das Gebäude herum führte eine Gasse, die an der Südseite knapp einen Meter, an der Nordseite dagegen unregelmäßig breit war und sich nach und nach immer mehr verengte. Der nördliche Pfad führte zu einem großen Raum, der Den of Thieves –

---

3 Auf Drucken ist die Old Brewery mit nur drei Stockwerken abgebildet, zeitgenössischen Berichten zufolge hatte sie jedoch fünf.

›Diebesnest‹ – genannt wurde und in dem mehr als 75 Männer, Frauen und Kinder, Schwarze und Weiße ohne Möbel oder andere Einrichtungsgegenstände zusammen hausten. Viele der Frauen waren Prostituierte und empfingen dort ihre Kunden. Der Durchgang auf der gegenüber liegenden Seite war als Murderers' Alley – ›Mördergasse‹ – bekannt und machte diesem Namen alle Ehre. In historischen Berichten wird er oft mit einem gleichnamigen Weg an der Baxter Street unweit der Five Points verwechselt, der auch unter dem Namen Donovan's Lane bekannt war und wo viele Jahre lang der berühmte einäugige Betrüger und Taschendieb George Appo, der Sohn eines Chinesen und einer Irin, lebte.

In den Kellergewölben der Old Brewery gab es etwa 20 Räume, in denen einst der Maschinenpark der Brauerei untergebracht war. Oberirdisch lagen entlang der Murderers' Alley und dem Durchgang zum Den of Thieves rund 75 weitere Räume, die in zwei Reihen angeordnet waren. In seiner besten Zeit beherbergte das Gebäude mehr als 1000 Männer, Frauen und Kinder – etwa zu gleichen Teilen Iren und Schwarze. Die Kellerräume wurden hauptsächlich von Schwarzen bewohnt, von denen viele mit weißen Frauen zusammenlebten. Die Kinder, die in diesen Elendsquartieren geboren wurden, wuchsen darin auf, ohne jemals die Sonne zu sehen oder an die frische Luft zu kommen, denn für die Bewohner der Old Brewery war es ebenso gefährlich, ihre Behausung zu verlassen, wie für einen Fremden, das Gebäude zu betreten. Weniger als zehn Jahre vor dem Bürgerkrieg lebten in einem einzigen, nur gut 20 Quadratmeter großen Kellerraum 26 Menschen in unvorstellbarem Schmutz und Elend. Einmal wurde dort ein kleines Mädchen erstochen, weil es so unvorsichtig gewesen war, jemandem einen Penny zu zeigen, den es erbettelt hatte. Die Leiche lag fünf Tage lang in einer Ecke, ehe die Mutter des Kindes sie schließlich in einer flachen Grube im Boden des Raumes verscharrte. Eine Untersuchung im Jahre 1850 ergab, dass seit mehr als einer Woche keiner der 26 Bewohner den Raum verlassen hatte. Weiter als bis zum Eingang war niemand gegangen. Dort lauerte man vorbeikommenden Mitbewohnern auf. Wenn sich einer der Glücklichen blicken ließ, dem es gelungen war, etwas Essbares aufzutreiben, wurde er sofort niedergeschlagen und seiner Schätze beraubt.

Die Old Brewery

Im gesamten Gebäude herrschten entsetzliche Lebensbedingungen. Die Vermischung der Rassen – aus damaliger Sicht geradezu eine Monstrosität – galt hier als normal, Inzest war keine Seltenheit, und überhaupt herrschte allgemeine Promiskuität. Im ganzen Haus wimmelte es nur so von Räubern, Mördern, Taschendieben, Bettlern, Prostituierten und anderen Außenseitern der Gesellschaft. Es gab dauernd Schlägereien, und praktisch rund um die Uhr fanden irgendwo Saufgelage statt. Durch die dünnen Bretterwände drangen das Krachen der Schläge mit Steinbrocken oder Eisenstangen, die Schreie der unglücklichen Opfer, das Jammern hungernder Kinder und das Toben delirierender Männer und Frauen, manchmal sogar das von Jungen und Mädchen. Mord war an der Tagesordnung: Schätzungen zufolge gab es in der Old Brewery über einen Zeitraum von beinahe 15 Jahren hinweg durchschnittlich einen Mord pro Nacht und in den Behausungen an der Cow Bay fast ebenso viele. Nur selten wurden die Mörder zur Rechenschaft gezogen, denn Polizisten konnten sich nur in größerer Truppenstärke in die Old Brewery wagen, wenn sie lebend wieder hinausgelangen wollten, und die Bewohner waren alles andere als auskunftsfreudig. Selbst wenn die Polizei einen Täter ermitteln konnte, gelang es nur selten, ihn tatsächlich festzunehmen, bevor er in den Schlupfwinkeln der Five Points untertauchte und durch unterirdische Gänge entkam. Viele der Bewohner der Old Brewery und der Elendsquartiere an der Cow Bay waren früher angesehene Leute gewesen, die jedoch nach ein paar Jahren in den Spelunken dort auf das Niveau ihrer Umgebung hinabgesunken waren. Unter den zahlreichen Abkömmlingen großer Namen, die in der Old Brewery endeten, soll auch der letzte Nachfahre der Blennerhassetts gewesen sein – der zweite Sohn des Harman Blennerhassett, der angeblich gemeinsam mit Aaron Burr heimliche Pläne zur Gründung eines von Europa unabhängigen Reiches im Westen Amerikas geschmiedet hatte.

Kirchen und Wohlfahrtsverbände prangerten die Zustände an den Five Points jahrelang an, ohne dass konkrete Maßnahmen ergriffen wurden, um das Elend in dem Viertel zu mindern und menschenwürdige Lebensbedingungen zu schaffen. Erst in den späten 30er Jahren des 19. Jahrhunderts schickten presbyterianische Gemeinden Missionare in die Gegend, die jedoch von der größtenteils irischen und streng katholischen Bevölkerung als protestantische Teufel attackiert und von Gangstern und anderen Kriminellen kurzerhand verjagt wurden. 1840 entstand am Broadway nahe der Anthony Street, der heutigen Worth Street, das Gotteshaus Broadway Tabernacle. Von dort aus wurden ebenfalls sporadische Versuche unternommen, im Five Points-Viertel Wohlfahrtsarbeit in Gang zu bringen. Diese blieb jedoch ohne nennenswerten Erfolg, bis 1850 Pater Lewis Morris Pease und seine Frau von der Ladies' Home Missionary Society der Methodist Episcopal Church an die Five Points entsandt wurden. Sie richteten sich in einem Zimmer an der Cross Street nahe der Old Brewery ein und gründeten eine Mission.

Pease leistete hervorragende humanitäre Arbeit, und ihm ist es mehr als irgendjemandem sonst zu verdanken, dass sich die Verhältnisse an den Five Points schließlich besserten und die Brutstätten von Laster und Elend aus-

Sterbende Mutter – eine Szene in der Old Brewery

geräumt wurden. Er konnte seine Arbeit jedoch nicht lange ungehindert fortsetzen: Binnen eines Jahres entließen ihn die Damen der Missionsgesellschaft und bemühten sich fortan nach Kräften, seine Leistungen zu schmälern. 1854 schrieben sie eine Geschichte der Methodistenmission im Five Points-Viertel, die unter dem Titel *The Old Brewery* veröffentlicht wurde. Pease wird darin nicht namentlich genannt, sondern lediglich in wenig schmeichelhafter Weise als ›unser erster Missionar‹ erwähnt. Wenn es nach den Vorstellungen der Damen gegangen wäre, hätte er sich darauf beschränken sollen, das Evangelium zu predigen, die Menschen zu bekehren und damit neue Mitglieder für seine Gemeinde zu gewinnen. Pease und seine Frau beugten sich in den ersten paar Monaten dem Willen der Missionsgesellschaft, doch bald erkannte der Geistliche, dass Laster und Verbrechen aus Un-

*Szene in der
Old Brewery*

wissenheit und Armut heraus entstanden, und beschloss, das Übel an der Wurzel zu bekämpfen. Er gründete Schulen für Erwachsene und Kinder und richtete Nähwerkstätten ein, die er gemeinsam mit seiner Frau leitete. Darin wurden im Auftrag von Textilbetrieben aus dem Material, das diese bereitstellten, billige Kleider gefertigt.

Die Zusammenarbeit zwischen dem Missionar und der Gesellschaft endete, als einige der Damen an den Five Points erschienen, um sich persönlich die Geschöpfe anzusehen, die dank ihrer Hochherzigkeit der Herrlichkeiten des Jenseits teilhaftig werden sollten. Die Wohltäterinnen mussten erfahren, dass Pease seit zwei Tagen nicht gepredigt hatte, weil er vollauf damit beschäftigt gewesen war, Material von den Manufakturen am Broadway zu seinen Werkstätten zu transportieren. Pater J. Luckey, ein begnadeter Prediger, wurde daraufhin sein Nachfolger. Pease und seine Frau weigerten sich jedoch, die Five Points zu verlassen, und gründeten stattdessen eine konfessionslose Mission, in der sie sich weiterhin für die Ausbildung und Beschäftigung der Menschen am Paradise Square einsetzten. Aus dieser Mission wurde das Five Points House of Industry, das sich zu einer der wichtigsten sozialen Einrichtungen des Bezirks entwickelte. Das erste eigene Gebäude der Mission wurde 1856 an der Anthony Street errichtet; 1864 kaufte man die alten Mietskasernen an der Cow Bay auf und ließ sie abreissen, um Platz für eine größere und besser ausgestattete Produktionsstätte zu schaffen.

Ein Ausschuss, dem unter anderem Daniel Drew angehörte, verhandelte im Namen der Missionsgesellschaft um den Kauf der Old Brewery und erwarb sie 1852 für 16 000 Dollar, wozu die Stadt 1000 Dollar beisteuerte. Nachdem die Bewohner – Menschen wie Nagetiere – daraus vertrieben waren, begann am 2. Dezember 1852 der Abriss des baufälligen Elendsquartiers. Am 27. Januar 1753 legte Bischof Jones von der Methodist Episcopal Church den Grundstein zu der neuen Mission, die für 36 000 Dollar auf dem Gelände der Old Brewery errichtet wurde. In den Trümmern des alten Gebäudes fanden die Arbeiter säckeweise menschliche Knochen, und Gangster stöberten jede Nacht in der Ruine nach einem sagenhaften Schatz, der angeblich dort versteckt sein sollte. Unzählige Löcher wurden gegraben, Mauern auf Hohlräume hin abgeklopft und Geheimgänge erforscht, aber alles Suchen blieb vergeblich. Der Abriss der Old Brewery wurde unter allgemeinem Jubel vollendet, und Pater T. F. R. Mercein rang der Muse zu diesem Anlass die folgenden Verse ab:

> Nun ist die Zeit gekommen, dass
> > Die Mauern fallen.
> Die Steine selbst von Herzblut nass
> > Mit dumpfen Klagen hallen.
> Lang ward der gift'ge Kelch gefüllt
> > Mit bitt'rer Galle.
> Und lang in Finsternis gehüllt
> > Die armen Seelen alle!
> Ach! Plag und Mühsal ist die Welt
> > Ihnen allzu gleich.
> Ruf, Herrgott, wenn es Dir gefällt,
> > Sie gnädig in Dein Reich!

> Unsel'ger Geist! Du liegst im Staube,
> > Die Gnade erblüht,
> Und reine Gefühle, Hoffnung und Glaube
> > Preisen den Herrn im Lied!
> Gott segne die Liebe, die engelhaft
> > Jeden Ruf erhört,
> Bis die ganze Menschheit mit inniger Kraft
> > Christ, den Erlöser, verehrt.
> Ach! Plag und Mühsal ist die Welt
> > Den Menschen allzu gleich.
> Gelobt sei Gott, der uns alle erhält,
> > Gepriesen sei sein Himmelreich!

Kapitel 2

Die ersten Gangs an der Bowery und den Five Points

1

Die Keimzelle der Five-Points-Gangs lag zwar in den Mietskasernen, Saloons und Tanzlokalen der Gegend um den Paradise Square, aber ihre eigentliche Organisation, die die Gangs zu arbeitsfähigen Einheiten und das Viertel zu einer Freistatt des Lasters und Verbrechens machte, begann in den getarnten Kneipen. Diese illegalen Ausschankstellen billigen Alkohols, die um den Platz herum und in den angrenzenden Straßen bald wie Pilze aus dem Boden schossen, wurden offiziell als Gemüseläden betrieben. Die erste entstand um 1825 herum an der Center Street unmittelbar nördlich der Anthony Street, die heute Worth Street heißt, und gehörte Rosanna Peers. In den Auslagen vor dem Laden wurde zum Schein haufenweise halb verdorbenes Gemüse feilgeboten, aber das eigentliche Geschäft machte die Eigentümerin in einem Hinterzimmer, wo sie den damals üblichen scharfen Schnaps billiger verkaufte als die Lokale mit Schanklizenz. Dieser Raum wurde bald zum Treffpunkt von Ganoven, Taschendieben, Mördern und Räubern. Die Forty Thieves, die wohl erste New Yorker Gang mit einer klar geregelten Führung, wurden angeblich in Rosanna Peers' Gemüseladen gegründet und benutzten ihr Hinterzimmer als Versammlungsraum. Auch Edward Coleman und andere große Gangsterbosse machten es zu ihrem Hauptquartier. Sie nahmen dort die Berichte ihrer Handlanger entgegen, erteilten Anweisungen und dirigierten aus schummrigen Winkeln heraus die

Beutezüge ihrer Gangster. Die Kerryonians, die alle aus der irischen County Kerry stammten, schlossen sich ebenfalls im Schutz von Rosannas Laden zusammen. Es handelte sich um eine kleine Gang, die sich selten weiter als bis zur Center Street vorwagte. Ihre Mitglieder waren keine großen Krieger, sondern widmeten sich hauptsächlich ihrem Hass auf die Engländer.

Die Chichesters, die Roach Guards, die Plug Uglies, die Shirt Tails und die Dead Rabbits organisierten und versammelten sich in den Hinterstuben anderer Gemüseläden, die sich dadurch allmählich zu den berüchtigtsten Spelunken der Five Points und zu Hochburgen der Ruchlosigkeit und des Verbrechens entwickelten. Die Shirt Tails – ›Hemdschöße‹ – wurden so genannt, weil die Mitglieder dieser Gang das Hemd über der Hose trugen, und der sprechende Name der Plug Uglies war von den riesigen Zylinderhüten abgeleitet[1], die die Männer mit Wolle und Leder ausstopften und bis über die Ohren zogen, sodass sie ihnen im Kampf als Helm dienten. Die Plug Uglies waren überwiegend Iren von hünenhaftem Wuchs, darunter einige der wüstesten Gestalten der Five Points. Selbst die brutalsten Raufbolde, Schlagetots und Randalierer vom Paradise Square brachten sich in Sicherheit, wenn einer dieser gefürchteten Gangster streitlustig durch das Viertel streifte – in einer Hand einen gewaltigen Knüppel, in der anderen einen Ziegelstein; aus der Hosentasche ragte der Griff einer Pistole, und die stechenden Augen waren unter der Krempe des tief herabgezogenen Hutes kaum zu erkennen. Die Plug Uglies hatten sich mit wilden Prügeleien und Straßenschlachten einen Namen gemacht. Mit schweren Nagelstiefeln traten sie gnadenlos auf ihre Opfer ein, wenn diese bereits hilflos am Boden lagen.

---

[1] plug uglies: Am. Slang für Schläger, Rabauken; plug hat: Zylinder, ›Angströhre‹ – *Anm. d. Übers.*

Die Dead Rabbits entstanden aus einer Splittergruppe der Roach Guards, einer Gang, die zu Ehren eines Schnapshändlers an den Five Points gegründet worden war. Es kam zu internen Zwistigkeiten, die bei einem der turbulenten Treffen so sehr eskalierten, dass schließlich jemand ein totes Kaninchen mitten in die Runde warf. Eine der abtrünnigen Fraktionen sah darin ein Zeichen und machte sich unter dem Namen Dead Rabbits selbstständig.[2] Sie wurde mitunter auch Black Birds genannt und ging als Gang außerordentlich kühner Diebe und Ganoven in die Geschichte ein. Das Erkennungszeichen der Roach Guards war ein blauer Streifen an der Hose, das der Dead Rabits ein roter. Außerdem trugen sie auf ihren Beutezügen ein totes Kaninchen vor sich her, das auf einen Stab gespießt war. Die Rabbits und die Guards schworen einander ewige Feindschaft und bekriegten sich innerhalb ihres eigenen Viertels ununterbrochen, machten jedoch gegen die Hafen- und Bowery-Gangs gemeinsame Sache, ebenso wie die Plug Uglies, die Shirt Tails und die Chichesters. Alle Gangster von den Five Points pflegten im Unterhemd zu kämpfen.

2

Als die getarnten Kneipen immer zahlreicher wurden und die Gangs damit begannen, ihre Unrechtsherrschaft am Paradise Square auszubauen, verkamen die Five Points zusehends und wurden als Freizeit- und Erholungsort nach und nach von der Bowery abgelöst. Die ersten Ansätze dazu zeigten sich bereits 1752, als das Wasser des

---

[2] Im Slang jener Zeit bezeichnete man einen Raufbold als ›rabbit‹; ein ›dead rabbit‹ (wörtlich ›totes Kaninchen‹ – *Anm. d. Übers.*) war ein besonders brutaler und kräftiger Kämpfer.

Collect noch den späteren Standort des Tombs bedeckte und träge durch den Kanal floss, nach dem die heutige Canal Street benannt ist. Damals wurde am nördlichen Ende der Bowery nahe dem Astor Place Sperry's Botanischer Garten eröffnet, aus dem sich später die Voxhaull's Gardens entwickelten. Ein weiterer Meilenstein war der Bau des Bowery Theater im Jahre 1826. Es wurde auf dem Gelände der ehemaligen Bull's Head Tavern errichtet, in der am Evacuation Day 1783 George Washington persönlich zu einem Bier eingekehrt war. Das erste Stück, das in dem neuen Theater aufgeführt wurde, war eine Komödie mit dem Titel *The Road to Ruin*[3], die erste bedeutende Inszenierung jedoch die des *Othello* im November 1826 mit Edwin Forrest in der Hauptrolle. Viele Jahre lang zählte das Bowery Theater zu den wichtigsten auf dem Kontinent. Einige der größten Schauspieler jener Zeit traten darin auf. Es war mit 3000 Sitzen das größte Theater der Stadt und verfügte als erstes über Gasbeleuchtung. Zwischen 1826 und 1838 gab es dort drei Brände. Als etwa 15 Jahre vor dem Bürgerkrieg erneut ein Feuer ausbrach, erschienen die Polizisten, die nach einem Beschluss des Bürgermeisters Harper seit kurzem Uniformen trugen, in der ganzen Pracht ihrer neuen Anzüge mit den glänzenden Messingknöpfen auf der Bühne. Sie wiesen das Publikum an, Platz für die Feuerwehr zu machen, doch die Bowery-Gangster verhöhnten und verspotteten sie als livrierte Lakaien und widersetzten sich den Anordnungen. Dann rief jemand, die Polizisten eiferten den englischen Bobbies nach, und sofort schlug die Stimmung in zügellose Aggression um. Es gab zahlreiche Verletzte, ehe der Aufruhr unter Kontrolle gebracht werden konnte. Dieser und einige weitere ähnliche Vorfälle führten schließlich

---

[3] deutsch: Leichtsinn und kindliche Liebe, oder: Der Weg zum Verderben – *Anm. d. Übers.*

dazu, dass die Uniformen wieder abgeschafft wurden und die Polizisten für einige weitere Jahre als einziges Dienstabzeichen wieder den Kupferstern trugen, von dem die Bezeichnung ›Coppers‹, kurz ›Cops‹ abgeleitet wurde, die als Spitzname der amerikanischen Polizei bis heute erhalten geblieben ist. Das Theater war Schauplatz vieler turbu-

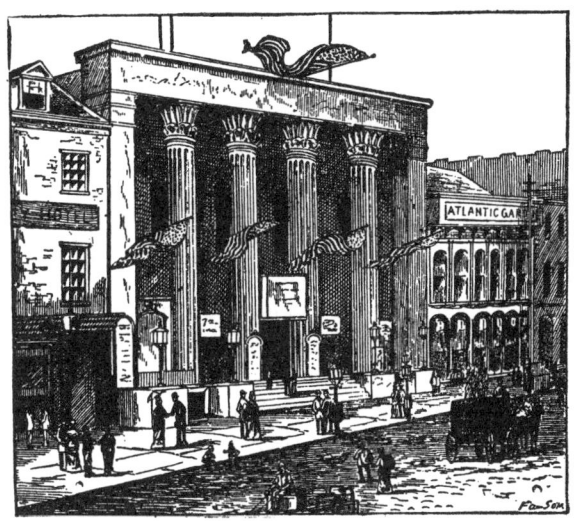

Das alte Bowery Theater

lenter Ereignisse und wurde schließlich in Thalia umbenannt. Im frühen 20. Jahrhundert, als es bereits im Schatten der 3rd Avenue-Hochbahn stand, wurden dort Filme und italienische Repertoirestücke gezeigt, und gelegentlich gaben chinesische Wanderbühnen Gastspiele darin.

Kurz nach dem Bowery Theater wurden noch einige weitere Theater eröffnet, darunter das Windsor, das für seine Inszenierung von *Hands Across the Sea* sowie für Johnny Thompsons herausragende schauspielerische Leistung in *On Hand* berühmt wurde. Diese Häuser brachten viele Jahre lang erstklassige Stücke auf die Bühne und zogen ein exklusives Publikum an, doch mit der Zeit färbte das veränderte Umfeld auch auf sie ab. Während Spelunken und Gangster die Straße in Verruf brachten und von der Ost- bis zur Westküste zum Inbegriff des Übels machten, setzten die Theater blutrünstige Horrorstücke wie *The Boy Detective, Marked for Life, Neck and Neck* und *Si Slocum* auf den Spielplan, die als Bowery-Stücke bekannt wurden. Der Typus des Melodramas, der sich daraus entwickelte, erfreute sich im ganzen Land großer Beliebtheit, bis er vom neu entstandenen Kinofilm verdrängt wurde. Nachdem die Elite der Stadt von den Rängen und Logen der Bowery-Theater verschwunden war und die Spielstätten im Norden New Yorks und am Broadway vorzog, nahmen überwiegend ehrbare Familien deutscher Abstammung aus dem siebten Bezirk ihre Plätze ein, tranken rosafarbene und gelbe Limonade und verzehrten geräuschvoll Pfefferminzkonfekt. Aber im Parkett und auf den obersten Rängen tummelte sich Gesindel aller Art und beiderlei Geschlechts. Dort wurde mit den Füßen getrampelt, gepfiffen und geschrien: »Hoch mit dem Fetzen!«, wenn der Vorhang sich nicht pünktlich zur angesetzten Zeit öffnete. »Sonntagabends erstickt man dort förmlich im Gedränge«, berichtete ein Schriftsteller, der zur Zeit des Bürgerkriegs das Bowery Theater besuchte. »Schauspielerinnen, die zu liederlich und freizügig sind, um in anderen Theatern aufzutreten, stehen hier auf der Bühne. Plumpe Schwänke, derbe Komödien, Dramen über Straßenräuber und Mörder werden von den übel riechenden Massen, die die gemeinen Theater füllen, mit Geschrei begrüßt. Zeitungsjungen, Straßenkehrer, Lumpensammler, Bettlermädchen, Kohlensammler – wer immer es geschafft hat, das Eintrittsgeld zu erbetteln oder zu stehlen, drängt sich in den Rängen dieser verruchten Vergnügungsstätten. Kein Tanzlokal, keine illegale Kneipe, kein Konzert-Saloon und keine noch so elende Spelunke zeigt die Verkommenheit und Verderbtheit New Yorks so deutlich wie die Ränge der Theater an der Bowery.«

Bereits wenige Jahre, nachdem das erste Theater errichtet worden war, standen an der Bowery Schauspiel- und Konzerthäuser, Saloons und Kellerspelunken dicht an dicht. Riesige Bierhallen boten an längs aneinander gereihten Tischen Platz für 1000 bis 1500 Personen. Noch im Jahre 1898 gab es an der Bowery 99 Vergnügungslokale, von denen nur 14 von der Polizei als seriös eingestuft waren, und auf einen Block kamen sechs Bars. 30 Jahre später brachte die Straße es gerade noch auf ein Dutzend Theater, in denen Possen, Filme und jiddische, italienische und chinesische Schauspiele aufgeführt werden. Manche der zahllosen Spelunken, die in den Jahren vor und nach dem Bürgerkrieg an der Bowery ihre Türen öffneten, waren und blieben unübertroffen: Selbst die illegalen Kneipen aus der Zeit der Prohibition[4] konnten es nicht mit ihrem berüchtigten, buchstäblich mörderischen Schnaps aufnehmen. Anfangs kosteten die Getränke in den billigsten Kneipen drei Cent. Sie wurden nicht in Gläsern ausgeschenkt, sondern durch dünne Gummischläuche direkt aus den Fässern getrunken, die in Regalen hinter der Bar standen. Der Gast legte das Geld auf die Theke, nahm ein Schlauchende in den Mund und durfte so lange trinken, bis ihm die Luft ausging. Sobald er eine Atempause machte, verschloss der wachsame Barkeeper den Schlauch und ließ den Alkohol erst gegen eine weitere Zahlung erneut fließen. Manche der so genannten Bowery-Penner entwickelten eine derartige Geschicklichkeit in dieser Technik des Trinkens und konnten so lange die Luft anhalten, dass es ihnen gelang, sich für drei Cent gründlich zu betrinken.

---

[4]   Das gesetzliche Alkoholverbot bestand in den USA von 1920 bis 1933 – *Anm. d. Übers.*

Ein berühmter Saloon an der Baxter Street nahe der Bowery warb mit einer Einrichtung, die das ›Samtzimmer‹ genannt wurde: Wenn ein guter Stammgast nur noch ein Fünfcentstück in der Tasche hatte, bekam er ein extra großes Glas Schnaps und wurde mit gebührendem Zeremoniell in dieses ›Samtzimmer‹ geleitet, wo er sich dann vollends bewusstlos trinken und anschließend seinen Rausch ausschlafen durfte.

Die berühmteste der Bierhallen an der Bowery war damals das Atlantic Gardens, das direkt neben dem alten Bowery Theater stand und später zum Filmpalast umfunktioniert wurde. An den Tischen im Parterre und in der ersten Etage hatten insgesamt mehr als 1000 Gäste Platz. Zwei vierspännige Wagen waren täglich zehn Stunden lang im

Straßenkehrer

Einsatz, um frisches Bier aus der Brauerei zu holen. Dieses und andere Lokale boten Klavier-, Harmonika-, Geigen- und Schlagzeugmusik. Es wurde gewürfelt, Domino und Karten gespielt, und manchmal gab es sogar Gewehre zum Zielschießen. Alles war gratis bis auf das Bier, von dem ein riesiger Krug voll fünf Cent kostete. Die meisten Wirte waren Deutsche, ebenso die ersten Gäste – friedliche Tagesausflügler, die mit der ganzen Familie kamen. Die Kellnerinnen, zwölf- bis 16-jährige Mädchen, trugen kurze Kleider und Stiefel mit roten Stulpen, die fast bis zu den Knien reichten und mit Glöckchen verziert waren. Der Ausschank war so einträglich, dass die Betreiber der Bierhallen um das Privileg wetteiferten, die großen ethnischen und politischen Organisationen zu bewirten. Sie zahlten den Vereinen oft bis zu 500 Dollar dafür, dass diese bei Tagesausflügen ihr Lokal besuchten. Mit der Zeit gerieten die Wirtschaften dann immer mehr unter den Einfluss von Gangstern und Ganoven aus der Unterschicht, die kein Bier, sondern Hochprozentiges aus dem Flachmann tranken. Schließlich wurden die Bierhallen ebenso wie die gesamte Bowery zur berüchtigten Hochburg des Verbrechens.

3

Die bedeutendsten Gangs in der frühen Geschichte der Bowery waren die Bowery Boys, die True Blue Americans, die American Guards, die O'Connell Guards und die Atlantic Guards. Ihre Mitglieder stammten überwiegend aus Irland, scheinen aber im Allgemeinen weniger kriminell und gewalttätig gewesen zu sein als ihre Landsleute von den Five Points, obwohl auch unter ihnen einige streitlustige Gesellen waren. Die True Blue Americans waren eher komisch als gefährlich. Sie trugen Zylinder und hochgeschlossene blaue Gehröcke, deren lange Schöße um ihre

Knöchel wehten. Ihr wesentlicher Lebensinhalt bestand darin, an den Straßenecken zu stehen, gegen England zu wettern und düstere Prophezeiungen über den baldigen Untergang des britischen Empire durch Feuer und Schwert zu verbreiten. Wie die meisten Einwanderer von der grünen Insel fühlten sie sich nie so sehr als Amerikaner, als dass Irland nicht immer ihr wichtigstes Thema geblieben wäre. Die übrigen Gangs waren vermutlich Ableger der Bowery Boys und kämpften in den Schlachten gegen die wüsten Gesellen vom Paradise Square gewöhnlich Seite an Seite mit diesen. Keine von ihnen ist durch herausragende Taten in die Geschichte der Unterwelt eingegangen.

Die Bowery Boys und die Dead Rabbits führten jahrelang eine erbitterte Fehde, und es verging kaum eine Woche, ohne dass es nicht zu Handgreiflichkeiten kam – entweder an der Bowery, an den Five Points oder auf dem alten Schlachtfeld am Bunker Hill, nördlich der Grand Street. Die Fehde zwischen diesen beiden Gangs verursachte die größten Bandenkämpfe des frühen 19. Jahrhunderts und dauerte bis zu den Aushebungskrawallen von 1863, in denen die Erzfeinde sich schließlich verbündeten, um gemeinsam mit der übrigen Unterwelt plündernd und brandschatzend durch die Straßen der Stadt zu ziehen. In jenen frühen Auseinandersetzungen wurden die Bowery Boys von den anderen Bowery-Gangs unterstützt, während die Plug Uglies, die Shirt Tails und die Chichesters unter dem anrüchigen Banner der Dead Rabbits kämpften. Manche Schlachten tobten ohne Unterbrechung zwei oder drei Tage lang. Die Gangster blockierten die Straßen in ihrem Revier mit Barrikaden aus Karren und Pflastersteinen, lieferten sich Feuergefechte mit Musketen und Pistolen oder gingen im Nahkampf mit Messern, Steinbrocken, Knüppeln, Zähnen und Fäusten aufeinander los. Am Rande des Kampfgetümmels waren die Frauen am Werk, die neue Munition herbeischleppten, mit Argusaugen die feindlichen Verteidigungslinien nach Schwachstellen absuchten und jederzeit bereit waren, sich mit Klauen und Zähnen in die Schlacht zu werfen.

Viele dieser Amazonen kämpften auch in den Reihen der Männer mit und erwarben sich als gefährliche Kriegerinnen oft großen Ruhm. Vor allem taten sie sich durch besonders grausame und fantasievolle Verstümmelungen hervor. Sie waren es, die während der Aushebungskrawalle ihre Opfer mit den teuflischsten Foltern quälten: Schwarzen, Soldaten und Polizisten, die der Mob in seine Gewalt gebracht hatte, wurde mit Schlachtermessern das Fleisch vom Leib geschnitten, Zunge und Augen wurden ihnen herausgerissen, und schließlich wurden die Opfer mit Öl übergossen, an Bäumen aufgehängt und mit Fackeln angezündet. Die Dead Rabbits hatten in den frühen 40er Jahren die berüchtigtste aller Kriegerinnen auf ihrer Seite: eine hagere Furie, die unter dem Namen Hell-Cat Maggie bekannt war und in vielen großen Schlachten gegen die Widersacher von der Bowery Seite an Seite mit den Anführern der Gang kämpfte. Es hieß, sie habe sich die Schneidezähne spitz zugefeilt, und an den Fingern trug sie lange künstliche Nägel aus Messing. Wenn sich Hell-Cat Maggie mit ihrem Schlachtruf ins Kampfgetümmel stürzte, erbleichten selbst die verwegensten Krieger und ergriffen die Flucht. Damals gab es unter Gangstern keinen Pardon – wenn ein Mann verwundet zu Boden ging, fielen die Gegner begeistert über ihn her und traten ihn zu Tode. Oft stand die Polizei den gewalttätigen Massen machtlos gegenüber und war auf Unterstützung durch die Nationalgarde und die reguläre Armee angewiesen. Die New Yorker Bürger gewöhnten sich mit der Zeit an den Anblick von Soldaten, die in Gefechtsformation gegen randalierende Gangs anrückten. Manchmal kam sogar Artillerie zum Einsatz, aber meist genügten die Musketen der Infanterie, um die Gangster zurückzuschlagen. Einen Großteil dieser Arbeit leistete das 27., später das siebte Regiment.

Von den meisten frühen Bowery-Gangs weiß man nur wenig Genaues. Es gibt jedoch zahlreiche Legenden über die Bowery Boys und die Kühnheit ihrer mächtigen Anführer. Gelegentlich wurde diese Gang auch Bowery B'hoys genannt, was auf ihren ethnischen Ursprung hindeutete. Sie war wohl die berühmteste Gang in der Geschichte der USA. Eigentlich war der Bowery Boy, von Sonn- und Feiertagen abgesehen, durchaus kein Müßiggänger. Der Typus des Trunkenbolds und Herumtreibers wurde erst in den späten 80er Jahren des 19. Jahrhunderts durch den berühmten Chuck Connors geprägt. Die Bowery Boys aus der Zeit vor dem Bürgerkrieg waren auch keine notorischen Verbrecher, sondern verdienten ihren Lebensunterhalt oft als Metzger, Mechanikerlehrlinge oder auch als Rausschmeißer in den Saloons und Tanzlokalen an der Bowery. Sie waren fast alle bei der freiwilligen Feuerwehr, wodurch die Gang beträchtlich an Einfluss gewann. Diese Organisation, die fest in der Hand der Partei Tammany Hall[5] war, spielte damals vor dem Bürgerkrieg eine bedeutende Rolle in der Regierung der Stadt. Ihr gehörten viele große Politiker an, und es gab große Rivalitäten zwischen den verschiedenen Trupps, die ihren Löschfahrzeugen so klangvolle Namen gaben wie White Ghost, Black Joke, Shad Belly, Dry Bones, Red Rover, Hay Wagon, Big Six, Yaller Gal, Bean Soup, Old Junk und Old Maid. Berühmte politische Führer New Yorks wie Cornelius W. Lawrence, Zophar Mills, Samuel Willetts, William M. Wood, John J. Gorman und William M. Tweed waren Mitglieder der freiwilligen Feuerwehr. Sogar George Washington persönlich

---

[5] New Yorker Organisation der Demokratischen Partei; ursprünglich Tammany-Society. Die patriotische Gesellschaft war nach einem legendären Delawaren-Häuptling benannt und bezeichnete sich auch als Wigwam. Später ging der Name des Versammlungslokals, der Tammany Hall, auf die Organisation über, die sich zum Inbegriff politischer Korruption entwickelte. – *Anm. d. Übers.*

hatte sich schon in der Brandbekämpfung engagiert und für kurze Zeit die New Yorker Feuerwehr geleitet, als er in der Metropole lebte. Bis die besoldete Berufsfeuerwehr eingerichtet wurde, stellte der Umzug der Feuerwehrleute einen der Höhepunkte des Jahres dar: Menschenmassen standen am Straßenrand Spalier und jubelten den Raufbolden mit den roten Hemden und Biberhüten zu, wenn sie ihre Spritzenwagen über das Kopfsteinpflaster zogen. Eine Blaskapelle marschierte voran und ließ die mitreißende Melodie des beliebten Liedes *Solid Men to the Front* – ›Wackere Männer an die Front‹ – erschallen.

Die Feuerwehrtrupps, zu deren Mitgliedern prominente Persönlichkeiten zählten, trugen ihren Konkurrenzkampf zwar mit großem Eifer, aber stets freundschaftlich aus. Die Mannschaften der Bowery Boys waren dagegen geradezu verliebt in ihre Spritzenwagen und betrachteten es als eine Frage der Ehre, als Erste den Brandort zu erreichen. Der Gipfel der Schande war es, wenn man dort so spät eintraf, dass kein Hydrant mehr frei war. Um das zu verhindern, war einem echten Bowery Boy jedes Mittel recht. Sobald er Feueralarm hörte, schnappte er sich kurzerhand ein leeres Fass aus dem erstbesten Lebensmittelladen, stülpte es über den Hydranten, der der Brandstelle am nächsten war, setzte sich darauf und verteidigte seinen Posten tapfer gegen die Konkurrenz, bis seine Kollegen mit dem Wagen eintrafen. Wem das gelang, der galt als Held, und sein Sieg gereichte der ganzen Truppe zur Ehre. Oft kämpften die Bowery Boys so erbittert um die Hydranten, dass sie gar nicht dazu kamen, das Feuer zu löschen.

Das Urbild des Bowery Boys in der Zeit der Kriege gegen die verhassten Dead Rabbits und andere Five-Points-Gangs war ein vierschrötiger Kerl mit kurzem Kinnbart, der Ähnlichkeit mit der später entstandenen Cartoonfigur des Uncle Sam, der Personifikation Amerikas, hatte. Er trug einen Zylinder, der meist recht zerbeult war, die Hosenbeine steckten in den Stiefeln, und die Kiefer malmten unablässig Kautabak, während er mit seinem riesigen Messer, das er nie aus der Hand legte, an einer Schindel herumschnitzte. In späteren Jahren, kurz vor der Zeit der Chuck Conners, brachte ein Wandel in der Herrenmode einen ganz neuen Typus hervor. Nun stolzierte der Bowery Boy mit einem hohen, sorgfältig gebürsteten Biberfellhut auf dem Kopf und einem leuchtend bunten Tuch um den Hals durch seine angestammte Straße. Ein eleganter Gehrock kleidete die kräftige Gestalt, und die überweiten Hosenbeine wurden über den schweren Stiefeln aufgeschlagen. Das Kinn war bartlos, das Haar am Hinterkopf kurz geschoren und im Nacken ausrasiert, während die sorgfältig gelegten Stirnlocken mit großen Mengen Bärenfett oder anderen übel riechenden Hilfsmitteln in Form gehalten wurden. Damals hatte ihr Niedergang zwar schon eingesetzt, aber die Bowery Boys waren immer noch ungebärdige und kriegerische Zeitgenossen, mit denen man besser keinen Streit anfing.

Einige der wildesten Straßenkämpfer aller Zeiten gehörten zu den Bowery Boys, und aus ihrer rauen Schule gingen zahlreiche berühmte Raufbolde, aber auch hochrangige Politiker hervor. Butcher Bill Poole, ein berüchtigter Gangster und Tammany-Bezirksleiter, war ebenso ein Getreuer der Bowery Boys wie sein Mörder Lew Baker, der ihn 1855 in der Bar Stanwix Hall erschoss.

Der größte Bowery Boy und zugleich die eindrucksvollste Gestalt, die die New Yorker Unterwelt je hervorgebracht hatte, wurde in den 1840er Jahren als Anführer der Gang berühmt. Unter ihm unternahmen die Gangster ihre bedeutendsten Kriegs- und Beutezüge gegen die Five Points. Seine Identität blieb unklar, und vieles deutet darauf hin, dass es sich um einen bloßen Mythos handelt. Um seine Kühnheit und Tapferkeit in den Kämpfen gegen die Dead Rabbits und die Plug Uglies rankten sich fantastische Geschichten, die mit den Jahren immer weiter ausgeschmückt wurden. Diese Gestalt, die den schlichten Na-

New Yorks Great East Side – Szenen von einem Spaziergang
über die Bowery – Die bunteste und belebteste Straße der großen
Nordstaaten-Metropole zeigt ihr Gesicht.

men Mose trug, nahm in der Überlieferung wahrhaft heroisches Format an und wurde schließlich zum Samson, Achill und Rübezahl der Bowery in einer Person stilisiert. In den Legenden der Straße steht dem großen Helden die winzige Gestalt seines treuen Freundes und Ratgebers namens Syksey zur Seite, dem die Redewendung ›hold de butt‹ zugeschrieben wird – eine nachdrückliche Bitte um den Stummel einer erloschenen Zigarre.

Zu Beginn des 20. Jahrhunderts war die Legende um den gewaltigen Mose an der Bowery nicht mal mehr eine Geschichte, und nur noch die älteren Männer dieser Straße, die zu einem armseligen Schatten ihrer selbst heruntergekommen war, kannten überhaupt seinen Namen. Aber damals vor dem Bürgerkrieg, als die Bowery ihre Glanzzeit erlebte und der Bowery Boy der stolze Pfau der Unterwelt war, verherrlichte man Moses ruhmreiche Taten in Liedern, sein Name war der Schlachtruf der Gangster, und sein Geist wurde beschworen, ihnen beizustehen und Kraft zu verleihen. Mose war kaum unter der Erde, als Chanfrau ihm auch schon mit dem Werk *Mose, The Bowery B'hoy* zu unsterblichem Ruhm verhalf. Dieses Stück wurde 1849, ein Jahr vor dem großen Krawall am Astor Place, im alten Olympic Theater vor einem wehmütigen Publikum uraufgeführt.

Mose war mindestens zweieinhalb Meter groß und von imposanter Gestalt. Auf dem gewaltigen, leuchtend rotblonden Haarschopf trug er einen Biberhut von mehr als 60 Zentimetern Durchmesser. Seine Hände waren groß wie Schweineschinken, und wenn er ausnahmsweise einmal ruhig stand, hingen sie bis zu den Knien hinab. Syksey pflegte voll Stolz zu sagen, sein Anführer könne sich am Knie kratzen, ohne sich zu bücken. Die Füße des gewaltigen Hauptmanns waren so riesig, dass gewöhnliche Schuhe, wie es sie zu kaufen gab, kaum an seinen großen Zeh gepasst hätten. Er trug daher Spezialanfertigungen mit Sohlen aus Kupferblech, die mit Einzollnägeln gespickt waren. Unter den Five-Points-Gangstern brachen

Entsetzen und Verzweiflung aus, wenn der gewaltige Mose mitten unter sie sprang und begann, um sich zu treten. Sie ergriffen in Panik die Flucht und verkrochen sich in die hintersten Schlupfwinkel am Paradise Square.

Der gewaltige Mose war so stark wie zehn Männer zusammen. Andere Bowery Boys kämpften mit Ziegelsteinen und gewöhnlichen Knüppeln, aber wenn Mose in die Schlacht zog, trug er in einer Hand einen gewaltigen Pflasterstein und in der anderen eine Wagendeichsel aus Hickory- oder Eichenholz, die er als Schlagstock benutzte. Wenn diese Waffe ihm in der Hitze des Gefechtes abhanden kam, riss er einfach einen eisernen Laternenpfahl aus dem Boden und teilte damit mächtige Hiebe aus. Statt eines Messers, wie seine Anhänger es trugen, schwor Mose auf ein Hackbeil. Einmal, als die Dead Rabbits seine Gang überwältigten und in wilder Entschlossenheit durch die Bowery stürmten, um das Hauptquartier der Boys zu verwüsten, entwurzelte der sagenhafte Held kurzerhand eine Eiche, packte sie an den oberen Ästen, schwang sie wie einen Dreschflegel und wütete damit unter den Dead Rabbits wie Samson unter den Philistern. Die Five-Points-Gangster stoben in wilder Flucht auseinander, aber Mose verfolgte sie bis in ihre Schlupfwinkel am Paradise Square und verwüstete dort zwei Häuser, ehe sein Zorn sich legte. Ein anderes Mal nahm er es mit hundert erstklassigen Five-Points-Kriegern auf, indem er riesige Steine aus dem Straßenpflaster riss und sie in die Reihen der Feinde schleuderte, die daraufhin schwere Verluste erlitten.

Wenn er gerade nicht in Kämpfe verwickelt war, machte dieser gewaltige Gott der Unterwelt sich einen Spaß daraus, Pferdewagen von der Straße zu heben und ein paar Blocks weit auf den Schultern zu tragen. Wenn die Insassen beim Absetzen kräftig durchgerüttelt wurden, stieß Mose ein so dröhnendes Gelächter aus, dass die Pferdewagen erbebten, Bäume wie im Sturm erzitterten und die ganze Bowery von einem Getöse erfüllt war, das dem Donnern der Niagarafälle glich. Manchmal spannte Mose auch die Pferde aus und zog den Wagen selbst mit atemberaubender Geschwindigkeit durch die ganze Straße. Wenn man der Legende glauben darf, stemmte er am Chatham Square einmal sogar einen Wagen hoch und trug ihn mitsamt den Pferden, die im Geschirr baumelten, auf den Händen fast zwei Kilometer weit bis zum Astor Place. Wiederum ein anderes Mal trieb ein Segelschiff auf dem East River in einer Flaute bedrohlich nahe an die tückischen Felsen von Hell Gate heran. Mose setzte in einem Ruderboot über, zündete seine Zigarre an, die mehr als einen halben Meter lang war, und stieß derart gewaltige Rauchwolken aus, dass sich die Segel des Schiffs blähten und es wie von einem Wirbelsturm getrieben den Fluss hinunter in sichere Gewässer glitt. So machtvoll stieß Mose den Rauch aus, dass das Steuer erst wieder unter Kontrolle zu bringen war, als das Schiff bereits im Hafen jenseits von Staten Island trieb. Mitunter vergnügte Mose sich auch damit, sich mitten im Fluss zu postieren und kein Schiff passieren zu lassen – sobald sich eines näherte, blies er es wieder zurück. Das Wasser war überhaupt Moses Element: Er tauchte oft an der Battery unter und kam erst am Strand von Staten Island wieder an die Oberfläche – eine Strecke, für die spätere Fährschiffe 25 Minuten benötigten. Er konnte mit zwei gewaltigen Zügen den Hudson durchqueren und mit sechs sogar ganz Manhattan Island umrunden. Wenn er über den East River nach Brooklyn wollte, machte er sich dagegen gar nicht erst die Mühe, die rund 800 Meter zu schwimmen – er sprang einfach hinüber.

Wenn Mose seinen Durst löschen wollte, wurde eine Fuhre Bier von der Brauerei bestellt, und in den heißen Sommermonaten baumelte anstelle einer Feldflasche ein 200-Liter-Fass Ale an seinem Gürtel. Wenn er ein Festmahl hielt, waren die Metzger vom Center und Fly Market Tage im Voraus damit beschäftigt, Schweine und Rinder für die gewaltigen Braten zu zerlegen, die der Riese zur Stärkung verspeiste. Auch Brot benötigte er in so ungeheuren Mengen, dass die Nachricht, Mose sei hungrig, den ganzen Mehlmarkt in Aufruhr versetzte. Ein halber Eimer Austern war für ihn ein Appetithappen, und Suppe und Kaffee ließ er sich fässerweise servieren. Zum Nachtisch und als leichten Imbiss mochte er gern Obst. Laut offizieller Geschichtsschreibung sind die Kirsch- und Maulbeerbäume, die Cherry Hill und Mulberry Bend ihre Namen gaben, im Zuge der Stadtentwicklung verschwunden. Die Bowery-Legenden wissen dagegen zu berichten, Mose habe sie mit Stumpf und Stiel ausgerissen, um die Früchte zu essen – er hatte Hunger und wollte nicht so lange warten, bis die Kirschen und Maulbeeren geerntet wären.

4

Die gerissenen Politiker von Tammany Hall rechneten sich rasch aus, wie nützlich die Gangs ihnen sein konnten, und erkannten, dass es ratsam war, ihnen entgegenzukommen, um sich gut mit ihnen zu stellen. Bei den Wahlen konnte man dann ihre besonderen Fähigkeiten einsetzen, um sicherzustellen, dass alle Staatsgewalt von Tammany Hall ausging. Viele Distrikt- und Bezirksleiter beteiligten sich am Geschäft der getarnten Kneipen, aus denen die ersten Five-Points-Gangs hervorgegangen waren, während andere Saloons und Tanzlokale an der Bowery betrieben oder Spielhöllen und Bordelle protegierten. Auf diese Weise wurde die Unterwelt zu einem wichtigen Instrument der Politik. Unter dem Einfluss dieser ehrenwerten Staatsmänner beteiligten sich die Gangs von der Bowery und den Five Points auch an der Serie schwerer Krawalle, die mit den Unruhen bei der Wahl im Frühjahr 1834 begann und sich mit häufigen Ausschreitungen ein Jahrzehnt hindurch fortsetzte. In diese Zeit fielen die Mehl- und Five-Points-Krawalle sowie die größten Unruhen, die in der Sklaverei-Debatte ihren Ursprung hatten. Dazu kamen wenigstens 200 Schlachten der Gangs untereinander und unzählige Auseinandersetzungen zwischen einzelnen Trupps der freiwilligen Feuerwehr.

Die Entstehung zweier politischer Vereinigungen im Sommer 1834 gab dem Geschäft der Gangs erheblichen Auftrieb. Es handelte sich um die Native Americans und die Equal Rights Party. Letztere war eine abtrünnige Splittergruppe von Tammany Hall, die sich lautstark für die Gleichberechtigung aller Bürger sowie gegen Papiergeld und staatliche Monopolbildung aussprach. Die Native Americans protestierten dagegen, dass Ausländer in Ämter gewählt werden konnten, und forderten vehement die Abschaffung der Einbürgerungsgesetze, mit denen Tammany Hall sich die Gunst zahlreicher irischer Wähler gesichert hatte. Die Native Americans traten in manchen Kommunalwahlen an die Stelle der Whigs, und beide Parteien heuerten nach Tammanys Vorbild Gangster an, die die jeweiligen Gegner mit dem Totschläger aus dem Weg schaffen und die Wahlergebnisse manipulieren sollten, indem sie selbst ihre Stimmen mehrmals abgaben.

Die American Guards, eine nationalistisch gesinnte Bowery-Gang, gingen eine besonders enge Verbindung mit den Native Americans ein und stellten sich bereitwillig in den Dienst der Bezirks- und Distriktleiter dieser Partei. Im Sommer 1835, rund ein Jahr nach den Ausschreitungen während der Wahlen, entwickelte sich eine erbitterte Feindschaft zwischen dieser Gang und den O'Connell Guards, die sich unter der Schirmherrschaft eines Spirituosenhändlers an der Bowery zusammengeschlossen hatten und beim irischen Flügel von Tammany Hall besonders hoch im Kurs standen. Am 21. Juni 1835 kam es an der Kreuzung von Grand und Crosby Street zu einem Zusammenstoß zwischen den beiden Gangs. Die Kämpfe dehnten sich bis an die Five Points aus, wo die Gangster vom Paradise Square sich einmischten, bis schließlich der ganze Stadtteil in Aufruhr war. Der Bürgermeister und der Sheriff mobilisierten alle verfügbaren Polizeieinheiten und versetzten sogar schon das Militär in Bereitschaft, dessen Hilfe dann aber doch nicht benötigt wurde. Dr. W. M. Caffrey, ein angesehener Arzt, wurde von einem Ziegelstein tödlich getroffen, als er versuchte, sich einen Weg durch die Menge zu bahnen, um zu einem Patienten zu gelangen, und Richter Olin M. Lowndes erlitt schwere Verletzungen, als er mit der Polizei in das Krawallgebiet vordrang.

Im Herbst 1833 kam es im Zusammenhang mit der Sklaverei-Debatte mehrmals zu kleineren Ausschreitungen, und die Häuser zahlreicher führender Abolitionisten wurden mit Steinwürfen attackiert. Insgesamt waren diese Unruhen jedoch eher unbedeutend im Vergleich zu dem Tumult, der bei der ersten Direktwahl eines Bürgermeisters im folgenden Frühjahr entstand. Drei Tage lang dauerten die hitzigen Gefechte, bis Tammany sich schließlich gegen die Whigs durchsetzte. Im Sommer 1834 brach der schwelende Hass auf die Abolitionisten, der in der Metropole stets unterschwellig vorhanden war, noch einmal in offene Gewalt aus: Am 7. Juli überfielen randalierende Menschenmengen die Chatham Street Chapel und das Bowery Theater, dessen Manager, ein Engländer namens Farren, den Schauspieler Edwin Forrest für einen Auftritt in dem Stück *Metamora* hatte gewinnen können. Nachdem die Polizei die Randalierer vom Theater vertrieben hatte, zogen sie mit lautem Protest zur Rose Street. Dort, wo heute die Brooklyn Bridge ihren düsteren Schatten wirft, befand sich damals eine erstklassige Wohngegend mit prächtigen Herrenhäusern. Der Mob überfiel das Haus des bekannten Abolitionisten Lewis Tappan. Türen und Fenster wurden mit Steinen zerschmettert, dann drangen die Randalierer in das Gebäude ein und verwüsteten das Innere. Die Möbel flogen auf die Straße, wo sie zu riesigen Scheiterhaufen aufgetürmt und mit Öl übergossen wurden. Einer der Gangster, die Bilder von den Wänden rissen und auf die

Straße warfen, stieß auf ein Porträt von George Washington. Als ein anderer es ihm abnehmen wollte, hielt er es fest umklammert, presste es gegen die Brust und rief pathetisch aus: »Das ist Washington! Um Gottes willen nicht Washington verbrennen!«

Der Schrei wurde von der Menge auf der Straße aufgegriffen, und der Pöbel begann, einstimmig zu rufen:

»Um Gottes willen nicht Washington verbrennen!«

Die Menge bildete eine Kette und reichte das Bildnis des ersten Präsidenten der Vereinigten Staaten vorsichtig die Treppen hinunter bis auf die Straße weiter, wo ein Trupp kräftiger Schläger es in Empfang nahm und im Triumphzug zu einem Nachbarhaus trug. Dort bekam das Gemälde einen Ehrenplatz auf der Veranda und wurde bis zum Ende der Krawalle gewissenhaft bewacht. Während der folgenden Tage kam es zu weiteren Ausschreitungen. Am 10. Juli richtete ein Mob schwere Schäden an Wohn- und Geschäftshäusern an der Spring, Catherine, Thompson und Reade Street an, während eine andere Horde, die fast ausschließlich aus Five-Points-Gangstern bestand, die Gegend um den Paradise Square herum in Schrecken versetzte. Die Aufrührer dort waren offenbar gut organisiert, denn zwischen den einzelnen Gangs wurden Boten eingesetzt, und Späher patrouillierten in den Straßen, um Alarm zu schlagen, wenn Polizei oder Militär nahten. Es ging das Gerücht, die Anführer der Gangs hätten beschlossen, jedes Haus an den Five Points, in dessen Fenstern keine Kerzen stünden, zu plündern und niederzubrennen. Wenig später war das ganze Viertel um den Paradise Square herum hell erleuchtet.

Trotzdem wurde ein Dutzend Häuser ausgeplündert und in Brand gesteckt, sodass um Mitternacht der Himmel vom Widerschein der Flammen glutrot war und eine dichte Rauchwolke über dem Stadtteil hing. Fünf Bordelle wurden niedergebrannt, die Frauen ihrer Kleider beraubt, unter den Gangstern verteilt und schändlich misshandelt.

St. Philip's, die Kirche einer schwarzen Gemeinde an der Center Street, wurde zerstört, ebenso ein Nachbarhaus und drei auf der gegenüber liegenden Straßenseite. Die ganze Nacht hindurch waren die Schreie gefolterter Schwarzer zu hören, und einem Engländer, der dem rasenden Mob in die Hände fiel, wurden beide Augen ausgestochen und die Ohren abgerissen. Als aber um ein Uhr früh Hornsignale das herannahende Militär ankündigten, zerstreuten die Gangsterbosse ihre Trupps, und eine halbe Stunde später war an den Five Points nur noch der Marschtritt der Soldaten und das Wehklagen der unglücklichen Opfer zu hören, deren Häuser in Schutt und Asche lagen. Am folgenden Abend verwüsteten die Aufrührer eine Kirche an der Spring Street und blockierten die Straße mit Möbeln, wurden jedoch vom 27. Infanterieregiment in die Flucht geschlagen, das die Barrikaden einriss und den Pöbel vertrieb, ohne dass ein einziger Schuss fiel.

Die Lage in der Stadt verschärfte sich erheblich, als am 16. und 17. Dezember 1835 bei Temperaturen von $-17\,°C$ anderthalb Tage lang ein großer Brand wütete, der eine Fläche von mehr als fünf Hektar im Herzen des Finanzdistrikts völlig zerstörte. Der Schaden wurde auf über 20 Millionen Dollar geschätzt. Das Feuer brach in der Merchant Street 25 aus und breitete sich zur Pearl Street und dem Exchange Place hin aus. In südlicher Richtung erreichte es beinahe die Broad Street, nach Osten hin den East River, und von der Wall Street wütete es bis zum Coenties Slip.[6] Die Südseite der Wall Street brannte zwi-

----

6 Ein paar Straßen nördlich der Battery. Eine mögliche Erklärung des Namens ist die folgende Geschichte: In der Kolonialzeit gab es einen Holländer namens Coen, dessen Liebste Antye hieß. Sie trafen sich zu Stelldicheins an diesem Steg (slip: Anlegesteg, Aufschleppe – *Anm. d. Übers.*), den die Leute in der Gegend daher Coen's and Antye's Slip nannten. Zusammengezogen entstand daraus die Bezeichnung Coenties.

schen der William Street und dem East River vollständig nieder, und das Feuer konnte erst unter Kontrolle gebracht werden, als Marinesoldaten vom Navy Yard die Dutch Church, die Merchants' Exchange und weitere Gebäude sprengten, sodass eine Schneise entstand, die die Flammen nicht überwinden konnten. Mehrere Hundert Häuser wurden völlig zerstört und wenigstens 50 weitere beschädigt und von Verbrechern ausgeplündert, die anschließend Möbel, Schmuck und Kleidung von den großen Haufen stahlen, die ohne ausreichende Bewachung auf der Straße aufgetürmt lagen. In der folgenden Woche konnte die Polizei in Verstecken an der Bowery und den Five Points einen großen Teil der geraubten Wertgegenstände sicherstellen. Die Ganoven steckten außerdem zahlreiche Häuser und Läden in Brand. Ein Mann wurde dabei ertappt, wie er mit einer Fackel Feuer an ein Gebäude an der Ecke Broad Street/Stone Street legte. Er wurde von einer Gruppe erboster Bürger ergriffen und an einem Baum erhängt. Der steif gefrorene Körper baumelte drei Tage lang dort, ehe die Polizei die Zeit fand, ihn abzunehmen.

Das verheerende Feuer war einer der unmittelbaren Auslöser der Krise von 1837, denn die Verluste waren so groß, dass viele Banken vorübergehend den Zahlungsverkehr einstellen mussten und die Versicherungen nur eingeschränkt für die Schäden aufkommen konnten. Infolgedessen fehlte den Geschäftsleuten und Fabrikbesitzern das Geld für den Wiederaufbau, sodass Tausende, die durch die Katastrophe ihren Arbeitsplatz verloren hatten, den ganzen folgenden Sommer hindurch ohne Einkommen blieben. Anfang September 1836 kostete das Mehl sieben Dollar pro Fass, einen Monat später bereits zwölf, und die Kommissionshändler sagten für den Winter einen weiteren Preisanstieg auf bis zu 20 Dollar voraus. Schon bald hatte die Unterschicht kaum noch Brot, und in den Slums der Bowery und der Five Points standen Tausende buchstäblich vor dem Verhungern. Im Februar 1837 kursierte das Gerücht, in dem großen Speicher in Troy im Staat New York lagerten statt der regulären 30000 nur noch 4000 Fass Mehl. Die Zeitungen machten diese Nachricht zur Schlagzeile der Epoche und prangerten in Leitartikeln gewisse Kaufleute an, von denen es hieß, sie horteten große Mengen Mehl und Getreide und spekulierten darauf, dass die Preise weiter stiegen.

In dieser angespannten Situation gab es immer wieder Massenversammlungen, die zunächst jedoch friedlich verliefen. Am 10. Februar 1837 kam es dann zu ersten Ausschreitungen. Ein Mob, der im City Hall Park mit Hetzreden aufgestachelt worden war, überfiel den Getreide- und Mehlspeicher von Eli Hart & Co. an der Washington Street. Harts Wachmänner zogen sich in das Gebäude zurück, versäumten es aber, die Tür zu verriegeln, die dem Ansturm nicht lange standhielt. Der Mob drang in das Lager ein und begann, Mehlfässer und Getreidesäcke aus den Fenstern zu werfen. Die meisten platzten auf, wenn sie auf das Pflaster schlugen; die übrigen wurden von den Aufrührern zerschlagen, die dazu einen Triumphgesang anstimmten: »Da habt ihr das Mehl zu acht Dollar das Fass!« 500 Fässer Mehl und 1000 Scheffel Weizen in Säcken waren bereits vernichtet, als ein großer Trupp Polizisten und zwei Kompanien der Nationalgarde eintrafen. Die Aufständischen flohen vor den Musketen und Knüppeln in einen anderen Stadtteil und überfielen das Lager von S. H. Herrick & Co. nahe Coenties Slip. Dort vernichteten sie weitere 30 Fässer Mehl und 100 Scheffel Weizen, ehe sie erneut vertrieben wurden.

Am folgenden Tag stieg der Mehlpreis um einen Dollar pro Fass.

Zu den ersten hochrangigen Politikern, die erkannten, von welch großem Nutzen die Gangster für sie sein konnten, gehörte Captain Isaiah Rynders. Der Tammany-Boss des sechsten Bezirks wurde zum König der Five-Points-Gangster, Chef des berüchtigten Empire Club in der Park Row 25 und Besitzer eines halben Dutzends getarnter Kneipen am Paradise Square. Als Captain Rynders Mitte der 1830er Jahre in New York in Erscheinung trat, hatte er bereits eine kurze Karriere als Spieler und Messer- und Revolverheld am Mississippi hinter sich. Er war einer der gerissensten Politiker in der Geschichte der Stadt, obwohl er sich gelegentlich so sehr von seiner Liebe zu Irland und seinem Hass gegen England hinreißen ließ, dass seine Leidenschaft sein Urteilsvermögen beeinträchtigte. Er wurde später Bundesvollzugsbeamter und war mehr als 25 Jahre lang ein mächtiger Tammany-Politiker. Nur in den 1850ern wurde er für ein paar Jahre abtrünnig und schlug sich auf die Seite der Native Americans. Captain Rynders' Stammlokal war viele Jahre lang Sweeney's House of Refreshment in der Ann Street 11, einer Straße, in der häufig auch Männer der Freiwilligen Feuerwehr verkehrten. 1843 gründete er dann den Empire Club, der zum politischen Mittelpunkt des sechsten Bezirks und zur Schaltstelle aller Machenschaften derjenigen Gangs wurde, die etwas mit Politik zu tun hatten. Von hier aus gab Rynders Anweisungen und knüpfte sein Protektionsnetz, mit dem er verhinderte, dass seine Handlanger im Gefängnis landeten. Mit der Unterstützung der Gangsterbosse und so tüchtiger Mitarbeiter wie Dirty Face Jack, Country McCleester und Edward Z.C. Judson, der unter dem Namen Ned Buntline bekannter war, hielt Captain Rynders den sechsten Bezirk politisch an der Kandare und häufte Macht und Reichtum an. Er war der allmächtige Herrscher über die Five-Points-

Gangs und wurde bei Krawallen, die die Polizei nicht unter Kontrolle bekam, oft zur Hilfe gerufen.

Captain Rynders spielte während der Unruhen um die Abolitionismus-Bewegung eine bedeutende Rolle. Seine beeindruckendste Vorstellung gab er als Anstifter der berühmten Krawalle am Astor Place im Jahre 1849. Rynders machte sich dabei die erbitterte Rivalität zwischen Edwin Forrest und dem berühmten britischen Schauspieler William C. Macready zu Nutze. Letzterer wurde am 7. Mai 1849 von einem Mob, den Captain Rynders und weitere Gegner des Briten aufgestachelt hatten, von der Bühne des Opernhauses am Astor Place vertrieben, wobei die Initiatoren geschickt an den England-Hass der großen irischen Bevölkerungsgruppe appellierten. Drei Tage später, am 10. Mai, überredeten Washington Irving, John Jacob Astor und andere einflussreiche Bürger Macready zu einem weiteren Auftritt, woraufhin Captain Rynders die Stadt mit einer Hetzkampagne in Form von Flugblättern überzog, auf denen die Engländer verunglimpft und die Amerikaner dazu aufgerufen wurden, ihr Land gegen die Schmach der Unterdrückung aus dem Ausland zu verteidigen. An jenem Abend drängte ein Mob von 10 000 bis 15 000 Personen zum Astor Place, und Macready musste erneut fliehen, während das Theater mit Ziegeln und Pflastersteinen bombardiert und von Gangstern, die die Polizei festgenommen und im Kellergeschoss eingesperrt hatte, in Brand gesteckt wurde. Das Feuer konnte jedoch gelöscht werden, ohne dass größerer Schaden entstand.

Die Polizei war dennoch machtlos gegen den Mob – auch nachdem Macready bereits aus dem Theater geflohen und unerkannt nach New Rochelle entkommen war. Schließlich wurde das siebte Regiment der Nationalgarde zur Hilfe gerufen, aber die tobende Meute griff selbst das Militär an und erbeutete mehrere Musketen. Als sich die Soldaten bis zum Gehweg an der Ostseite des Opernhauses zurückziehen mussten, feuerten sie ein paar Salven in die Menge, mit denen sie 23 Personen töteten und 22 verletzten. In dem sich anschließenden Tumult wurden mehr als 100 Polizisten und Soldaten durch Steinwürfe verwundet und ein halbes Dutzend Soldaten erschossen.

Am Abend des 11. Mai folgte ein weiterer Anschlag auf das Opernhaus. Diesmal wurde der Mob jedoch mithilfe zusätzlicher Militäreinheiten und der Artillerie, die am Broadway und der Bowery in Stellung gebracht worden war, zurückgeschlagen. Die Lage blieb jedoch für beinahe eine Woche äußerst angespannt. Eine große Menschenmenge belagerte tagelang das New York Hotel, in das Macready geflüchtet war, forderte, er solle herauskommen, und wollte ihn lynchen. Dabei hatte der Schauspieler bereits zwei Stunden nach den Ausschreitungen am 10. Mai in New Rochelle einen Zug nach Boston bestiegen. Von dort reiste er mit dem Schiff nach England weiter und kehrte nie wieder in die USA zurück.

Kapitel 3

Die zwielichtigen Hafenviertel

1

Vor der Revolution und für noch beinahe 30 Jahre danach war der alte vierte Bezirk New Yorks beste Wohngegend. Er lag östlich und südlich der Five Points und umfasste berühmte Straßen wie Cherry, Oliver, James, Roosevelt, Catherine, Pike, Water und Dover Street. In dieser Gegend, besonders am Cherry Hill, der Anhöhe im nordöstlichen Teil des Bezirks, residierten die traditionsreichen Familien und die großen Kaufleute. Duftende Kirschbäume und prächtige Herrenhäuser flankierten die Straßen. Das Herz dieser angesehenen Gegend war die Cherry Street. Wo diese in den Franklin Square mündete, hatte George Washington gewohnt, als er Präsident der Vereinigten Staaten wurde. John Hancock, der erste Unterzeichner der Unabhängigkeitserklärung, war in der Cherry Street 5 zu Hause, und in der Nummer 27 wohnte Captain Samuel Chester Reid, von dem der Entwurf der amerikanischen Nationalflagge stammt. Das Haus mit der Nummer 7, gleich neben Hancocks Anwesen, verfügte als erstes in der ganzen Stadt über Gasbeleuchtung. In der Cherry Street 23 befand sich ein Restaurant mit Bar, das The Well hieß. Dort verkehrten Offiziere der Armee und der Marine sowie die Befehlshaber der einquartierten Truppen im Krieg von 1812. Hier wurde die Tradition der Herrenabende begründet, die später zu einer beliebten Einrichtung wurden.

Doch mit der Einwanderungswelle, die Amerika kurz nach der Revolution überschwemmte, wurden die Aristokraten in weiter nördlich gelegene Stadtteile verdrängt, und bereits 1840 waren die herrschaftlichen Häuser langen Reihen schäbiger Mietskasernen gewichen, in denen elende Kreaturen in Armut und Sittenlosigkeit lebten. Als die Old Brewery an den Five Points abgerissen wurde, ging der Titel des übelsten Elendsquartiers der Stadt auf den Häuserblock in der Cherry Street 36–38 über, der Gotham Court oder auch Sweeney's Shambles genannt wurde. Er hatte allerdings einen Konkurrenten: den Arch Block, der zwischen den vier Straßen Thomopson, Sullivan, Broome und Grand Street lag. Darin befand sich auch die berühmte Spelunke, deren Wirtin als Big Sue oder auch ›the Turtle‹ – die Schildkröte – bekannt war. Es handelte sich um eine Schwarze von imposanter Gestalt, die mehr als 175 Kilo auf die Waage brachte und von zeitgenössischen Journalisten mit einer gigantischen schwarzen, aufrecht auf den Hinterbeinen stehenden Schildkröte verglichen wurde.

Gotham Court bestand aus zwei Häuserreihen, deren Rückwände aneinander stießen und deren Straßenfront 40 Meter entlang Cherry Street in Richtung Oak Street einnahm. In diesem Block wohnten mehr als 1000 Menschen – überwiegend Iren, aber auch einzelne Schwarze und Italiener. Östlich und westlich des Häuserblocks verliefen zwei Gassen, die zu den Eingängen führten. Single Alley war gut 1,80 Meter breit, Double Alley gut 2,70 Meter. Die Double Alley war auch als Paradise Alley bekannt. Hier waren auch die berühmten Varietékünstler Edward Harrigan und Wiliam J. Scanlon aufgewachsen. Das berühmte Lied ›The Sunshine of Paradise Alley‹ besingt diese Gasse:

Ich kenn' eine Straße, eine heimliche Gasse,
    Nicht groß und auch nicht elegant,
Wo die Jugend sich tummelt und feiertags bummelt,
    Die wird Paradise Alley genannt.
Darin wohnt eine Maid, so hübsch und gescheit,
    Die Tochter der Witwe McNally;
Golden leuchtet ihr Haar und sie ist – wirklich wahr –
    Die Sonne der Paradise Alley.

Schon Dutzende gingen, ihr Herz zu erringen,
  Und mussten enttäuscht wieder zieh'n.
Doch es gibt einen Jungen, dem ist es gelungen,
  Sein Name ist Tommy Killeen.
Der Rest ist bekannt: Er gewinnt ihre Hand,
  Und schon bald heißt sie nicht mehr McNally.
Er nimmt sie zur Braut, doch uns bleibt sie vertraut
  Als die Sonne der Paradise Alley.

Einer der Haupt-Abwasserkanäle des Stadtteils führte geradewegs unter dem Gotham Court hindurch und war
von beiden Gassen aus zugänglich. Gangster und andere
Kriminelle, die in dem Gebäude Zuflucht vor der Polizei suchten, gruben von den Kellern aus weitere Einstiege
und versteckten sich mit ihrer Beute auf den Simsen und
in den Nischen der Kanalwände. Der ekelhafte Gestank
und die Gase, die aus dem Kanal aufstiegen, machten Gotham Court zu einer der gesundheitsgefährdendsten Gegenden der Stadt. Die ohnehin hohe Sterblichkeitsrate erreichte während der Cholera-Epidemie 195 von Tausend.
Von 183 Kindern, die in einem Zeitraum von drei Jahren
im Gotham Court zur Welt kamen, starben 61 in den ersten Wochen nach der Geburt. Säuglinge fielen auch häufig
den riesigen Ratten zum Opfer, die manchmal so groß wie
Katzen waren und immer wieder aus dem Kanal in das
Gebäude eindrangen. 1871 beschloss die Gesundheitsbe-
hörde, dass etwas gegen die Verhältnisse im Gotham Court
unternommen werden müsse, aber erst Mitte der 90er
Jahre konnten die Bewohner endlich ausquartiert werden,
und das Gebäude wurde abgerissen.

Derartige Zustände griffen bald überall im vierten Bezirk um sich, und 1845 war die ganze Gegend zu einer
Brutstätte des Verbrechens geworden. Wo früher herr-
schaftliche Kutschen über das Pflaster gerollt waren, standen jetzt dicht an dicht die Spelunken, in denen die Mitglieder berühmter Hafen-Gangs wie der Daybreak Boys,

Buckoos, Hookers, Swamp Angels, Slaughter Housers, Short Tails, Patsy Conroys und der Border Gang herumlungerten. Niemand war mehr seines Lebens sicher, und wenn sich einmal ein gut gekleideter Mann in den Bezirk wagte, kam er selten weiter als ein paar Meter, ehe er überfallen und ausgeplündert wurde. Wenn es den Gangstern nicht gelang, ihr Opfer in eine Kneipe zu locken, verfolgten sie es, bis es unter einem bestimmten Fenster vorbeiging, aus dem eine Frau ihm dann einen Kübel Asche auf den Kopf schüttete. Während der Mann noch nach Luft schnappte, zerrten die Ganoven ihn in einen Keller und brachten ihn um. Nachdem sie die Kleider und die übrigen Habseligkeiten des Opfers an sich genommen hatten, warfen sie die Leiche auf den Gehweg und ließen sie dort liegen. Die Polizei konnte in diesem Bezirk nur in Trupps von mindestens einem halben Dutzend Mann ausrücken. Wenn der Ganove, den die Polizisten verfolgten, sich in eine Spelunke flüchtete, blieb ihnen nichts anderes übrig, als den Unterschlupf zu belagern, bis der Gesuchte die Geduld verlor oder der Hunger ihn aus seinem Versteck trieb, was eine Woche oder länger dauern konnte. Die Stammkneipen der Gangster waren jederzeit zum Kampf gerüstet und verfügten über einen üppigen Vorrat an Musketen, Messern und Pistolen.

An der Water Street, die parallel zum Flussufer verlief, gab es praktisch in jedem Haus mindestens eine Spelunke. In manchen Gebäuden befand sich sogar auf jeder Etage ein Saloon, ein Tanzlokal oder ein Bordell. Mindestens 25 Jahre lang war diese Straße wohl Schauplatz von mehr Gewaltverbrechen als irgendeine andere Straße auf dem Kontinent. John Allen betrieb in der Water Street 304 seinen berühmten Tanzkeller mit Bordell, und im Umkreis von 800 Metern nördlich und südlich davon gab es noch 40 ähnliche Etablissements sowie 100 weitere Lokale. Das von Kit Burns, die Sportsmen's Hall in der Water Street 273, nahm ein komplettes dreistöckiges Fachwerkhaus ein, dessen untere

Hälfte in einem widerlichen, knalligen Grün gestrichen war und an dessen Eingang ein riesiges, goldfarbenes Schild hing. In der ersten Etage befand sich ein großer Raum mit einer kreisförmigen Manege in der Mitte, die von einem etwa einen Meter hohen Zaun umgeben war. Darum herum waren wie in einem Amphitheater Sitzreihen mit groben

Hundekampf in Kit Burns' Arena

Holzbänken angeordnet. Dies war die berühmte Arena, in der man riesige graue Hafenratten gegen Terrier kämpfen ließ oder manchmal auch, nachdem man die Tiere tagelang ausgehungert hatte, aufeinander hetzte. Zu den Gangstern, die sich in Burns' Lokal herumtrieben, gehörte auch der berüchtigte George Leese mit dem Spitznamen Snatchem, ein Mitglied der Slaughter-House-Gang und – wie ein zeitgenössischer Journalist schrieb – »ein viehischer, widerlicher Schuft mit hervorquellenden, wässrigblauen Glubschaugen, aufgedunsenem Gesicht und derbem, großspurigem Gang«. Dieser ruhmreiche Ganove übte neben dem Gewerbe des Flusspiraten auch das Amt des Blutsaugers bei den Preisboxkämpfen in den Spelunken des vierten Bezirks und der Five Points aus. Mit seinen zwei Revolvern im Gürtel und einem Messer im Stiefelschaft spielte er bei diesen Veranstaltungen eine bedeutende Rolle: Wenn einer der Boxer aus den Schrammen und Platzwunden, die die bloßen Fäuste des Gegners ihm zugefügt hatten, zu bluten begann, war es Snatchems Aufgabe, das Blut aus der Wunde zu saugen. Er nannte sich selbst stolz einen ›hinterrücks-im-Dunkeln-gnadenlos-zuschlagenden, Raufereium-jeden-Preis-suchenden Hundesohn‹, und offenbar traf all das tatsächlich auf ihn zu. Eine weitere Attraktion der Sportsmen's Hall war Kit Burns' Schwiegersohn, der Jack the Rat genannt wurde. Für zehn Cent biss er einer Maus den Kopf ab, und für einen Vierteldollar tat er dasselbe mit einer Ratte.

Auch das Hole-in-the-Wall an der Ecke zur Dover Street gehörte zu den berühmten Water-Street-Lokalen. Es wurde von One-Armed Charley Monell und seinen Vertrauten Gallus Mag und Kate Flannery geführt. Gallus Mag war eine der berüchtigten Gestalten des vierten Bezirks, eine Engländerin, die über 1,80 Meter groß war und so genannt wurde, weil sie ihren Rock mit Trägern, die man auch *gallus* nannte, befestigte. Sie war Rausschmeißerin und Mädchen für alles im Hole-in-the-Wall und stolzierte mit einer Pistole im Gürtel und einem riesigen Knüppel an der Hüfte kampfeslustig durch die Spelunke. Beide Waffen gebrauchte sie meisterhaft. Außerdem war sie wie die große Hell-Cat Maggie eine Künstlerin der Verstümmelung. Wenn sie einen randalierenden Gast mit dem Knüppel niedergeschlagen hatte, pflegte sie ihn mit den Zähnen am Ohr zu packen und auf diese Weise zur Tür zu schleifen, wobei die übrigen Gäste sie begeistert anfeuerten. Wenn das Opfer sich wehrte, biss sie das Ohr durch. Nachdem sie den armen Kerl auf die Straße befördert hatte, verwahrte sie das abgetrennte Stückchen gewissenhaft hinter der Theke in einem Glas mit Alkohol, in dem sie alle ihre Trophäen einlegte. Mag gehörte zu den gefürchtetsten Bewohnern des Hafenviertels – die Polizisten jener Zeit beschrieben sie schaudernd als die schlimmste Furie, der sie je begegnet wären.

Die Kneipe, über die Gallus Mag so kriegerisch wachte, entwickelte sich zur übelsten Spelunke der Stadt und wurde schließlich von Captain Thorne, dem Polizeidirektor des vierten Bezirks, geschlossen, nachdem dort in weniger als zwei Monaten sieben Morde begangen worden waren. Das Hole-in-the-Wall war auch der Schauplatz des berühmten Zweikampfes zwischen Slobbery Jim und Patsy the Barber, zwei skrupellosen Verbrechern und herausragenden Mitgliedern der Daybreak Boys. Die beiden Ganoven stießen bei einem ihrer Streifzüge am Flussufer auf einen deutschen Einwanderer, der gerade an Land gekommen war und unter der Kaimauer an der Battery entlangging. Sie stürzten sich auf ihn, schlugen ihn mit einem Knüppel nieder und erbeuteten zwölf Cent – sein ganzes Vermögen. Dann warfen sie das bewusstlose Opfer ins Hafenbecken und ließen es ertrinken. Die Gangster zogen sich ins Hole-in-the-Wall zurück, um die Beute zu teilen. Slobbery Jim fand, er habe Anspruch auf sieben, wenn nicht acht der zwölf Cent, weil er den schweren Körper über die Mauer gehievt hatte. Patsy the Barber hielt dagegen, jeder solle die Hälfte bekommen – schließlich, so argumentierte er nicht weniger überzeugend, wäre die Tat nicht möglich gewesen, wenn er das Opfer nicht zuerst mit dem Knüppel niedergeschlagen hätte. Der erboste Jim packte daraufhin Patsys ausgeprägte Nase mit den Zähnen, und Patsy the Barber rammte ihm im Gegenzug ein Messer zwischen die Rippen, konnte damit allerdings wenig ausrichten. Die kämpfenden Ganoven wälzten sich mehr als eine halbe Stunde lang kreuz und quer über den Boden der Spelunke, ohne dass

One-Armed Charley oder Gallus Mag sich einmischten – schließlich ging es hier nicht um eine gewöhnliche Rauferei, sondern ums Prinzip, das es mit allen Mitteln zu verteidigen galt. Am Ende bekam Slobbery Jim das Messer zu fassen und stieß es Patsy the Barber in den Hals. Als dieser aufgrund des Blutverlustes ohnmächtig zusammenbrach, trat Jim ihn mit seinen Nagelstiefeln zu Tode. Anschließend tauchte er unter, und man hörte nichts mehr von ihm, bis er im Bürgerkrieg als Hauptmann der Konföderierten in Erscheinung trat.

An der Water Street gab es zwar die übelsten Spelunken und die skrupellosesten Gangster des vierten Bezirks, aber im Grunde waren die übrigen Straßen in der Gegend auch nicht viel besser. Die Cherry Street, in der einst George Washington und John Hancock gelebt hatten, war jetzt die Hochburg der Räuber, Mörder und Presser – betrügerischer Wirte, in deren Häusern Matrosen mit List oder Gewalt einquartiert wurden. In den späten 60er Jahren schätzte eine Untersuchungskommission die Zahl der Seeleute, die jedes Jahr in den zwielichtigen Hafenpensionen ausgeraubt wurden, auf 15 000 und den Gesamtwert der Beute auf mehr als 2 Millionen Dollar. Dan Kerrigan, ein berüchtigter Preisboxer, der einmal dreieinhalb Stunden lang mit bloßen Fäusten gegen Australian Kelly kämpfte, betrieb die Wirtschaft in der Cherry Street 110, und das Lokal der berühmten Presserin Mrs. Bridget Tighe hatte die Hausnummer 61. Neben Kerrigans Haus, in der Cherry Street 110 $^{1}/_{2}$, befand sich das bekannte Etablissement von Tommy Hadden, dem berüchtigtsten aller Presser, dem auch eine Pension an der Water Street gehörte. Er saß zweimal wegen Raubes und Schanghaiens im Gefängnis. Sowohl Hadden als auch Kit Burns waren in ihrer Jugend Anführer der Dead Rabbits und anderer früher Five-Points-Gangs gewesen, waren später aber die Schlägereien am Paradise Square leid geworden und in den vierten Bezirk gezogen, wo sie in Saus und Braus lebten und dem Hafenviertel zur Zierde gereichten.

Sie hatten ihre Verbindung zu den Five Points allerdings nicht völlig abgebrochen, sondern beteiligten sich noch gelegentlich an besonders wichtigen Unternehmungen der Dead Rabbits und Plug Uglies.

Im alten Fourth Ward Hotel an der Ecke Catherine Street/Water Street wurden regelmäßig Gäste im Schlaf ermordet. Die Leichen ließ man durch Falltüren in unterirdische Gänge verschwinden, die zum Hafen führten. Angeblich geschah in diesem Haus auch der erste Jack-the-Ripper-Mord New Yorks: Eine alte Hexe, die unter dem Namen Shakespeare bekannt war, wurde von einem geistig zurückgebliebenen Tresenhocker mit dem Spitznamen Frenchy umgebracht und zerstückelt. Shakespeare hatte immer behauptet, sie sei adliger Herkunft und in ihrer Jugend in England eine berühmte Schauspielerin gewesen. Zum Beweis rezitierte sie für eine Flasche Gin jede weibliche Rolle aus *Hamlet*, *Macbeth* und dem *Kaufmann von Venedig*, was ihr den Ruf einer Expertin für Dramen einbrachte. Durch die Intervention des Polizeipräsidenten Thomas Byrnes wurde Frenchy nach ein paar Jahren aus der Haft entlassen. Er beteuerte beharrlich seine Unschuld, und viele glaubten, man habe ihm den Mord in die Schuhe geschoben, und Shakespeare sei in Wirklichkeit dem echten Jack the Ripper aus London zum Opfer gefallen. Jahrelange harte Konkurrenz und bissige Feindseligkeit zwischen Scotland Yard und der New Yorker Polizei hatten Byrnes dazu verleitet, großspurig zu verkünden, in New York wäre Jack the Ripper schon längst das Handwerk gelegt worden – der englische Verbrecher solle doch nur einmal nach Amerika kommen. Nur wenig später wurde Shakespeare ermordet. Viele, die an der Untersuchung beteiligt waren, glaubten, Jack the Ripper habe die Herausforderung angenommen, und die Polizei habe Frenchy verhaftet, um ihr Gesicht zu wahren. Immerhin deutete bei den Londoner Morden einiges darauf hin, dass Jack the Ripper ein Seemann war.

Das Pearsall & Fox Hotel an der Dover Street nahe der Water Street, ebenfalls eine berüchtigte Hafenpension, verfügte im Untergeschoss über einen Tanzsaal, in der zweiten und dritten Etage über ein Bordell, und im vierten und fünften Stockwerk lagen die Gästezimmer. Das Glass House am Catherine Slip 18 war ein ähnliches Etablissement. Der Besitzer, Martin Bowe, stammte aus einer angesehenen Familie des vierten Bezirks und hatte drei Brüder, Jack, Jim und Bill, die allesamt berüchtigte Revolverschützen, Messerstecher und Diebe waren. Sie leiteten nicht nur Raubzüge in die Docks und auf Schiffe, die im East River ankerten, sondern handelten auch mit Hehlerware von anderen Gangs. Einer ihrer wichtigsten Gefolgsleute war Jack Madill, der mehr als ein Jahr lang als Barkeeper im Glass House arbeitete. Er kam am Ende für den Mord an seiner Frau lebenslänglich hinter Gitter – sie hatte sich geweigert, ihm zu helfen, einen betrunkenen Matrosen auszurauben.

Die berüchtigtste aller Spelunken des vierten Bezirks war John Allens Tanzlokal in der Water Street 304. Allen stammte aus einer frommen und wohlhabenden Familie im Norden des Staates New York und war von seinen Eltern dazu ausersehen, in die Fußstapfen seiner drei Brüder zu treten, die die Priesterlaufbahn eingeschlagen hatten – zwei als Pfarrer bei den Presbyterianern und der dritte bei den Baptisten. Aber die Aussicht auf eine Karriere als Geistlicher gefiel Allen immer weniger, sodass er um 1850 sein Studium am Union Theological Seminary abbrach und mit seiner Frau in den vierten Bezirk zog. Dort eröffneten sie ein Tanzlokal mit Bordell, in dem sie 20 Mädchen beschäftigten, die weit ausgeschnittene schwarze Satinmieder, scharlachrote Röcke und Strümpfe sowie Stiefel mit roten Stulpen und Glöckchen an den Knöcheln trugen. In der Zeit nach dem Bürgerkrieg arbeitete einmal eine Tochter des Vizegouverneurs eines neuenglischen Staates in Allens Etablissement. Sie war mit großen Erwartungen

Die Verlockungen der Hafenkneipen

nach New York gekommen, dann jedoch in die Fänge von Kupplern geraten, die damals scharenweise beinahe unbehelligt in der ganzen Stadt ihr Unwesen trieben. Die Spelunke wurde bald zu einem der Lieblingslokale der Gangster im vierten Bezirk, und Allen war ein so gerissener Geschäftsmann, dass er in zehn Jahren ein Vermögen von mehr als 100000 Dollar anhäufte. Er galt als der ›übelste Kerl New Yorks‹ – ein Titel, der ihm von Oliver Dyer in der Zeitschrift *Packard's Monthly* verliehen wurde. Allens Lokal zählte zu den schlimmsten in der Geschichte der Stadt und ist durchaus mit berüchtigten Etablissements späterer Jahre wie dem Haymarket, McGuirk's Suicide Hall, der Paresis Hall und Billy McGlorys berühmter Armory Hall auf eine Stufe zu stellen.

Allen war zwar eindeutig vom Weg des Herrn abgekommen, als er seine geschäftliche Laufbahn im vierten Bezirk begann, aber er vergaß seine frühe Erziehung nie. Paradoxerweise war er selbst als Trunkenbold, Dieb, Kuppler und möglicherweise sogar Mörder ein tief religiöser Mensch, und er legte Wert darauf, seine unheiligen Machenschaften mit einem Hauch von Frömmigkeit zu umgeben. Sein Haus öffnete täglich um ein Uhr, aber an drei Tagen in der Woche versammelte er die Prostituierten, Barkeeper und Musiker schon zur Mittagsstunde im Lokal, um für sie einen Abschnitt aus der Bibel vorzulesen und zu erörtern. Jede der Kammern, in die die Frauen sich mit ihren Freiern zurückzogen, war mit einer Bibel und allerlei anderen religiösen Schriften ausgestattet, und zu besonderen Anlässen wurden Ausgaben des Neuen Testaments an die Gäste verschenkt. Allen bezog praktisch alle religiösen Zeitungen und Zeitschriften, die in den Vereinigten Staaten erschienen – seine Lieblingsorgane, den *New York Observer* und *The Independent*, sogar in mehreren Exemplaren. Er verteilte die Hefte überall im Tanzsaal und der Bar und legte außerdem auf allen Tischen und Bänken das beliebte Gesangbuch *The Little Wanderers' Friend* aus. Allen war jederzeit dazu aufgelegt, gemeinsam mit den Prostituierten und ihren Kunden Kirchenlieder anzustimmen, sodass das Haus regelmäßig von religiösen Gesängen widerhallte. Das Lieblingslied der Prostituierten war ›There is Rest for the Weary‹ – ›Ruhe den geplagten Seelen‹:

> Ruhe den geplagten Seelen,
> Ruhe auch für dich, mein Herz:
> An des Jordans stillem Ufer,
> In dem süßen Garten Eden,
> Wo der Baum des Lebens blüht,
> Endet einmal aller Schmerz.

Mehrere Zeitungen und Zeitschriften veröffentlichten Aufsehen erregende Artikel, in denen ausführlich über Allens merkwürdige Praktiken berichtet wurde, und die protestantischen Geistlichen der Stadt witterten ihre Chance. Pater A.C. Arnold von der Howard Mission war besonders unermüdlich und stattete dem Etablissement zahlreiche Besuche ab, bei denen er versuchte, Allen dazu zu bewegen, seine Veranstaltungen von einem ordinierten Priester leiten zu lassen. Am 25. Mai 1868 wagte sich eine Abordnung von sechs Geistlichen und ebenso vielen frommen Laien unter der Leitung von Pater Arnold in die gefährliche Gegend. Als sie eintrafen, war Allen so betrunken, dass er nicht in der Lage war, Einspruch zu erheben, als seine Besucher eine Betstunde abhielten. Die Presse berichtete über diese Zusammenkunft, die von Mitternacht bis vier Uhr morgens dauerte. Daraufhin pilgerten monatelang Schaulustige und Geistliche zur Water Street, sodass Allens eigentliche Kundschaft ausblieb und seine Einnahmen zurückgingen. Die Prediger hielten ihre Versammlungen ab, wann immer Allen zu betrunken war, um sie daran zu hindern, und schließlich konnten sie ihn überreden, sein frevelhaftes Gewerbe aufzugeben. Um Mitternacht des 29. August 1868 schloss das Tanzlokal erstmals in 17 Jahren seine Pforten, und am nächsten Morgen hing ein Schild an der Tür:

DIESES LOKAL IST GESCHLOSSEN.

ZUTRITT FÜR HERREN
NUR IN BEGLEITUNG IHRER GATTINNEN,
SOFERN DIESE REUIGE SÜNDERINNEN
IN DIENST NEHMEN MÖCHTEN.

Am folgenden Tag gab Pater Arnold bekannt, John Allen sei bekehrt und habe seinem früheren Gewerbe für immer den Rücken gekehrt. Wenige Tage später begannen die Prediger, in dem ehemaligen Tanzlokal Erweckungsversammlungen abzuhalten, und am darauf folgenden Sonntag besuchte Allen den Gottesdienst in der Howard Mission, wo die Gemeinde auf Pater Arnolds Aufforderung hin für ihn betete. Dies sorgte für einiges Aufsehen, ebenso wie die öffentlichen Zusammenkünfte, die bis Anfang Oktober täglich stattfanden. Inzwischen hatten die Geistlichen Kit Burns dazu bewegen können, ihnen seine Rattenkampfarena für Gottesdienste zur Verfügung zu stellen. Vom 11. September an wurden auch in Tommy Haddens Pension an der Water Street Versammlungen abgehalten, in seinem Etablissement in der Cherry Street hingegen nicht. Die Geistlichen bestürmten auch Bill Slocums Ginkneipe an der Water Street, konnten Slocum, Burns und Hadden jedoch nicht dazu bewegen, zum Gottesdienst in die Mission zu kommen. Die drei erklärten sich nur damit einverstanden, ins Gebet eingeschlossen zu werden.

Die Erweckungsbewegung an der Water Street verursachte einen solchen Wirbel, dass um Mitte September eine Erklärung dazu veröffentlicht wurde. Die Unterzeichner waren Pater Arnold, Dr. J. M. Ward, Pater H. C. Fish, Pater W. C. Van Meter, Pater W. H. Boole, Pater F. Browne, Oliver Dyer, Pater Isaac M. Lee und Pater Huntington. Die Bekanntmachung enthielt angeblich die Wahrheit über die

Vorgänge an der Water Street. Es hieß darin, Allen, Burns, Slocum und Hadden hätten ihre Räumlichkeiten für Gottesdienste zur Verfügung gestellt, weil sie bekehrt seien, und sie arbeiteten ausschließlich aus religiösen Motiven mit den Geistlichen zusammen. Die hochwürdigen Herren behaupteten, die Zusammenkünfte würden zu einem großen Teil von Seeleuten und Bewohnern des vierten Bezirks besucht. Auch die elendesten Kreaturen des Distrikts seien darunter gewesen, und viele von ihnen hätten Fürbitten und religiöse Unterweisung gewünscht.

Diese angeblichen Fakten, die die Geistlichen feierlich verkündeten, wurden zunächst als solche aufgenommen. Die *New York Times* stellte jedoch gründliche Recherchen an und enthüllte schließlich den ganzen Schwindel. Nach der Darstellung dieser Zeitung gab es überhaupt keine religiöse Erweckungsbewegung unter den Bewohnern des Hafenviertels, und Slocum, Allen und Tommy Hadden waren auch keineswegs bekehrt oder geläutert. Es wurde belegt, dass die Geistlichen und ihre Geldgeber Allens Spelunke für einen Monat gemietet und ihm 350 Dollar dafür gezahlt

Betstunde in John Allens Tanzlokal

hatten, dass sie dort Betstunden und andere religiöse Veranstaltungen abhalten durften. Darüber hinaus habe Allen selbst sich verpflichtet, Kirchenlieder zu singen, Gebete zu sprechen und öffentlich zu erklären, er habe das Haus kostenlos und aus reiner Liebe zu den Geistlichen zur Verfügung gestellt. Die *Times* berichtete weiter:

»Die angebliche Bekehrung der Übrigen ist ein ebenso haarsträubender Schwindel wie die Allens. Tommy Hadden spielt den Frommen, weil er hofft, auf diese Weise der Justiz entkommen zu können. Gegen ihn läuft nämlich ein Strafverfahren, weil er beschuldigt wird, kürzlich einen Mann aus Brooklyn schanghait zu haben. Außerdem hat er ebenso wie Allen eine hübsche Summe von seinen Auftraggebern kassiert. Kit Burns' Rattenkampfarena soll vom kommenden Montag an für Gottesdienste genutzt werden. Die Öffentlichkeit braucht sich auch über seine Bekehrung keinerlei Illusionen hinzugeben. Burns' Motiv ist ebenfalls Geld, und zwar handelt es sich – das sei hier erwähnt – um eine monatliche Zahlung von 150 Dollar, die er dafür erhält, dass er seine Arena täglich für eine Stunde zur Verfügung stellt. Slocum hat letzten Sonntag darum ersucht, dass in der Howard Mission für ihn gebetet wird, aber offenbar wird er sich nicht als Bekehrter feiern lassen können, weil die Missionare für seine Räumlichkeit nicht genug Miete zahlen wollen. Zu den übrigen Vorgängen an der Water Street bleibt wenig mehr zu sagen – die ganze Bewegung wurde unter dem falschen Anschein in Gang gesetzt, diese Männer hätten freiwillig und aus rein religiösen Motiven ihre Saloons für öffentliche Gottesdienste zur Verfügung gestellt und seien selbst geläutert und entschlossen, ihr Leben zu ändern. Die täglichen Betstunden sind in Wirklichkeit nichts weiter als Versammlungen frommer Leute aus den oberen Gesellschaftsschichten in Räumen, die bis vor kurzem gemeine Tanzlokale waren. Diese Zusammenkünfte werden mit außerordentlich großem Eifer besucht und haben zweifellos viel Gutes bewirkt. Tatsache ist aber auch, dass die elenden Frauen und gewissenlosen Schurken des Viertels in nur geringer Zahl oder gar nicht vertreten sind. Es ist daher schlicht falsch, von einer Erweckungsbewegung in dieser Bevölkerungsschicht zu sprechen, die nämlich in Wirklichkeit überhaupt nicht erreicht wird. Die Veranstaltungen unterscheiden sich in ihrem Ablauf und in der Zusammensetzung des Publikums kaum von einer Mittagsandacht in der Kirche an der Fulton Street.«

Die *New York World* berichtete über eine der Zusammenkünfte in Kit Burns' Rattenkampfarena:

»Die Betstunden an der Water Street werden fortgesetzt. Gestern Mittag versammelte sich eine große Menschenmenge in Kit Burns' Lokal. Es waren kaum wüste Gestalten darunter, sondern die Mehrheit wirkte wie Geschäftsleute und Angestellte, die aus Interesse hereinschauten. Wenige Minuten nach zwölf, als die Ränge gut gefüllt waren, trat Mr. Van Meter in die Manege und richtete das Wort an die Menge. Raufbolde und Kaufmannsangestellte drängten sich dicht an dicht in den Sitzreihen, die bis zur Decke empor reichten, und der üble Gestank der Hunde und der verwesenden Überreste von Ratten unter den Sitzbänken erfüllte den Raum.

Kit stand draußen und fluchte, die Missionare sollten sich verdammt noch mal beeilen.

›Teufel auch, wenn hier mal nich 'n paar Leute sind, die verprügelt gehören‹, sagte er. ›Man könnt glatt meinen, die hätten noch nie 'ne Hundekampfarena geseh'n. Ich muss wohl verflucht gut aussehen, dass die ganzen feinen Pinkel mich so anstarren.‹«

Snatchem durfte in keinem der Erweckungsgottesdienste an der Water Street fehlen. Er war nicht gerade mit überragender Intelligenz ausgestattet und ließ sich von den flammenden Reden der Prediger und dem Gefühlserlebnis der schreienden und singenden Menge leicht mitreißen. Bei jeder Versammlung ersuchte er um Fürbitten und brachte die Geistlichen oft in Verlegenheit, indem er sie öffentlich fragte, wann denn das Fass mit Wasser aus dem Jordan für ihn endlich einträfe – man hatte ihm versprochen, dadurch werde er von allen Sünden rein gewaschen. Aber dann wurde Snatchem einmal gefragt, warum er denn in den Himmel wolle – und er antwortete, er wolle ein Engel werden und Gabriel ein Ohr abbeißen. Daraufhin konnte er für die Missionare buchstäblich zum Teufel gehen.

Die Artikel in den Zeitungen *Times* und *World* versetzten den Eiferern der Erweckungsbewegung einen beträchtlichen Dämpfer. Nachdem sich herausgestellt hatte, dass die Geistlichen es mit der Wahrheit nicht so genau genommen hatten, ließ der Zustrom zu den Gottesdiensten zusehends nach. Schließlich wurde die Kampagne abgebrochen, und die Water Street und der übrige vierte Bezirk verfielen wieder in die gewohnte Sittenlosigkeit. John Allens Geschäft lief jedoch nie wieder so gut wie vor dieser Episode. In den Augen der Gangster war er jetzt – wie er es ausdrückte – ›ein loser Vogel und fragwürdiger Charakter‹, und sie mieden sein Etablissement. Nachdem Allens Vertrag mit den Predigern ausgelaufen war, versuchte er verzweifelt, mit seinen Prostituierten und Musikern an die glorreiche Verruchtheit früherer Zeiten anzuknüpfen, musste aber nach einigen Monaten aufgeben. Das letzte Mal, dass Allen öffentlich in Erscheinung trat, war kurz vor Ende des Jahres 1868. Er wurde gemeinsam mit seiner Frau und einigen der Mädchen vor den Friedensrichter Dowling im Tombs zitiert und beschuldigt, einem Matrosen 15 Dollar geraubt zu haben. Einem der Mädchen, Margaret Ware, wurde sofort der Prozess gemacht, Allen selbst wurde gegen 300 Dollar Kaution auf freien Fuß gesetzt. Sein Fall sollte vor dem Strafgericht verhandelt werden. Allen gab Oliver Dyer die Schuld für seine Festnahme und behauptete, das Ganze sei ein ›abgekartetes Spiel‹.

Kapitel 4

Flusspiraten

1

Anfangs waren die Gangster von den Five Points und der Bowery zwar oft Diebe, mitunter auch Mörder, aber vor allem waren sie Schläger und Straßenkämpfer, und ihre Auseinandersetzungen spielten sich meist im Freien ab. Die Ganoven, die den vierten Bezirk bevölkerten und sich dort Nacht für Nacht in den Speluken und Ginkneipen herumtrieben, sich amüsierten und Pläne schmiedeten, waren dagegen vorwiegend Mörder und Räuber. Sie ließen sich selten auf Straßenschlachten gegen Gangs aus anderen Bezirken ein. Wenn sie es dennoch taten, trugen sie meist den Sieg davon, während ihre Gegner in Scharen verstümmelt und blutend auf dem Schlachtfeld zurückblieben, denn diese Ganoven waren die skrupellosesten Verbrecher, die je durch die Straßen einer amerikanischen Stadt gezogen waren. Allenfalls die Whyos, die später im berüchtigten Viertel Mulberry Bend ihr Unwesen trieben, übertrafen sie möglicherweise noch, aber ein Dead Rabbit, Plug Ugly oder Bowery Boy hatte kaum eine Chance gegen einen Gangster aus dem Hafenviertel, und selbst in den schillernden Legenden, die sich um die Taten des gewaltigen Mose ranken, wird kein Sieg über diese Gegner erwähnt.

In späteren Jahren machten die Hudson Dusters ebenso wie die Potashes, die Gophers und weitere Hell's Kitchen- und West-Side-Gangs durch spektakuläre Taten am Westufer Manhattans von sich reden. Die ersten Piratengangs trieben dagegen hauptsächlich am Ufer des East River ihr Unwesen. Am Hudson gab es damals nur eine einzige nennenswerte Bande: die Charlton-Street-Gang. Das Hauptquartier dieser Schurken war eine verkommene Ginkneipe am unteren Ende der Charlton Street, von wo aus sie allabendlich auf Beutezüge gingen. Sie stahlen an den Docks alles, was nicht niet- und nagelfest war, und beraubten und ermordeten jeden, der sich in ihr Revier wagte. Allerdings lagen an den Piers des Hudson hauptsächlich Ozeandampfer und -segler, deren Besitzer für gute Beleuchtung sorgten und ihr Eigentum von einer kleinen Armee aus Wachleuten schützen ließen. Die Beute der Charlton-Street-Gangster fiel daher meist spärlich aus, sodass sie schließlich vor der Wahl standen, es mit regelrechter Piraterie oder gar ehrlicher Arbeit zu versuchen.

Selbstverständlich entschieden sie sich für die Piraterie. In den ersten ein oder zwei Jahren in dem neuen Gewerbe streiften sie mit Ruderbooten auf dem Hudson umher, hatten dabei aber nur mäßigen Erfolg, bis im Frühjahr 1869 eine Frau mit dem Spitznamen Sadie the Goat zu ihnen stieß. Sie brachte frischen Wind in die Gang. Sadies Spitzname war von der besonderen Technik abgeleitet, mit der sie wohlhabend aussehende Fremde zu überfallen pflegte: Sie lief wie ein Ziegenbock mit gesenktem Kopf auf ihr Opfer zu und rammte es in den Bauch. Dann erledigte ihr männlicher Komplize mit einem Totschläger den Rest, und beide rauben den Bewusstlosen in Ruhe aus. Sadie the Goat gehörte eigentlich zur Unterwelt des vierten Bezirks, wo sie jahrelang hoch angesehen war, bis es ihr einmal in einem Streit mit Gallus Mag übel erging. Eines ihrer Ohren endete in Gallus Mags Einmachglas hinter dem Tresen des Hole-in-the-Wall. Sadie selbst floh aus dem Bezirk und fand bei der Charlton-Street-Gang an der West Side Aufnahme.

Mit ihrer neuen Anführerin wurden die Flusspiraten erst richtig aktiv. Sie erbeuteten einen ausgezeichneten kleinen Einmaster, hissten eine Totenkopfflagge, und Sadie the Goat schritt als stolze Befehlshaberin über das Deck, wenn sie flussauf und flussab über den Hudson kreuzten,

Hafenganoven bei der Arbeit

von der Mündung des Harlem River bis Poughkeepsie
und darüber hinaus. Die Piraten raubten Bauernhöfe und
Herrenhäuser am Flussufer aus. Sie waren der Schrecken
der Weiler und nahmen manchmal sogar Männer, Frauen
und Kinder gefangen, um Lösegeld zu erpressen. Sadie
the Goat war selbst weitaus skrupelloser als die Gauner,
die sie befehligte, und soll einige Männer in echter Pira-
tenmanier über die Planke geschickt haben. Die Gang operierte monatelang mit ungeheurem Erfolg und häufte die
Beute, die zum Teil äußerst wertvoll war, in ihren Verstecken an. Später wurde die Ware nach und nach über die
Hehler und Trödelhändler am Ufer des Hudson und des
East River abgesetzt. Nachdem die Ganoven jedoch mehrere Morde auf dem Gewissen hatten, begannen die gepei-
nigten Bauern am Flussufer, sich zu wehren, und empfingen die Piraten mit Musketen und Pistolen. Noch ehe der
Sommer vorüber war, wurde das Geschäft so lebensge-
fährlich, dass die Gang sich schließlich von dem Einmaster
trennte. Sadie the Goat kehrte angeblich mit ihrem Teil der

Beute in den vierten Bezirk zurück, versöhnte sich mit Gallus Mag und erkannte diese als Königin des Hafenviertels an. Gallus Mag soll von dieser Unterwerfungsgeste ihrer einstigen Rivalin so gerührt gewesen sein, dass sie ein Ohr aus ihrer Trophäensammlung herausfischte und es der ursprünglichen Besitzerin zurückgab. Der Legende nach ließ Sadie the Goat ihr Ohr in ein Medaillon einfassen und trug es fortan um den Hals.

Der Polizeipräsident George W. Matsell gab in seinem Bericht an den Bürgermeister im September 1850 die Zahl der Flusspiraten im vierten Bezirk mit 400 bis 500 an, die in rund 50 aktiven Gangs organisiert waren. »Die Flusspiraten gehen ihren kriminellen Machenschaften äußerst systematisch und beharrlich nach«, schrieb er, »und legen dabei eine Gerissenheit und Geschicklichkeit an den Tag, wie sie nur durch lange Übung zu erwerben sind. Jede Gelegenheit ist ihnen recht. Sie kommen im Schutz der Nacht, durchstreifen mit ihren Booten den Hafen, nähern sich unbemerkt Schiffen, die im Fluss vor Anker liegen, und stehlen im Handumdrehen alles, was nur einen Moment lang unbewacht bleibt.« Manche der räuberischen Boote kamen vom Brooklyner Ufer, andere von Staten Island und New Jersey, und manchmal lag nachts ein mittelgroßer Kutter im Hafen, um das Diebesgut an Bord zu nehmen. Bei Tagesanbruch wurde der Anker gelichtet und die Beute zu den Hehlern und Trödelhändlern transportiert. Aber die Mehrheit der Flussgangster, über die Polizeipräsident Matsell klagte, kam aus den Spelunken des vierten Bezirks, später auch aus dem siebten und vom Corlears Hook nördlich der Grand Street an der Biegung des East River. Diese Piraten stahlen im Hafen und von den Schiffen alles, was ihnen unter die Finger geriet. Meist verstauten sie die Beute in ihren eigenen Containern, sodass es für die Polizei schwierig war, das Diebesgut zu identifizieren und zu beweisen, dass es sich um gestohlene Ware handelte.

Die erste Gang am Fluss, die als organisierte kriminelle Vereinigung operierte, war die der Daybreak Boys. Ihr Treffpunkt war Pete Williams' Ginkneipe am Slaughter House Point, wie die Polizei die Kreuzung von James und Water Street nannte. Der Name Daybreak Boys rührte daher, dass diese Gangster ihre kühnsten und größten Raubzüge meist in der Morgendämmerung unternahmen – und nur selten brach ein Tag an, ohne dass sie mit ihren Ruderbooten um die Docks streiften oder auf dem Fluss kreuzten. Nicholas Saul und William Howlett waren die berühmtesten Anführer der Gang. Beide wurden im Tombs gehängt, als Saul gerade erst 20 und Howlett noch ein Jahr jünger war. Zu den Mitgliedern zählten viele weitere Größen der Unterwelt wie zum Beispiel Slobbery Jim, Sow Madden, Cow-legged Sam McCarthy und Patsy the Barber. All diese Ganoven standen bereits im Ruf mordlustiger Gangster und Schlagetots, ehe sie 20 Jahre alt waren, und kaum einer von ihnen erreichte die Volljährigkeit, ohne wenigstens einen Mord auf dem Gewissen zu haben – von zahllosen Raubzügen ganz zu schweigen. Saul und Howlett traten der Gang im Alter von 16 beziehungsweise 15 Jahren bei. Andere waren noch jünger, manche sogar erst zehn oder zwölf.

Die Daybreak Boys galten allgemein als die skrupellosesten Ganoven ihrer Zeit, denn sie zögerten nie, ein Schiff zu versenken, einem Wachposten den Schädel einzuschlagen oder jemandem den Hals durchzuschneiden. Oft töteten sie aus purer Mordlust, ohne Aussicht auf Beute oder sonst irgendeinen Anlass. Saul und Howlett führten die Gang von 1850 bis 1852 gemeinsam an. Sie waren hauptsächlich im Uferviertel am East River aktiv, wagten sich aber gelegentlich auch in die gefährlicheren Gewässer des Hudson oder in den Hafen hinunter. Die beiden Gangsterbosse waren außerordentlich gerissen und scharten mit ihren gewagten Unternehmungen und ergiebigen Beutezügen bald die ruchlosesten Gangster der Gegend um sich. Nach Schätzungen der Polizei machten die Daybreak Boys während der zwei Jahre unter Saul und Howlett Beute im Gesamtwert von mindestens 100000 Dollar und begingen etwa 20 Morde. Wahrscheinlich gingen sogar mindestens doppelt so viele Tötungsdelikte auf das Konto der Gang, denn es verging kaum ein Tag, an dem nicht im Fluss oder auf irgendeinem einsamen Kai wenigstens eine Leiche mit ausgeplünderten Taschen und Spuren eines gewaltsamen Todes gefunden wurde. Aber nur selten gab es Hinweise auf den Mörder.

Am Abend des 25. August 1852 beobachtete ein Kriminalbeamter, der an Pete Williams' Spelunke am Slaughter House Point vorbeiging, wie Saul, Howlett und Bill Johnson inmitten des fröhlichen Treibens die Köpfe zusammensteckten und offensichtlich etwas im Schilde führten. Johnson war in der Gang zwar ein weitgehend unbeschriebenes Blatt, aber eng mit den beiden Anführern befreundet. Dass er viel trank, war ein weiteres Anzeichen dafür, dass etwas Großes bevorstand – Johnson war nämlich nicht gerade der mutigste unter den Boys. Als der Kriminalbeamte eine Stunde später wieder an der Kneipe vorbeikam, waren die drei Gangster verschwunden. Er nahm an, sie seien in eines der Tanzlokale gegangen, in denen Saul und Howlett sich häufig herumtrieben. Tatsächlich setzten sie jedoch gerade in einem Ruderboot mit geschmierten Dollen, dessen Riemen sie zur Schalldämpfung umwickelt hatten, zu der Brigg William Watson über, die auf dem East River zwischen Oliver Street und James Slip vor Anker lag. Saul und Howlett ließen den sturzbetrunkenen Johnson im Boot zurück, kletterten an Bord und stahlen sich in die Kajüte. Als sie sich an der Truhe des Kapitäns zu schaffen machten und versuchten, sie an die Reling zu zerren und in ihr Boot hinunterzulassen, wurden sie von dem Wachmann Charles Baxter überrascht. Er war zwar unbewaffnet, griff die beiden Ganoven aber so heftig an, dass sie die Nerven verloren. Statt ihn mit dem Knüppel oder Totschläger außer Gefecht zu setzen, töteten sie ihn mit einem Schuss ins Herz.

Saul und Howlett brachen daraufhin ihren Beutezug ab, sprangen hastig in ihr Boot und versuchten gemeinsam mit Johnson, der immer noch zu betrunken war, um beim Rudern zu helfen, an Land zu gelangen. Aber die William Watson lag so dicht am Ufer, dass ein Polizist am Kai an der Oliver Street den Schuss gehört hatte. Wenige Minuten später konnte er die schemenhaften Umrisse eines Ruderbootes ausmachen, das rasch durch den Nebel glitt, der sich während der Nacht über den Fluss gesenkt hatte. Als es anlegte, beobachtete er, wie Saul und Howlett Johnson auf den Pier zerrten und mit ihm in Pete Williams' Kneipe verschwanden, wobei sie den Betrunkenen fast tragen mussten. Einige Stunden später, nachdem man Baxters Leiche entdeckt hatte, stürmten 20 schwer bewaffnete Polizisten die Spelunke am Slaughter House Point. Nach einer wilden Schlacht mit ebenso vielen Ganoven, die ihren Anführern zu Hilfe kamen, gelang es den Polizisten schließlich, die Gangster festzunehmen. Alle drei wurden vor Gericht gestellt und des Mordes für schuldig befunden. Johnson wurde zu lebenslanger Haft, Saul und Howlett dagegen zum Tode verurteilt. Am Morgen des 28. Januar 1853 wurden sie im Hof des Tombs vor mehr als 200 Schaulustigen gehängt. 100 der Zuschauer, darunter auch Butcher Bill Poole und der Boxer Tom Hyer, defilierten am Galgen vorüber und schüttelten den Verurteilten die Hand.

Slobbery Jim und Bill Lowrie übernahmen als Nächste die Führung der Daybreak Boys. Jim musste jedoch kurz darauf aus der Stadt fliehen, um nicht für den Mord an Patsy the Barber hingerichtet zu werden. Als Captain Thorne dann noch dafür sorgte, dass die Spelunke am Slaughter House Point geschlossen wurde, verlor die Gang zusehends an Bedeutung. Lowrie und seine Geliebte Molly Maher eröffneten ein Lokal an der Water Street nahe der Oliver Street, das sie The Rising States nannten, und versuchten, die Überreste der Gang zusammenzuhalten, doch Lowrie selbst wurde bereits wenig später bei einem Raubzug im Hafen von der Polizei gefasst und zu 15 Jahren Gefängnis verurteilt. Cow-legged Sam McCarthy nahm seinen Platz an der Spitze der Gang und an der Seite Molly Mahers ein, kehrte jedoch nach wenigen Monaten sowohl dem Fluss als auch der Frau den Rücken und versuchte, sein Glück bei einer Einbrechergang an den Five Points, die in den Wohn- und Fabrikvierteln weiter nördlich ihr Unwesen trieb.

Unterdessen setzten Polizeipräsident Matsell und andere Vertreter der Polizei sich weiterhin dafür ein, dass für die Sicherheit der Hafenanlagen und des Schiffsverkehrs eine spezielle Hafenwacht eingerichtet wurde. Viele prominente Bürger der Stadt unterstützten die Kampagne. Einer von ihnen, James W. Gerard, reiste nach London, stellte bei der Londoner Polizei eingehende Nachforschungen an und veröffentlichte nach seiner Rückkehr eine Reihe von Aufsätzen, in denen er einen wirksameren Schutz für New York forderte. Mr. Gerard war auch maßgeblich an den Bestrebungen zur Uniformierung der Polizei beteiligt. Er ließ sogar ein Exemplar der vorgesehenen Uniform von seinem Schneider anfertigen, trug es auf einem Kostümball und gab damit zu ausführlichen Kommentaren Anlass. Es dauerte jedoch noch bis 1858, ehe die Stadt der Einrichtung einer Hafenpolizei zustimmte. Diese bestand zunächst nur aus ein paar Mann, die mit Ruderbooten auf den Flüssen und weiter unten im Hafen patrouillierten. Das erste Boot lief am 15. März 1858 vom Stapel, und im Laufe der nächsten Tage kam ein Dutzend weitere hinzu. Sie wurden von erfahrenen Polizisten befehligt, die Anweisung hatten, jedes verdächtige Fahrzeug zu überprüfen.

Mithilfe der Ruderboote begann die Polizei einen entschlossenen Feldzug gegen die Gangster des vierten Bezirks. Dabei konzentrierte sie sich besonders auf die Daybreak Boys, die bereits durch die Serie von Rückschlägen, die ihre Anführer ereilt hatten, und durch den Verlust von Cow-legged Sam geschwächt waren. Polizeimeister Blair und die Schutzmänner Spratt und Gilbert töteten 1858 zwölf der Ganoven, während Detective Sergeant Edwin O'Brien im selben Jahr insgesamt 57 Mitglieder der Daybreak Boys, der Short Tails und der Border Gang festnahm. Dies war der Untergang der Daybreak Boys, die Ende 1859 so gut wie ausgelöscht waren. Diejenigen Mitglieder, die sich vor der Polizei retten konnten, zogen sich an die Bowery und die Five Points oder in die Gegend am Corlears Hook zurück, wo sie sich verschiedenen anderen Gangs anschlossen. Dagegen machten die Swamp Angels, deren Schlupfwinkel der Kanal unter dem Gebäude Gotham Court an der Cherry Street war, sowie die Hookers und die übrigen verbliebenen Gangs des vierten Bezirks der Polizei weiterhin das Leben schwer, und die Fracht der Schiffe, die an den Docks am East River anlegten, verschwand nach wie vor regelmäßig in dunklen Kanälen. Die nächtlichen Zusammenstöße zwischen der Polizei und den Gangstern forderten auf beiden Seiten zahlreiche Opfer. Inzwischen begannen auch die Gangs aus den Uferbezirken von Brooklyn und New Jersey, ihre Beutezüge bis in die Gewässer um Manhattan auszudehnen. Erstere entfernten sich allerdings meist nicht weit aus ihrem eigenen Revier, denn in den Brooklyner Hafenanlagen gab es reichlich Gelegenheit zu Raub und Mord. Die wichtigsten Verstecke dieser Gangs befanden sich in der spärlich besiedelten Gegend zwischen Brooklyn und Williamsburg, dem damaligen Irishtown, das später jedoch überwiegend von Juden und Italienern bevökert wurde.

Die schillerndste Figur unter den Ganoven, die die Polizei in jener Zeit in Atem hielten, war Albert E. Hicks, der allgemein Hicksey genannt wurde. Er war ein selbstständig arbeitender Gangster und Dieb und wohnte mit Frau und Kind in der Cedar Street 129, unweit der alten Trinity Church und nur zwei Straßen vom Ufer des Hudson entfernt. Hicks verbrachte den größten Teil seiner Zeit in den Hafenkneipen des vierten Bezirks. Er gehörte zu keiner der großen Gangs, schloss sich aber gelegentlich einem Anführer an, dessen Unternehmungen Abenteuer und reiche Beute versprachen. Eines Abends im März 1860 kehrte Hicks, nachdem er in einem Tanzlokal an der Water Street zu tief ins Glas geschaut hatte, in einer zwielichtigen Pen-

Albert E. Hicks

sion an der Cherry Street ein. Er verließ sich auf seinen Ruf und wiegte sich in Sicherheit, aber dem Wirt war nichts und niemand heilig. Er versetzte den Rum, den Hicks als Schlaftrunk bestellte, mit Laudanum, schlich mitten in der Nacht in das Zimmer seines Gastes und half dessen Tiefschlaf mit einem Totschläger nach. Als Hicks am nächsten Morgen erwachte, fand er sich auf der Slup E. A. Johnson wieder, die Kurs auf Deep Creek in Virginia hielt, um dort eine Ladung Austern aufzunehmen. Er war unter dem Namen William Johnson regulär angeheuert. Außer dem schanghaiten Gangster befanden sich noch Kapitän Burr und zwei Brüder namens Smith und Oliver Watts an Bord.

Während die E. A. Johnson aus dem New Yorker Hafen auslief, kam Hicks, der im Vorderkastell lag, mühsam gerade wieder zur Besinnung. Fünf Tage später traf der Schoner Telegraph aus New London, Connecticut, wenige Meilen vor Staten Island auf die herrenlos treibende Slup. Man benachrichtigte den Schleppdampfer Ceres, der die Johnson zum Fulton Market-Pier an der Südspitze Manhattans brachte. Offenbar war sie mit einem anderen Schiff kollidiert, denn Bugspriet und Schegg waren schwer beschädigt, und die Matrosen, die an Bord gingen, um die Schleppleine zu befestigen, berichteten, auf den Decks herrsche wüstes Durcheinander. Als die Slup am Steg festgemacht war, nahmen Coroner Schirmer und Captain Weed vom zweiten Polizeirevier sie in Augenschein. Sie stellten fest, dass die Segel lose auf dem Deck lagen und das Beiboot, das normalerweise am Heck vertäut war, fehlte. Decke, Boden, Kojen, Tisch und Stühle in der Kajüte waren blutbefleckt, ebenso das Bettzeug, Papiere und einige Kleidungsstücke, die verstreut herumlagen. Auf dem Boden der Kajüte und auf den Deckplanken wurden Spuren gefunden, die darauf hindeuteten, dass ein schwerer Körper an die seitliche Reling geschleift worden war. Diese wies ebenfalls Blutspuren auf, und darunter lagen auf dem Deck Daumen und vier Finger einer menschlichen Hand sowie eine blutige Axt.

Am nächsten Tag meldeten Andrew Kelly und John Burke, Bewohner des Hauses an der Cedar Street, sich auf der Polizeiwache und berichteten Captain Weed, 24 Stunden bevor die Slup in den Hafen geschleppt wurde, sei Hicks mit einer großen Summe Geldes nach Hause gekommen. Als sie wissen wollten, woher er es habe, sei er ihren Fragen ausgewichen. In derselben Nacht packte Hicks seine Siebensachen und verließ mit Frau und Kind die Stadt. Der Polizist Nevins spürte sie in einer Pension in Providence, Rhode Island, auf und nahm mit der Unterstützung der dortigen Polizei die ganze Familie fest. Man brachte sie nach New York, wo Mrs. Hicks und das Kind auf freien Fuß gesetzt wurden. Hicks blieb dagegen in Gewahrsam, weil er sich bei seinen Aussagen über das Geld in Widersprüche verstrickte.

Eine eingehende Untersuchung der Habseligkeiten des Gangsters förderte eine Uhr zu Tage, von der sich herausstellte, dass sie Captain Burr gehört hatte, sowie eine Fotografie, die eine junge Frau Oliver Watts geschenkt hatte, bevor die Slup in See stach. Hicks sagte rundheraus, er heiße weder Johnson noch sei er je an Bord des Schiffes gewesen. Er konnte allerdings nicht erklären, wie er in den Besitz der Uhr und des Bildes gelangt war. Später identifizierte John Burke aus der Cedar Street ihn als seinen Nachbarn. Dann erkannte ein Matrose von einem der Staten-Island-Fährschiffe Hicks als den Mann wieder, der ihn auf der Überfahrt von der Insel nach Manhattan angesprochen und gebeten hatte, ihm dabei zu helfen, zwei Säcke voll Geld zu zählen. Bald zog das Netz der Indizienbeweise sich immer enger um Hicks zusammen, und er wurde dem Bundesvollzugsbeamten Isaiah Rynders überstellt und im Tombs inhaftiert. Im Mai kam er vor das Bezirksgericht, wo die Geschworenen ihn nach nur siebenminütiger Beratung der Piraterie und des Mordes auf hoher See für schuldig befanden. Hicks wurde zum Tod durch den Strang verurteilt, und das Gericht verfügte, dass die Hinrichtung am Freitag, dem 13. Juli, auf einer Insel in der New Yorker Bucht stattfinden sollte. Wenige Tage nach der Verhandlung bat Hicks den Gefängnisdirektor zu sich und erklärte, er wolle ein Geständnis ablegen, um seine Seele zu erleichtern. Mit auf dem Rücken gefesselten Händen und einer Kette mit Eisenkugel am Bein schritt der Gangster vor einem Publikum aus Beamten und Zeitungsreportern auf und ab und beschrieb in grausigen Einzelheiten, wie er Captain Burr und die beiden Watts-Brüder ermordet hatte. Er sagte, das Ganze habe sich um zehn Uhr abends zugetragen. Er habe gegrübelt und schließlich beschlossen, aus Rache dafür, dass man ihn schanghait hatte, die gesamte Besatzung der Slup zu ermorden.

»Ich stand am Steuer«, erzählte Hicks, »während Captain Burr und einer der Jungen in der Kajüte schliefen. Der andere Watts stand am Bug auf Wache. Plötzlich ritt mich der Teufel, und ich beschloss, den Kapitän und die Mannschaft noch in derselben Nacht umzubringen.«

Hicks zurrte das Steuerrad fest, damit das Schiff auf Kurs blieb, und ergriff einen Windenholm. Damit schlich er sich von hinten an den Jungen heran, der vorn an der Reling stand und zusah, wie der Bug des Schiffes durch die Wellen pflügte. Doch Hicks Gestalt warf im Mondschein einen langen Schatten auf das Deck, sodass Watts den Gangster bemerkte und sich umdrehte. Er stieß einen Schrei aus, dann sauste der Holm auf ihn nieder und zerschmetterte seinen Schädel. Der andere Junge erwachte von dem Lärm und wollte nachsehen, was geschehen war. Hicks hatte inzwischen eine Axt gepackt und schlug dem Jungen den Kopf ab, als dieser durch die Luke an Deck klettern wollte. Danach stieg der Ganove selbst den Niedergang hinab und machte sich auf die Suche nach dem Skipper. Captain Burr, ein kleiner, untersetzter, aber sehr muskulöser Mann, schreckte auf, als Hicks, auf den Stiel der Axt gestützt, mitten in der Kajüte stand. Im nächsten Augenblick stürzte der Pirat sich auf ihn. Die blutverschmierte Schneide der Axt glänzte im trüben Licht der Laterne, die über dem Lager des Kapitäns hing.

Krachend fuhr die Axt auf das Kopfende von Captain Burrs Koje nieder, doch der Skipper warf sich gerade noch

Die Kajüte der Austernslup E. A. Johnson

rechtzeitig zur Seite und landete auf dem Boden. Er umklammerte Hicks' Knie, sodass der Gangster das Gleichgewicht verlor, und versuchte verzweifelt, ihn am Hals zu packen, während Hicks sich bemühte, die Axt freizubekommen. Der Kampf dauerte mehrere Minuten, aber schließlich stieß Hicks den Kapitän gegen den Ofen, und bevor Burr sich wieder aufrappeln konnte, spaltete der Pirat mit einem gewaltigen Axthieb seinen Schädel. Danach kehrte Hicks auf das Deck zurück, wo der Junge, den er zuerst niedergeschlagen hatte, sich gerade wieder aufrappelte. Der Gangster schlug ihn erneut zu Boden und versuchte dann, ihn über Bord zu hieven. Als der Bursche sich an die Reling klammerte, ergriff Hicks kaltblütig die Axt und hackte ihm den Daumen und die Finger ab, sodass Watts ins Meer stürzte. Anschließend warf Hicks auch die Leichen der beiden anderen über Bord, brachte die Geldbeutel des Kapitäns an sich und nahm Kurs auf das Ufer. Als Staten Island in Sicht kam, steuerte er das Schiff wieder in Richtung des offenen Meeres und ging dann mit dem Beiboot an Land.

Hicks' Verurteilung und sein späteres Geständnis wurden zum wichtigsten Gesprächsthema in der ganzen Stadt, und in den folgenden Wochen zog ein nicht enden wollender Besucherstrom zum Tombs, wo die Schaulustigen sich auf den Gängen drängten und stundenlang in die Zelle starrten, in der Hicks in Ketten lag. Einer der ersten Besucher war Phineas T. Barnum, der bekannte Schausteller, dessen Kuriositätenkabinett damals eine große Attraktion war. Barnum bat um eine Unterredung mit dem Gefangenen, und Hicks willigte ein, nachdem er sich mit dem Gefängnisdirektor besprochen hatte. Barnum erklärte dem Piraten, er wolle eine Büste anfertigen lassen, um sie in seinem Museum auszustellen. Die beiden feilschten einen ganzen Tag lang, ehe sie sich auf 25 Dollar in bar und zwei Kisten Zigarren als Bezahlung einigten. Früh am nächsten Morgen wurde der Abdruck für die Büste abgenommen. Am Nachmittag desselben Tages kam Barnum noch einmal ins Tombs und brachte einen neuen Anzug mit, den er gegen Hicks' Kleidung eintauschte. Später beklagte Hicks sich beim Direktor, Barnum habe ihn übers Ohr gehauen – die neuen Kleider seien schäbig und längst nicht so gut wie seine alten.

Mrs. Hicks machte am Donnerstag, dem 12. Juli, um sechs Uhr abends einen Abschiedsbesuch bei ihrem Mann. Nachdem sie gegangen war, betrat Pater Duranquet die Zelle des Verurteilten und blieb bei ihm, bis Hicks um elf Uhr eine Tasse Tee trank und dann zur Ruhe ging. Er schlief fest, bis man ihn am nächsten Morgen um vier weckte und aufforderte, sich anzukleiden. Hicks zeigte weder Kummer noch Reue, sondern frühstückte mit gutem Appetit und rauchte dann die letzte der Zigarren, die er von Barnum erhalten hatte. Er bat den Direktor, dafür zu sorgen, dass Barnum die leere Kiste zurückbekäme, weil er sie in seinem Museum ausstellen wolle, und der Direktor erklärte sich bereit, dies zu veranlassen. Einige Minuten vor neun betrat Marshal Rynders, der zu diesem Anlass das Schwert des Sheriffs trug, mit einer Abordnung, zu der auch Sheriff Kelly gehörte, das Gefängnis. Alle waren mit Zylindern und schwarzen Gehröcken bekleidet. Der Bundesvollzugsbeamte verlas mit sonorer Stimme den Vollstreckungsbefehl, dann forderte er den Gefangenen auf, sich für die Hinrichtung bereitzumachen. Daraufhin zog Hicks den eigens angefertigten blauen Drillichanzug an. Er bemängelte zwar, dieser passe nicht richtig und sei nicht ordentlich gebügelt, aber der Gefängnisdirektor erklärte, dass es nun zu spät sei, um noch etwas zu ändern.

Nachdem man dem Gangster Handschellen und Fußfesseln angelegt hatte, wurde er aus seiner Zelle in den Hauptgang des Gefängnisses geführt, wo Marshal Rynders und seine Begleiter ihn feierlich in Empfang nahmen. Pater Duranquet begleitete den Delinquenten, als die Delegation ihn mit vor der Brust gehaltenen Zylindern in die Mitte nahm und höchst zeremoniell durch das große Tor auf die Straße hinaus geleitete. Draußen waren Tausende von Schaulustigen versammelt, die ihn mit Applaus empfingen, und sowohl der Gefangene als auch der Bundesvollzugsbeamte dankten mit einer Verbeugung. Die Gruppe blieb kurz auf den Stufen vor dem Gefängnis stehen, dann bog eine Militärkapelle um eine Ecke in die Center Street ein. Dahinter folgte eine Reihe Kutschen, die von pechschwarzen Pferden gezogen und von ganz in Schwarz gekleideten Kutschern gelenkt wurden. Als der Zug unter Trommelwirbeln und Fanfarenstößen vor dem Tombs zum Stehen kam, schritt Marshal Rynders mit dem seidenen Zylinder in der Armbeuge und dem klirrenden Schwert am Gürtel feierlich die Stufen hinab und nahm auf dem vorderen Sitz der ersten Kutsche Platz. Deputy Marshal Thompson setzte sich neben ihn, während Hicks auf dem hinteren Sitz zwischen Pater Duranquet und Sheriff Kelly gesetzt wurde. In der zweiten Kutsche nahmen die stellvertretenden Sheriffs Platz, die ihre Amtsstäbe trugen. Die übrigen Fahrzeuge füllten sich mit Polizisten, Spielern, Boxern, Politikern, Ärzten und Zeitungsreportern. Auf ein Zeichen von Marshal Rynders hin ertönte ein Trommelwirbel, die Musiker stimmten einen Trauermarsch an, und die Kutschen setzten sich langsam in Bewegung, vorbei an der jubelnden Menge, die an den Straßen bis zur Canal Street Spalier stand. Dort lag der Dampfer Red Jacket bereit, um die Gesellschaft auf Bedloe's Island überzusetzen – die heutige Liberty Island, auf der die Freiheitsstatue ihre strahlende Fackel in die Höhe reckt.

Als die Prozession die Anlegestelle erreichte, blieben Kutschen und Kapelle zurück. Außer der Delegation mit dem Verurteilten gingen mehr als 1000 Menschen an Bord des Dampfers, die nur zur eigentlichen Hinrichtung und nicht zur vorherigen Prozession geladen waren. Hicks wurde in der Kajüte bequem untergebracht und begann sogleich, mit Pater Duranquet zu beten. Gegen zehn Uhr legte der Dampfer, auf dem sich rund 1500 Menschen drängten, ab und nahm Kurs auf die Insel. Als die Flussmitte erreicht war, entschied Marshal Rynders jedoch, es sei reichlich Zeit, und man könne mit den Gästen noch eine Vergnügungsfahrt den Hudson hinauf unternehmen. Die Red Jacket machte also kehrt und dampfte langsam flussaufwärts, bis sie die Höhe der Hammond Street erreichte. Dort lag der Dampfer Great Eastern vor Anker, der erst vor kurzem seine Jungfernfahrt von Europa nach New York vollendet hatte. Hicks wurde an die Reling geführt, und während die Red Jacket die Great Eastern umrundete, trat Marshal Rynders auf die Brücke. Mit dem Schwert in der einen und einem Sprachrohr in der anderen Hand erklärte er den Passagieren des Dampfers, welches das Ziel der Fahrt war und warum Hicks Hand- und Fußfesseln trug.

Gegen halb elf nahm die Red Jacket wieder Kurs auf die Bucht und erreichte eine halbe Stunde später Bedloe's Island. Angeführt von Marshal Rynders, Pater Duranquet und Hicks marschierten die Passagiere in einem langen Zug die Gangway hinunter, an der Marinesoldaten unter Captain John B. Hamiltons Kommando Spalier standen. Am Ende des Landungsstegs wartete eine Infanterieabteilung aus der Garnison von Fort Hamilton am Ufer, um den Verurteilten zur Hinrichtungsstätte zu eskortieren. Hicks ging mit vor der Brust gekreuzten Händen, und seine Lippen bewegten sich im stillen Gebet. Als er den Boden der Insel betrat, kniete er mit Pater Duranquet nieder und befahl seine Seele dem Allmächtigen. Die Gäste standen mit entblößten Köpfen und warteten, bis er geendet hatte. Dann setzte sich der Zug in Bewegung. Die Soldaten bildeten einen Rahmen, in dessen Mitte Hicks ging, und die Regimentskapelle begleitete die Prozession mit einem Trauermarsch.

Inzwischen waren Hunderte von Booten von Manhattan, Staten Island, New Jersey und Brooklyn eingetroffen, die vom Ufer aus über mehr als 30 Meter hinweg eine dichte Masse bildeten. Dahinter lagen zahlreiche große Ausflugsschiffe, die mit Fahnen und bunten Wimpeln geschmückt waren. Auf ihnen drängten sich vom Bug bis zum Heck jubelnde Schaulustige, unter denen fliegende Händler heißen Mais, Süßigkeiten und andere Leckereien feilboten. Schätzungen zufolge wurden etwa 10 000 Menschen Zeugen der Hinrichtung, denn der Galgen stand nicht einmal zehn Meter vom Ufer entfernt, sodass die Zuschauer auf den Booten einen guten Blick darauf hatten. Pünktlich um 11.30 Uhr betrat Hicks das Gerüst, und eine Viertelstunde später – nachdem Marshal Rynders und andere Abgeordnete ihm die Hand gereicht hatten – wurde das Seil durchtrennt, und der Verurteilte stürzte durch die Falltür. Er wand sich drei Minuten lang in heftigem Todeskampf, dann wurde er still. Man ließ den Körper eine halbe Stunde lang hängen, ehe man ihn abnahm und mit der Red Jacket nach Manhattan zurückbrachte. Hicks wurde auf dem Calvary Cemetery begraben, aber die Leiche war kaum kalt, da wurde sie schon aus dem Grab geraubt und für ein paar Dollar an Medizinstudenten verschachert.

3

Als die Polizei die Gangs aus dem vierten Bezirk nach und nach weiter nach Norden drängte, entstanden um Corlears Hook herum an der Biegung des East River ebenso zwielichtige Spelunken, wie es sie an der Water Street und der Cherry Street gab. Sie trugen Namen wie Tub of Blood, Hell's Kitchen, Snug Harbor, Swain's Castle, Cat Alley und Lava Beds. Zu den berühmten Dieben und Gangstern, die in der Zeit nach dem Bürgerkrieg dort verkehrten, gehörten Skinner Meehan, Dutch Hen, Brian Boru, Sweeney the Boy, Hop Along Peter und Jack Cody. Sweeney the Boy und Brian Boru benutzten 20 Jahre lang ein Marmorlager am Corlears Hook als Schlafplatz. Einmal ging Brian Boru jedoch so betrunken schlafen, dass er sich in der Nacht nicht gegen die riesigen grauen Hafenratten wehren konnte, die sich auf der Suche nach Futter oft weit von den Docks entfernten. Als man seine Leiche fand, hatten die Ratten sie bereits zur Hälfte aufgefressen. Hop Along Peter war geistig behindert, aber trotzdem ein gefährlicher Raufbold, der beim Anblick einer Polizeiuniform in unkontrollierte Wutanfälle ausbrach und für seine Kämpfe mit Polizisten berüchtigt wurde.

Patsy Conroy, der mit seiner Gang im Hafenviertel des vierten Bezirks sehr erfolgreich gewesen war, zog mit Sack und Pack zum Corlears Hook. Dort schlossen sich ihm bald weitere berühmte Ganoven und Kämpfer an – Joseph Gayles, der als Socco the Bracer bekannt war, Scotchy Lavelle, Johnny Dobbs, der mit bürgerlichem Namen Mike Kerrigan hieß, Kid Shanahan, Pugsy Hurley, Wreck Donovan, Tom the Mick, Nigger Wallace, Beeny Kane, Piggy Noles und Dutzende mehr. Scotchy Lavelle wurde in späteren Jahren zum stolzen Besitzer eines Lokals in Chinatown, während Johnny Dobbs als Bankräuber Karriere machte. Die Laufbahn von Socco the Bracer, Conroys engstem Vertrauten, fand in der Nacht des 29. Mai 1873 ein jähes Ende: Er stahl gemeinsam mit Bum Mahoney und Billy Woods am Jackson-Street-Pier ein kleines Boot, und die drei ruderten flussabwärts zum Pier 27 am East River, wo die Brigg Margaret zum Beladen lag. Die Gangster gelangten unbemerkt an Bord, aber als sie eine Truhe plünderten, erwachten der Kapitän und der Maat. Es kam zu einem Handgemenge, in dem die Gangster übel zugerichtet wurden. Schließlich flüchteten sie in ihr Boot, während der Skipper der Brigg mehrere Schüsse abfeuerte, um die Polizei zu alarmieren. Die Schutzmänner Musgrave und Kelly, die mit einem Ruderboot auf dem Fluss patrouillierten, versuchten, den Räubern den Weg abzuschneiden, verfehlten sie aber in Nebel und Dunkelheit und ruderten zurück zum Pier. Als Musgrave seine Laterne aufblendete, erkannte er im trüben Schein plötzlich ein Boot, das langsam unter dem Steg hervorkam. Mahoney und Woods saßen an den Rudern, während Socco the Bracer mit schussbereitem Revolver im Heck stand.

Sobald Socco das Licht sah, feuerte er die Waffe ab, verfehlte aber sein Ziel. Daraufhin ließen seine Komplizen die Ruder los und zogen ebenfalls ihre Revolver. Die Poli-

Kampf mit Flusspiraten

zisten erwiderten das Feuer, und Musgrave traf mit dem
ersten Schuss Socco the Bracer in die Brust, dicht unter
dem Herzen. Als dieser vornüber ins Boot stürzte, legten
Mahoney und Woods sich in die Riemen und ruderten mit
raschen Schlägen bis in die Mitte des Stroms, wo sie Socco
the Bracer über Bord warfen, um das Gewicht zu ver-
ringern. Aber Socco lebte noch und kam im kalten Wasser wieder zu sich. Er schaffte es, zurück zum Boot zu
schwimmen, und klammerte sich am Dollbord fest. Die
Polizisten hörten durch die Dunkelheit, dass er seine
Kumpane anflehte, ihm an Bord zu helfen. Woods wollte
ihm mit einem Ruder auf die Hände schlagen und ihn ertrinken lassen, aber Mahoney, der mehr Mitgefühl hatte,
zog den verwundeten Gangster ins Boot. Socco starb jedoch, noch ehe sie 15 Meter weiter gerudert waren, und
Mahoney stieß ihn verächtlich in den Fluss zurück. Vier
Tage später trieb die Leiche auf der Höhe der Stanton
Street wieder an die Oberfläche – in Sichtweite des Hauses, in dem der Gangster gewohnt hatte.

Das Schicksal von Socco the Bracer jagte den Ganoven vom Corlears Hook einen gehörigen Schrecken ein, aber es dauerte nicht lange, bis sie wieder Mut fassten. Nicht einmal ein halbes Jahr nach Soccos Tod, am 30. November 1873, nahm die Brigg Mattan eine Ladung Petroleum auf und fuhr am späten Nachmittag den East River hinab bis zur Südspitze Manhattans, wo sie vor Anker ging. T. H. Connauton, der Kapitän und Schiffseigner, wollte am nächsten Morgen seine Besatzung an Bord nehmen und nach Liverpool in See stechen. Doch kurz nach Mitternacht löste sich ein Boot mit sieben maskierten Gangstern lautlos aus dem Schatten eines Piers beim Corlears Hook und glitt zur Battery hinunter, wo die Ganoven mithilfe einer Leine, die man achtlos am Bug hatte hängen lassen, an Bord der Brigg kletterten. Als sie über das Deck nach achtern schlichen, stolperte einer von ihnen über eine Taurolle und schlug hart auf die Planken. Der Lärm rief den Maat des Schiffes auf den Plan, der jedoch sofort mit einem Totschläger niedergeschlagen, gefesselt und geknebelt wurde. Auch der zweite Maat wurde gefangen genommen, und dem Steward erging es nicht anders, als er es wagte, seinen Kopf aus der Luke zu stecken.

Dann schlichen die Gangster zu der Kajüte, in der Captain Connauton, seine Frau und ihre drei Kinder schliefen. Sie klopften an, und als der Skipper fragte, was los sei, bekam er zur Antwort, die Hafenpolizei wolle ihn sprechen. Captain Connauton öffnete noch im Halbschlaf die Tür, schlug sie jedoch sofort wieder zu, als er die Ganoven mit ihren maskierten Gesichtern, Totschlägern und Eisenstangen vor sich sah. Kaum hatte er die Tür wieder geschlossen, feuerte auch schon einer der Gangster einen gewaltigen Revolver ab. Die Kugel durchschlug das Holz und traf Captain Connauton ins Bein. Während der Skipper zusammenbrach, versuchten seine Frau und die Kinder verzweifelt, die Tür mit Möbeln zu verbarrikadieren, aber die Gangster schlugen sie im Handumdrehen ein und drängten in die Kajüte. Sie behaupteten zu wissen, dass der Kapitän 4000 Dollar in bar an Bord habe, und forderten ihn auf, das Geld herauszugeben. Als Captain Connauton sich weigerte, packten die Ganoven Mrs. Connauton, hielten ihr eine Pistole an den Kopf und drohten, sie zu erschießen, wenn er das Geld nicht hergäbe. Captain Connauton konnte sie schließlich mit Mühe davon überzeugen, dass er die verlangte Summe nicht hatte. Als er sich bereit erklärte, ihnen ein Versteck zu zeigen, in dem er 45 Dollar aufbewahrte, ließen die Gangster von Mrs. Connauton ab. Sie plünderten die Kajüte und zogen nach einer Stunde an Bord der Brigg schließlich mit dem Geld, einem Diamantring, zwei Uhren, drei Goldketten, einem Rubinring und drei seidenen Kleidern ab. Die Roben hatte Mrs. Connauton auf ihrer letzten Englandreise in Liverpool gekauft.

Zwei Tage nach dem Überfall auf die Brigg nahm die Hafenpolizei Tommy Dagan und Billy Carroll fest – zwei jugendliche, aber skrupellose Gangster, die kurz darauf vor Gericht gestellt und zu Gefängnisstrafen verurteilt wurden. Ein halbes Jahr später stellte sich jedoch heraus, dass Dagan und Carroll jene Nacht in einer Kneipe an der Water Street verbracht hatten und dass die maskierten Männer, die die Mattan überfallen hatten, zur Patsy-Conroy-Gang gehörten. Deren Anführer, Denny Brady und Larry Griffin, waren Schurken ersten Ranges und nicht nur hochkarätige Flusspiraten, sondern auch erstklassige Räuber. Als die Ausbeute im Hafenviertel immer spärlicher wurde, unternahmen sie mit einer Bande maskierter Männer Raubzüge in die kleinen Orte der County Westchester an den Ufern des Long Island Sound – der Meerenge, die Long Island vom Festland trennt – und auf der Insel selbst. Zwei Jahre lang versetzten sie diese Weiler in ständigen Schrecken, aber schließlich wurde Brady verurteilt, nachdem er ein Haus in Catskill ausgeraubt hatte, und Griffin und Patsy Conroy wurden in White Plains zur Strecke gebracht.

Auch die Hookers-Gang hatte sich aus dem vierten Bezirk an den Corlears Hook zurückgezogen. Nachdem man Conroy hinter Gitter gebracht und seine Gefolgschaft zerschlagen hatte, wurde sie zur ruchlosesten Bande des Bezirks. Ihre Anführer waren Tommy Shay, Suds Merrick, James Coffee und Terry Le Strange, die nicht nur in der Hafengegend auf Raubzüge gingen, sondern sich auch als Einbrecher, Taschendiebe und Trickdiebe betätigten. Andere berühmte Gangster wie beispielsweise Bum Mahoney schlossen sich den Hookers an. Sie richteten sich in einer Hafenkneipe am Ende der Stanton Street ein und trieben ihr Unwesen am Ufer des East River von der 14th Street bis zur Battery. Für kurze Zeit waren sie sehr erfolgreich, aber gegen Ende des Jahres 1874 wurden Sam McCracken, Tommy Bonner und Johnny Gallagher, drei von Merricks besten Männern, für einen Überfall auf die Thomas-H.-Brick zu langen Haftstrafen im Auburn-Gefängnis verurteilt. Sie hatten das Kanalboot geentert, den Kapitän gefesselt und geknebelt und das Schiff anschließend in aller Ruhe ausgeplündert.

Nachdem diese drei hochkarätigen Mitglieder der Hookers-Gang der Polizei in die Hände gefallen waren, trat Merrick als Anführer zurück. Sein Nachfolger wurde Bum Mahoney, der mit seinen 23 Jahren bereits zu den berüchtigtsten Ganoven des Hafenviertels zählte. Einer seiner engsten und besten Mitarbeiter, Slipsley Ward, kam ins Gefängnis, weil er einen Schoner überfallen hatte, der am Anlegesteg an der Pike Street lag, und versucht hatte, im Alleingang die sechsköpfige Besatzung zu überwältigen. Ein weiteres Mitglied der Hookers, Piggy Noles, stahl ein Ruderboot und verkaufte es mit einem neuen Anstrich wieder an den ursprünglichen Besitzer. Nigger Wallace, der ebenfalls zur Gang gehörte, versuchte einen Überfall auf drei Männer in einem Ruderboot. Fatalerweise handelte es sich dabei um Polizisten. Mahoney konnte sich auch rühmen, Old Flaherty, das Oberhaupt einer berüchtigten Familie, zu seinen Getreuen zu zählen. Old Flahertys langer weißer Schnurrbart und sein gütiges Lächeln waren trügerisch, denn in Wirklichkeit war er einer der grausamsten Ganoven des siebten Bezirks. Er endete schließlich wegen Diebstahls im Gefängnis auf Blackwell's Island, und seine Frau, die als Laden- und Taschendiebin bekannt war, folgte ihm nur wenig später. Inzwischen war ihr jüngster Sohn als Raubmörder und Straßenräuber zu 15 Jahren im Sing Sing verurteilt worden, und der Älteste hatte es in der Ferne zu zehn Jahren im Hochsicherheitsgefängnis von Illinois gebracht.

Es gelang der Polizei zwar bis zum Ende des Bürgerkriegs, den Gangstern des vierten Bezirks den Garaus zu machen, aber gegen die Ganoven vom Corlears Hook konnte sie nicht viel ausrichten, bis 1876 die Spezialtruppe Steamboat Squad unter Captain Gastlins Kommando eingerichtet wurde. Das erste Schiff dieser Einheit war der Dampfer Seneca; später kamen weitere hinzu. Sie kreuzten über den East River und den Hudson sowie durch den Hafen und waren mit zahlreichen Polizisten bemannt. Diese Schiffe verfügten über Ruderboote, die zu Wasser gelassen wurden, sobald ein Gangster in Sicht kam oder irgendwo Alarm geschlagen wurde. Später erhielt die Hafenpolizei außerdem Dampfbarkassen, und mit der Zeit entstand aus dieser Flotte die *Marine Division*, der wohl effizienteste Zweig der Ordnungskräfte.

1890 hatten bereits die meisten Spelunken an der Water Street und am Corlears Hook aus Mangel an Kundschaft schließen müssen, und während des folgenden Jahrzehnts rottete die Polizei die organisierten Gangs in den Hafenvierteln praktisch aus. Zwar trieben nach wie vor einzelne Diebe, die noch bis ins 20. Jahrhundert hinein immer wieder von sich reden machten, ihr Unwesen, aber Gangs, die würdig gewesen wären, in einem Atemzug mit den Daybreak Boys genannt zu werden, gab es nicht mehr, bis nach dem Ersten Weltkrieg die White Hands in Erscheinung traten. Diese versetzten das Brooklyner Ufer des East River um die Brooklyn Bridge und den Red Hook herum unter der Führung von Dinny Meehan und Wild Bill Lovett in Angst und Schrecken und wagten gelegentlich sogar Raubzüge in die Docks und Reedereien Manhattans – allerdings nur selten und stets ohne Erfolg. Wild Bill arbeitete mit einer ausgesprochen einfachen Methode: Reeder, die sich weigerten, der Gang Tribut zu zahlen, wurden verprügelt und erdolcht, ihr Eigentum wurde in Brand gesteckt, verwüstet und geplündert. 1923 – drei Jahre nachdem das Schicksal Meehan ereilt hatte – wurde Lovett von einem Rivalen ermordet, der es auf seine Nachfolge abgesehen hatte. Peg Leg Lonergan übernahm die Führung der Gang, aber sein übergroßer Ehrgeiz wurde ihm zum Verhängnis. Er wagte einen Überfall auf das Hauptquartier einer Gang im Süden Brooklyns, bei dem er gemeinsam mit zweien seiner Gefolgsleute ums Leben kam. Danach hatten die White Hands keine großen Anführer mehr, und es wurde immer stiller um die Gang.

Kapitel 5

Der Tod des Butcher Bill

1

Von allen kriminellen Elementen, die in der Zeit vor dem Bürgerkrieg in New York ihr Unwesen trieben, waren die Betreiber der Spielsalons am dreistesten. Ihr Geschäft war ungemein einträglich, sodass sie es sich leisten konnten, den politischen Machthabern für ihre Protektion ansehnliche Summen zu zahlen. Gegen dieses System der Korruption waren die Reformer trotz stürmischer Proteste machtlos. Im Herbst 1850 wurde Jonathan H. Green, der dem illegalen Geschäft den Rücken gekehrt hatte und als Geschäftsführer der New Yorker Vereinigung zur Bekämpfung des Glücksspiels auf den Pfad der Tugend zurückgekehrt war, mit einer Studie zur gegenwärtigen Lage beauftragt. Er präsentierte seine Ergebnisse im Rahmen einer Massenveranstaltung im Broadway Tabernacle, bei der auch Horace Greely und andere prominente Bürger der Stadt sprachen. Wie Green darlegte, waren zu jener Zeit rund 6000 Spielkasinos in Betrieb, darunter mehr als 200 der gehobenen Klasse, in denen angesehene und wohlhabende Männer verkehrten. Darüber hinaus gab es mehrere Tausend Tombolas, Verlosungen und Lotterien. Letztere waren besonders unter den Einwanderern sehr beliebt.

Die exklusiven Lokale befanden sich überwiegend am Park Place, an der Liberty und der Vesey Street, der Park Row und dem Lower Broadway sowie an der Barclay Street, wo sie im frühen 20. Jahrhundert von christlichen Buchläden und Devotionalienhandlungen abgelöst wurden. Jim Bartolfs Lokal am Park Place 10 war für unlautere Methoden berüchtigt. Ein paar Häuser weiter betrieb Jack Wallis, ein Chinese, ein bekanntes Etablissement, das früher French José und Jimmy Berry gehört hatte. Sie hatten eine Münze darum geworfen und es an den neuen Besitzer verloren. Weitere berühmte Spielhöllen waren die von Handsome Sam Suydam und Harry Colton an der Barclay Street, Hillmans Salon an der Liberty Street, Pat Hernes und Orlando Moores am Lower Broadway sowie das Haus am Park Place, das Frank Stuart gehörte. Herne zählte zu den Erfolgreichsten der Branche, war allerdings auch selbst ein unverbesserlicher Zocker und verspielte die Einnahmen aus seinem eigenen Geschäft regelmäßig in den Lokalen der Konkurrenz. Viele der exklusiven Salons, aber auch zahlreiche Lotterie- und Tombolageschäfte gehörten angeblich Reuben Parsons oder standen unter seinem Schutz. Parsons war der unangefochtene Zockerkönig seiner Zeit und allgemein als Amerikas Herr des Faro bekannt. Er stammte aus Neuengland und war mit einigen Tausend Dollar nach New York gekommen – eigentlich als Geschäftsmann und mit der Absicht, ein ebenso rechtschaffenes Leben zu führen, wie er es in seiner Heimatstadt getan hatte. Er verspielte jedoch sein gesamtes Vermögen und war anschließend so überwältigt von der Leichtigkeit und Schnelligkeit, mit der sein Geld den Besitzer wechselte, dass er selbst eine Spielhalle eröffnete. Parson war bald ein reicher Mann, achtete aber im Gegensatz zu den meisten anderen in seiner Branche auch weiterhin auf schlichte Kleidung und ein bescheidenes Auftreten. Er verkehrte ungern unter seinesgleichen und ließ sich selten in einem der Lokale sehen, die von ihm geführt wurden. Vor allem ließ er nach seiner ersten Erfahrung ein für allemal die Finger vom Glücksspiel.

Die 50er und 60er Jahre waren die Blütezeit des Glücksspiels in New York. »Park Row, Barclay Street und Vesey Street sind für dieses Gesindel die Wall Street«, schrieb die Zeitung *New York Herald*. »Die Geschäfte, die hier in dieser Branche gemacht werden, übertreffen wahrscheinlich sogar die in London, und es ist zu befürchten, dass die harten Maßnahmen, mit denen man das schändliche Gewerbe in London und Paris bekämpft, dazu führen werden, dass zahlreiche Gauner von dort nach New York kommen. Dann steht uns ein weiterer starker Anstieg der Kriminalität bevor – von Raub und Diebstahl und all den Lastern und Verbrechen, die damit einhergehen. Viele der gemeinen Zocker, die selbst den verschlagensten Taschendieb vergleichsweise ehrenwert erscheinen lassen, führen ein Leben am Puls unserer Zeit. Morgens schlendern sie über den Broadway, nachmittags unternehmen sie Spazierfahrten, abends lungern sie an der Oper herum, und dann treiben sie bis fünf Uhr früh an der Park Row und der Barclay Street ihr betrügerisches Geschäft. Wo die bessere Gesellschaft sich tummelt, dort sind auch sie in den ersten Reihen dabei.« Das beliebteste Glücksspiel in den Kasinos dieser erlauchten Herrschaften war Faro, das damals so populär war, wie Poker es später wurde. »Das Faro-Spiel, ein Lieblingskind der Polizei und der Hüter der öffentlichen Moral in dieser Stadt«, schrieb Green in seinem Abschlussbericht, »trifft den amerikanischen Geschmack so genau, dass man es geradezu als Nationalspiel bezeichnen könnte. Es hat bei uns Yankees denselben Stellenwert wie Rouge et Noir in Frankreich und Monte in Spanien.... Faro hält in New York unaufhaltsam seinen Siegeszug. Die Spannung, die es bietet, bringt immer mehr Spieler aller Klassen auf den Geschmack.«

Die Spielkasinos der gehobenen Klasse waren prächtig ausgestattet. Livrierte Diener sorgten für das Wohl der Spieler, und manchmal wurden zur Unterhaltung der Gäste Künstler aus Varietés und Theatern engagiert. Es gab mindestens 20 derartige Etablissements, die keinen Vergleich mit berühmten Salons zu scheuen brauchten, wie sie in späteren Jahren von Richard Canfield und Honest John Kelly geführt wurden. Ein Zeitgenosse beschrieb eine der glitzernden Spielhöllen an der Park Row folgendermaßen: »Spiegel von ungeheurem Ausmaß reichen von der Decke bis zum Boden. Keine billigen Fresken, sondern wertvolle Gemälde hochkarätiger Künstler zieren Wände und Decken. Es gibt eine Fülle kostbarster goldener, vergoldeter und Möbelstücke aus Rosenholz mit Satin- oder Samtbezügen. Pünktlich um sechs wird das Abendessen serviert. Die Eleganz der Tafel findet in ganz New York nicht ihresgleichen. Der Tisch ist mit Silber und Gold, feinstem Porzellan und erlesenem Kristall gedeckt, und es werden Delikatessen der Saison in exquisiter Zubereitung gereicht. Die Betreiber dieser Spielkasinos der Spitzenklasse wetteifern unentwegt darin, einander in der Qualität der Speisen und der Tischdekoration zu überbieten.«

2

Dieses Paradies der Lokalpolitiker, Gangster und Zocker betrat in den frühen 50er Jahren John Morrissey. Er verfügte über einen scharfen Verstand und die Größe und Kraft eines Riesen – die besten Voraussetzungen für eine Karriere in der Unterwelt. Morrisseys frühe Boxerkarriere gipfelte in einem Sieg über John C. Heenan. Später stieg er zum Besitzer luxuriöser Spielkasinos in New York und Saratoga Springs auf, hatte einen Sitz im Kongress, dem gesetzgebenden Organ der Vereinigten Staaten, und zählte gemeinsam mit dem unvergesslichen Honest John Kelly zu den führenden Köpfen von Tammany Hall. In dieser Funktion bestimmte er auch die Vetternwirtschaft in der Partei maßgeblich mit. Ganz nebenbei wurde aus Morrissey, der zerlumpt und ohne einen Cent in der Tasche nach New York gekommen war, ein sehr reicher Mann, der Ringe an den Fingern und Diamanten auf der Hemdbrust trug und Gold in ungeheuren Mengen scheffelte. Sein Vermögen soll auf dem Höhepunkt seiner Karriere 700 000 Dollar betragen haben.

Morrissey stammte angeblich aus Irland, machte aber zuerst in Troy im Staat New York von sich reden, wo er eine Bar führte und es als Schläger und unerschrockener Kämpfer in der Gegend zu beträchtlichem Ansehen brachte. Er hielt sich mehrmals vorübergehend in New York auf, ehe er endgültig in die Metropole zog. Bei einem seiner Besuche wagte er einen tollkühnen Überfall auf das Lokal in der Park Row 25. Dieses Etablissement gehörte Captain Isaiah Rynders, der Tammany Hall zeitweilig den Rücken gekehrt hatte und sein Glück bei den Native Americans versuchte. Diese einwanderungsfeindliche Partei war aus geheimbundähnlichen Zusammenschlüssen hervorgegangen, weswegen ihre Mitglieder auch als *Know-Nothings* – ›Nichtswisser‹ – bezeichnet wurden. Rynders hatte den ehemaligen Empire Club in Americus umbenannt und zum Stammlokal der Gangsterbosse und anderer Schurken gemacht, die im Dienst der *Know-Nothings*

John Morrissey

standen. Dazu zählten auch Tom Hyer, der amerikanische Meister im Schwergewicht, sowie Bill Poole, der Bill the Butcher genannt wurde und mit seiner Gang aus Schlägern von der West Side die Gegend um die Christopher Street terrorisierte. Poole galt allgemein als der größte Schläger seiner Zeit, mit dem es in Sachen Verstümmelung nicht einmal die skrupellosesten Kämpfer von den Five Points und aus dem vierten Bezirk aufnehmen konnten. Bevor er eine eigene Gang gründete und es in der Politik zu Rang und Namen brachte, hatte Poole die Schule der Bowery Boys durchlaufen.

Als Morrissey grölend in den Americus Club stürmte und versuchte, das Lokal zu demolieren, wurde er von Poole und anderen Schlägern der Native Americans fürchterlich zugerichtet. Rynders war jedoch so beeindruckt von der Kraft und Kühnheit des Eindringlings, dass er ihn im besten Zimmer des Hauses einquartierte und für ärztliche Versorgung und Pflege sorgte, bis Morrissey wieder aufstehen konnte. Dann bot er dem Wiederhergestellten einen Platz in den obersten Rängen seiner Gefolgsleute an. Morrissey lehnte die Ehre jedoch ab, denn seine erste Begegnung mit Tom Hyer und Bill Poole hatte eine unüberwindliche Abneigung gegen diese Gangster wachsen lassen. Er kehrte nach Troy zurück, um sich zu erholen, kam aber bereits wenige Wochen später wieder nach New York, wo er gelegentlich in verschiedenen Saloons und Spielhallen arbeitete und auf eine Chance wartete, seine Kühnheit unter Beweis zu stellen. Die Gelegenheit bot sich schließlich bei einer Wahl in einem der nördlichen Bezirke New Yorks. Die rechtschaffenen Bürger der Gegend befürchteten Unruhen – Bill the Butcher hatte sogar ausdrücklich angekündigt, mit seinen Gangstern die Wahllokale zu überfallen und die Wahlurnen zu demolieren. Da man nicht auf den Schutz der Polizei zählen konnte, hatten die Bürger beschlossen, den Teufel mit dem Beelzebub auszutreiben. Sie ließen verlauten, dass ein Gangsterboss gesucht würde, der es wagte, sich Poole und seinen Leuten entgegen zu stellen.

Am folgenden Morgen sprach Morrissey bei John A. Kennedy vor, der später Polizeipräsident wurde und bei den Aushebungskrawallen um ein Haar dem Mob zum Opfer gefallen wäre. Die beiden vereinbarten, dass Morrissey eine Truppe aufstellen sollte, um den Wahlbezirk zu sichern und vor Bill the Butcher zu schützen. Als die Wahllokale geöffnet wurden, stand Morrissey mit 50 der kühnsten Five-Points-Krieger bereit, die er für die Dauer der Kämpfe für einen Dollar pro Kopf angeheuert hatte. Er brachte seine Leute um das Gebäude herum in Stellung und erteilte Anweisungen: Wenn einer von Pooles Gangstern zu Boden ginge, sollte man ihm keine Gelegenheit geben, wieder auf die Beine zu kommen, sondern ihm gnadenlos den Schädel einschlagen. Morrissey deutete auch an, niemand werde für Verstümmelungen an Bill the Butchers Schlägern zur Rechenschaft gezogen werden, und Ohren und Nasen könnten als begehrte Trophäen des denkwürdigen Ereignisses betrachtet werden. Gegen Mittag fuhr ein riesiges, von vier Pferden gezogenes Holzfuhrwerk mit 30 von Pooles tapfersten Männern vor. Unter der Führung von Bill the Butcher persönlich sprangen sie vom Wagen und stürmten das Wahllokal. Angesichts des Empfangs, den Morrissey für sie vorbereitet hatte, hielten sie jedoch inne. Poole und Morrissey traten einander in der Mitte des großen Raumes gegenüber und maßen sich mit Blicken, aber Bill the Butcher erkannte schnell, dass er der Unterlegene war. Er hatte nicht einmal genügend Leute. Also machte er kehrt, verließ gemessenen Schrittes das Gebäude, stieg mit seinen Schlägern wieder auf den Wagen und verschwand. Morrissey hatte ohne einen einzigen Hieb einen glorreichen Sieg davongetragen. Seine enttäuschten Kämpfer warfen Pooles Leuten beim Rückzug allerdings noch ein paar Steinbrocken nach und setzten drei der Gegner außer Gefecht.

Als die Tammany-Bosse von Morrisseys Tat hörten, empfingen sie ihn mit offenen Armen und versorgten ihn mit genügend Startkapital für einen kleinen Spielsalon. Jetzt, da er ein florierendes Geschäft und ausreichend Geld besaß, nahm Morrissey einen gebührenden Platz in den unteren Rängen von Tammany Hall ein und wurde zum Partner und Kampfkumpan berüchtigter Schläger wie Jim Turner, Lew Baker und Yankee Sullivan. Letzterer hieß eigentlich Ambrose und war ein berühmter Boxer, der einige Zeit später von den San Francisco Vigilantes, der sittenstrengen Bürgerwehr der Stadt, gelyncht wurde. All diese Männer waren bereits gegen Tom Hyer und Bill the Butcher angetreten, aber unter deren knallharten Faustschlägen und Tritten zu Boden gegangen. Gegen Ende des Jahres 1854 erlitt Yankee Sullivan in einer Austernbar am Park Place, Ecke Broadway, eine schmähliche Niederlage gegen Hyer. Als die beiden einige Monate später in einem professionellen Preisboxkampf erneut gegeneinander antraten, bestätigte sich Hyers Überlegenheit. Sullivan, Turner und Baker hatten daher einen ebenso großen Hass auf die Gladiatoren der Native Americans wie Morrissey, und es kam immer wieder zu Zusammenstößen zwischen den beiden Gruppen.

Anfang Januar 1855 trafen Turner und Baker in Platts Saloon im Kellergeschoss des Wallack's Theater am Broadway, Ecke 12th Street, auf Hyer, der an der Bar saß und heißen Rum trank. Als er gerade einen Schluck nahm, streifte Turner ihn im Vorbeigehen mit dem Ellenbogen an der Nase und schlug ihm das Glas aus der Hand. Dabei ließ er eine abfällige Bemerkung über Hyers Abstammung fallen. Als Hyer aufbegehrte, warfen Turner und Baker ihre Talmas[1] ab, zogen die Pistolen und richteten diese

---

[1] Cape oder Umhang, so genannt nach dem französischen Schauspieler Talma.

drohend auf Hyer. Als sie ihn zum Kampf herausforderten, erwiderte Hyer besänftigend, er wolle keinen Ärger. Die Zurückhaltung des Gegners reizte Turner erst recht, und er feuerte zwei Schüsse ab, von denen einer Hyer am Hals streifte. Daraufhin zog dieser ebenfalls die Pistole, gab jedoch zunächst nur einen Warnschuss ab. Als er sich umwandte, sah er, dass Turner zu einem dritten Schuss ansetzte. Da packte der Boxer den Tammany-Gangster und schleuderte ihn mit solcher Wucht auf den Boden, dass es diesem die Waffe aus der Hand schlug. Unterdessen hatte Baker sich von hinten auf Hyer gestürzt. Da sein Revolver versagte, versuchte er, dem Gegner mit dem Griff den Schädel einzuschlagen. Hyer schleuderte Baker auf den am Boden liegenden Turner. Als gleich darauf ein Polizist eintrat, forderte er diesen auf, Baker festzunehmen. Der Schutzmann wollte jedoch nicht in private Auseinandersetzungen unter Gentlemen eingreifen. Also packte Hyer Baker am Kragen und zerrte ihn die paar Stufen bis zur Straße hinauf, wo er ihn gnadenlos mit Tritten und Schlägen traktierte. Als Baker am Boden lag, war es ihm gelungen, sein Messer zu ziehen, mit dem er Hyer jetzt heftig attackierte. Er verletzte den Gegner damit am Knöchel, doch dieser trat ihm das Messer aus der Hand. Schließlich ließ Hyer Baker bewusstlos auf dem Gehweg liegen und kehrte in den Saloon zurück, um sich Turner zuzuwenden. Der hatte jedoch seine Pistole im Stich gelassen und war durch den Hinterausgang geflüchtet.

Der Kampf in Platts Kneipe erregte die Gemüter in der Unterwelt ebenso wie in der Politik. Die Schläger beider Parteien, der Tammany und der Native Americans, rüsteten sich zum Kampf und führten großspurige Reden. Ein paar Tage später kam es im Gem, einer Kneipe an der Canal Street, zu einem Zusammenstoß zwischen Bill the Butcher und Baker, bei dem es dem Tammany-Gangster übel erging. Baker behauptete später, Poole habe versucht, ihm die Augen auszustechen und ein Ohr abzubeißen.

Bevor es ganz um Baker geschehen war, griff die Polizei ein. Poole verließ den Saloon, wobei er wortreich schwor, eines Tages werde er ›Hackfleisch aus Baker machen‹. Von diesem Zeitpunkt an trug Baker Tag und Nacht Waffen und wagte sich fast nur noch in Begleitung von Turner oder Paudeen McLaughlin vor die Tür. McLaughlin war ein weiterer berüchtigter Tammany-Krieger, der besonders mörderisch kämpfte, seit er bei einer Schlägerei an den Five Points seine Nase eingebüßt hatte. Seine Spezialität war es, den Gegner mit den Stiefeln zu bearbeiten, nachdem er ihn mit einem Knüppel oder Totschläger niedergeschlagen hatte, und er genoss großen Respekt in der Unterwelt. Von Turner und McLaughlin ermutigt, schwor Baker großspurig, Poole umzubringen, wenn er ihm noch einmal unter die Augen träte. Poole erwiderte darauf, dass von Baker, sollte er ihn jemals in die Finger bekommen, kaum so viel übrig bliebe, dass es der Mühe eines Bestatters wert wäre.

Morrissey witterte in der Todfeindschaft zwischen Poole und Baker seine Chance zu beweisen, was er oft prahlerisch behauptet hatte: dass er den Native-American-Schläger im unbewaffneten Zweikampf schlagen könne. Körperlich waren Poole und Morrissey in etwa ebenbürtig: beide gut über 1,80 Meter groß und mehr als 90 Kilo schwer. Poole mochte skrupelloser sein, aber Morrissey machte diesen Makel durch bessere Technik und schnellere Reaktion wett. Viele wären von weither angereist, um einen Kampf der beiden zu sehen. Es kam jedoch nie dazu, so groß die Anstrengungen auch waren, die unternommen wurden, um eine Begegnung zwischen den beiden Männern zu arrangieren. Eines Abends, wenige Wochen nach Bakers folgenschwerer Begegnung mit Poole, trafen Letzterer und Morrissey sich in einer Bar am Broadway von Angesicht zu Angesicht. Morrissey wettete um 50 Dollar, dass Bill the Butcher keinen Ort nennen könne, an dem er ihm nicht gegenüber treten würde. Als Poole aber den

Christopher Street Pier nannte, der mitten im Herzen des Reviers seiner eigenen Gang lag, händigte Morrissey ihm wortlos das Geld aus. Eine halbe Stunde später forderte er Poole wiederum heraus, einen weiteren Ort zu nennen, woraufhin Bill the Butcher vorschlug, sie sollten sich am nächsten Morgen um sieben am Dock an der Amos Street – nur einen Block nördlich der Christopher Street – treffen.

Diesmal nahm Morrissey die Herausforderung an, obwohl seine Freunde ihn davor warnten, sich auf so gefährliches Terrain zu wagen. Von einem Dutzend Männer begleitet fuhr der Gangster mit einer Kutsche zu dem Dock, und sofort fielen rund 200 von Pooles Männern über ihn her. Obwohl Morrissey erbittert kämpfte, wurde er gründlich verprügelt und über den Pier geschleift, ehe zur Verstärkung ein Trupp seiner eigenen Leute eintraf. Poole selbst ließ sich nicht einmal blicken. Er und Morrissey trafen erst ein paar Tage später, am Abend des 24. Februar 1855, erneut aufeinander. Der Ort der Begegnung war die Stanwix Hall, eine neu eröffnete Bar am Broadway nahe der Prince Street gegenüber dem alten Metropolitan Hotel, das damals ein Zentrum des Nachtlebens war. Morrissey und Mark Maguire, der König der Zeitungsjungen, spielten in einem Hinterzimmer Karten, als Poole die Bar betrat und begann, sich selbstgefällig mit seiner Kühnheit zu brüsten. Morrissey, der die Stimme erkannte, trat daraufhin aus dem Hinterzimmer, ging geradewegs auf Bill the Butcher zu und spuckte ihm ins Gesicht. Dann zog er einen alten Revolver, zielte auf Pooles Kopf und drückte dreimal ab. Als die Patrone immer noch nicht zündete, bat Morrissey die Umstehenden, ihm eine andere Waffe zu leihen, aber niemand reagierte. Inzwischen hatte Poole seinerseits die Pistole gezogen und war schon im Begriff zu schießen, als Maguire ihn am Ärmel packte und vorwurfsvoll sagte: »Du willst doch nicht etwa einen wehrlosen Mann kaltblütig umlegen?«

Poole stieß einen derben Fluch aus und schleuderte seine Pistole zu Boden. Dann packte er zwei große Tranchiermesser vom Büfett, warf sie auf die Theke und forderte Maguire zum Duell heraus. Der lehnte jedoch höflich ab. Auch Morrissey nahm die Herausforderung nicht an – schließlich war Poole von Beruf Metzger, kannte sich mit Klingen bestens aus und war für seine Künste im Messerwerfen bekannt. Während der Streit in vollem Gange war, betrat Baker die Bar. Sobald Morrissey seinen Freund erblickte, wollte er mit Schlägen und Tritten über Poole herfallen, aber mehrere Polizisten traten gleich nach Baker ein, nahmen Morrissey und Poole fest und führten beide ab. Die zwei Gangster ließen die Schmach widerstandslos über sich ergehen. Offenbar war keinem von beiden ernsthaft daran gelegen, den Kampf zu Ende auszutragen – »Der eine hatte Muffe, und der andere traute sich nicht«, pflegte man zu sagen. Draußen vor der Bar setzten die Polizisten Poole und Morrissey wieder auf freien Fuß, nachdem sie beiden das Versprechen abgenommen hatten, nach Hause zu gehen und bis zum nächsten Morgen dort zu bleiben.

Morrissey, der erst seit wenigen Tagen verheiratet war, ging sofort in die Hudson Street 55 – es war das Haus seines Schwiegervaters, bei dem er wohnte – und wurde an dem Abend nicht mehr gesehen. Poole dagegen war kaum eine halbe Stunde aus dem Polizeigewahrsam entlassen, als er schon wieder in der Stanwix Hall erschien. Sein Schwager, Charley Lozier, und ein Kumpan und Ratgeber namens Charley Shay waren bei ihm. Poole tat, als wolle er sich beim Wirt entschuldigen, aber in Wirklichkeit war er auf noch mehr Streit aus. Baker hatte sich unterdessen mit Turner, Paudeen und einem halben Dutzend weiterer Tammany-Kämpfer beraten und beschlossen, sofort etwas gegen Bill Poole zu unternehmen. Als sie gegen Mitternacht den Saloon betraten, stand Poole mit Lozier, Shay und weiteren Freunden und Getreuen am Tresen. Paudeen, der als Letzter eintrat, verschloss die Tür.

Butcher Bills Ermordung

Während Turner Getränke bestellte, streifte Paudeen
Poole im Vorbeigehen am Ellenbogen. Als Bill the Butcher
ihn wütend anfunkelte, fauchte Paudeen: »Was glotzt du
so, du Hundesohn?«

Er packte Poole am Revers, spuckte ihm dreimal ins Gesicht und forderte ihn zum Kampf heraus. Poole zog gelassen fünf goldene Zehndollarmünzen aus der Tasche,
warf sie auf den Tresen und erklärte, er werde gegen jeden
Tammany-Mann antreten, der dieselbe Summe einsetze –
Paudeen sei jedoch kein würdiger Gegner. Einen Augenblick lang rührte sich niemand, bis Turner schließlich auf-
gebracht schrie: »Dann komm nur her!«

Als er den Umhang abwarf, kam an seinem Gürtel ein
riesiger Colt mit langem Lauf zum Vorschein. Turner zog
die Waffe, stützte sie auf die Armbeuge und drückte ab.
Aber er hatte schlecht gezielt, schoss sich selbst in den
Arm und stürzte mit einem Aufschrei zu Boden. Im Liegen feuerte er erneut und traf Poole diesmal ins Bein. Bill
the Butcher stolperte vorwärts und griff nach Baker. Dieser

wich jedoch aus, sodass Poole schwer zu Boden stürzte. Dann zog Baker eine Pistole, setzte sie seinem Gegner auf die Brust und sagte: »Krieg ich dich also doch noch.«

Er feuerte zwei Schüsse ab, von denen einer ins Herz, der andere in den Bauch traf. Trotzdem kam Bill the Butcher mühsam noch einmal auf die Beine. Einen Augenblick stand er schwankend vor dem Tresen, dann packte er ein riesiges Tranchiermesser und stolperte auf Baker zu. Dabei schwor er, seinem Widersacher das Herz aus dem Leib zu schneiden, aber nach wenigen Schritten brach er in Shays Armen zusammen. Baker, Turner und die Übrigen flüchteten durch die Vordertür, die Paudeen inzwischen wieder aufgeschlossen hatte. Poole schleuderte noch im Fallen das Messer, dessen Klinge zitternd im Türpfosten stecken blieb, während Baker floh. Binnen zwei Stunden waren alle Beteiligten in Polizeigewahrsam. Nur Baker entkam über den Hudson nach Jersey City und hielt sich versteckt, bis er sich am 10. März auf der Isabella Jewett einschiffte, die Kurs auf die Kanarischen Inseln nahm. George Law, ein wohlhabendes, hochrangiges Mitglied der Native Americans, stellte den Behörden seine Jacht Grapeshot zur Verfügung. Die Polizisten nahmen mit dem schnellen Boot die Verfolgung auf und holten die Isabella Jewett zwei Stunden hinter Teneriffa ein. Sie nahmen Baker fest und brachten ihn in Ketten nach New York zurück, wo er sogleich zusammen mit Turner, Morrissey, Paudeen und mehreren anderen angeklagt wurde. Sein Fall kam dreimal zur Verhandlung, doch die Geschworenen konnten sich nicht einigen, sodass die Behörden das Verfahren schließlich einstellten und Baker freikam.

Der schwer verletzte Poole rang nach der Schießerei zwei Wochen lang mit dem Tod – zum größten Erstaunen seiner Ärzte, die es für widernatürlich erklärten, dass ein Mensch mit einer Kugel im Herzen so lange am Leben blieb. Doch schließlich starb Bill the Butcher, während Tom Hyer und andere Gladiatoren der *Know-Nothings* ängstlich an seinem Bett wachten und die trauernde Menge, die sich draußen vor dem Haus versammelt hatte, auf dem Laufenden hielten. Mit letzter Kraft hauchte der Gangster: »Lebt wohl, Jungs. Ich sterbe als echter Amerikaner!«

Die *Know-Nothings* richteten für Poole eines der aufwändigsten Begräbnisse aus, die die Stadt je gesehen hatte. Mehr als 5000 Menschen folgten dem Sarg teils in Kutschen, teils zu Fuß, und ein halbes Dutzend Blaskapellen spielte Trauermärsche, während die Prozession feierlich über den Broadway und durch die Whitehall Street zog. An deren Ende lagen Boote bereit, um den Trauerzug nach Brooklyn überzusetzen, wo Poole auf dem Greenwood Cemetery beigesetzt werden sollte. Tausende schweigender Zuschauer säumten den Broadway von der Bleecker Street bis hinunter zur Battery. Butcher Bills Tod und sein großartiges Begräbnis waren wochenlang das Hauptgesprächsthema in der Stadt, und die letzten Worte des Gangsters waren in aller Munde. Die Theater, die auf anspruchslose Melodramen spezialisiert waren, brachten eigens verfasste Stücke auf die Bühne, und die laufenden Inszenierungen wurden so umgeschrieben, dass der Held sich am Ende in eine amerikanische Flagge hüllen und heiser röcheln konnte: »Lebt wohl, Jungs. Ich sterbe als echter Amerikaner!«, während das Publikum in tosenden Applaus ausbrach.

3

John Morrissey zog sich 1857 nach seinem Sieg über Heenan vom professionellen Boxsport zurück und konzentrierte sich fortan auf die Politik und seine Geschäfte mit dem Glücksspiel. Die Spielhalle, die er mit seinen ersten Einnahmen als Gangster finanziert hatte, florierte, und 1860 war aus dem bescheidenen Salon einer der prächtigsten in der Stadt geworden. Er lag am Broadway nahe der 10th Street, nördlich der heutigen Grace Episcopal Church. »Die Tafel, das Personal, die Küche und die Klientel seines Hauses sind diesseits des Atlantik unübertroffen«, kommentierte ein zeitgenössischer Autor.

Im Jahre 1867 richtete Morrissey ein luxuriöses Spielkasino mit Restaurant in Saratoga Springs ein, das nach seinem Tod in den Besitz Richard Canfields überging – des wohl berühmtesten amerikanischen Kasinobetreibers aller Zeiten. John Morrissey rühmte sich gern damit, dass er ›niemals falsch gespielt oder gezinkt‹ hätte. Was seine politischen Machenschaften betraf, schien er allerdings weniger rücksichtsvoll zu sein, denn der Tammany-Boss William M. Tweed erwähnte in seinen *Confessions* von 1877, Morrissey hätte ein System der Wahlschiebung aus Philadelphia eingeführt und einen Fonds von 65000 Dollar verwaltet, aus dem Bestechungen an die Ratsherren gezahlt wurden, damit diese einen Handlanger Tweeds zum Stadtkämmerer wählten. Morrissey übernahm in den frühen 70er Jahren gemeinsam mit Honest John Kelly die Führung von Tammany Hall, verschwand aber wenige Jahre später von der Bildfläche. Seine Zusammenarbeit mit den Gangs endete kurze Zeit nach dem Kampf gegen Tom Heenan.

Kapitel 6

Die Krawalle der Polizei und der Dead Rabbits

1

In den 50er Jahren des 19. Jahrhunderts spitzte sich der Konflikt, der schließlich zum Bürgerkrieg führte, immer weiter zu. Es gärte im ganzen Land, und auch in New York mehrten sich Proteste und Unruhen. In der Bevölkerung kam es immer häufiger zu verbalen, aber auch zu handgreiflichen Auseinandersetzungen zwischen Gegnern und Befürwortern der Sklaverei. Pater Henry Ward Beecher goss noch Öl ins Feuer, indem er sein vernichtendes Urteil über die Südstaatler, die Leib und Seele anderer Menschen als ihr Eigentum betrachteten, von der Kanzel der Plymouth Church in Brooklyn hinabschmetterte. Viele der prominentesten Kirchenmänner folgten Beechers Beispiel und stimmten in den wachsenden Protest ein, während andere im zeitgenössischen Theater eine viel bedrohlichere Quelle der Verdammnis sahen und schwerste Geschütze gegen die berühmte Tänzerin Sontag auffuhren, die mit kurzen Röcken und dem verruchten Schwung begnadeter Beine der Stadt den Kopf verdreht hatte. Sie galt als erste Frau Amerikas, die – in der Öffentlichkeit! – die Füße über Kopfhöhe schwang. Begeisterte Massen drängten in das Theater, in dem sie auftrat, und folgten ihr durch die Straßen, während die jungen Burschen in den Kneipen auf ihr Wohl tranken und unter ihrem Fenster Ständchen sangen.

Schaulustige, die nicht von der hinreißenden Sontag bezaubert waren, strömten in großer Zahl in Niblo's Garden, wo Adelina Patti – damals noch ein Kind – die Kritiker mit ihrer wunderbaren Stimme begeisterte, oder ins National Theater, wo in den frühen 50er Jahren ein Aufsehen erregendes neues Stück mit dem Titel *Onkel Toms Hütte* auf den Spielplan gesetzt wurde und einen Aufführungsrekord von 200 Abenden in Folge erreichte. Dagegen brachte das Publikum wenig Begeisterung für Sothern den Älteren auf, der auf den altersschwachen Brettern von Barnum's Museum angestrengt mit der Muse rang, ehe er mit der Rolle des *Lord Dundreary* als einer der besten amerikanischen Theaterschauspieler berühmt wurde. Auch Dr. James Littlefield, der Anfang 1854 ohne viel Aufhebens am Broadway 413 einen Barbierladen eröffnete, lockte weder Blaskapellen noch tanzende Menschenmassen auf die Straße – und doch wurde er zum Pionier eines Gewerbes, das heutzutage seine Kundschaft in Millionen zählt: Er war New Yorks erster Fußpfleger.

In jener Zeit, vielleicht auch schon etwas früher, begannen die Tammany-Politiker damit, systematisch Gelder zu veruntreuen. Sie bereicherten sich beinahe ungehindert am Stadtschatz, bis die Zerschlagung des so genannten Tweed-Ringes im Jahre 1870 dieser Praxis ein Ende setzte. Die Ratsherren von 1850 waren so raffgierig, dass man den Common Council ganz und gar angemessen auch die ›Vierzig Räuber‹ nannte. So geriet der ehrenwerte Name der großen alten Five-Points-Gang der Forty Thieves in die Niederungen der Politik. Als die Bezeichnung auch auf den Rat von 1856 überging, ertrugen die Gangster die Schande nicht mehr. Sie legten den besudelten Namen ab und schlossen sich den Dead Rabbits an.

In den frühen 50er Jahren brachten Enthüllungen der Reformer ans Licht, dass jedes einzelne Ressort in der Regierung der Stadt von der Korruption betroffen war. Beamte, die sich scheinbar als arme Männer für ein bescheidenes Gehalt im Dienste der Allgemeinheit abrackerten, verfügten, wenn sie in den Ruhestand gingen, plötzlich über ein ungeheures Vermögen in Form von Immobilien, die auf den Namen der Ehefrauen eingetragen waren. Außerdem hatten sie die Taschen voller Gold – Bestechungsgelder, die ihnen für Genehmigungen, Bewilligungen, Lizenzen und Pachtrechte gezahlt worden waren, Einnahmen aus den Brennpunkten der Kriminalität, aus Bordellen und aus der vorteilhaften Vergabe von Aufträgen. Gustavus Myers berichtet in seiner *History of Tammany Hall*, die sich auf die amtlichen Unterlagen des Stadtrates und verschiedene Untersuchungen stützt, von unglaublichen Gaunereien – so zum Beispiel von 368 Überschreibungen an den Polizeipräsidenten George W. Matsell und seinen Komplizen, Captain Norris, in einem einzigen Jahr. Myers erwähnt außerdem Tributzahlungen von mehr als 100 Männern, die Stammkunden bei Madame Restall an der Greenwich Street waren. Diese berüchtigte Abtreiberin, die man allgemein Madame Killer nannte, wurde wie viele andere von dem Sittlichkeitsfanatiker Anthony Comstock in den Selbstmord getrieben. Madame Restalls Gewerbe war in wenigen Jahren so bekannt geworden, dass die Jungen auf der Straße schon ihre Kutsche verfolgten und ihr nachriefen: »Igittigitt! Dein Haus steht ja auf Kinderschädeln!«

Mit der Gründung der Municipal Police im Jahre 1844 fiel die Vergabe von Ämtern bei der Polizei in die Zuständigkeit der Ratsherren und Beigeordneten. Erst 1853 schritt endlich die Legislative ein und versuchte, die wachsende Korruption einzudämmen, indem sie den Board of Police Commissioners einrichtete. Dieses Gremium bestand aus dem Bürgermeister sowie zwei hochrangigen Richtern, dem Recorder und dem City Judge. In der Folgezeit änderten sich jedoch lediglich die Empfänger der Bestechungsgelder, sonst blieb alles beim Alten. Wer als Streifenpolizist in die Truppe eintreten wollte, zahlte dem Polizeidirektor des betreffenden Bezirks üblicherweise 40 Dollar und dem Politiker, der für die Ernennung zuständig war, die doppelte bis dreifache Summe. Polizeidirektoren entrichteten wenigstens 200 Dollar an ihre Vorgesetzten in der Politik. Außerdem wurden Polizisten aller Ränge regelmäßig eingesetzt, um das Geld einzutreiben, und sie hatten den Politikern bei deren dubiosen Machenschaften als Handlanger zu dienen. In der gesamten Behörde herrschte ein Zustand der Orientierungslosigkeit und moralischen Zerfalls, der es den wenigen gewissenhaften Gesetzeshütern praktisch unmöglich machte, Recht und Ordnung zu schaffen und die zahllosen Kriminellen in der Stadt wirksam zu bekämpfen. Kaum hatten sie einen Ganoven hinter Schloss und Riegel gebracht, trat auch schon ein empörter Bezirksleiter der Partei auf den Plan und sorgte dafür, dass der Gauner wieder entlassen wurde.

Lediglich die Flusspiraterie im vierten Bezirk – ein allzu eklatantes Verbrechen, als dass man es hätte vertuschen können – stand nicht unter der Protektion der Politiker, sodass die Polizei dort energisch durchgreifen konnte. Abgesehen davon war der einzige nennenswerte Feldzug, den die Ordnungshüter in jener Zeit gegen die Unterwelt führten, der gegen die Honeymoon-Gang. Diese äußerst erfolgreiche Verbrecherbande begann 1853 im 18. Bezirk an der Middle East Side – einer damals nur spärlich und überwiegend illegal besiedelten Gegend –, ihr Unwesen zu treiben. Als die Polizei monatelang nichts gegen sie unternahm, wurden die Ganoven immer dreister. Ihr Anführer postierte abends rund um die Kreuzung von Madison Avenue und 29th Street an jeder Straßenecke einen Gangster. Diese Ehrenmänner hielten ihre Stellung bis Mitternacht und überfielen und beraubten jeden gut gekleideten Mann, der des Weges kam. Als George W. Walling im Herbst 1853 zum Polizeidirektor ernannt wurde und die Leitung dieses Bezirks übernahm, musste er feststellen, dass die gesamte Gegend unter dem Terror der Honeymoon-Gang litt. Um den Gaunern das Handwerk zu legen, bildete Walling das erste Sondereinsatzkommando und führte eine Strategie ein, mit der er auch später beachtliche Erfolge erzielte. Walling war aufgefallen, dass kaum ein Gangster je dem Knüppel eines Polizisten trotzte und die Ganoven nichts mehr fürchteten als eine gehörige Tracht Prügel. Er schickte daher ein halbes Dutzend seiner tapfersten und rabiatesten Polizisten in Zivil auf die Straße. Sie gingen geradewegs auf die Gangster zu und schlugen sie nieder, noch ehe die Ganoven Totschläger, Knüppel oder Schlagringe zum Einsatz bringen konnten. Nachdem sich dies einige Nächte lang wiederholt hatte, zog der Anführer der Gang seine Leute von ihren Posten ab. Damit gab Captain Walling sich jedoch nicht zufrieden. Er verteilte eine Namensliste der Honeymooners an alle Streifenpolizisten des Bezirks und jeder Gangster, der sich blicken ließ, wurde ohne viel Federlesens zusammengeschlagen. Binnen zwei Wochen brach die Honeymoon-Gang auseinander, und ihre Mitglieder flüchteten nach Süden an die Five Points und die Bowery, wo die Polizei sich derart rüder Methoden nicht bediente. Auch die nächtlichen Schlägereien zwischen den Bewohnern zweier gegenüber liegender Häuserblocks an der 22nd Street zwischen 2nd und 3rd Avenue bekämpfte Captain Walling ebenso rigoros. Die beiden verfeindeten Parteien, ›die Engländer‹ und ›die Iren‹, hatten sich vor Wallings Eingreifen manchmal an einem einzigen Abend ein Dutzend Straßenschlachten geliefert. Wenn die Polizei sich überhaupt in diesen Abschnitt der Straße gewagt hatte, dann nur in Gruppen zu mindestens drei Mann. Walling versammelte aber gleich die ganze Truppe hinter einer Straßenecke. Sobald die Kämpfe begannen, stürmten die Polizisten geschlossen los und knüppelten auf Engländer und Iren gleichermaßen ein. Bald hatten die Raufereien ein Ende, und der Block wurde zu einer vergleichsweise sicheren und friedlichen Gegend.

Der Zulauf der großen Gangs an den Five Points, der
Bowery und im vierten Bezirk stieg in den zehn Jahren vor dem Bürgerkrieg sprunghaft an, da scharenweise
Schläger und Raufbolde aus anderen Städten nach New
York strömten. Schätzungen zufolge gab es 1855 in der
Metropole mindestens 30 000 Männer, die einem der
Gangsterbosse und damit indirekt auch den führenden
Tammany-Hall- oder Native-Americans-Politikern unterstanden. Beide Parteien waren darauf aus, öffentliche
Mittel zu veruntreuen, und sorgten so dafür, dass es im
politischen Kessel ständig brodelte.

Bei jeder Wahl sorgten die Gangs, die von den rivalisierenden Parteien angeheuert wurden, für Aufruhr an den
Urnen. Wahllokale wurden demoliert und redliche Wähler
zusammengeschlagen. Außerdem manipulierten die Ganoven emsig das Wahlergebnis, in dem sie selbst ihre
Stimme mehrfach abgaben. Die Verachtung gegenüber Polizei und Obrigkeit, die die Gangs auf diese Weise entwickelten, führte bei den Aushebungskrawallen zu erschreckenden Konsequenzen. Der Höhepunkt des eigentlichen politischen Aufruhrs war 1856 erreicht, als der Bürgermeister Fernando Wood für eine zweite Amtszeit
wieder gewählt wurde. Der erbitterte Widerstand gegen
Wood kam nicht nur aus den Reihen der Native Americans, die ihm vorwarfen, die Iren und andere ›ausländische Elemente‹ zu bevorzugen. Auch die Reformer protestierten heftig, da sich Wood als gewissen- und prinzipienloser Amtsinhaber erwiesen hatte, der der Veruntreuung öffentlicher Gelder durch seine Gefolgsleute Tür und
Tor öffnete. Die Unterschicht stand dagegen einhellig und
tatkräftig hinter Wood. Er hatte sich insbesondere die
Loyalität der Betreiber von Saloons und Spielkasinos gesichert, indem er 1855 ein Gesetz zur Einrichtung der Sonntagsruhe blockiert hatte. Aber auch jeder einzelne Polizist

wurde dazu gezwungen, Woods Kampagne finanziell zu unterstützen. Einmal wurde ein Streifenpolizist, der sich weigerte, 24 Stunden lang pausenlos im Dienst gehalten.

Die Dead Rabbits, die größte und mächtigste der damaligen Gangs, standen in Woods Diensten, und auch die meisten anderen Rowdies von den Five Points und viele der berühmtesten Schläger des Hafenviertels hörten auf sein Kommando. Die Bowery Boys und weitere Bowery-Gangs kämpften dagegen auf der Seite der Native Americans. Am Vorabend der Wahl suspendierte Bürgermeister Wood per Dekret die Mehrheit der Polizisten vom Dienst. Außerdem erhielten die Ordnungshüter die strikte Anweisung, sich nicht in der Nähe der Wahllokale blicken zu lassen, es sei denn zum Zweck der Stimmabgabe. Die kleinen, schlecht organisierten Polizeitruppen, die noch im Dienst waren, konnten gegen die randalierenden Gangster nicht viel ausrichten. Sie waren schon zahlenmäßig haushoch unterlegen und mussten bald das Feld räumen. Im sechsten Bezirk, dessen Herz die Five Points darstellten, überfiel ein Trupp Bowery-Gangster überraschend das Wahllokal und durchbrach die Posten der Dead Rabbits. Diese holten sich jedoch sofort Verstärkung aus den Spelunken und Mietskasernen am Paradise Square und überwältigten die Krawallmacher der Native Americans im Handumdrehen. Ein halbes Dutzend Polizisten trug zu dem Tumult noch bei, indem sich die Beamten in einem leer stehenden Haus verschanzten und sporadisch Schüsse aus einem der Fenster abfeuerten. Auch in anderen Bezirken kam es den ganzen Tag über zu ähnlichen Ausschreitungen. Schließlich erwiesen sich Woods Gangster als die geschickteren Wahlfälscher und überlegenen Kämpfer. Tammany Hall trug den Sieg davon, und Wood wurde mit 34 860 Stimmen im Amt bestätigt, während der Kandidat der Native Americans, Isaac O. Barker, 25 209 Stimmen erhielt. Die Gesamtzahl der abgegebenen Stimmen war erheblich höher als bei der vorigen Wahl gewesen, und Woods Gegner behaupteten, mindestens 10 000 davon seien nicht rechtmäßig abgegeben worden. Es gab jedoch keine Untersuchung, in der den Vorwürfen auf den Grund gegangen wurde.

1857, zwei Jahre nach dem Ende von Butcher Bill, erlebte New York eines der turbulentesten und verheerendsten Jahre in seiner Geschichte. Das Jahr begann mit Korruptionsskandalen in der Regierung und endete mit einer Finanzkrise, die mehr als 20 Banken und fast 1000 Unternehmen in den Ruin stürzte. Die ausstehenden Zahlungen betrugen insgesamt über 120 Millionen Dollar. Die Polizei war während Fernando Woods zweiter Amtszeit als Bürgermeister so korrupt und in ihren Strukturen so unübersichtlich und ineffizient geworden, dass wieder einmal die Legislative eingriff und die Stadtverwaltung aller Befugnisse über die Behörde enthob. Während der Sitzungsperiode im Frühjahr wurden mehrere Änderungen an der Charta der Stadt verabschiedet. Die wichtigste davon war die Abschaffung der 1853 eingerichteten Municipal Police und des Police Board. Stattdessen wurden Manhattan, Brooklyn und die kleineren Orte auf Staten Island und auf dem Festland nördlich des Harlem River zum Metropolitan Police District zusammengefasst. Auf diese Weise unterstanden Orte aus vier verschiedenen Counties – New York, Kings, Richmond und Westchester – einer einzigen Behörde. Der Gouverneur ernannte fünf Commissioners, die wiederum einen Polizeipräsidenten einsetzten. Der erste Board of Commissioners bestand aus Simeon Draper, James Bowen, James W. Nye, Jacob Cholwell und James S. T. Stranahan. Diese fünf Männer standen auf der Seite der Reformer und hatten sich bereits mehr oder weniger aktiv an deren Versuchen beteiligt, die Plünderung des Stadtschatzes durch korrupte Politiker zu bekämpfen. Frederick A. Talmage, der während der Krawalle am Astor Place 1849 Recorder gewesen war, wurde als Erster zum Polizeipräsidenten ernannt, nachdem mehrere andere Kandidaten das Amt abgelehnt hatten.

Der neue Police Board forderte Fernando Wood auf, die alte Behörde aufzulösen und die gesamte Ausrüstung zu übergeben, doch der Bürgermeister weigerte sich. Er widersetzte sich sogar einem Beschluss des Obersten Gerichts, das im Mai 1857 das neue Gesetz als verfassungsgemäß bestätigte, und rief stattdessen die Polizisten auf, ihm treu zu bleiben. Als die Frage zur Abstimmung kam, erkannten 15 Polizeidirektoren und 800 Schutzmänner sowie der bisherige Polizeipräsident George W. Matsell den Metropolitan Board nicht an und beschlossen, an der Municipal Police festzuhalten. Die übrigen Polizisten und Vorgesetzten, zu denen auch Captain George W. Walling gehörte, wurden in der neuen Organisation zum Dienst verpflichtet. Man richtete ein Hauptquartier an der White Street ein und begann, die Positionen derer, die dem Bürgermeister treu geblieben waren, neu zu besetzen. Wood seinerseits füllte die Reihen der ihm verbliebenen Truppe neu auf. Der Konflikt spitzte sich zu, als am 16. Juni Daniel D. Conover in die City Hall ging, um das Amt des Straßenkommissars anzutreten, das Gouverneur King ihm verliehen hatte. Der Bürgermeister, der ebenfalls das Recht beanspruchte, diese Position zu besetzen, hatte Charles Devlin ernannt und dafür angeblich 50 000 Dollar kassiert.

Als Conover in der City Hall erschien, wurde er von der Municipal Police gewaltsam aus dem Gebäude entfernt. Daraufhin erwirkte er zwei Haftbefehle gegen den Bürgermeister – einen wegen Anstiftung zum Aufstand, den anderen wegen Anwendung von Gewalt gegen Conover. Captain Walling ging mit einem der Beschlüsse allein zur City Hall und wurde in Woods Dienstzimmer vorgelassen, in dem der Bürgermeister mit einem reich verzierten Amtsstab in der Hand hinter dem Schreibtisch saß. Walling trug sein Anliegen vor, aber der Bürgermeister verwahrte sich vehement dagegen, unter Arrest gestellt zu werden. Daraufhin ergriff der Polizeidirektor ihn am Arm und erklärte bestimmt, dann werde er ihn eben wie jeden anderen Verha, fteten auch mit Gewalt abführen. Er kam jedoch nicht weiter als bis zur Bürotür, denn mehr als 300 Männer der Municipal Police, die für den Fall einer Auseinandersetzung in der City Hall bereit gehalten worden waren, eilten dem Bürgermeister zur Hilfe und setzten Walling gewaltsam auf die Straße. Der versuchte mehrmals vergeblich,

Kampf der Polizeitruppen um die City Hall

sich erneut Zutritt zum Gebäude zu verschaffen. Während er noch mit Captain Ackerman von den Municipals verhandelte, marschierten 50 Metropolitan-Polizisten unter dem Befehl von Coroner Perry und Captain Jacob Sebring aus der Chambers Street in den City Hall Park ein, um den anderen Haftbefehl zu vollstrecken.

Die Metropolitans boten mit ihren Gehröcken, den hohen Zylindern und den neuen Abzeichen, die in der Sonne glänzten, ein eindrucksvolles Bild, aber sie waren dem Trupp der Municipals, der sogleich aus dem Gebäude stürmte und auf sie losging, nicht gewachsen. Mehr als eine halbe Stunde lang tobte ein erbitterter Kampf auf den Treppen und Fluren der City Hall, dann wurden die Metropolitans schließlich zurückgeschlagen und mussten Hals über Kopf den Rückzug antreten. Bei der Auseinandersetzung wurden 52 Polizisten verwundet und einer, Schutzmann Crofut vom 17. Revier, so furchtbar verprügelt, dass er bleibende Schäden zurückbehielt. Die Verletzten wurden in das Amt von Recorder James M. Smith gebracht und dort ärztlich versorgt. Unterdessen versammelte Wood seine Getreuen in seinen Diensträumen, wo er sich während des Tumults verschanzt hatte, und man beglückwünschte einander dazu, dass die geheiligte Person des Bürgermeisters erfolgreich verteidigt worden war.

Conover hatte noch während der Kämpfe Sheriff Westervelt eingeschaltet, und dieser hatte sich von seinen Anwälten bestätigen lassen, dass er zur Vollstreckung der Haftbefehle verpflichtet sei. Nun schritt er gemeinsam mit Conover und dem Staatsanwalt würdevoll die Stufen zur City Hall empor. Mit dem Amtsstab in der Hand, dem Schwert am Gürtel und dem obligatorischen Zylinder auf dem Kopf betrat der Sheriff das Dienstzimmer des Bürgermeisters, der sich erneut heftig gegen die Verhaftung verwahrte. Unterdessen marschierte das siebte Regiment der Nationalgarde unter Trommelwirbel und mit wehenden Fahnen über den Broadway. Die Soldaten waren von einem Massachusetts-Regiment nach Boston eingeladen worden und befanden sich gerade auf dem Weg zu ihrem Schiff. Knapp hundert Meter vor der City Hall wurden sie von den Mitgliedern des Metropolitan Police Board aufgehalten. Diese erklärten dem Befehlshaber, Generalmajor Charles Sandford, sie seien gekommen, um von dem Recht Gebrauch zu machen, das ihnen laut Gesetz zustand: die Nationalgarde zur Hilfe zu rufen, wenn der Frieden und die Ehre der Stadt in Gefahr seien. Sie waren einhellig der Meinung, dass dieser Fall nun eingetreten sei.

Das siebte Regiment marschierte daraufhin in den Park ein und umstellte die City Hall. Dann berieten General Sandford und sein Stab sich mit Sheriff Westervelt und den Police Commissioners. Schließlich schritt der General mit klirrendem Schwert inmitten eines Zuges Infanteristen mit aufgepflanzten Bajonetten entschlossen in das Gebäude. Er teilte dem Bürgermeister mit, er vertrete die militärische Macht des Staates New York und werde keinen weiteren Widerstand dulden. Wood spähte aus dem Fenster, und als er sah, dass der Park voller Soldaten war, beugte er sich den Haftbefehlen und ließ sich festnehmen. Er kam gegen eine symbolische Kaution allerdings binnen einer Stunde wieder frei und wurde, soweit aus den Unterlagen hervorgeht, nie tatsächlich vor Gericht gestellt. Das Zivilgericht entschied, der Gouverneur habe nicht das Recht, einen Straßenkommissar zu ernennen, und bestätigte Devlins rechtmäßigen Anspruch auf das Amt. Mehrere Monate später klagten die Polizisten, die bei den Gefechten zwischen Metropolitans und Municipals verwundet worden waren, gegen Wood und bekamen jeweils 250 Dollar Schmerzensgeld zugesprochen. Da der Bürgermeister seinen Zahlungsverpflichtungen nicht nachkam, erfüllte letztendlich die Stadt die Ansprüche und trug auch die Gerichtskosten.

Im Frühherbst bestätigte das Berufungsgericht den Beschluss des Obersten Gerichtshofs und erklärte das neue Gesetz für verfassungsgemäß. Wenige Wochen später löste der Bürgermeister die Municipal Police auf. Während des Sommers patrouillierten jedoch noch beide Polizeitruppen in der Stadt. Dabei waren sie so sehr von ihrer persönlichen Fehde in Anspruch genommen, dass sie ihre eigentliche Aufgabe – den Schutz der Allgemeinheit – völlig vernachlässigten. Sobald ein Metropolitan einen Verbrecher festnahm, kam ein Municipal dazu und befreite ihn wieder. Während die Polizisten noch stritten, ging der Ganove schon wieder unbehelligt seinen Geschäften nach. Ratsherren und Friedensrichter, die auf der Seite des Bürgermeisters standen, sorgten auf den Polizeiwachen der Metropolitans dafür, dass jeder Festgenommene umgehend wieder auf freien Fuß gesetzt wurde. Beamte, die den Metropolitan Board unterstützten, taten indessen dasselbe auf den Revieren der Municipals. Dies führte dazu, dass Gangster und andere Kriminelle in der ganzen Stadt immer heftiger über die Stränge schlugen und in einer wahren Orgie von Plünderungen, Mord und allgemeiner Gesetzlosigkeit schwelgten. Rechtschaffene Bürger wurden am hellichten Tag sogar auf belebten Straßen wie dem Broadway überfallen und ausgeraubt, während die Männer der Municipal und der Metropolitan Police mit Knüppeln aufeinander loslingen und darum stritten, wer das Recht hätte einzugreifen. Diebesbanden und Randalierer fielen plündernd über Läden und Geschäftshäuser her, hielten Kutschen an und zwangen die Insassen, Geld und Schmuck herauszugeben. Auch für private Wohnhäuser gab es keinen anderen Schutz als solide Schlösser und die Tapferkeit des Familienoberhaupts.

Die Gangster von den Five Points und der Bowery, die bei weitem die kampflustigsten Bewohner der Stadt waren, nutzten die Gelegenheit, alte Fehden auszutragen, und waren fast pausenlos in Krawalle verstrickt. Es verging kaum eine Woche, in der sich nicht mindestens ein halbes Dutzend Zusammenstöße ereigneten, und wieder einmal – wie bereits in der Zeit der großen Unruhen um 1834 – wurde die Nationalgarde mobilisiert, die die Gesetzlosen mit Bajonett und Säbel niederschlug. Die blutigsten Gefechte fanden am 4. und 5. Juli 1857 statt, als der Streit zwischen dem Bürgermeister und dem Metropolitan Board seinen Höhepunkt erreicht hatte und in der Polizeibehörde heilloses Chaos herrschte. Zur Feier des Unabhängigkeitstages am 4. Juli stürmten alle Gangs von den Five Points mit

Ausnahme der Roach Guards unter der Führung der Dead Rabbits und der Plug Uglies das Klubhaus der Bowery Boys und der Atlantic Guards in der Bowery 42. Es kam zu einer erbitterten Schlacht, aus der die Bowery-Gangster als Sieger hervorgingen und die Feinde in ihre Schlupfwinkel am Paradise Square zurückschlugen. Die Unruhen breiteten sich bis zur Pearl Street und Chatham Street, dem nördlichen Teil der heutigen Park Row, aus. Einige der Metropolitan-Polizisten, die versuchten einzugreifen, wurden übel zugerichtet. Die Municipals erklärten, sie seien nicht zuständig, und weigerten sich kategorisch, irgendetwas gegen die Krawalle zu unternehmen.

Früh am nächsten Morgen zogen die Five-Points-Gangs – diesmal gemeinsam mit den Roach Guards – vom Paradise Square los und überfielen das Green Dragon an der Broome Street nahe der Bowery, eine Stammkneipe der Bowery Boys und anderer Gangster des Viertels. Noch ehe die Bowery-Ganoven sich zur Verteidigung rüsten konnten, stürmten die Five Pointers mit Eisenstangen und riesigen Pflastersteinplatten bewaffnet in das Lokal. Sie demolierten die Bar, rissen den Boden des Tanzsaales auf und fielen dann über die Alkoholvorräte her. Als die Bowery Boys von der Tat erfuhren, schäumten sie schier vor Wut. Sie schlossen sich auf der Bayard Street mit den Atlantic Guards, den Mitgliedern der untergeordneten Gangs und anderen Bowery-Ganoven zusammen und entfesselten die wildeste Massenschlägerei, die die Stadt je erlebt hatte.

Ein einzelner Polizist versuchte mit mehr Mut als Verstand, sich mit dem Schlagstock einen Weg durch das Kampfgetümmel zu bahnen und die Anführer festzunehmen, aber die Gangster schlugen ihn nieder, rissen ihm die Kleider vom Leib und verprügelten ihn mit seinem eigenen Knüppel. Er kroch durch die tobende Menge bis zum Gehweg und rannte – nackt bis auf die Baumwollunterhose – zum Hauptquartier der Metropolitan Police an der

White Street, wo er keuchend die alarmierende Nachricht hervorstieß und dann zusammenbrach. Ein Trupp wurde ausgeschickt, um den Ausschreitungen ein Ende zu bereiten, doch als die Polizisten tapfer durch die Center Street marschierten, verbündeten sich die kämpfenden Gangs gegen sie und schlugen sie in die Flucht, wobei mehrere Männer der Truppe verwundet wurden. Die Polizisten sammelten sich jedoch erneut, und diesmal gelang es ihnen, ins Zentrum der Menge vorzustoßen. Sie nahmen zwei Männer fest, die sie für die Anführer hielten. Aber dann mussten sie sich wiederum zurückziehen, denn die Gangster drangen in die heruntergekommenen Häuser an der Bowery und der Bayard Street ein, vertrieben die Bewohner und besetzten die Dächer, von wo aus sie die Metropolitans mit Steinen bombardierten.

Nachdem die Polizei ohne die beiden Gefangenen abgezogen war, legten die Kämpfenden eine kurze Atempause ein. Aber die Spannung stieg immer weiter an, und als ein Haufen wilder, schreiender Five-Points-Weiber in die Reihen der Dead Rabbits stürmte und sie als Feiglinge beschimpfte, gab es für die Gangster kein Halten mehr. Aus allen Kneipen am Paradise Square strömten weitere Kumpane herbei, und auch die Reihen der Bowery-Helden bekamen Verstärkung. Schätzungen zufolge waren 800 bis 1000 Kämpfer aktiv beteiligt, die mit Knüppeln, Pflaster- und Ziegelsteinen, Äxten, Mistgabeln, Pistolen und Messern bewaffnet waren. Dazu waren aus allen Teilen der Stadt Hunderte von Dieben und Ganoven herbeigeeilt, die zu keiner der Gangs gehörten. Sie witterten eine Chance auf reiche Beute, denn sie konnten sicher sein, dass die Polizei, sofern sie sich überhaupt in die Gegend wagte, mit den Aufrührern alle Hände voll zu tun haben würde. Inzwischen konnten die Gauner ungestört die Wohnhäuser und Geschäfte entlang der Bowery, an der Bayard, Baxter, Mulberry und Elizabeth Street plündern, während die Bewohner sich in den Gebäuden verschanzten und mit Musketen und Pistolen versuchten, ihr Eigentum zu verteidigen. »Ziegelbrocken, Steine und Knüppel flogen massenweise«, schrieb die *New York Times* am 6. Juli 1857. »Auch aus den Fenstern in der Gegend wurden die Wurfgeschosse geschleudert, und Männer mit Schusswaffen liefen umher. Verwundete, die auf den Gehwegen lagen, wurden einfach überrannt. Einmal stürmten die Dead Rabbits mit geballter Kraft auf ihre Widersacher los und trieben diese die Bayard Street hinauf bis an die Bowery. Dann bekamen die Gegner Verstärkung, gewannen wieder die Oberhand und drängten ihre Verfolger bis zur Mulberry, Elizabeth und Baxter Street zurück.«

Am frühen Nachmittag schickte Police Commissioner Simeon Draper eine weitere, größere Polizeitruppe gegen den Mob auf die Straße. Diese rückte in geschlossener Formation an den Ort des Geschehens vor, obwohl sie bereits unterwegs auf Schritt und Tritt angegriffen wurde. Die Polizisten räumten auf ihrem Vormarsch die Straße und zwangen Dutzende von Dead Rabbits und Bowery Boys, in die Häuser und die Treppen hinauf auf die Dächer zu flüchten. Wer sich nicht schnell genug in Sicherheit brachte, dem wurde mit dem Knüppel nachgeholfen. Ein Gangster, der verbissen bis zum Äußersten kämpfte, stürzte unter dem Ansturm der Schlagstöcke schließlich vom Dach eines Hauses an der Baxter Street. Als er mit zertrümmertem Schädel auf dem Gehweg landete, traten die Gegner noch mit den Füßen auf ihn ein. Auf einem anderen Dach nahmen die Polizisten zwei führende Dead Rabbits fest. Trotz des wütenden Ansturms der Five-Points-Gangster gelang es ihnen, die Gefangenen auf die Polizeiwache zu bringen, wobei eine Horde johlender Bowery Boys sie mit Triumphgeschrei begleitete.

Kaum war die Polizei abgezogen, da tobte der Krawall noch wüster als zuvor. Die Kämpfenden verschanzten sich hinter Straßensperren aus Karren und Steinen. Aus dieser Deckung schossen sie aufeinander, warfen mit Steinen und fielen mit Knüppeln übereinander her. Ein riesenhafter Gangster von den Dead Rabbits trat ruhig vor seine Barrikade, ignorierte den Kugelhagel und schoss selbst so zielsicher, dass er zwei Bowery-Ganoven tötete und zwei weitere verwundete. Schließlich wurde er von einem kleinen Jungen niedergeschlagen, dessen großer Bruder in den Reihen der Bowery Boys kämpfte. Der Bursche robbte im Schutz der Straßensperre dicht an den Dead-Rabbit-Gangster heran und schmetterte dem Mann einen riesigen Backstein – so schwer, dass er ihn gerade noch heben konnte – an den Schädel.

Die Polizisten bemühten sich weiterhin erfolglos, die kämpfenden Gangs auseinander zu treiben. Dabei mussten sie sich immer wieder zurückziehen und erlitten schwere Verluste. Am frühen Abend schickten die Oberbefehlshaber in ihrer Verzweiflung nach Captain Isaiah Rynders, der als politisches Oberhaupt des sechsten Bezirks der König der Five-Points-Gangs war, und baten ihn inständig, das Gemetzel zu beenden. Doch die Kämpfenden hatten sich so sehr in ihre blinde Wut hineingesteigert, dass selbst Rynders nichts mehr ausrichten konnte. Noch während er vor den Barrikaden stand und auf sie einredete, griffen die Bowery Boys an, und der Tammany-Boss bekam einige Schläge ab, ehe er sich in die Reihen seiner Getreuen flüchten konnte. Als er erkannte, dass alles Reden vergeblich war, schlug er sich zum Hauptquartier der Metropolitan Police durch und riet Commissioner Draper, militärische Unterstützung anzufordern. Die Gangster hatten unterdessen zwei oder drei Häuser in Brand gesteckt und kämpften unentwegt weiter, während die selbstständigen Ganoven den Bewohnern der Krawallgebiete, die hartnäckig versuchten, ihre Häuser zu verteidigen, das Leben schwer machten.

Commissioner Draper forderte Generalmajor Sandford auf, drei Regimenter zu mobilisieren, doch es wurde neun Uhr, ehe endlich die Trommeln und Fanfaren ertönten. Die

Bajonette glänzten im Mondlicht und im Widerschein der brennenden Häuser, als die Soldaten durch die White Street und die Worth Street marschierten. Zwei Polizeitrupps mit je 75 Mann zogen voran und knüppelten jeden Gangster nieder, den sie erwischen konnten. Statt der angeforderten drei Regimenter waren nur zwei – das achte und das 71. – dem Ruf gefolgt, und sie waren nicht einmal vollzählig. Dennoch reichte allein die sichtbare Präsenz der militärischen Macht aus, um die Ganoven zu entmutigen, die daraufhin das Schlachtfeld räumten und sich in ihre Schlupfwinkel zurückzogen. Damit waren die Krawalle beendet, denn Polizei und Militär patrouillierten die ganze Nacht und den folgenden Tag hindurch im Bezirk und verhinderten weitere Ausschreitungen. Die zwei Tage andauernden Kämpfe hatten acht Tote und mehr als 100 Verletzte gefordert, von denen 50 im Krankenhaus stationär behandelt werden mussten. Man vermutete, dass die Gangster darüber hinaus zahlreiche Männer aus den eigenen Reihen tot oder verwundet vom Schlachtfeld trugen, denn angeblich entstand in den Tagen nach den Krawallen in den Kellern und unterirdischen Gängen des Five-Points-Viertels ein halbes Dutzend neue Gräber. Außerdem waren einige der berüchtigtsten Kämpfer der Dead Rabbits sowie der Bowery Boys nicht mehr in ihren Stammkneipen anzutreffen.

Am 6. Juli lieferte eine Horde Bowery Boys sich auf der Center Street ein heftiges Gefecht mit den Kerryonians, wurde jedoch bis an die Ecke Bowery/Chatham Square zurückgeschlagen, ehe die Polizei einschreiten konnte. Ein paar Tage später griffen die Unruhen auf die deutschen Siedlungen am Ufer des East River über. Starke Polizeiaufgebote wurden an die Avenues A und B entsandt und sollten verhindern, dass die jungen Randalierer dort ihren irischen Mitbürgern nacheiferten. Mehr als eine Woche lang kam es immer wieder zu sporadischen Tumulten, wenn Trupps von Five-Points-Gangstern bei ihren Streifzügen auf Bowery-Ganoven trafen. Die Kämpfer von den Five Points verwahrten sich allerdings entschieden dagegen, dass Polizei und Presse sie als Kriminelle bezeichneten.

»Wir wurden von den Dead Rabbits aufgefordert klarzustellen, dass die Mitglieder ihres Vereins keine Diebe sind«, schrieb die *Times*, »dass sie nicht an den Ausschreitungen der Bowery Boys beteiligt waren und dass es sich bei der Auseinandersetzung an der Mulberry Street um einen Zusammenstoß zwischen den Roach Guards aus der Mulberry Street und den Atlantic Guards von der Bowery handelte. Wie uns versichert wurde, sind die Dead Rabbits in Fragen der Ehre äußerst empfindlich und würden einen Dieb nicht einmal in ihrem Revier dulden – geschweige denn in ihrem Verein.«

3

Die Auflösung der Municipal Police durch Bürgermeister Wood bewirkte zwar eine erhebliche Verbesserung der Situation, aber der Metropolitan Board hatte große Schwierigkeiten, genügend Männer für die neue Truppe anzuwerben. Im Herbst, als die Finanzkrise sich zuspitzte, standen für den gesamten Distrikt erst 800 Schutzleute zur Verfügung – das entsprach einem Verhältnis von einem Polizisten zu rund 804 Einwohnern. Obwohl die eigentlichen Kriminellen inzwischen weitgehend unter Kontrolle waren und selbst die Gangs des ständigen Randalierens müde wurden, kam es immer wieder zu gewalttätigen Ausschreitungen und Plünderungen. Je mehr Banken, Fabriken und andere Unternehmen schließen mussten und je mehr Männer arbeitslos wurden und auf der Straße standen, umso zahlreicher und schwerer wurden diese Zwischenfälle. Als im November der erste Wintereinbruch kam, zogen Hungernde und Arbeitslose von schierer Exis-

143

tenzangst getrieben in Scharen durch die Straßen und verlangten lautstark nach Brot und Arbeit. Mehrmals drohten Angriffe auf das staatliche Arsenal, in dem riesige Mengen Musketen und Munition lagerten. Das Waffenlager stand daher unter ständiger Bewachung durch ein Polizeikommando, während Soldaten der Armee Tag und Nacht vor dem Custom House an der Battery und am Assay Office, der amtlichen Prüfstelle für Edelmetalle, an der Wall Street im Einsatz waren. Erst als die Finanzkrise sich entspannte und die Wirtschaft wieder in geordneten Bahnen lief, konnte der Metropolitan Police Board sich erneut der Umstrukturierung der Behörde zuwenden.

Kapitel 7

Die Aushebungskrawalle – Teil eins

1

Die Krawalle, die in einer heißen Juliwoche des Jahres 1863 von Montag bis Samstag in den Straßen New Yorks wüteten, begannen als Widerstand gegen das Gesetz zur Wehrpflicht, das der Kongress im März verabschiedet hatte. Der eigentliche Anlass geriet jedoch bald in Vergessenheit, und die Unruhen wurden zum Aufstand der Unterwelt gegen die herrschende Ordnung. Sie standen am Ende der unheilvollen Entwicklung, die die Stadt in den vorangegangenen 15 Jahren durchlaufen hatte, und stellten die logische Folge der Korruption in der Regierung dar, durch die Manhattan Island zum Mekka für Kriminelle aus allen Teilen der Vereinigten Staaten und aus den Elendsvierteln Europas geworden war. »Dieser Pöbel ist nicht das Volk«, schrieb Henry J. Raymond in der *New York Times*, »und auch nicht ein Teil des Volkes. Er besteht hauptsächlich aus den abscheulichsten Kreaturen der Stadt. Zu seiner Verteidigung kann nicht einmal vorgebracht werden, was auf gewöhnliche Mobs zutrifft: dass er das Produkt bloßer Ignoranz und Leidenschaft sei. Hier ist – oder besser: war anfangs – von der Repression durch das Wehrpflichtgesetz die Rede, aber drei Viertel derer, die sich aktiv an gewalttätigen Ausschreitungen beteiligten, waren Jungen und Männer unter 20 Jahren, die von der Wehrpflicht überhaupt nicht betroffen sind. Wenn das Gesetz morgen aufgehoben würde, bliebe die Leitidee dieses Pöbels dennoch dieselbe. Sie entspringt aus Quellen, die weder mit diesem noch mit irgendeinem anderen Gesetz im Zusammenhang stehen: aus Boshaftigkeit und Hass gegen jene, die es besser haben; aus Raffgier, aus primitivem Rassismus, aus dem Drang, den Südstaatenrebellen, die das Glück verlässt, wieder auf die Sprünge zu helfen.... Dieser Mob muss auf der Stelle niedergeschlagen werden.... Lasst die Kanonen ein Machtwort sprechen!« Der *New York Herald* bezeichnete die Aufrührer zunächst als ›das Volk‹, die Zeitung *The World* nannte sie ›die Arbeiter der Stadt‹, doch auch diese Blätter übernahmen nach kurzer Zeit den Standpunkt der *Times*. Der *New York Tribune*, dessen Herausgeber Horace Greeley ein entschiedener Gegner der Sklaverei war, rief von Anfang an dazu auf, unnachsichtig und mit allen Mitteln gegen den Pöbel vorzugehen.

Die Volkszählung von 1860, die letzte amtliche Erhebung vor den Unruhen, bezifferte die Bevölkerung New Yorks, dessen Stadtgebiet damals noch auf Manhattan Island begrenzt war, auf 813 669 Menschen. Etwas mehr als die Hälfte der Einwohner war im Ausland geboren. Die Iren stellten mit insgesamt 203 740 Personen die überwältigende Mehrheit dieser Gruppe dar, gefolgt von den Deutschen, deren Zahl mit 119 984 angegeben wurde. Die Iren waren überwiegend in den Vierteln Five Points und Mulberry Bend ansässig, wo die Bevölkerungsdichte gut 765 Einwohner pro Hektar betrug, während die Mehrheit der Deutschen an der Middle East Side lebte. Letztere verhielten sich während der Krawalle weitgehend friedlich. Sie bildeten sogar eine Bürgerwehr, die Polizei und Militär unterstützte. Auch andere Nationalitäten lebten in ähnlichen Kolonien, in denen sie unter sich blieben und Sprache und Sitten ihres Heimatlandes pflegten. Von einem ›Schmelztiegel der Nationen‹ konnte keine Rede sein – das Einzige, was alle diese Gruppen gemeinsam anstrebten, war das Bürgerrecht. Die Einbürgerung wurde daher bei zwielichtigen Politikern zu einem beliebten Wahlkampfthema, mit dem sie neue, unkritische Wählergruppen erschlossen, die sie dann wie Schafe an die Urnen trieben.

Vor dem 1. Juli 1860 wurden in New York im Zeitraum von einem Jahr insgesamt 58067 Personen wegen verschiedener Verbrechen verurteilt. Etwa 80 Prozent davon waren in Europa geboren. 1862, im Jahr vor den Krawallen, nahm die Polizei 82072 Männer und Frauen fest – dies entsprach rund einem Zehntel der Bevölkerung. Die Zahl der Kriminellen in der Metropole wurde in jenem Jahr auf 70000 bis 80000 geschätzt. Das entsprach einem Zuwachs von rund 20000 Personen in zehn Jahren. In diesen Zahlen sind weder die Betreiber der unzähligen schäbigen Kneipen und Spelunken berücksichtigt noch die Politiker, die Diebe und Mörder protegierten und damit selbst Verbrecher waren, auch wenn sie nicht gegen ein Gesetz verstoßen hatten. Die Zahl der Aufrührer, die während der Woche der Aushebungskrawalle aktiv an Plünderungen, Mord und Brandstiftung beteiligt waren, wurde sehr unterschiedlich eingeschätzt – die Angaben schwanken zwischen 50000 und 70000 Personen. Die Mobs, die durch die Straßen zogen, zählten im Einzelfall bis zu 10000 Männer und Frauen. Sie setzten sich zum großen Teil aus den armseligen Kreaturen zusammen, die in den 40er und 50er Jahren massenweise mit Schiffen aus Europa an die amerikanische Küste verfrachtet worden waren. Die meisten gingen in New York an Land und blieben dort. Sie reihten sich bald in die großen Gangs der Bowery, der Five Points und anderer von Ganoven beherrschter Viertel ein. Diese Gangs traten auf den Plan, sobald es irgendwo Unruhen gab, und wurden damit zu Keimzellen der Krawalle.

Die Truppen der Konföderierten unter General Robert E. Lee begannen, Anfang Juni nach Norden vorzurücken. Die Bundesregierung in Washington forderte daraufhin von den Staaten New York, Pennsylvania, West Virginia und Maryland kurzfristig 120 000 Soldaten an, um die Zeit bis zur Umsetzung der Wehrpflicht zu überbrücken. 17 Regimenter aus New York City und Brooklyn wurden schnellstmöglich an den Kriegsschauplatz in Pennsylvania verlegt, sodass die bedeutendste Stadt auf dem amerikanischen Kontinent praktisch ohne militärischen Schutz war. Nur noch rund 200 Männer vom Invalidenkorps, 1000 Soldaten aus verschiedenen Einheiten der Nationalgarde und der Freiwilligenverbände sowie aus Kompanien, die noch im Aufbau waren, blieben in New York zurück. Dazu kamen rund 700 Matrosen, Marinesoldaten und Infanteristen vom zwölften und dritten Regiment, zu denen die Besatzungen der Kriegsschiffe gehörten, die auf dem Hudson und an verschiedenen Garnisonen lagen – unter anderem am Navy Yard, Fort Hamilton und Governor's Island. Diese Einheiten verfügten über Artillerie wie Haubitzen und Feldgeschütze. Sie mussten jedoch erst in die Stadt verlegt werden, sodass in den ersten zwei Tagen lediglich die Abteilungen der regulären Armee und des Invalidenkorps zur Verfügung standen. Letzteres bestand aus verstümmelten und verwundeten Soldaten, die Wachdienst an Depots, Waffenarsenalen und Munitionsfabriken versehen hatten. In dieser Zeit musste sich die Metropolitan Police mit 2297 Männern aller Dienstgrade, unter denen nur 1620 Streifenpolizisten waren, allein den Krawallen entgegenstellen. Bei manchen Zusammenstößen waren die Polizisten im Verhältnis von eins zu 500 oder mehr unterlegen, doch sie wichen nicht mehr als ein halbes Dutzend Mal vor dem Mob zurück. Bis Dienstagabend hatte man eine freiwillige Sondertruppe aus 1000 Bürgern eingeschworen, die mit Schlagstöcken und Pistolen bewaffnet waren, und ab Mittwoch früh trafen nach und nach Infanterie- und Kavallerieregimenter von den Kriegsschauplätzen in Pennsylvania ein. Schon bald marschierten zwischen 7000 und 10 000 Soldaten gegen die Rebellen auf, darunter das 152., 52., 11., 54. und 83. Infanterieregiment der Freiwilligen, das 13. Kavallerieregiment aus Rochester, das 26. Infanterieregiment der Freiwilligen aus Michigan, das 65. Infanterieregiment der New-Yorker Nationalgarde aus Buffalo und das 7. Regiment, die ›Alte Garde‹, das 18., 74. und 69. Regiment der Nationalgarde, die größtenteils in New York und Brooklyn rekrutiert worden waren. Dazu wurde ein Dutzend Artilleriebatterien aufgefahren, um die rasende Meute, die durch Manhattans Straßen tobte, mit allen Mitteln niederzuschlagen.

Die Aufrührer waren größtenteils irischer Herkunft – einfach deswegen, weil diese Nation in der New Yorker Unterwelt insgesamt die Mehrheit darstellte. Die Unruhen wurden daher von manchen als Katholikenaufstand gedeutet. Als Argument dafür wurde angeführt, dass die Methodistenmission an den Five Points geplündert und niedergebrannt wurde, wobei die Menge Papst-treue Parolen skandierte und Transparente trug, auf denen stand: »Nieder mit den Protestanten!« Diese Sichtweise war aber objektiv unhaltbar, denn die Aufstände waren keineswegs religiös motiviert, sondern schlicht kriminell. Trotzdem wurde es als bezeichnend angesehen, dass kein Eigentum der römisch-katholischen Kirche zerstört wurde oder auch nur von Angriffen bedroht war. Außerdem gelang es katholischen Geistlichen mehrmals, im Alleingang einen mord- und beutelustigen Mob zur Umkehr zu bewegen. Und schließlich weigerte sich Erzbischof Hughes trotz wiederholter Appelle von Bürgermeister George L. Opdyke und Gouverneur Horatio L. Seymour bis zum letzten Tag der Krawalle, die Aufrührer zum Rückzug aufzufordern. Erst am Freitagmorgen gab er schließlich eine Erklärung ab, der er jedoch einen so erbitterten und schändlichen Angriff gegen Horace Greeley, den Gründer und Herausgeber der Zeitung *Tribune,* voranstellte, dass von einer mäßigenden Wirkung keine Rede sein konnte. Später am selben Tag sprach der Erzbischof von dem Balkon seiner Residenz zu der Menge, die sich zahlreich vor dem Gebäude versammelt hatte. Er hatte die Menschen in einem Hirtenbrief, der den Titel trug: »Erzbischof Hughes an die Männer von New York, die in vielen Zeitungen als Aufrührer bezeichnet werden« zusammengerufen.

3

Im April forderte Präsident Lincoln 300 000 Männer für die Nordstaatenarmee, und einen Monat später setzte das Kriegsministerium den Beginn der Truppenaushebung in New York auf Samstag, den 11. Juli, an. Weder wurden die städtischen Behörden zur Mitarbeit aufgefordert, noch wurde die Polizei zur Bewachung der Rekrutierungsbüros herangezogen, die die Provost Marshals – ›Kommandeure der Militärpolizei‹ – in verschiedenen Teilen der Stadt einrichteten. Stattdessen bekam das Invalidenkorps unter Colonel Ruggles' Kommando die Anweisung, bei Bedarf Männer von den Waffendepots und Arsenalen abzuziehen. Überall in New York, ebenso wie in vielen anderen Teilen des Landes, formierte sich erbitterter Widerstand gegen das neue Gesetz. Der Hauptstreitpunkt war die Regelung, dass man sich für 300 Dollar von der Wehrpflicht freikaufen konnte. Dadurch wurden die Reichen bevorzugt, und es war abzusehen, dass vor allem die Unterschicht von der Wehrpflicht betroffen sein würde. Als der Beginn der Aushebung näher rückte, heizten einige Zeitungen die Stimmung mit reißerischen Artikeln auf, und eine politische Organisation, die sich ›Knights of the Golden Circle‹ nannte, bekämpfte das Gesetz vehement. Es kursierten Vermutungen, dass sie die Keimzelle des ersten Mob bildete – eine These, die jedoch historisch betrachtet kaum haltbar ist. Jedenfalls ging diese Gruppe rasch in der Masse der Gangster und anderer Krimineller unter, die von den Five Points und aus anderen Elendsvierteln herbeiströmten, um zu plündern und zu brandschatzen. Unter den Arbeitern, vor allem unter den ungelernten, war der Protest gegen die Aushebung am heftigsten, denn kaum einer aus dieser Schicht konnte 300 Dollar aufbringen. Damit stand fest, dass jeder, auf den das Los fiel, auch tatsächlich in den Krieg ziehen musste. Mehrmals wurden Kommandeure der Militärpolizei bedroht, als sie unterwegs waren, um Namen zu registrieren, aus denen die Wehrpflichtigen im Losverfahren ausgewählt werden sollten. Nur wenige Tage bevor das eigentliche Auswahlverfahren begann, wurde Captain Joel B. Erhardt, der Provost Marshal des neunten Distrikts, von mehreren Männern mit Eisenstangen angegriffen, als er einen Neubau an der Ecke Broadway/Liberty Street besuchte. Erhardt schickte nach Verstärkung und hielt die Angreifer drei Stunden lang mit gezogenen Pistolen in Schach, doch schließlich musste er unverrichteter Dinge abziehen.

In den frühen Morgenstunden des 11. Juli erfuhr die Polizei davon, dass die Knights of the Golden Circle und andere Gegner des neuen Gesetzes einen Überfall auf das Arsenal an der Ecke 7th Avenue/35th Street planten. Superintendent John A. Kennedy, der Polizeipräsident, sandte daraufhin Sergeant Van Orden mit 15 Polizisten zum Schutz des Gebäudes aus. Als die Männer dort eintrafen, begann sich bereits eine Menge zu sammeln, die sich jedoch bald wieder zerstreute, als die Schutzleute in das Gebäude marschierten und die Eingänge verschlossen. Wenige Stunden später begann die Auslosung im Rekrutierungsbüro des neunten Distrikts an der Ecke 3rd Avenue/ 46th Street. Sie verlief ohne Zwischenfälle, obwohl ein Unheil verkündendes Raunen durch die Menschenmenge lief, die sich um das Gebäude drängte. Nachdem 1236 Namen ausgelost waren, wurde die Ziehung abgebrochen. Die übrigen 264 Namen, die an der Quote des Distrikts noch fehlten, sollten am folgenden Montag bestimmt werden.

Der nächste Tag, der 12. Juli, war ein Sonntag. In der Stadt herrschte trügerische Ruhe, doch unter der Oberfläche gärte es bedrohlich. Grüppchen standen überall an Straßenecken herum, und die allgemeine Diskussion um die Ausnahmeklausel des Wehrpflichtgesetzes nahm an Schärfe und Bitterkeit zu. Es sprach sich nämlich herum, dass mehrere reiche Männer, deren Namen ausgelost worden waren, prompt die nötigen 300 Dollar an die Regierung gezahlt hatten und damit von der Wehrpflicht entbunden worden waren. Kriminalbeamte beobachteten ein außerordentlich reges Treiben unter den Gangs. Ständig tauschten die Anführer untereinander Botschaften aus, und Trupps von Gangstern sammelten eifrig große Mengen Knüppel, Ziegelbrocken, Pflastersteine und andere Waffen und trugen sie in die Kneipen. In der Nacht brachen im unteren Teil der Stadt mehrere Brände aus, und die Horden der Schaulustigen, die den Feuerwehrleuten bei der Arbeit zusahen, waren zahlreicher und aggressiver als sonst. Trotzdem gaben die Polizeibehörden sich gelassen. Superintendent Kennedy traf für den nächsten Tag keine besonderen Vorkehrungen. Lediglich die Wache am Arsenal beließ er auf ihrem Posten.

Der Montag brach mit wolkenlosem Himmel an und versprach, ein heißer Tag zu werden. Noch ehe die Sonne zwei Stunden über dem Horizont stand, wurde deutlich, dass sich Unheil zusammenbraute. Gegen sechs Uhr zogen Männer und Frauen in kleinen Trupps aus den Spelunken und den elendesten Slums auf der Südhälfte der Insel an die Middle West Side. Dort sammelten sich an verschiedenen Orten Menschenmengen, die rasch größer wurden und begannen, entlang der 8th und 9th Avenue

Der Mob auf der 2nd Avenue

nach Norden vorzurücken. Unterwegs schwärmten kleinere Gruppen in die Seitenstraßen aus, wo sie Fabrik- und Bauarbeiter unter Einschüchterungen drängten, sich ihnen anzuschließen. Mehrere Vorgesetzte und Vorarbeiter, die sich ihnen in den Weg stellten, wurden verprügelt. Während die rechtschaffenen Bürger der Stadt noch beim Frühstück saßen, rottete sich auf einem unbebauten Gelände östlich des Central Park eine wütende Horde zusammen, die mit Waffen aller Art ausgestattet war. Während immer weitere Gruppen an den vereinbarten Treffpunkt strömten und das Gelände füllten, stachelten Anführer den Mob mit Hetzreden gegen die Aushebung an. Gegen acht Uhr drängte die inzwischen riesige Menschenmenge auf die Straße und setzte sich in zwei Zügen entlang der 5th und 6th Avenue nach Süden in Bewegung, wobei die Leute

Waffen schwangen und ihren Protest gegen Regierung und Polizei herausschrien. An der 47th Street schlossen die beiden Züge sich zu einem einzigen zusammen, der nach Osten zur 3rd Avenue marschierte und dieser bis zum Rekrutierungsbüro an der Ecke zur 46th Street folgte. Verschiedenen Schätzungen zufolge war der Mob auf zwischen 5000 und 15000 Personen angewachsen. Ein Bericht des Sohnes von King, dem Präsidenten des Columbia College, vermittelt eine angemessene Vorstellung davon, wie riesig die Menschenmenge war: Er stoppte die Zeit, die der Zug brauchte, um einen bestimmten Punkt zu passieren, und kam auf 20 bis 25 Minuten. Dabei war die 47th Street auf ganzer Breite gedrängt voll.

Vor dem Rekrutierungsbüro an der 3rd Avenue hatte sich bereits eine kleine Horde versammelt. Ein weiterer wütender Mob drängte sich vor dem Büro an der Ecke Broadway/29th Street. Eine halbe Stunde, nachdem der Zug sich vom Treffpunkt am Central Park in Bewegung gesetzt hatte, schickte Superintendent Kennedy 69 Polizisten unter dem Kommando von Captain Speight und den Sergeants Wade, Mangin, McCredie und Wolfe aus, die das Büro am Broadway bewachen sollten. Gleichzeitig wurde Captain Porter angewiesen, 60 Männer zur Verstärkung der Posten an der 3rd Avenue abzustellen. Außerdem wurden 50 bewaffnete Männer vom Invalidenkorps dorthin beordert. Um neun Uhr häuften sich die beunruhigenden Meldungen im Hauptquartier so sehr, dass der Polizeipräsident folgende Nachricht über das Telegrafennetz der Polizei verbreitete:

»An alle Wachen in New York und Brooklyn: Reserveeinheiten mobilisieren, auf dem Revier bereithalten und weitere Befehle abwarten.«

Captain Speights Truppe war stark genug, um Ausschreitungen zu verhindern, sodass die Auslosung im Büro am Broadway bis zum Mittag ohne Unterbrechung fortgesetzt werden konnte. Dann wurde sie um 24 Stunden vertagt. An der 3rd Avenue hatte die Menschenmenge inzwischen ungeheure Ausmaße erreicht, und während der Provost Marshal die Zettel mit den Namen derer, die einberufen werden sollten, aus der Lostrommel zog, drängten und schrien draußen die rasenden Leute. Die 3rd Avenue war je ein halbes Dutzend Blocks nördlich und südlich der 46th Street völlig blockiert. Pferdefuhrwerke und Privatkutschen, die versuchten, sich einen Weg durch die wogende Masse zu bahnen, wurden angehalten, die Pferde wurden ausgespannt und Kutscher und Insassen verjagt. Mehrere Transparente mit der Aufschrift »Aushebung – Nein!« wurden unter lautem Beifall umhergetragen. Die Erregung steigerte sich immer weiter, bis um zehn Uhr die vorderste Reihe der Protestierenden immer näher zu den Polizisten vorrückte, die mit dem Rücken zum Gebäude eine Kette bildeten, ihre Schlagstöcke bereithielten und darauf warteten, dass der Ansturm losbrach. Die Situation glich der in einem Pulverfass: Nur der zündende Funke fehlte noch.

Dieser Funke erschien in Gestalt der 33. Kompanie der freiwilligen Feuerwehr, einer Gruppe berüchtigter Randalierer, die als Black Joke bekannt war. Nachdem das Los am Samstag auf ihren Anführer gefallen war, hatte die Truppe angekündigt, die Lostrommel zu demolieren und die Unterlagen zu vernichten. Die gesamte Feuerwehrmannschaft war bereits vor dem Gebäude versammelt, als die tobende Menge vom Central Park her durch die 3rd Avenue strömte, und während die Erregung des Mobs sich steigerte, drängten die Feuerwehrleute immer näher heran. Plötzlich zog jemand eine Pistole und feuerte in die Luft. Im nächsten Augenblick gingen die Männer vom Black Joke geschlossen zum Angriff über. Die Polizei kämpfte tapfer, wurde aber rasch überwältigt, und Captain Porter befahl seinen Männern, sich im Gebäude zu verschanzen. Doch bevor die Türen verbarrikadiert werden konnten, stürmten die Feuerwehrleute hinein und zertrümmerten die Lostrommel. Immerhin gelang es dem Provost Marshal, die Dokumente zu retten. Der Mob folgte den Feuerwehrleuten mit Geschrei, geschwungenen Knüppeln und gezogenen Pistolen. Nach einem kurzen, heftigen Gefecht auf den Gängen flüchtete die Polizei durch eine Gasse zur 2nd Avenue und überließ das Ge-

Brand des Rekrutierungsbüros an der 3rd Avenue

bäude den Aufrührern. Diese steckten es sofort in Brand und hinderten die anrückenden Feuerwehrtrupps daran, die Flammen zu löschen. Dabei wurde auch Feuerwehrhauptmann John Decker angegriffen, der versuchte, Schläuche zum brennenden Gebäude zu legen. Schließlich blieb den Feuerwehrleuten nichts anderes übrig als tatenlos zuzusehen, wie der gesamte Block von der 46th bis zur 47th Street niederbrannte.

Unterdessen war Superintendent Kennedy vom Hauptquartier zu einem Kontrollgang aufgebrochen, ohne zu ahnen, welche Ausmaße der Aufstand inzwischen ange-

nommen hatte. In Zivil und mit einem dünnen Bambus-
stock fuhr er in einer leichten Kutsche zur Kreuzung
46th Street/Lexington Avenue. Dort erblickte er die wogende Menge und das brennende Gebäude, von dem
hohe Rauchsäulen in den heißen Julihimmel aufstiegen.
Kennedy ließ sein Gefährt an der Straßenecke zurück
und machte sich zu Fuß auf den Weg durch die 46th Street
zur 3rd Avenue. Auf halber Strecke wurde er erkannt, und
ein Schlägertrupp stürzte sich auf ihn. Ehe er sich überhaupt wehren konnte, wurde er von einem Mann in einer
alten Armeeuniform niedergeschlagen. Kennedy rappelte
sich auf und schlug den Angreifer mit seinem dünnen
Stab ins Gesicht, doch im nächsten Augenblick ging er erneut zu Boden und wurde mit Füßen getreten. Wiederum
gelang es ihm, auf die Beine zu kommen, aber die Menge
drängte ihn an den Rand einer Baugrube in der Straße,
wo gerade Schienen gelegt wurden, und stieß ihn in das
Loch, auf dessen Grund ein Haufen Steinbrocken lag.
Noch einmal rappelte sich der Polizeipräsident auf und
floh über unbebautes Gelände in Richtung 47th Street,
wobei der johlende Pöbel ihm dicht auf den Fersen blieb.
Doch ein weiterer Trupp Aufrührer schnitt dem Flüchtenden den Weg ab, und gemeinsam prügelten sie ihn bis
zur Lexington Avenue. Dort fiel ein hünenhafter Ganove
mit einem Knüppel über ihn her und stieß ihn in ein tie-
fes Schlammloch. Andere sprangen hinterher, aber Kennedy, der am ganzen Körper und im Gesicht aus zahlreichen Wunden blutete, kämpfte sich durch den Morast bis
zur Lexington Avenue, wo er John Eagan, einem einflussreichen Bürger aus der Gegend, ohnmächtig in die Arme
stürzte. Dieser konnte den Mob davon überzeugen, dass
der Polizeipräsident tot sei. Als die Horde sich wieder
den brennenden Häusern zuwandte, legte man Kennedy
in einen Pferdewagen, deckte ihn mit alten Säcken zu
und brachte ihn zum Polizeihauptquartier. Dort stellte
ein Arzt 72 Prellungen und mehr als 20 Schnittwunden

fest. Kennedy war für die Dauer der Krawalle außer Gefecht gesetzt.

Da der Polizeipräsident bewusstlos im Krankenhaus lag, gingen das Kommando über die Polizei und die Verantwortung für die Bekämpfung der Krawalle auf die Commissioners Thomas C. Acton und John C. Bergen über. Acton war ein bekannter republikanischer Politiker und Mitbegründer des Union League Club. Das dritte Mitglied des Board, James Bowen, war zum Brigadegeneral der Freiwilligen ernannt worden und hatte sich bereits einige Wochen vor den Krawallen seiner Einheit angeschlossen. Bergen leitete die Einsätze auf Staten Island und in Brooklyn, während Acton in Manhattan das Kommando übernahm. Von Montagmorgen bis Freitagnachmittag hatte Acton weder Gelegenheit zu schlafen noch sich umzuziehen, und bis auf kurze Kontrollgänge hielt er sich ständig in seinem Büro im Polizeihauptquartier auf, das bei der Einrichtung des Metropolitan Police District aus der White Street in die Mulberry Street 300 verlegt worden war. In dieser Zeit empfing und beantwortete Acton mehr als 4000 Telegramme. Außerdem entschied er nicht nur über die Verteilung der Polizeikräfte, sondern auch weitgehend über die des Militärs, denn die Offiziere der Armee stimmten sich eng mit ihm ab und trafen Entscheidungen über Truppenbewegungen hauptsächlich nach seinem Urteil.

Bevor Superintendent Kennedy das Polizeihauptquartier verließ, hatte er Einheiten verschiedener Reviere, unter anderem auch die, die den Mob am Broadway zerschlagen hatten, als Verstärkung zu dem schwer umkämpften Rekrutierungsbüro an der 3rd Avenue/46th Street beordert. Sergeant Ellison traf mit 13 Mann als Erster ein. Seine Truppe wurde von den Aufständischen, die mindestens 200-mal so zahlreich waren, sofort angegriffen und musste sich vor dem heftigen Ansturm hastig wieder zurückziehen. Dabei wurde Sergeant Ellison von seinen Leuten abgeschnitten und seines Knüppels beraubt, doch er schlug einen Gangster nieder und erbeutete dessen Muskete, mit der er mehreren Männern den Schädel einschlug. Schließlich ging er selbst unter dem Knüppel eines Ganoven zu Boden und blieb mitten im Kampfgetümmel ohnmächtig liegen. Sergeant Wade, der mit einer weiteren Einheit dazukam, musste sich mit dem Knüppel einen Weg zu dem Bewusstlosen bahnen, um ihn vor der tobenden Horde zu retten.

Während die Polizisten unter Sergeant Wade und die übrigen Männer aus Sergeant Ellisons Abteilung den Kampf mit den Randalierern aufnahmen, traf eine dritte Einheit unter dem Befehl der Polizeimeister Mangin und Smith ein. Doch auch mit vereinten Kräften waren sie dem Mob unterlegen. Sie wichen durch die 3rd Avenue langsam zurück, und die Hälfte ihrer Leute war bereits ernsthaft verletzt, als sich Sergeant McCredie mit 15 Männern ins Gefecht stürzte und Sergeant Wolfe mit weiteren zehn den Mob von einer anderen Seite angriff. McCredie, der in der Truppe als Fighting Mac bekannt war, übernahm den Oberbefehl über die verschiedenen Einheiten. Er führte alle Männer, die noch kampftüchtig waren, erneut gegen den Pöbel, der vor dem erbitterten Ansturm von 44 Schlagstöcken schließlich bis zur 45th Street zurückwich. Aber noch immer strömten Tausende aus dem Norden herbei, und McCredie und seine Männer wurden bald von einer übermächtigen Meute umzingelt und überwältigt. Am Ende war kein einziger Polizist mehr einsatzfähig. Sergeant McCredie selbst, den die Aufrührer auf die Stufen vor einem Hauseingang gedrängt hatten, wurde von einem Schlag mit solcher Wucht gegen die hölzerne Tür geschleudert, dass diese nachgab. Benommen und schwer verwundet rappelte er sich auf und schleppte sich, so schnell er konnte, die Treppe hinauf in die zweite Etage. Dort versteckte eine junge Deutsche ihn zwischen zwei Matratzen. Als kurz darauf die Verfolger ins Zimmer stürmten, behauptete sie, er sei aus dem Fenster gesprungen. Daraufhin steckten die Aufständischen das Haus in Brand und zogen wieder ab. Die junge Frau trug Mc-Credie huckepack durch Hinterhöfe bis zur Lexington Avenue. Von dort wurde er mit einer Kutsche zum Polizeirevier gebracht.

Unterdessen traten weitere Polizeieinheiten gegen die gewaltige Menschenmenge an und mussten sich ebenfalls unter schweren Verlusten geschlagen geben. Der rasende Mob wogte mal in diese, mal in jene Richtung, sodass es der Polizei unmöglich war, sich zu sammeln und mit konzentrierter Kraft anzugreifen. Als es ein Uhr wurde, hatten sich die Aufrührer einige Blocks weit nach Süden verlagert und tobten jetzt etwa auf der Höhe der 35th Street. Dort unternahm Captain Steers mit einem starken Polizeiaufgebot einen weiteren verzweifelten Versuch, sich der Meute entgegenzustellen, aber auch diesmal wurden die Ordnungshüter am Ende überwältigt und mussten Hals über Kopf fliehen. Inzwischen marschierte eine Einheit des Invalidenkorps über die 3rd Avenue heran. Als die 50 Männer mit Säbeln und Musketen von Süden her auf die randalierende Meute trafen, wurden sie mit einem Hagel von Pflaster- und Ziegelsteinen empfangen. Einer der Soldaten wurde tödlich getroffen, ein halbes Dutzend weitere erlitt Verletzungen. Der Ansturm kam so unerwartet, dass der Kommandeur zunächst eine Salve Schreckschüsse aus der vordersten Reihe befahl. Diese Maßnahme stachelte den Mob jedoch nur noch mehr an und führte dazu, dass die Hälfte der Soldaten ohne schussbereite Gewehre der rasenden Meute gegenüberstand. Als diese mit einem Aufschrei zum Angriff überging, feuerte die zweite Reihe der Invaliden mit scharfer Munition, und sechs Männer und eine Frau wurden getötet oder verwundet. Dies brachte die Aufrührer für einen Moment zur Besinnung, doch dann griffen sie noch wütender als zuvor erneut an. Bevor die Soldaten ihre Waffen laden konnten, riss der Pöbel sie ihnen schon aus den Händen und schlug und schoss

Im Krawall ermordeter Polizist

damit auf sie ein. Die Soldaten, die zahlenmäßig hoffnungslos unterlegen waren, machten kehrt und flohen Hals über Kopf die Straße hinunter. Rund zwanzig von ihnen blieben tot oder verletzt auf der Strecke und waren dem Pöbel ausgeliefert, der gnadenlos über sie herfiel.

Die führenden Köpfe der Aufrührer kamen auf die Idee, dass sie mit Schusswaffen die Polizei außer Gefecht setzen könnten. Dann hätten sie die Möglichkeit, die Stadt in ihre Gewalt zu bringen und zu plündern, bevor genügend Militärtruppen zur Verteidigung anrücken könnten. Zu diesem Zweck planten die Aufrührer nun einen Sturm auf das staatliche Waffenlager an der Kreuzung von 2nd Avenue und 21st Street und auf die Union Steam Works einen Block weiter nördlich, die zur Munitionsfabrik umfunktioniert worden waren. Darin lagerten jeweils etwa 4000 Karabiner und rund 200000 Schuss Munition. Aber die Kriminalpolizei bekam Wind von den Plänen, und Captain Cameron vom 18. Revier befahl sofort ein starkes Polizeiaufgebot zum Schutz der Gebäude. Sergeant Banfield bezog mit 20 Mann am Arsenal Stellung. Um zwei Uhr kam die Ablösung in Gestalt von 32 Männern von der berühmten Broadway-Truppe, die von Sergeant Burdick und den Polizeimeistern Ferris und Sherwood angeführt wurden. Die Schutzmänner, die zusätzlich zu ihren Schlagstöcken und Revolvern mit Karabinern bewaffnet waren, besetzten alle Fenster und warteten auf den bevorstehenden Angriff.

Bereits eine halbe Stunde, nachdem die Polizisten in Stellung gegangen waren, hatten sich schätzungsweise 10000 Männer und Frauen vor dem Gebäude versammelt. Sobald sie einen Polizisten erblickten, schleuderten sie Ziegel- und Pflastersteine und feuerten Pistolen und Musketen ab. Gegen vier Uhr begann der Sturm auf den Haupteingang. Ein riesiger Ganove fiel mit einem Vorschlaghammer über die hölzerne Tür her, die unter den gewaltigen Schlägen bald nachgab. Dann drängte ein bekannter Five-Points-Ganove sich vor und versuchte, als Erster in das Gebäude zu gelangen. Als er sich durch die Öffnung zwängte, schoss ein Polizist ihm in den Kopf. Daraufhin wichen die Aufrührer für einen Augenblick zurück, stürmten jedoch gleich darauf wieder wütend vor und hieben mit Vorschlaghämmern, Brechstangen und kleineren Baumstämmen, die sie als Rammböcke benutzten, so heftig auf die Tür ein, dass der gesamte Bau erzitterte. Sergeant Burdick musste bald einsehen, dass er das Arsenal nicht würde halten können, und er traf Anstalten, seine Männer hinauszuschleusen. Der Versuch, sich einen Weg durch die Menge zu bahnen, wäre schierer Selbstmord gewesen. Es blieb nur ein einziger Fluchtweg: eine Luke in der Rückwand, kaum mehr als 30 mal 45 Zentimeter groß und etwa fünfeinhalb Meter über dem Boden. Alle Männer der Broadway-Truppe waren über 1,80 Meter groß und außerordentlich kräftig gebaut. Dennoch gelang es ihnen, sich durch das Loch zu zwängen und sich zur Polizeiwa-

Brand der Armory an der 2ⁿᵈ Avenue

che des 18. Reviers an der 22nd Street nahe der 3rd Avenue durchzuschlagen. Als eine kleinere Meute versuchte, sie aufzuhalten, bahnten sie sich mit Schlagstöcken einen Weg. Auf der Wache waren die Polizisten allerdings auch nicht lange sicher: Noch in derselben Stunde wurde das Gebäude überfallen und in Brand gesteckt, sodass die Broadway-Truppe zum Polizeihauptquartier an der Mulberry Street fliehen musste.

Kaum war der letzte Mann durch das Loch geklettert, gaben die Türen des Arsenals unter dem Ansturm auch schon nach, und der Pöbel stürmte mit Triumphgeheul das Gebäude. Im Erdgeschoss gab es einiges zu erbeuten, doch der größte Teil der Karabiner und der Munition wurde im Ausbildungsraum gelagert. Minuten später hatte die erregte Masse diesen Raum zum Bersten gefüllt. Die Aufrührer rissen die Gewehre aus den Halterungen und füllten sich die Taschen mit Munition. Damit die Polizei sie dabei nicht überraschen konnte, verbarrikadierten sie die Tür – eine Maßnahme, die ihnen wenig später zum Verhängnis wurde. Während der Pöbel das Waffenlager plünderte, vereinigten sich die Polizeieinheiten, die gegen die Horden auf der 2nd und 3rd Avenue gekämpft hatten, zu einer mehr als 100 Mann starken Truppe und gingen geschlossen gegen den Mob vor, der immer noch vor dem Arsenal randalierte. Die Polizisten bahnten sich mit Knüppelhieben einen Weg durch die Menge bis zu der zertrümmerten Tür und bildeten mit je vier Mann zu beiden Seiten des Eingangs eine Gasse.

Dutzende von Aufständischen strömten aus dem Gebäude, um ihren Kumpanen zur Hilfe zu eilen und wurden einer nach dem anderen von den bereitstehenden Polizisten niedergeknüppelt. Es war das reinste Spießrutenlaufen. Einige der Randalierer wurden von den mächtigen Hieben sogar tödlich getroffen. Unterdessen hatten andere Teile des Mobs an einem halben Dutzend Stellen Feuer an das Gebäude gelegt, da sie befürchteten, das starke Polizeiaufgebot könnte das Waffenlager zurückerobern. Das alte Holz brannte wie Zunder, und binnen zehn Minuten war die gesamte untere Etage ein einziges Flammenmeer. Die Polizei ließ die flüchtenden Aufrührer das Gebäude jetzt ungehindert verlassen. Nur diejenigen, die versuchten, Karabiner oder Munition hinauszuschaffen, wurden niedergeschlagen. Die Menge im Ausbildungsraum hatte kaum eine Chance zu entkommen, denn die Tür war so gründlich verbarrikadiert, dass es einige Zeit dauerte, sie wieder zu öffnen. Als sie endlich aus den Angeln brach, hatte sich das ganze Gebäude unterhalb der dritten Etage bereits in ein flammendes Inferno verwandelt. Die Randalierer begannen, in Panik aus den Fenstern zu springen, aber viele, die sich auf diesem Weg retten wollten, landeten mit zerschmettertem Schädel auf dem Gehweg, während andere sich Arme und Beine brachen. Nicht mehr als zwanzig waren gesprungen, als der Boden des Raumes nachgab und die Männer schreiend in die Flammen stürzten. Die genaue Zahl der Opfer blieb unbekannt, aber als die Krawalle abgeflaut waren und mit den Aufräumarbeiten begonnen wurde, füllten die menschlichen Knochen, die die Arbeiter in dem Schutt fanden, mehr als 50 Körbe und Fässer. Man schaffte sie aus der Ruine und begrub sie auf dem Friedhof Potter's Field.

4

Während die Schlacht um die Armory tobte, teilte sich der Mob auf der 3rd Avenue in kleinere Gruppen auf. Diese durchstreiften Manhattan vom Hudson bis zum East River, plünderten, brandschatzten und misshandelten Schwarze, da sie diese für den Krieg und damit indirekt auch für die Einberufung verantwortlich machten. Noch bevor der erste Tag der Krawalle zu Ende ging, waren drei Schwarze erhängt worden, und auch an den folgenden Tagen fand die Polizei täglich im Durchschnitt drei weitere Leichen an Bäumen und Laternenpfählen. Die Körper waren von Messerschnitten entstellt oder bis zur Unkenntlichkeit zerschlagen. Manche waren nur noch verkohlte Skelette, denn die Frauen, die dem Mob folgten oder manchmal auch selbst mitkämpften, gossen Öl in die Messerschnitte und steckten es in Brand. Dann tanzten sie im Schein dieser menschlichen Fackeln, stimmten obszöne Gesänge an und grölten Verwünschungen. Schon in den ersten drei Stunden nach dem Überfall auf das Rekrutierungsbüro an der 3rd Avenue wurden mehrere vornehme Privathäuser an der Lexington Avenue in der Nähe der 46th Street geplündert und angezündet. Dabei schleppten die Randalierer so viel Kleidung, Möbel und anderes aus den Häusern, dass sie unter der Last ihrer Beute beinahe zusammenbrachen. Die Bull's Head Tavern an der 46th Street wurde niedergebrannt, ebenso der gesamte Abschnitt des Broadway zwischen 24th und 25th Street. Der Mob, der sich am Morgen vor dem Rekrutierungsbüro an der Ecke Broadway/29th Street versammelt hatte, kehrte am frühen Nachmittag zurück und legte Feuer an das Gebäude. Die Möbel wurden auf die Straße getragen und dort mit Beilen und Äxten zerhackt. Ein halbes Dutzend Juwelierläden und andere Geschäfte in der Gegend wurden geplündert und mehrere Hundert Gewehre und Pistolen aus Waffenläden entwendet.

Eine der Horden, die sich von der großen Masse des randalierenden Pöbels abgespalten hatte, zog ostwärts zur Residenz des Bürgermeisters Opdyke an der 1st Avenue. Gleichzeitig setzte sich ein weiterer Trupp nach Süden den Broadway hinunter in Bewegung, um das Polizeihauptquartier in Brand zu stecken. Kleinere Polizeieinheiten lieferten sich immer noch Scharmützel mit dem Mob, doch für einen entscheidenden Schlag waren die Ordnungshüter einfach nicht zahlreich genug. Angesichts der vielen versprengten Horden der Randalierer wäre es unsinnig gewesen, alle Männer zusammenzuziehen und geschlossen an einer einzigen Stelle zuzuschlagen – damit hätte man lediglich den übrigen Mobs Gelegenheit gegeben, ungehindert zu plündern und zu brandschatzen. Im Hauptquartier an der Mulberry Street befanden sich etwa 200 Polizisten, von denen allerdings viele bereits schwer verletzt. Nicht einmal mehr 150 Mann waren noch einsatzfähig. Statt sie in kleinen Einheiten auszuschicken, die die Aufrührer in Atem hielten, bis Unterstützung durch das Militär organisiert und ins Feld geführt werden konnte, entschied Commisioner Acton, alles auf eine Karte zu setzen. Er wollte die komplette Truppe gegen den Mob, der sich im Anmarsch auf das Hauptquartier befand, ins Feld führen. Polizisten, die sich unter den Pöbel gemischt hatten, berichteten nämlich, dass die Anführer planten, im Finanzdistrikt die Banken und das Schatzamt zu plündern, wenn der Angriff auf das Polizeihauptquartier erfolgreich wäre.

Jeder verfügbare Polizist wurde aufgeboten und dem Oberbefehlshaber der Polizeitruppen, Inspektor Daniel C. Carpenter, unterstellt. Officer Copeland, der Ausbilder, ließ die Männer vor dem Gebäude antreten, wo Carpenter eine kurze Ansprache hielt. »Wir werden den Mob niederschlagen«, sagte Carpenter, »und es wird kein Pardon gegeben.« Während Inspektor Carpenter mit rund 125 Männern durch die Mulberry und die Bleecker Street marschierte, hörten sie bereits das aufgebrachte Geschrei der Aufrührer. Als die Polizisten dann in den Broadway einbogen, sahen sie sich der Masse gegenüber, die sich langsam vorwärts schob. Sie füllte den Broadway auf voller Breite aus und erstreckte sich nach Norden, so weit das Auge reichte. Mindestens 10 000 tobende Menschen – überwiegend Männer – rückten da mit Knüppeln, Gewehren, Pistolen, Brechstangen und Schwertern bewaffnet an. Voran marschierte ein wahrer Riese mit der Nationalflagge, während ein anderer unter der Last einer riesigen

Bohle schwankte, auf der in plumpen Lettern geschrieben stand: »Aushebung – Nein!« Auf seinem Zug über den Broadway steckte der Pöbel mehr als ein halbes Dutzend Häuser in Brand, sodass eine dichte schwarze Rauchglocke über dem ganzen Viertel hing. Ladenbesitzer schlossen die Fensterläden und ließen ihre Geschäfte im Stich, Pferdefuhrwerke wichen in die Seitenstraßen aus, und Kutscher und Fahrgäste machten sich eilig aus dem Staub. Schwarze flohen in panischer Angst vor dem herannahenden Mob, und diejenigen, die ihre verwüsteten und gebrandschatzten Häuser hatten verlassen müssen, versuchten, sich selbst und ihre restliche Habe mit holperigen Karren in Sicherheit zu bringen.

Inspektor Carpenter führte seine Männer in vier Gefechtsreihen über den Broadway. Die Polizisten marschierten geradewegs nach Norden, bis sie an der Amity Street auf den Mob trafen – unmittelbar südlich des Hotels La Farge House, in dem 100 Randalierer über die schwarzen Angestellten hergefallen waren. Einen Augenblick lang stockte die vorderste Reihe des Pöbels, dann tat ein riesenhafter Gauner mit einem Knüppel in der Hand einen Satz nach vorn und stürzte sich auf Inspektor Carpenter, der ein paar Schritte vor seinen Männern marschierte. Doch Carpenter war ein harter Gegner. Statt zurückzuweichen, stürmte er dem Angreifer entgegen, duckte sich unter dem Knüppelhieb zur Seite, der ihm sonst den Schädel zerschmettert hätte, und erschlug den Mann mit seinem Schlagstock. Die Polizisten Doyle und Thompson folgten ihm auf dem Fuß. Während Doyle die Flagge erbeutete, brachte Thompson den Träger des Plakats zur Strecke. Im nächsten Augenblick prasselte eine Salve aus Ziegel- und Pflastersteinen auf die Reihen der Polizisten nieder, begleitet von rund zwanzig Schüssen in rascher Folge. Mehrere Polizisten gingen schwer verwundet zu Boden, doch die übrigen schlossen die Reihen dichter und setzten ihren Vormarsch unbeirrt fort. Sie hoben in nahezu vollkommenem Gleichtakt ihre Knüppel und ließen sie in die wogende Masse der Aufständischen niedersausen. Nur wenige Schläge verfehlten ihr Ziel. Schritt für Schritt wich der Mob vor dem systematischen Angriff zurück, und nach einer Viertelstunde erbarmungsloser Prügelei gab der Pöbel auf und stob in alle Himmelsrichtungen auseinander. Die Polizisten verfolgten ihre Widersacher noch bis in die Seitenstraßen hinein und knüppelten sie gnadenlos nieder. Scharenweise Tote und Verletzte blieben auf den Straßen und Gehwegen liegen, bis ihre Kameraden sie Stunden später im Schutz der Dunkelheit forttrugen.

Bürgermeister Opdyke hatte keine Vorkehrungen zum Schutz seines eigenen Hauses getroffen, aber seine Nachbarn hatten den drohenden Angriff vorausgesehen. Als die Aufrührer in die 1st Avenue einfielen, hatten mehr als 50 Bürger am Haus und um das Grundstück herum Stellung bezogen. Sie waren mit Schwertern, Karabinern und Pistolen ausgerüstet und wurden von Colonel B. F. Manierre angeführt. Dieser Anblick reichte aus, um den Mob abzuschrecken. Ohne dass ein einziger Schuss fiel, machte die Menge kehrt, zog durch die Stadt und schloss sich einer großen Masse an, die sich vor dem Colored Orphan Asylum, dem Waisenhaus für Farbige, versammelt hatte. Das Heim befand sich an der 5th Avenue zwischen 43rd und 44th Street, nördlich der heutigen Bibliothek mitten an New Yorks berühmter Einkaufsmeile. Es bestand aus einem vierstöckigen Ziegelbau mit zwei dreigeschossigen Seitenflügeln. 200 schwarze Kinder unter zwölf Jahren waren darin untergebracht, außerdem das Personal mit rund 50 Erwachsenen. Als die Menge sich vor dem Haus zu versammeln begann, verbarrikadierte der Heimleiter, William E. Davis, den Vordereingang, und während der Pöbel versuchte, gewaltsam in das Gebäude einzudringen, führte Davis die Kinder durch den Hinterausgang und über das Gelände zur Madison Avenue. Von dort aus wurden sie mit Kutschen zur Wache des 22. Reviers an der

47th Street zwischen 8th und 9th Avenue gebracht. Später geleitete eine Militäreskorte die Kinder auf Blackwell's Island, die Insel im East River, die später in Welfare und schließlich in Roosevelt Island umbenannt wurde.

Kaum waren die Insassen aus dem Heim geflohen, wurden auch schon die Türen aus den Angeln gebrochen, und der Pöbel stürmte das Gebäude. Kleinere Gruppen fielen unterdessen über Läden und Wohnhäuser in der Nachbarschaft her, plünderten und legten Feuer. Die Randalierer, die in das Heim eingedrungen waren, zertrümmerten die Einrichtung mit Beilen und Äxten. Ein kleines Mädchen, das bei dem überstürzten Aufbruch übersehen worden war und sich unter ein Bett geflüchtet hatte, wurde umgebracht. Nachdem der Pöbel Bettzeug, Habseligkeiten und Spielzeug der Kinder auf die Straße geschafft hatte, legte er an einem halben Dutzend Stellen Feuer. Feuerwehrhauptmann John Decker, der mit zwei Kompanien anrückte, wurde zweimal niedergeschlagen, als er versuchte, Schläuche zu dem brennenden Haus zu legen. Schließlich gelang es ihm gemeinsam mit 15 Feuerwehrmännern aber doch, sich einen Zugang zu verschaffen. Sie löschten ein halbes Dutzend Brandherde, ehe ein großer Trupp Aufrührer sie überwältigte und buchstäblich auf die Straße warf. Dort wurden die Feuerwehrmänner von der Meute umzingelt und mussten tatenlos zusehen, wie das Heim und drei Nachbarhäuser niederbrannten.

In den ersten paar Stunden blieben die Krawalle auf das Stadtzentrum beschränkt. Mit Ausnahme der großen Menge, die Inspektor Carpenter auf dem Broadway zurückschlug, drang keiner der Mobs weiter nach Süden vor als bis zur 21st Street. Am Nachmittag strömten jedoch immer mehr Gangster von den Five Points, der Bowery und aus dem Hafenviertel herbei, und an verschiedenen Stellen in den südlichen Stadtteilen bildeten sich weitere Mobs. Von diesem Zeitpunkt an häuften sich die Berichte über Ausschreitungen in allen Teilen Manhattans südlich der 59th Street. Die Siedlungen der Schwarzen an der Lower East und West Side wurden überfallen, die Bewohner mehrerer Häuser verprügelt oder gar umgebracht und die Gebäude niedergebrannt oder verwüstet. 20 schwarze Familien wurden aus ihren Häusern an der Leonard und der Baxter Street vertrieben, und in Crook's Restaurant an

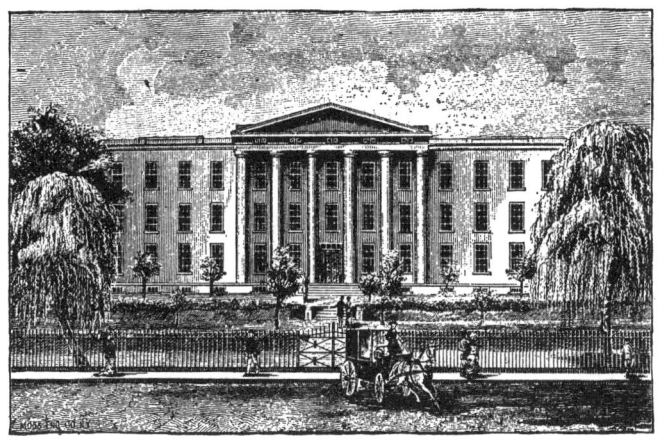

Waisenhaus für Farbige, 5th Avenue, zwischen 43rd und 44th Street

der Nassau Street wurden die Kellner verprügelt. Auch an der Pell Street demolierte der Mob ein halbes Dutzend Häuser, und eine Horde drang in den berüchtigten Arch Block an der Thompson Street ein, dessen schwarze Bewohner zusammengepfercht unter elenden Bedingungen dort hausten. Die Randalierer verwüsteten die Kneipe von Big Sue. ›The Turtle‹ selbst wurde von einer Bande Irinnen von den Five Points fast tot geschlagen, und ihr Alkoholvorrat fiel dem johlenden Pöbel zum Opfer. Dann zog der angetrunkene Mob weiter plündernd, mordend und brandschatzend durch das Viertel.

5

Bei Einbruch der Dunkelheit war New York praktisch vollständig in der Gewalt des Pöbels: Von allen Seiten trafen Berichte ein, dass die kleinen Polizeitrupps unterlegen waren und vor den Aufrührern fliehen mussten. Die geringe militärische Unterstützung, die bisher verfügbar war, reichte noch nicht aus, um tatsächlich etwas auszurichten. Rund zwanzig brennende Häuser loderten in der Dunkelheit, und die schwarzen Rauchwolken, die tief über der Stadt hingen, machten die heiße, stille Julinacht noch drückender. Vom frühen Abend an wurden kleinere Ausschreitungen in Harlem und an der Upper West Side gemeldet, die kurz vor Mitternacht darin gipfelten, dass das Haus des Postmeisters Abram Wakeman an der West 86th Street niedergebrannt wurde. Gegen acht Uhr erhielt das Polizeihauptquartier die Nachricht, dass eine riesige Horde aus dem nördlichen Teil der Stadt den Broadway hinunterzog. Der Mob war grimmig entschlossen, Horace Greeley zu lynchen und das Redaktionshaus seiner Zeitung *Tribune* am Printing House Square gegenüber dem City Hall Park niederzubrennen. Bevor die Menge die 20th Street erreicht hatte, bog sie nach Osten ab und marschierte weiter über die 3rd Avenue und die Bowery, von dort aus über den Chatham Square und die Park Row entlang. Ein wahrer Riese von einem Ganoven trug die amerikanische Flagge voran. Hinter ihm drängten sich Tausende, die aus voller Kehle sangen:

Wir häng'n den ollen Greeley an 'nen sauren Apfelbaum,
Wir häng'n den ollen Greeley an 'nen sauren Apfelbaum,
Wir häng'n den ollen Greeley an 'nen sauren Apfelbaum,
Und zur Hölle soll er fahr'n!

Im City Hall Park und auf dem Printing House Square hatte sich bereits im Laufe des Abends eine Menschen-

172

menge versammelt. Als der Mob aus dem Norden der Stadt durch die Park Row dazustieß, kam es zum Angriff. Sergeant Devoursney versuchte, das Gebäude des *Tribune* allein zu verteidigen, und kämpfte standhaft am Eingang, bis er von einem Haufen toter und verwundeter Gegner umgeben war. Doch schließlich wurde er überwältigt. Der Mob stürmte das Gebäude und legte an mehreren Stellen Feuer. Die Mitarbeiter der Redaktion und der Druckerei flohen, angeführt von Horace Greeley, über die Hintertreppe. Der Herausgeber selbst wurde bis in ein Restaurant an der Park Row verfolgt, wo er sich unter einem Tisch versteckte. Ein Kellner deckte ein Tuch darüber, sodass Greeley nicht entdeckt wurde.

Inzwischen hatte ein Polizeitrupp vom ersten Revier unter Captain Warlows Kommando einen harten Einsatz gegen Randalierer im Hafenviertel hinter sich gebracht. Die Männer waren kaum auf ihre Wache an der Broad Street zurückgekehrt, als telegrafisch der Befehl kam, sie sollten sofort zur Rettung des *Tribune* ausrücken. Captain Warlow führte seine Männer die Nassau Street hinauf zum Printing House Square, wo sie auf Captain Thorne mit einer Einheit von der City Hall trafen. Die beiden Trupps, die insgesamt rund 100 Polizisten stark waren, griffen den Mob gemeinsam von hinten an. Nach kurzer Zeit hatten sie das *Tribune*-Gebäude geräumt und die Feuer gelöscht, ehe größerer Schaden entstanden war. Der Mob floh in Panik die Park Row hinauf und durch den City Hall Park. Dort wurde er von einem starken Polizeiaufgebot unter Inspektor Carpenter und Inspektor Folk angegriffen. Folk war mit 100 Männern aus Brooklyn über den East River gekommen und hatte bereits im Norden der Stadt tapfer gekämpft. Carpenter brachte seine Männer in Gefechtsformation und nahm den Park im Sturm ein, während die Aufrührer in alle Himmelsrichtungen flohen. Nach diesem Einsatz kehrte Inspektor Folk mit seinen Männern nach Brooklyn zurück, wo die Lage inzwischen ebenfalls äußerst angespannt war. Dort kam es jedoch vorerst nicht zu Ausschreitungen, bis am Mittwochabend am Atlantic Basin mehrere Getreidesilos in Brand gesteckt wurden. Zwei Stunden nach dem ersten Überfall auf das *Tribune*-Gebäude erfolgte ein weiterer Ansturm, der aber von einem 50 Mann starken Polizeitrupp zurückgeschlagen wurde. Die Einheit war vorsorglich am Printing House Square geblieben, während Inspektor Carpenter mit dem Rest seines Trupps in andere gefährdete Gebiete abgezogen war. Auch Mitarbeiter der Zeitungen beteiligten sich diesmal an der Verteidigung, denn Schutzmann Blackwell von der Hafenpolizei hatte Pistolen und Karabiner aus den städtischen Waffenlagern auf den Inseln Rikers und Blackwell's – heute Roosevelt – Island geholt und sie unter den Redakteuren und Druckern verteilt. Der Platz wurde von den Fenstern des *Tribune*-Gebäudes aus mit Laternen beleuchtet, damit die Aufrührer nicht überraschend im Dunkeln angreifen konnten. Am nächsten Tag trafen 100 Marinesoldaten und Matrosen zur Ablösung der Polizeiposten ein. Statt der Laternen wurden jetzt Gatling-Maschinengewehre, die von Matrosen bedient wurden, in den Fenstern aufgestellt, und aus dem Haupteingang des *Tribune*-Hauses ragte drohend die schwarze Mündung einer Haubitze.

Am Montagabend gegen sieben brachen in den Schwarzensiedlungen nördlich und östlich der Five Points schwere Krawalle aus. Ein 60 Mann starker Trupp vom sechsten Revier unter Captain John Jourdan zog fünf Stunden lang durch das Viertel und setzte in zahlreichen Auseinandersetzungen Dutzende Randalierer außer Gefecht. Auf dem Rückweg zur City Hall schloss diese Einheit sich einem Trupp unter dem Befehl von Inspektor Carpenter an, der einen Rundgang durch das Hafenviertel des vierten Reviers machte. Nachdem Captain Warlow abgezogen war, hatten sich dort erneut Mobs gebildet, die Wohnungen in Brand steckten und Geschäfte plünderten. Die Randalierer verwüsteten mehrere der berüchtigten Hafenkneipen, zündeten ein Bordell an der Water Street an und folterten die Prostituierten, als diese sich weigerten, eine schwarze Dienerin auszuliefern. An der New Bowery, östlich der Five Points, flüchteten drei Schwarze auf ein Dach, woraufhin der Mob das Haus in Brand steckte. Schließlich klammerten sich die drei in ihrer Not an die Giebelvorsprünge, während unten die rasende Meute nach ihnen schrie. Als das Feuer ihre Hände erreichte, stürzten sie ab und wurden sofort zu Tode getreten.

Im Norden der Stadt hatten die randalierenden Horden unterdessen ihr Zerstörungswerk fortgesetzt. Die Kämpfe gingen auch über Nacht fast ununterbrochen weiter. Gegen elf Uhr brach ein starkes Gewitter mit heftigen Regengüssen über die Stadt herein und löschte einen großen Teil der Brände, die die Aufständischen gelegt hatten. Viele Chronisten, die über die Krawalle berichteten, waren davon überzeugt, dass ohne diesen Regen die ganze südliche Hälfte New Yorks zerstört worden wäre. Die Feuerwehr war nämlich teilweise zu den Aufständischen übergelaufen, teils rückten die Trupps mit erheblicher Verzögerung aus. Wenn die Löschtrupps dann tatsächlich an der Brandstelle eintrafen, wurden sie vom Pöbel verjagt oder zumindest bei der Arbeit behindert.

6

Als die Krawalle am Montagmorgen ausbrachen, waren in Manhattan nicht mehr als 800 Polizisten einsatzbereit, aber im Laufe des Tages fanden sich auch diejenigen, die gerade nicht im Dienst waren, auf den Wachen ein. Damit verfügte Commissioner Acton insgesamt über rund 1500 Mann, von denen allerdings viele im Kampf gegen die Aufrührer schon nach kurzer Zeit durch Knüppelhiebe oder Pistolenschüsse außer Gefecht gesetzt wurden. Sowohl Bürgermeister Opdyke als auch der Commissioner hatten den Ernst der Lage bereits am frühen Morgen erkannt. Als auf der 3rd Avenue erste Ansätze für die Bildung eines Mobs sichtbar wurden, hatten die beiden von Generalmajor Sandford sämtliche verfügbaren Einheiten der Staatsmiliz angefordert. Generalmajor John E. Wool, der Befehlshaber des Eastern Department der Bundesarmee, zu dem auch New York City gehörte, wurde ebenfalls um Unterstützung gebeten. General Sandford entsandte sofort Kuriere und veröffentlichte auf Flugblättern und in den Abendzeitungen Aufrufe an alle Reservisten und ehemaligen Soldaten, sich am Arsenal an der Kreuzung von 7th Avenue und 35th Street zu melden. General Wool schickte ein Kanonenboot von Governor's Island zu den Garnisonen im Umkreis der Stadt. Es sollte jeden Soldaten, der nur irgend entbehrlich war, und so viel Artillerie wie möglich nach Manhattan bringen. Außerdem forderte er vom Kommandanten des Navy Yard, Konteradmiral Paulding, alle verfügbaren Marinesoldaten und Seeleute des Stützpunktes an, ebenso die Besatzungen der Kriegsschiffe, die im Navy Yard oder im Hafen vor Anker lagen. Sämtliche Soldaten der regulären Armee wurden dem Kommando von Brigadegeneral Harvey Brown unterstellt, der sein Hauptquartier in Commissioner Actons Dienststelle einrichtete. Bürgermeister Opdyke blieb den Tag über in der City Hall und zog sich bei Einbruch der Dunkelheit in das St. Nicholas Hotel zurück. Dort stieß am Dienstag Gouverneur Seymour aus der Hauptstadt Albany zu ihm. Am späten Montagabend bat Bürgermeister Opdyke das Kriegsministerium in Washington telegrafisch, so schnell wie möglich die New Yorker Regimenter, die an der Schlacht bei Gettysburg beteiligt gewesen waren, in die Stadt zu verlegen. Auch die Gouverneure von Rhode Island, Connecticut, New Jersey und Massachusetts wurden gebeten, für den Notfall Soldaten bereitzuhalten.

Die erste Militäreinheit, die aufgeboten wurde – abgesehen von dem Invalidenkorps, das bereits unter Waffen stand –, war das zehnte Regiment der Nationalgarde, das am Montagmorgen im Arsenal an der Kreuzung von Elm und Worth Street Stellung bezog. Eigentlich hatten die Soldaten an die Kriegsfront verlegt werden sollen, aber stattdessen blieben sie jetzt in der Stadt und zogen tapfer gegen den Pöbel ins Feld. Am ersten Tag der Krawalle blieben zwei Kompanien zum Schutz der Munitionsvorräte im Arsenal an der Elm Street. Sie verfügten über eine Batterie von drei Sechs-Pfund-Geschützen. 50 Männer vom zehnten Regiment und 50 weitere vom Invalidenkorps lösten die Polizisten ab, die das Arsenal an der 7th Avenue bewachten. Dort richtete General Sandford sein Hauptquartier ein und schickte kleinere Soldatentruppen zur Unterstützung der Polizei aus. Zwei weitere Kompanien des zehnten Regiments marschierten zum Arsenal im Central Park. Am frühen Nachmittag trafen weitere kleinere Infanterieeinheiten der regulären Armee sowie rund 200 Marinesoldaten und Matrosen ein, die zum Polizeihauptquartier und den Arsenalen beordert wurden. Zwei weitere Infanteriekompanien kamen am Montagabend um elf Uhr beim Hauptquartier an, und bis Mitternacht waren ungefähr 2000 Soldaten der regulären Armee und der Staatsmiliz einsatzbereit. Außerdem war der Aufbau eines Polizei-Sonderkommandos aus freiwilligen Zivilisten in vollem Gange. Kurz nach Mitternacht berichtete Colonel Henry Moore vom 47. Freiwilligenregiment, dass die folgenden Einheiten am Arsenal an der 7th Avenue stationiert seien:

Mehrere Zwölf-Pfund-Gebirgshaubitzen von Governor's Island mit Artilleriesoldaten; Truppe vom zehnten Regiment der New Yorker Staatsmiliz unter Major Seeley; Einheiten des zwölften Infanterieregiments der Bundesarmee von Fort Hamilton unter Captain Franklin, des dritten Infanterieregiments der Bundesarmee von Governor's Island unter Captain Wilkins, des Invalidenkorps von Riker's Island sowie der New Yorker Freiwilligen unter Captain Lockwood.

Dies waren insgesamt rund 1000 bewaffnete und gut ausgerüstete Soldaten. Bisher kämpften allerdings erst zwei der Einheiten – Captain Wilkins' Infanteriesoldaten und eine Marinekompanie – tatsächlich gegen die Aufrührer. Die Marinesoldaten beschossen einen Mob, der sich ihnen auf dem Weg zum Hauptquartier entgegengestellt hatte, während die Infanteristen die Bürgerwehr an Bürgermeister Opdykes Haus ablösten und dort eine Gang zurückschlugen, die das Gebäude gegen Mitternacht erneut angriff.

Kapitel 8

Die Aushebungskrawalle – Teil zwei

1

Der zweite Tag der Unruhen – Dienstag, der 14. Juli 1863 – begann mit zwei Morden. Nach einer durchzechten Nacht in den Kneipen und Tanzlokalen an der Bowery und den Five Points strömten vor Sonnenaufgang mehr als 1000 rasende Männer und Frauen zur Clarkson Street und lynchten einen Schwarzen. Das Opfer, William Jones, hatte versucht, seine Frau und seine Kinder zu beschützen und zu verhindern, dass der Mob sein Haus in Brand steckte. Nachdem sie ihn an einem Baum erhängt hatten, entfachten die Mörder ein Feuer unter ihrem Opfer, tanzten mit rasendem Geschrei um den Körper, der über den Flammen baumelte, herum und bewarfen ihn mit Steinen. Eine andere Horde lynchte an der Kreuzung Washington Street/ LeRoy Street einen weiteren Schwarzen namens Williams. Während die Randalierer den Mann zu zehnt niederdrückten, zerschmetterte der Anführer den Schädel des Opfers mit einem gewaltigen Steinbrocken. Die Frauen im Gefolge des Mobs schlitzten die Leiche mit Messern auf und gossen Öl in die Schnitte. Aber bevor sie es anzünden konnten, kam ein Polizeitrupp unter dem Kommando von Officer Copeland und Captain John F. Dickson dazu und trieb den Pöbel auseinander. Dieselbe Einheit zerschlug auch den Mob an der Clarkson Street und nahm Jones' Leiche von dem Baum.

Schon bald wurde deutlich, dass der Tag noch schwerere Ausschreitungen bringen würde als der vorangegangenen und dass sämtliche verfügbaren Polizisten und Soldaten aufgeboten werden mussten, um die Stadt gegen die

Lynchmord an der Clarkson Street

Brandstifter und Plünderer zu verteidigen. Um sechs Uhr hatten sich überall in der Stadt bereits erste Mobs gebildet, die randalierend durch die Straßen zogen, Schwarze hetzten und verprügelten, Häuser plünderten und Brände legten. Eine der ersten Horden erschien überraschend in der 86th Street und überfiel die Polizeiwache des 22. Reviers, in der ein Posten namens Ebling allein die Stellung hielt. Die übrige Mannschaft war kurz nach Mitternacht zum Hauptquartier im Süden der Stadt verlegt worden. Die Polizeiwache wurde niedergebrannt. Unterdessen war vor dem Haus des Bürgermeisters Opdyke eine Horde zusammengekommen und zertrümmerte Türen und Fenster mit Ziegel- und Pflastersteinen, bis Polizei und Militär einschritten. Eine weitere große Menge schreiender Männer und Frauen stürmte über den Printing House Square zum Angriff auf die Redaktionshäuser der *Times* und des *Tribune*, floh aber angesichts der Geschütze, die über Nacht dort in Stellung gebracht worden waren, Hals über Kopf durch Park Row und Center Street nach Norden. Das Haus des Assistant Provost Marshal General, Colonel Robert Nugent, an der West 86th Street wurde von einer dritten randalierenden Horde niedergebrannt.

Noch vor Tagesanbruch begannen Scharen von Männern auf der 9th und der 1st Avenue fieberhaft Barrikaden zu errichten, die der Polizei und den Soldaten im Laufe des Tages noch sehr zu schaffen machen sollten. Telegrafenmasten und Laternenpfähle wurden gefällt und quer über die Straße gelegt; dazwischen türmten die Aufrührer Karren, Fässer, Kisten und schwere Möbelstücke auf, die sie aus den umliegenden Wohnhäusern und Läden geraubt hatten. Auf der 1st Avenue reichten die Sperren von der 11th bis zur 14th Street, auf der 9th Avenue von der 32nd bis zur 43rd Street, und auch in den Querstraßen wurden kleinere Barrikaden errichtet. Den ganzen Tag über zogen sich die Aufständischen immer wieder in diese Gegenden zurück, wenn Polizei und Militär ihnen allzu hart zusetzten. Erst als die Soldaten mit heftigem Musketenfeuer gegen den Pöbel vorgingen, gelang es ihnen, den Mob zu zerschlagen und die Straßen zu räumen.

Inspektor Daniel Carpenter stellte am Dienstagmorgen um sechs Uhr am Hauptquartier einen 200 Mann starken Polizeitrupp auf, den er gegen die Aufrührer im Norden der Stadt ins Feld führte. Dort hatte der Pöbel sich auf der 2nd Avenue gesammelt und drohte, das Depot in den Union Steam Works an der 22nd Street anzugreifen, wo immer noch Munitionsvorräte lagerten. Der Trupp bog einen Block unterhalb des Werks in die 2nd Avenue ein und sah sich einem Mob gegenüber, der die Straße nach Norden bis zur 33rd Street füllte. Hunderte der Aufrührer waren mit Musketen, Schwertern und Pistolen bewaffnet und traten den Polizisten unerschrocken entgegen. Andere waren in die Häuser an der 2nd Avenue auf dem Abschnitt zwischen 32nd und 33rd Street eingedrungen und hatten mit einem Vorrat an Steinen auf den Dächern Stellung bezogen. Inspektor Carpenter ging mit derselben Gefechtsformation vor wie bereits am Montag in der Schlacht an der Kreuzung von Broadway und Amity Street, und die Polizisten rückten in zwei Reihen langsam nach Norden vor. Dabei stießen sie kaum auf Widerstand. Nur gelegentlich pfiffen vereinzelte Salven über ihre Köpfe hinweg oder schlugen zu ihren Füßen in das Pflaster ein, ohne Schaden anzurichten. Aber dann, auf der Höhe der 32nd Street, schleuderten die Aufrührer auf den Dächern plötzlich einen Hagel von Steinen auf die Polizisten nieder, und viele gingen schwer getroffen zu Boden. Im selben Augenblick griff der Mob, der sich hinter dem voranrückenden Trupp langsam wieder geschlossen hatte, von vorn und hinten zugleich an. Carpenter und seine Männer kämpften jedoch ebenso verbissen wie systematisch und hatten den Ansturm binnen einer Viertelstunde unter Kontrolle. Die Randalierer zogen sich verdrossen zurück und blieben rund 30 Meter von den drohenden Knüppeln entfernt in kleineren Gruppen stehen. Nachdem die Polizisten den Mob derart eingeschüchtert hatten, stürmten 50 von ihnen die Häuser und fielen über die Gangster auf den Dächern her. Die Aufrührer leisteten angesichts der Wucht der Schlagstöcke keinen Widerstand. Viele sprangen von den Dächern in den Tod; andere wurden niedergeknüppelt, und diejenigen, die auf die Straße flüchteten, wurden dort von Carpenter und seinen Leuten zusammengeschlagen. Rund 50 Mann hatten einen Saloon an der Ecke 2nd Avenue/ 31st Street besetzt und feuerten mit Musketen und Pistolen aus den Fenstern, aber die Polizei konnte sie vertreiben, ohne dass es Verluste in den eigenen Reihen gab. Einige der Schutzmänner kamen allerdings nur knapp mit dem Schrecken davon. Ein Schuss etwa durchschlug die Mütze eines Polizisten, doch dieser packte den Angreifer und schleuderte ihn durch ein Fenster auf die Straße, wo er mit zerschmettertem Schädel liegen blieb.

Als man im Arsenal an der 7th Avenue von den erbitterten Gefechten erfuhr, schickte Generalmajor Sandford Colonel H. J. O'Brien vom elften New Yorker Freiwilligenregiment mit 150 Infanteriesoldaten verschiedener Einheiten zur Verstärkung des Polizeitrupps. Dazu kamen zwei Sechs-Pfund-Geschütze und 25 Artilleriesoldaten unter Lieutenant Eaglesons Kommando. Als Inspektor Carpenter die Soldaten über die 2nd Avenue heranmarschieren sah, begann er sofort einen neuen Angriff gegen den Mob, doch dieser tobte noch wütender als zuvor und hielt dem Ansturm stand. Soldaten und Polizisten gerieten in einen Hagel aus Ziegeln und Steinbrocken und wurden mit Musketen und Pistolen unter Dauerbeschuss gehalten. Colonel O'Brien brachte seine Soldaten in Gefechtsformation, und die Infanteristen feuerten einige Salven ab, aber der Pöbel drängte mit unverminderter Wucht vorwärts. Dann kam Lieutenant Eaglesons Artillerie zum Einsatz. Die schweren Geschosse schlugen in die Menschenmenge und richteten furchtbare Verwüstung an. Sechs Salven wurden abgefeuert, ehe die Aufständischen sich zurückzogen, aber schließlich stob der Pöbel in alle Himmelsrichtungen davon. Die Straße war mit Toten und Verletzten übersät, unter denen sich auch eine Frau mit einem Säugling befand. Sie war bei der ersten Salve gefallen und hatte dabei das Baby unter sich begraben. Obwohl der Körper der Mutter im allgemeinen Gedränge völlig zertrampelt wurde, blieb das Kind unverletzt.

Nachdem auf der 2nd Avenue weitgehend Ruhe eingekehrt war, machte Inspektor Carpenter sich auf einen Rundgang durch den östlichen Teil der Stadt und bekämpfte mehrere Mobs, die durch die Straßen zogen. Colonel O'Brien führte seine Truppe wieder zum Arsenal, kehrte jedoch drei Stunden später allein auf das Schlachtfeld zurück, denn er wohnte in der Gegend und sorgte sich um seine Familie und sein Eigentum. Er erreichte das Haus ohne Zwischenfälle und erfuhr, dass seine Frau sich und die Kinder noch rechtzeitig vor dem Ausbruch der Kämpfe in Sicherheit gebracht hatte und bei Verwandten in Brooklyn untergekommen war. Colonel O'Brien wollte daraufhin zu seiner Truppe zurückkehren, aber als er in die 2nd Avenue einbog, wurde er erkannt. Mehrere Männer versuchten, ihn vom Pferd zu zerren, während andere mit Ziegelsteinen nach ihm warfen. Er stieg ab und ging in einen Saloon an der Ecke 19th Street/2nd Avenue. Als er wieder herauskam, wurde er von einer mordlustigen Meute erwartet. Mit dem Schwert in der einen und dem Revolver in der anderen Hand schritt Colonel O'Brien ruhig über die Straße auf sein Pferd zu. Er kam jedoch nur ein paar Meter weit, dann fiel der Mob über ihn her und schlug ihn mit einem Knüppel nieder. Bevor O'Brien sich wieder aufrappeln konnte, hatten die Aufrührer sich schon auf ihn gestürzt, traten und schlugen auf ihn ein und banden dann ein Seil an seine Fußknöchel und schleiften ihn kreuz und quer über das Pflaster. Ein katholischer Geistlicher konnte den Rasenden gerade lange genug Einhalt gebieten, um O'Brien das Sakrament zu erteilen, dann zog er sich zurück und überließ den Colonel seinen Peinigern. Sie quälten ihn mehr als drei Stunden lang, zerschnitten ihm das Fleisch mit Messern und Dolchen, schmetterten Steinbrocken auf seinen Kopf und Körper und schleiften ihn unter wildem Triumphgeheul die Straße hinauf und hinunter. Dann ließen sie ihn ohnmächtig auf dem Pflaster zurück, wo er den ganzen langen, heißen Julinachmittag liegen blieb. Keiner seiner Freunde wagte es, ihm zur Hilfe zu kommen oder ihm auch nur Wasser zu bringen. Als der Abend dämmerte, tauchte wiederum ein großer Mob auf, und die Männer und Frauen fielen mit neuen Grausamkeiten über O'Briens geschundenen Körper her, bis sie ihn am Ende in den Hinterhof seines eigenen Hauses schleiften. Dort

Colonel O'Briens Ermordung

stürzte sich eine Horde von den Five Points wie eine
Meute Hyänen auf ihn, verstümmelte ihn mit Messern
und schleuderte ihm schließlich so lange Steine an den
Kopf, bis er starb.

Inspektor Carpenter und Colonel O'Brien hatten die
Aufrührer mit ihrem energischen Eingreifen von den
Union Steam Works abgelenkt. Als Polizei und Militär
wieder abgezogen waren, wandte sich der Mob jedoch erneut der Munitionsfabrik zu und stürmte das Gebäude
nach einer kurzen Auseinandersetzung mit den wenigen Schutzmännern, die es bewachten. Die Aufständischen dachten allerdings gar nicht daran, die Karabiner
herauszuschaffen und zu verteilen. Sie brachen nicht einmal die Truhen auf. Stattdessen besetzten sie das Gebäude

mit rund 500 Mann – offenbar, um sich darin ein Hauptquartier als Stützpunkt für ihre Aktionen an der East Side einzurichten. Als die Polizeileitung erfuhr, dass die Steam Works gestürmt worden waren, marschierten unter dem Kommando von Inspektor George W. Dilks 200 Polizisten zur 2nd Avenue und eroberten das Werk in zähem Kampf Stückchen für Stückchen zurück. Viele der Rebellen wurden auf die Dächer verfolgt und getötet, sodass am Ende das gesamte Gebäude und der Gehweg davor mit Sterbenden und Toten übersät waren. Ein Arzt aus der Nachbarschaft berichtete später, er habe in einer einzigen Stunde 21 Kopfverletzungen versorgt, die schließlich doch alle tödlich waren.

Zwei Männer führten den Mob in der erbarmungslosen Schlacht um die Union Steam Works an: ein einarmiger Riese, der einen gewaltigen Knüppel schwang, und ein junger Mann in einem schmutzigen Overall, der tapfer mit Messer und Keule kämpfte. Der Riese wurde erschossen, und der junge Mann erhielt einen so furchtbaren Schlag auf den Kopf, dass er gegen ein Eisengitter stürzte und eine der Spitzen sich in seinen Hals bohrte. Ein Polizist hob den Körper auf und entdeckte, dass es sich um einen jungen Mann mit aristokratischen Zügen, gepflegten Händen und zarter, weißer Haut handelte – jemanden, der offenbar nicht an körperliche Arbeit gewöhnt war. »Er war zwar wie ein Arbeiter gekleidet«, schrieb ein Chronist in einer Schilderung der Krawalle, »doch unter dem schmutzigen Overall und dem schmierigen Hemd trug er eine edle Kaschmirhose, eine schicke, reich verzierte Weste und ein feines Leinenhemd.« Wer dieser Mann war, blieb für immer ein Rätsel, denn als die Polizei abgezogen war, ließen die Aufrührer die Leiche zusammen mit den anderen Toten verschwinden. Wahrscheinlich wurde sie mit einem Pferdewagen ins Five-Points-Viertel gebracht und unter einer der Mietskasernen am Paradise Square verscharrt.

Die Karabiner und Munitionsvorräte, die noch in den Union Steam Works lagerten, wurden in Wagen verladen und unter schwerer Bewachung zum Polizeihauptquartier transportiert. Kurz nachdem das Werk zurückerobert worden war, stieß eine Militärtruppe zu den Polizisten. Die Männer unternahmen gemeinsam einen Rundgang durch den Bezirk und zerstreuten mehrere große Menschenansammlungen. Auf der 21st Street wurde die Patrouille mit einem heftigen Kugelhagel aus Fenstern und von Dächern

Schlacht um die Union Steam Works

herab empfangen. Während die Polizisten zurückwichen, rückten die Soldaten weiter vor und setzten die Scharfschützen mit ein paar gezielten Salven außer Gefecht. Ein Soldat erschoss sogar durch ein Haus hindurch einen Aufständischen, der hinter der Ecke in Deckung gegangen war. Inzwischen überfiel eine andere Aufrührerbande die Wache des 18. Reviers an der East 22nd Street, deren Reserve ebenfalls mit Inspektor Dilks' Truppe ausgerückt war. Sergeant Burden, der mit drei Mann die Stellung hielt, leistete erbitterten Widerstand, musste die Wache aber nach einer hal-

ben Stunde heftiger Kämpfe doch den Randalierern überlassen, die das Gebäude in Brand steckten.

Captain George W. Walling, der sich bereits mit seinen
Feldzügen gegen die Honeymoon-Gang und die Hafenganoven in der Unterwelt Respekt verschafft hatte, war
unterdessen mit einem Trupp Polizisten vom 20. Revier
pausenlos im Einsatz. Gleich früh am Morgen waren sie in
die Pitt Street marschiert, wo ein Mob eine kleine Truppe
Soldaten umzingelt hatte, aber noch bevor sie eingreifen
konnten, hatten die Soldaten bereits das Feuer eröffnet
und die Menge auseinandergetrieben. Anschließend führte Captain Walling seine Männer durch die Bowery und
zerstreute mehrere große Mobs, bis er eine Stunde später
zu Allerton's Hotel an der 11th Avenue zwischen 40th und
41st Street beordert wurde. Dort hatte eine Horde Aufständischer eine Kompanie Soldaten überfallen und ihre Gewehre erbeutet. Nachdem Captain Walling auch diese
Meute erfolgreich bekämpft und einen großen Teil der geraubten Musketen zurückerobert hatte, zog er mit seiner
Truppe quer durch die Stadt zur Kreuzung 5th Avenue/
47th Street. Dort waren plündernde Randalierer in das
Haus von Dr. Ward und weitere Wohnhäuser in der Nachbarschaft eingebrochen. Schließlich kehrte Captain Walling
nach stundenlangen harten Kämpfen an die West Side zurück. Auf der Polizeiwache an der West 35th Street schloss
er sich mit seinen Leuten einem Kommando an, das zum
Sturm auf die Barrikaden in der 9th Avenue ausrücken
sollte.

Die Polizeieinheiten für dieses Unternehmen standen
schon um drei Uhr nachmittags bereit. Sie mussten aber
noch fast zwei Stunden warten, bis die Soldaten der regulären Armee unter Captain Wessons Kommando zu
ihrer Unterstützung eintrafen. Inzwischen hatten die Aufständischen ihre Befestigungen verstärkt und das Weehaw-
ken Ferry House an der West 42nd Street niedergebrannt,
weil der Barkeeper sich geweigert hatte, seinen Alkohol-

vorrat herauszugeben. Um sechs Uhr brachen die Militär- und Polizeieinheiten gemeinsam auf und marschierten zur 9th Avenue, wo sich Tausende von Aufständischen mit Musketen, Pistolen, Ziegel- und Pflastersteinen bewaffnet hinter den Straßensperren verschanzt hatten. Captain Slott und Captain Walling führten einen großen Trupp Polizisten als Vorhut an, aber sie wurden sofort so heftig unter Beschuss genommen, dass sie sich eilig wieder zurückziehen mussten. Dann rückten die Soldaten in Gefechtsformation vor, scheuchten den Mob mit mehreren Musketensalven auf und töteten etwa 20 bis 30 der Widersacher. Dann stürmten die Polizisten vor und zertrümmerten die vordersten Barrikaden mit Knüppeln und Äxten, während die Soldaten ihnen Feuerschutz gaben. Auf ähnliche Weise wurden auch die übrigen Befestigungen gestürmt, bis zwei Stunden später der Mob in die Flucht geschlagen, die Straße geräumt und die Polizei auf der 9th Avenue wieder Herr der Lage war.

Sturm auf die Barrikaden in der 9th Avenue

Während das Gefecht noch im Gange war, hatte eine Meute das Haus von J. S. Gibbons, einem Vetter von Horace Greeley, am Lamartine Place 19 in der Nähe der Kreuzung 8th Avenue/29th Street überfallen. Als die Randalierer in das Gebäude eindrangen und damit begannen, es zu plündern, fiel ihnen ein Trupp Polizisten in den Rücken. Es handelte sich um Männer aus der Broadway-Truppe und der Reserve des 31. Reviers unter dem Befehl von Captain James Z. Bogart. Die Gefechte zwischen den Polizisten und den Plünderern dauerten bereits eine halbe Stunde an, als plötzlich eine Militäreinheit erschien und das Feuer eröffnete. Die Soldaten schossen blindlings ins Getümmel und trafen dabei Polizisten und Aufständische gleichermaßen. Schutzmann Dipple wurde in den Oberschenkel getroffen. Das Geschoss durchschlug den Knochen und bohrte sich aufwärts in das Mark. Dipple starb wenig später daran. Auch die Polizisten Robinson und Hodgson erlitten schwere Verletzungen. Von den Plünderern, die in Gibbons' Haus eingedrungen waren, bereiteten die Frauen den Polizisten größere Schwierigkeiten als die Männer. Sie kämpften nicht nur verbissener, sondern klammerten sich auch hartnäckig an jedes kleinste Beutestück, dessen sie habhaft werden konnten. Die Polizisten mussten sie mit ihren Schlagstöcken schließlich buchstäblich aus dem Haus prügeln.

2

Den ganzen Dienstag über drohte das Kommunikationsnetz der Polizei immer wieder zusammenzubrechen, weil Aufrührertrupps durch die Stadt zogen und die Telegrafenleitungen durchtrennten. Das Hauptquartier musste ständig durch Militär eskortierte Reparaturkommandos ausschicken, um die Schäden zu beheben. Die Aufständischen rissen auch die Telegrafenleitungen an der 11th Avenue-Eisenbahnlinie herunter und zerstörten große Teile der Schienenstränge in Harlem und New Haven – offenbar, um Truppentransporte mit der Bahn zu verhindern. Die wenigen noch intakten Leitungen im Telegrafennetz der Polizei waren mit der Vielzahl dringender Meldungen völlig überlastet. Dennoch unterbrach Commissioner Acton am Dienstagmittag kurzfristig die komplette dienstliche Kommunikation für das folgende Telegramm, das um 1.12 Uhr an die Polizeiwache des fünften Reviers gesendet wurde:

Dr. Purple, Hudson Street 183, schnellstmöglich zu Inspektor Leonards Haus schicken. Baby schwer krank.

Der Arzt bekam militärischen Geleitschutz, und es ist aktenkundig, dass das Baby wieder gesund wurde.

Bis zum Dienstagmittag konnte die Gefährdung der Waffenlager, Arsenale, des Navy Yard und weiterer Bundes- und Staatseigentums erheblich reduziert werden. Das Waffenlager des siebten Regiments wurde von 400 Mann mit zwei Haubitzen bewacht, und beinahe ebenso große Truppen sicherten die Arsenale am Central Park, der 7th Avenue und der Worth Street. Am Schatzamt an der Wall Street war Colonel Bliss von den Freiwilligen mit einer Infanterietruppe der regulären Armee und einer Batterie Feldgeschütze stationiert. Als Gerüchte über einen geplanten Überfall auf den Navy Yard das Hauptquartier erreichten, wurden sofort alle Kriegsschiffe aus dem Hafen und vom Hudson auf dem East River zusammengezogen. Wenig später lagen alle Zufahrten zum Yard in Schussweite des Transportschiffs North Carolina, der Korvette Savannah und der Kanonenboote Granite City, Gertrude, Unadilla und Tulip. Für den Fall, dass die Rebellen versuchen sollten, auf Governor's Island einen Stützpunkt einzurichten, hatten das Panzerschiff Passaic und der Kanonendampfer Fuchsia vor der Battery Stellung bezogen. Weitere Kriegsschiffe lagen dicht am Ufer und zielten mit ihren Geschützen geradewegs in große Straßen wie die Wall Street hinein, sodass sie diese beim ersten Anzeichen von Krawallen direkt unter Beschuss nehmen konnten.

Gegen zwei Uhr nachmittags wurde die Brücke zerstört, die bei Macomb's Dam über den Harlem River führte. Auch das Washington Hotel und ein großes Hobelwerk an der Kreuzung von 3rd Avenue und 129th Street fielen den Krawallen zum Opfer. Inzwischen war ganz Manhattan in Aufruhr. Von der Battery bis zum Harlem River gab es unentwegt Zusammenstöße zwischen Militär- und Polizeitruppen und den Mobs. Die Ordnungskräfte trugen meist den Sieg davon. Das freiwillige Sonderkommando war bis zum späten Dienstagnachmittag auf beinahe 1000 Mann angewachsen und mit Abzeichen, Uniformen und Schlagstöcken ausgestattet worden. Die Männer leisteten hauptsächlich Schutz- und Wachdienst, sodass die Polizisten und Soldaten sich auf die eigentlichen Kampfeinsätze konzentrieren konnten. Für diese fehlte den meisten Freiwilligen die nötige Ausbildung und Erfahrung. Es waren allerdings auch einige Kompanien aus Bürgerkriegsveteranen darunter, die in den Auseinandersetzungen mit den Mobs gute Dienste leisteten und dabei von denselben Offizieren befehligt wurden wie seinerzeit im Kampf gegen die Südstaaten.

Eine große Horde Aufständischer versuchte, mit Pferden, die aus den Ställen der Red Bird Line entwendet worden waren, eine Kavallerietruppe zu bilden. Das Unternehmen scheiterte jedoch daran, dass die Männer die Tiere nicht bändigen konnten. Eine andere Randaliererbande überfiel die Kirche der schwarzen Gemeinde an der 30th Street zwischen 7th und 8th Avenue. Als Captain Walling mit einem großen Polizeitrupp anrückte, stand das Gotteshaus bereits in Flammen, und der Pöbel versuchte, die Polizisten am Löschen zu hindern. Walling und seine Männer schlugen den Mob nieder und töteten dabei einen Mann, der rittlings auf dem Dach saß und mit einer Axt auf die Schindeln einschlug. Unterdessen zogen weitere Horden durch die 3rd Avenue nahe der 37th Street, plünderten mehrere Waffengeschäfte und brannten sie nieder. Später kündigten die Aufrührer an, in der Nacht einen Häuserblock an der 2nd Avenue zwischen 34th und 35th Street in Brand zu stecken, aber kaum zehn Minuten, nachdem sie die Bewohner gewarnt hatten, brach das Feuer bereits aus. Ein Schwarzer, der zu fliehen versuchte, wurde gelyncht, und zehn Häuser gingen in Flammen auf.

Am Dienstagabend tobten überall in der Stadt blutige Schlachten, und es war kein Ende abzusehen. Zum vierten Mal unternahm ein Mob einen erfolglosen Angriff auf das Gebäude des *Tribune* am Printing House Square, und zwischen acht und neun Uhr telegrafierte Schutzmann Bryan vom vierten Revier zum Hauptquartier, dass eine riesige Menschenmenge drohe, das Bekleidungsgeschäft Brooks Brothers an der Catherine Street[1] in Brand zu stecken. Sofort wurden 50 Männer unter dem Befehl von Sergeant Finney, Sergeant Matthews und Roundsman Farrell abkommandiert, die den Überfall jedoch nicht mehr verhindern konnten. Die Schutzmänner Kennedy, Platt und Davis, die sich verkleidet unter die Randalierer gemischt hatten, konnten den Mob zwar aufhalten, wurden aber rasch überwältigt und verprügelt. Dann schlugen die Randalierer die Türen ein und stürmten in den Laden. Sie zündeten das Gas an und brachen die Fenster heraus. Als die Polizei eintraf, waren die Gauner emsig dabei, sich eilig neue Kleider anzuziehen, sich die Taschen mit Halstüchern, Hemden und dergleichen zu füllen und große Bündel Kleidung aus den Fenstern zu werfen.

Die Polizisten zerstreuten im Handumdrehen den Mob auf der Straße und wandten sich dann den Plünderern im Inneren des Gebäudes zu, die sie mit den Schlagstöcken

---

[1] heute an der Kreuzung Madison Avenue/44th Street

von Etage zu Etage verfolgten. Viele versuchten, über ein Seil zu entkommen, das durch eine Luke in den Keller führte, aber unten standen bereits weitere Polizisten bereit, die sie mit Knüppeln in Empfang nahmen. Mehrere Schutzmänner erlitten bei diesem Einsatz schwere Schussverletzungen. Erst als Inspektor Carpenter mit seiner mobilen Truppe dazustieß, konnten die Plünderer endlich aus dem Geschäft vertrieben werden. Über Nacht wurde das Gebäude scharf bewacht, und am nächsten Tag durchsuchten 50 Polizisten unter militärischem Geleitschutz die Elendsquartiere in der Gegend. Sie stellten Kleidung und andere Waren im Wert von rund 10 000 Dollar sicher. In einer schäbigen Hütte fanden sie 50 neue Anzüge, in einer anderen einen riesigen Jutesack voller Halstücher und Socken.

3

Gouverneur Seymour verhängte am späten Dienstagnachmittag den Ausnahmezustand über die Stadt, und um Mitternacht wurde Bürgermeister Opdyke vom Kriegsminister Edwin M. Stanton telegrafisch benachrichtigt, dass fünf Regimenter der siegreichen Nordstaatenarmee schnellstmöglich in die Metropole verlegt würden. Diese Meldung wurde nicht veröffentlicht, aber die Aussicht auf Verstärkung und die Erfolge vom Vortag stimmten Commissioner Acton optimistisch, sodass er am Mittwoch durch die Morgenzeitungen verbreiten ließ, das Rückgrat der Revolten sei gebrochen, und die Polizei habe die Lage in der Stadt unter Kontrolle. Trotzdem kam es an den folgenden drei Tagen immer wieder zu schweren Ausschreitungen – vor allem am Mittwoch, als fünf Schwarze gelyncht wurden und die Soldaten erneut mit Haubitzen und Feldgeschützen gegen die rasenden Horden vorgehen mussten. Die 5000 Schnapshändler in den Krawallgebieten machten weiterhin gute Geschäfte, aber der übrige Handel war völlig zum Erliegen gekommen, und die Lager von Läden und Fabriken wurden verriegelt und verrammelt. Abgesehen von gelegentlichen Fahrten der 6th Avenue-Bahn verkehrten weder Busse noch Züge, und auch die Karren und Fuhrwerke, die sonst mit Waren beladen durch die Straßen rumpelten, wurden versteckt gehalten, damit die Randalierer sie nicht in ihre Gewalt brachten, um daraus Barrikaden zu bauen. Im oberen Teil der Insel waren alle Straßen nach Norden überfüllt, denn Scharen von Männern, Frauen und Kindern versuchten, aus der Stadt zu fliehen, deren Untergang besiegelt zu sein schien. Auch die Bahnstationen und Anlegestellen wurden von Dienstagmittag an bis zum Ende der Krawalle von Flüchtlingsmassen überschwemmt, die sich einen Platz in den Zügen oder auf den Schiffen erkämpfen wollten.

Mittwoch, der 15. Juli, war der wärmste Tag des Jahres, und die schwarzen Rauchwolken, die aus den Ruinen von mehr als 60 niedergebrannten Häusern aufstiegen, machten die erstickende Hitze noch unerträglicher. Die ersten Kämpfe brachen bereits vor Tagesanbruch aus. Gegen neun Uhr kam es dann zu größeren Ausschreitungen: Es gab Berichte über einen lynchenden Mob an der Kreuzung 32nd Street/8th Avenue, in der Gegend des heutigen Madison Square Garden. Daraufhin rückten eine Infanterieeinheit vom achten Freiwilligenregiment unter General Dodges Kommando und eine Kavallerietruppe der Bundesarmee unter Colonel Mott mit einer Batterie Haubitzen vom Hauptquartier aus. Als die Soldaten in die 8th Avenue einbogen, stießen sie auf die Leichen von drei Schwarzen, die an Laternenpfählen erhängt worden waren. Eine Horde Frauen drängte sich um die baumelnden Körper und verstümmelte sie mit Messern, während eine Menge von schätzungsweise mehr als 5000 Männern sie mit Triumphgeschrei anfeuerte. Als die Soldaten heranmarschierten, wich der Pöbel zurück. Colonel Mott gab seinem Pferd die

Sporen und lenkte es mitten in die Menge, um mit seinem Schwert eines der Opfer von dem Pfahl herunterzuschneiden. Anschließend erstach er mit derselben Waffe einen der Aufrührer, der versuchte, ihn vom Pferd zu zerren.

Kaum war Colonel Mott zu seiner Einheit zurückgekehrt, stürmte der Mob schon wieder vorwärts und ging mit einem Hagel von Wurfgeschossen und einer heftigen Salve aus Musketen und Pistolen zum Angriff über. Colonel Mott ließ Captain Howell an der 7th Avenue zwei Haubitzen in Stellung bringen, um die 32nd Street zu räumen. Nachdem die Geschütze geladen waren, griffen Infanterie und Kavallerie mit Bajonetten und Säbeln an und schlugen den Mob bis zur 8th Avenue zurück. Doch sobald sich die Soldaten zum Schutz der Artillerie zurückzogen, rückten die Randalierer erneut vor. Captain Howell drohte damit, die Geschütze abzufeuern, wenn der Mob sich nicht entferne. Diese Ankündigung wurde mit Hohngeschrei quittiert. Dann stürmte die Meute los – eine undurchdringliche Menschenmenge, die die Straße von einem Randstein bis zum anderen ausfüllte. Daraufhin befahl Captain Howell, das Feuer zu eröffnen. Als die Geschosse in die dicht gedrängten Reihen einschlugen, gingen Dutzende tot oder verwundet zu Boden. Erst nach sechs Salven gab der Mob endlich auf und floh über die 8th Avenue nach Norden. Die Soldaten schwärmten in kleinen Trupps aus und räumten auch die Seitenstraßen. Dann nahmen sie die Leichen der Erhängten ab und kehrten schließlich zum Hauptquartier an der Mulberry Street zurück. Bereits eine halbe Stunde später waren die Aufrührer wieder zur Stelle, schafften ihre Toten und Verwundeten fort und lynchten weitere Opfer. Die Leichen blieben bis zum späten Nachmittag an den Laternenpfählen hängen. Dann endlich nahm ein Polizeitrupp unter Captain Browers Kommando sie ab.

Etwa eine Stunde nach den Ausschreitungen an der 8th Avenue kam erneut Artillerie zum Einsatz. Diesmal galt es, einen Überfall auf die Gießerei Jackson's an der 28th Street auf dem Abschnitt zwischen 1st und 2nd Avenue abzuwehren. Nachdem der Mob mit einem halben Dutzend Geschützsalven auseinandergetrieben worden war, zogen versprengte Trupps durch die Stadt und brannten mehrere Wohnhäuser an der 2nd Avenue nahe der 28th Street nieder. Die Gießerei wurde dagegen nicht wieder angegriffen. Am frühen Nachmittag vereitelte Colonel Nevers mit einer Infanteriekompanie der regulären Armee einen Anschlag auf die Werft Webb's, in der gerade das Panzerschiff Dunderberg gebaut wurde. Eine weitere Militäreinheit, bestehend aus 33 Männern von den Hawkins' Zouaves und einer Kompanie regulärer Infanterie, stürmte ein Haus an der Ecke Broadway/33rd Street, in dem die Aufständischen mehrere Tausend Musketen gehortet hatten. Dabei kam eine Geschützbatterie zum Einsatz, die gegen Mittag in der Stadt eingetroffen war.

Am Mittwochnachmittag unterlagen mehrere große Militäreinheiten den Mobs, die zwei Haubitzen erbeuten konnten, nachdem sie die Artilleriesoldaten niedergeknüppelt hatten. Die Aufrührer verfügten jedoch nicht über entsprechende Munition, sodass die Geschütze für sie wertlos waren. Die schwerste Niederlage des Tages wurde den Ordnungskräften gegen sechs Uhr zugefügt, als Colonel Cleveland Winslow mit 200 Freiwilligen unter Major Robinson, rund 50 Soldaten von den Duryea Zouaves und zwei Haubitzen unter dem Kommando von Colonel E. E. Jardine von den Hawkins' Zouaves auf der 1st Avenue zwischen 18th und 19th Street einem riesigen Mob entgegentrat. Während die Infanteristen ihre Widersacher in Gefechte verwickelten, brachte Colonel Jardine seine Geschütze in Stellung, um die Straße unter Beschuss zu nehmen. Aber noch bevor er das Feuer eröffnen konnte, zogen die Aufrührer sich in die Häuser zu beiden Seiten der Straße zurück. Minuten später begannen sie, aus den Fenstern und von den Dächern herab auf die Soldaten zu schießen. Mehr als 20 von ihnen wurde getötet oder verwundet. Die Salven der Haubitzen, die auf die Straße gerichtet waren, konnten wenig ausrichten. Auch die Versuche der Soldaten, ihre Widersacher mit gezielten Schüssen außer Gefecht zu setzen, schlugen meist fehl. Die gegnerischen Scharfschützen zielten dagegen mit tödlicher Präzision, sodass binnen einer halben Stunde die Hälfte der Soldaten kampfunfähig war. Auch Colonel Jardine wurde verwundet: Als die Haubitzen gerade nachgeladen wurden, trat einer der Aufständischen mitten auf die Straße, stützte seine Muskete auf der Schulter eines Kameraden ab und zielte sorgfältig. Der Schuss traf Jardine in den Oberschenkel. Schließlich musste Colonel Winslow einsehen, dass seine Leute einem konzentrierten Angriff der Gegner nicht gewachsen waren, und er befahl den Rückzug. Winslow wollte auf Verstärkung durch die Polizei warten. Die Polizisten sollten mit Schlagstöcken in die Häuser eindringen und die Rebellen auf die Straße treiben. Dort konnten sie dann mit der Artillerie wirksam bekämpft werden. Doch als die Truppe sich zurückziehen wollte, stürmte der Pöbel aus den Häusern und fiel so wütend über die Soldaten her, dass diese ihre Toten, Verletzten und Geschütze im Stich ließen und Hals über Kopf flohen. Nur wenige konnten sich retten. Colonel Jardine schleppte sich gemeinsam mit zwei Offizieren von den Duryea Zouaves, die ebenfalls verwundet waren, in den Keller eines Wohnhauses an der 2nd Avenue nahe der 19th Street. Zwei Frauen versteckten sie unter einem großen Stapel Feuerholz. Die Verfolger spürten sie jedoch bald auf. Sie prügelten die beiden Offiziere an Ort und Stelle zu Tode und hätten auch Colonel Jardine nicht verschont, wenn nicht einer der Anführer des Mobs ihn als alten Bekannten wiedererkannt und die Mörder überredet hätte, von ihm abzulassen. Stunden später, als im Bezirk wieder Ruhe herrschte, brachten die Frauen den Colonel zu einem Arzt, und mit der Zeit erholte sich Jardine von seinen Verletzungen.

4

Der Sieg an der 1st Avenue war der letzte große Triumph des Pöbels. Seit dem frühen Mittwochnachmittag trafen die angeforderten Regimenter in New York ein, und am Donnerstagmorgen konnten Commissioner Acton und General Brown ihre erschöpften Truppen um mehrere Tausend frische, kampferprobte Soldaten verstärken. Das 74. Regiment der Nationalgarde erreichte die Stadt am Mittwochabend gegen zehn Uhr und wurde sofort an die Brennpunkte der Krawalle verlegt, ebenso das 65. aus Buffalo, das eine halbe Stunde später eintraf. Am Donnerstagmorgen um vier landete das siebte Regiment der Nationalgarde am Pier an der Canal Street. Bereits kurz nach Tagesanbruch marschierte es durch die Straßen der East Side – sehr zum Verdruss seiner alten Widersacher unter den Gangsterbossen. Das 69. Regiment traf am Donnerstagmorgen mit dem Zug ein, und wenige Stunden später hallte auch der Marschtritt des 26. Freiwilligenregiments aus Michigan und des 52. und 152. des Staates New York durch die Straßen. Nun wuchs der Zustrom der Soldaten bis zum Freitagabend immer weiter an. Die zusätzlichen Truppen, die General Brown und Commissioner Acton jetzt zur Verfügung standen, ermöglichten es, die Verteidigung der Stadt vollkommen neu zu organisieren. Brown und Acton teilten Manhattan Island in vier Bezirke, deren einzelne Hauptquartiere in Harlem, an der West 22nd Street, der East 29th Street beziehungsweise in der City Hall eingerichtet wurden. In jedem dieser Bezirke wurden große Militär- und Polizeieinheiten in Bereitschaft gehalten, während kleinere Trupps ständig durch die Straßen patrouillierten, um bereits die Bildung größerer Mobs zu verhindern. Diese Aufgabe übernahmen vor allem die Soldaten, denn die Polizei war nach den zahlreichen harten Kämpfen, in die sie seit Montag verwickelt gewesen war, kaum noch einsatzfähig – die meisten Männer waren verwundet, und die wenigen noch unverletzten Polizisten waren völlig erschöpft.

Bürgermeister Opdyke veröffentlichte am Donnerstag in den Morgenzeitungen eine optimistische Erklärung, in der er die Bürger aufrief, wieder zur Tagesordnung überzugehen. Einige Straßenbahn- und Omnibuslinien nahmen daraufhin den Betrieb wieder auf. Außerdem wurde eine offizielle Verlautbarung publik gemacht, die sich allerdings nachträglich als falsch erwies. Sie besagte, dass die Truppenaushebung in New York bis auf weiteres eingestellt sei und es auch künftig keine Zwangsrekrutierung mehr geben solle. Der Stadtrat beschloss in einer außerordentlichen Sitzung, 2 500 000 Dollar für alle mittellosen Männer bereitzustellen, die ausgelost worden waren, sich aber vom Kriegsdienst befreien lassen wollten.

Trotz dieser Maßnahmen dauerten die Krawalle den ganzen Tag über an. Die schwersten Ausschreitungen ereigneten sich auf der 2nd Avenue zwischen 29th und 31st Street. Dort gewann ein Mob gegen mehrere kleine Polizei- und Militäreinheiten die Oberhand und hetzte etwa 25 der Soldaten durch die Straßen, bis diese sich in der Gießerei Jackson's verschanzten. General Brown sandte Captain Putnam mit einer Batterie Feldgeschütze, 50 Polizisten und einer ganzen Kompanie der regulären Infanterie zur Rettung der Belagerten aus. Als der Mob angriff, räumte Captain Putnam die Straße mithilfe der Artillerie. Elf Männer wurden getötet und viele weitere erlitten schwere Verletzungen. Die Aufständischen zogen sich in die Häuser entlang der 2nd Avenue zurück, aber die Polizisten und Soldaten verfolgten sie und trieben sie mit Gewehrkolben und Schlagstöcken zurück auf die Straße. Wiederum wurden die Geschütze eingesetzt. Nach kurzer Zeit ergriffen die Aufrührer die Flucht, und die Soldaten befreiten ihre belagerten Kameraden aus der Gießerei.

Dies war die letzte große Schlacht. Kleinere Ausschreitungen ereigneten sich allerdings noch die ganze Nacht hindurch und vereinzelt auch am Freitag. Der Bürgermeister erklärte indessen den Aufstand für beendet und verkündete, die Stadt verfüge jetzt über ausreichende Militärkräfte, um jegliche illegalen Aktivitäten niederzuschlagen, gleichgültig, welches Ausmaß sie erreichen mochten. Am Freitagmorgen um elf versammelten sich rund 3000 Männer und Frauen vor Erzbischof Hughes' Residenz an der Kreuzung von Madison Avenue und 36th Street. Der Prälat sprach von seinem Balkon aus zu der Menge. Dabei saß er auf einem Stuhl, da er unter so starkem Rheumatismus litt, dass er nicht stehen konnte. Der Geistliche appellierte an die religiöse Ehre seiner Zuhörer und forderte sie nachdrücklich auf, die Krawalle einzustellen:

»Jeder Mann hat das Recht, sein Heim oder seine Hütte unter Einsatz seines Lebens zu verteidigen. Aber der Kampf muss immer im Dienst einer gerechten Sache stehen und darf niemals zu einem Angriff oder Überfall ausarten. Wollt ihr meinen Rat hören? Ich habe zu meinem Kummer erfahren, dass ihr revoltiert habt. Ihr könnt euch nicht vorstellen, wie sehr mich dies schmerzt und betrübt. Wollt ihr diese Vorgänge nicht beenden und die Gesetze ehren, die doch niemals gegen euch als Iren und Katholiken gerichtet waren? Ihr habt doch schon genug gelitten. Keine Regierung kann bestehen, wenn sie nicht für den Schutz ihrer Bürger sorgt. Man wird mit Militärgewalt gegen euch vorgehen. Unschuldige werden fallen, und die eigentlichen Schuldigen werden wahrscheinlich davonkommen. Wäre es nicht besser, sich friedlich zurückzuziehen?«

Ein starkes Polizei- und Militäraufgebot beobachtete die Versammlung, griff jedoch nicht ein. Als der Erzbischof seine Rede beendet hatte, gingen die Zuhörer ruhig auseinander. »Alles in allem war die Menge friedfertig«, schrieb Headley in seinem Buch *The Great Riots of New York*. »Sie bestand offenbar überwiegend, wenn nicht sogar ausschließlich aus Leuten, die nicht an den Krawallen beteiligt waren. Es gab keine blutigen Kopfverletzungen und zerschundenen Gesichter, wie sie überall in der Stadt zu sehen waren. Die Ansprache war schön und gut, kam jedoch zu spät, um noch etwas zu bewirken. Zwei Tage früher hätte sie Leben retten und große Zerstörung verhindern können, aber jetzt glich sie dem Sturm auf eine Festung, die sich bereits ergeben hatte – sinnlos verschossenes Pulver. Die Schlacht war geschlagen. Um es in des Erzbischofs eigener, nicht sehr gewählter Ausdrucksweise zu sagen: Er ›red' zu spät‹.«

General Brown wurde am Freitagmorgen von General E. R. S. Canby abgelöst, und am Samstag übernahm General John A. Dix das Kommando über das Eastern Department von General Wool. Auf General Dix' Befehl waren die Soldaten für die Sicherheit in der Stadt zuständig, während die Polizei mehrere Tage damit zubrachte, Diebes- und Plündergut aufzuspüren. Große Trupps durchkämmten – manchmal mit Militäreskorte – Wohnungen und Kneipen an den Five Points, der Bowery und in den Elendsvierteln an den Ufern des Hudson und East River. Beute aller Art war dort in Kellern und Dachkammern versteckt: von Fässern voller Zucker über kostbare Teppiche bis hin zu Tabak und Vogelfutter. »Stühle aus Mahagoni und Rosenholz mit Brokatpolstern, Tische und Beistelltischchen mit Marmorplatten, wertvolle Gemälde und Hunderte zerbrechlicher und kostbarer Ziergegenstände kommen Tag für Tag in den elenden Behausungen zum Vorschein«, schrieb eine Zeitung. »Jeder, bei dem etwas gefunden wird, behauptet rundheraus, er wisse nichts weiter, als dass er die Sachen auf der Straße gefunden und mitgenommen habe, damit sie nicht verbrannt würden. Die ganze Stadt wird durchsucht, und man rechnet damit, dass der größte Teil des geraubten Eigentums sichergestellt werden kann.«

Die Höhe der Verluste während der vier Tage andauernden Kämpfe wurde nie exakt ermittelt. Sie waren aber zweifellos nicht geringer als die, die nach manchen berühmten Gefechten während der Revolution und des Bürgerkriegs wie den Schlachten von Shiloh und Bull Run zu beklagen waren. Nach Schätzungen der Konservativen lag die Zahl der Toten bei insgesamt 2000 und die der Verwundeten bei rund 8000, wovon die meisten Aufständische waren. Von den Polizisten war kaum einer unverletzt geblieben, nur drei jedoch hatten ihren Einsatz während der Krawalle mit dem Leben bezahlen müssen. Die Verluste der verschiedenen Militäreinheiten wurden vom Kriegsministerium nicht bekannt gegeben, beliefen sich aber auf mindestens 50 Tote und rund 300 Verletzte. 18 Schwarze waren von den Aufrührern gelyncht worden, rund 70 weitere galten als vermisst. Fünf waren vom Mob in den Hudson oder den East River gehetzt worden und ertranken. Polizei und Militär stellten 11 000 Schusswaffen sicher, darunter auch Musketen und Pistolen, außerdem mehrere Tausend Knüppel und andere Waffen. Der Sachschaden betrug schätzungsweise 5 Millionen Dollar, und die Verluste der Wirtschaft waren zunächst nicht abzusehen, denn der Handel war völlig zum Erliegen gekommen, und von den Tausenden, die aus der Stadt geflohen waren, kehrten viele erst Monate später wieder zurück. Über 100 Gebäude waren niedergebrannt, darunter eine protestantische Mission, das Waisenhaus für Farbige, drei Polizeiwachen, ein Waffenarsenal, drei Rekrutierungsbüros und zahlreiche Wohnhäuser, Fabriken und Läden. Rund 200 weitere Gebäude waren geplündert und verwüstet worden.

Während der Krawalle hatten Politiker ständig die Arbeit der Befehlshaber der Polizei und des Militärs behindert. Vor allem Ratsherren und Kongressabgeordnete von den Demokraten nutzten die Gelegenheit, den Präsidenten und den Bürgermeister, die beide Republikaner waren, in ein schlechtes Licht zu rücken. Die ehrenwerten Staatsmänner erschienen immer wieder im Polizeihauptquartier und verlangten, Polizisten und Soldaten sollten aus ihren Bezirken abgezogen werden, da sie das Volk niedermetzelten – und dies zu einem Zeitpunkt, als Schwarze gelyncht, Häuser geplündert und niedergebrannt wurden, als die Wirtschaft bereits zusammengebrochen war und randalierende Menschenmengen durch die Stadt zogen. Ein demokratischer Richter führte in einer außerordentlichen Sitzung einen Musterprozess, erklärte das Wehrpflichtgesetz feierlich für verfassungswidrig und forderte die Leute eindringlich zum Widerstand gegen seine Umsetzung auf. Die meisten Personen, die die Polizei während der beiden letzten Tage der Krawalle oder bei der Suche nach Beutegut aus den Plünderungen festnahm, kamen durch den Einfluss von Politikern sofort wieder frei und wurden nie vor Gericht gestellt. Zahlreiche Gangsterbosse von den Five Points, aus dem Hafenviertel und anderen Hochburgen des Verbrechens wurden beim Plündern auf frischer Tat ertappt, aber die Politiker, unter deren Schutz sie standen, bewahrten sie vor der Justiz. Als die Krawalle endlich zu Ende waren, nachdem Tausende randalierend durch die Stadt gezogen waren, saßen lediglich 20 Männer im Gefängnis. 19 von ihnen wurden zu Gefängnisstrafen von durchschnittlich fünf Jahren verurteilt.

5

Polizei und Militär hatten die Verbrecher während der erbitterten Kämpfe in jener strapaziösen Juliwoche vernichtend geschlagen und nachdrücklich in ihre Schranken verwiesen. Dennoch machten die Gangster und die anderen Kriminellen der Polizei im weiteren Verlauf des Bürgerkriegs immer wieder erheblich zu schaffen. Im Mai 1864 kam es erneut zu Massenprotesten, nachdem die Zeitungen *World* und *Journal of Commerce* einen Text veröffentlicht hatten, der als Proklamation des Präsidenten Lincoln ausgegeben wurde. Darin wurde die Bevölkerung zu einem Fastentag aufgerufen und die Stadt dazu aufgefordert, 400 000 Mann für die Nordstaatenarmeen zur Verfügung zu stellen. Eine riesige Menschenmasse drängte sich mehr als eine Stunde lang vor der Redaktion des *Journal of Commerce* an der Wall Street und forderte die Rücknahme der Proklamation. Unterdessen wurde jeder verfügbare Polizist schnellstmöglich in den Distrikt beordert und die Garnison auf Governor's Island in Alarmbereitschaft versetzt. Der Mob beruhigte sich erst, als Sonderdrucke anderer Zeitungen erschienen, die über Informationen aus Washington verfügten und die Proklamation als ›Ente‹ entlarvten. Das Erscheinen der *World* und des *Journal of Commerce* wurde von der Regierung vorübergehend eingestellt, und die *Associated Press* setzte 1000 Dollar Belohnung auf die Überführung des Schuldigen aus. Die Ermittlungen der Kriminalpolizei ergaben, dass das falsche Dokument aus der Feder von Joe Howard Jr. stammte, der umgehend verhaftet und mit einer Militäreskorte nach Fort Lafayette gebracht wurde.

Einige Monate später versetzte das berühmte Schwarze-Taschen-Komplott die Stadt erneut in Aufruhr. Am Abend des 25. November 1864 um 8.43 Uhr wurde in einem Zimmer des St. James Hotel am Broadway ein Brand entdeckt, und wenige Minuten später stand Barnum's Museum in Flammen. Danach brachen kurz nacheinander in einigen der größten Hotels der Metropole, nämlich im St. Nicholas, im United States, im New England und im Metropolitan Hotel, im La Farge House sowie im Lovejoy's ebenfalls Brände aus. Um Mitternacht versuchten in der Hafengegend am Hudson River mehrere Gangs, die Schiffe an den Docks anzuzünden. Außerdem wurden zwischen Mitternacht und Tagesanbruch auch in den Hotels Belmont, 5th Avenue, Howard und Hanford, im Astor House und der Tammany Hall Brände entdeckt, ebenso in mehreren Holzlagern und mehr als 20 Fabriken und großen Lagerhäusern in verschiedenen Teilen der Stadt. Glücklicherweise konnte die Feuerwehr mithilfe der Polizei und zahlreicher Bürger die Flammen rechtzeitig löschen und so verhindern, dass ein Großbrand entstand. In den Hotelzimmern fand man schwarze Taschen aus Segeltuch, die im Polizeihauptquartier untersucht wurden. Sie enthielten eine Menge Papier, anderthalb Pfund Kolophonium, eine Flasche Terpentin und Flaschen mit Phosphor in Wasser. Die Brandstifter hatten das Bettzeug in der Mitte des Zimmers aufgehäuft und mit Terpentin übergossen, das Ganze dann angezündet und die Tür verschlossen. Obwohl die Hotelbesitzer 20 000 Dollar für die Ergreifung der Täter aussetzten, wurde keiner der Schuldigen gefasst.

Anfang 1865 gab es einen weiteren Brandanschlag auf Barnum's Museum, und im Juli desselben Jahres wurde es schließlich zerstört. Beinahe der gesamte Block zwischen Fulton Street, Ann Street, Nassau Street und dem Broadway brannte diesmal nieder. Der Schaden belief sich auf insgesamt 2 Millionen Dollar. Das Feuer begann im Obergeschoss des Museums, breitete sich nach unten aus und griff

Feuer in Barnum's Museum

nach und nach auch auf die Nachbargebäude über. Die gesamte Polizei war während der Feuersbrunst im Einsatz, um zu verhindern, dass Gangster und andere Diebe, die in Scharen herbeiströmten, die Geschäftshäuser in der Umgebung plünderten, wie es beim großen Brand von 1835 geschehen war. Trotz des großen Polizeiaufgebots wurde in mehrere Läden eingebrochen, unter anderem auch in Knox' Hutladen. Die Diebe boten die erbeuteten Hüte später in Sichtweite des Geschäftes zum Verkauf an.

Kapitel 9

Verruchte Zeiten

1

Als der Bürgerkrieg zu Ende ging, brach in New York eine Ära beispielloser Verruchtheit an. Die Tammany-Politiker langten mit gierigen Fingern in die Stadtkasse, und die Polizei war durch die Schikanen der Politiker und das enorme Ausmaß der Korruption in den eigenen Reihen so demoralisiert, dass sie nicht mehr in der Lage war, auch nur den Anschein von Gesetzestreue zu wahren. Mehr als ein Vierteljahrhundert lang schwelgten die kriminellen Elemente in einer Orgie des Lasters und Verbrechens, und New York, das damals nur aus Manhattan Island bestand, wurde zu Recht das ›Gomorrha der Neuzeit‹ genannt. Angeblich prägte Pater T. DeWitt Talmage diese Bezeichnung Mitte der 70er Jahre in einer Predigt im Brooklyn Tabernacle. Sowohl Pater Talmage als auch Pater Henry Ward Beecher, der Pastor der Plymouth Church in Brooklyn, pilgerten regelmäßig nach Manhattan und besuchten unter Polizeischutz die Brutstätten des Lasters. Dort sammelten sie das Material, das sie in ihren Predigten mit erhobenem Zeigefinger als abschreckendes Beispiel präsentierten.

Vor dem Krieg florierten die Spelunken, Tanzlokale und andere zwielichtige Etablissements hauptsächlich an den Five Points und der Bowery, an der Water Street, der Cherry Street und weiteren Straßen im Hafenviertel des alten vierten Bezirks am East River. Aber kaum hatten die Südstaaten bei Appomattox kapituliert, schossen auch schon überall in der Stadt Hunderte von Bordellen mit roten Laternen, die aus den Fenstern leuchteten oder von den Verandabalken herabhingen, wie Pilze aus dem Boden. So lange die Besit-

zer entsprechende Zahlungen an ihre politischen Schirmherren leisteten, ließ man sie unbehelligt gewähren, ja sogar
gedruckte Werbung verbreiten. Die berühmteste Ansamm-
lung derartiger Etablissements war die Sisters' Row an der
West 25th Street nahe der 7th Avenue, eine Reihe von sieben
Bordellen, die in den 60er Jahren des 19. Jahrhunderts von
sieben Schwestern betrieben wurden. Diese stammten aus
einem kleinen Dorf in Neuengland und waren nach New
York gekommen, um ihr Glück zu machen. Den Pfad der
Tugend hatten sie jedoch bald verlassen. Ihre Bordelle
waren die teuersten der Stadt und wurden äußerst auf-
wändig und zeremoniös geführt. An bestimmten Tagen im
Monat wurden die Herren nur in Abendgarderobe und mit
einem Blumenstrauß in der Hand eingelassen. Die Damen
des Etablissements präsentierten sich als kultivierte, an-
regende Gesellschafterinnen, die hervorragend Klavier und
Gitarre spielten und mit allen Feinheiten der gesellschaftlichen Etikette vertraut waren. Die Einnahmen des Weih-
nachtsabends wurden jedes Jahr an die Wohlfahrt gespen-
det. Ein weiteres berühmtes Etablissement war das von
Josephine Woods an der 8th Street nahe dem Broadway.
Dort veranstaltete jedes Jahr zu Silvester ein reicher Blinder
eine Nacktparty, und den ganzen Neujahrstag hindurch
wurde offenes Haus gehalten, wie es damals in der gehobenen Gesellschaft üblich war.

Bischof Simpson von der Methodist Episcopal Church behauptete im Januar 1866 in einer Rede in der Copper Union,
es gebe in New York ebenso viele Prostituierte wie Methodisten – eine skandalöse und niederschmetternde Enthül-
lung. In einer späteren Predigt in der Methodistenkirche
St. Paul's bezifferte der Bischof den Anteil der käuflichen
Frauen an der Gesamtbevölkerung auf rund 20 000. John A.
Kennedy, der Polizeipräsident, widersprach diesen Aussagen vehement. Er erklärte, über die Methodisten lägen ihm
zwar keine Zahlen vor, da diese nicht in seine Zuständigkeit fielen, aber laut Polizeiberichten gebe es in der gesam-

Pater T. DeWitt im Satan's Circus

ten Stadt nur 3300 Prostituierte, die in 621 Bordellen und 99 Stundenhotels tätig seien. Auch die 747 Kellnerinnen, die in Konzertsaloons und Tanzlokalen arbeiteten, seien hier bereits berücksichtigt. Bischof Simpson und andere Reformer konnten allerdings handfeste Belege vorweisen, und es ist durchaus wahrscheinlich, dass ihre Darstellung der Wahrheit näher kam als die des Polizeipräsidenten. Schließlich beschäftigte sich dieser nur unter beruflichen Aspekten mit dem Problem und vernachlässigte insbesondere die Tatsache, dass Tausende von Prostituierten auf der Straße arbeiteten. Da sie meist erst nach Einbruch der Dämmerung in Erscheinung traten, bezeichnete man die Frauen, die das nächtliche Gewerbe ausübten, als ›night-walkers‹. Als sie sich später auch bei Tageslicht auf die Straße wagten, wurden sie ›street-walkers‹ genannt.

Zwischen 24th und 4th Street, 5th und 7th Avenue lag einer der schlimmsten Brennpunkte von Kriminalität und Prostitution, und die dortigen Kneipen zählten zu den übelsten der Stadt. Die Reformer nannten die Gegend daher mit Grauen Satan's Circus. Noch im Jahr 1885 wurden Schätzungen zufolge mindestens die Hälfte aller Gebäude in diesem Stadtteil zu unredlichen Zwecken verschiedenster Art genutzt. Im damaligen Zentrum des ausschweifenden Lebens, an der 6th Avenue, standen Bordelle, Saloons und Tanzlokale dicht an dicht. In diesen Vergnügungsstätten, die die ganze Nacht hindurch geöffnet hatten, tummelte sich rund um die Uhr ein buntes Volk. Die Gegend gehörte größtenteils zum alten 29. Revier, das von der 14th bis zur 42nd Street und von der 4th bis zur 7th Avenue reichte. Captain, später Inspektor, Alexander S. Williams hatte dafür die Bezeichnung ›Tenderloin‹ – ›Filet‹ – geprägt, als ihm 1876 nach langen, undankbaren Bemühungen in den Randbezirken das Kommando über das 29. Revier übertragen wurde. Williams spazierte ein paar Tage nach seiner Versetzung in Hochstimmung über den Broadway und traf einen Freund, der ihn nach dem Grund seiner Heiterkeit fragte.

»Nun ja, ich bin versetzt worden«, erklärte Williams. »Lange genug habe ich mir die Schulterstücke sauer verdient, jetzt bekomme ich endlich auch mal ein Stück vom Filet.«

Das alte Haymarket an der 6th Avenue südlich der 30th Street war wohl die berühmteste der Spelunken in

Williams' neuem Wirkungskreis. Wegen seiner Widerstandsfähigkeit – es wurde mehrmals geschlossen, bis 1913 jedoch immer wieder in Betrieb genommen – war das Haymarket landesweit berühmt. Dort wurden regelmäßig Grünschnäbel übers Ohr gehauen, die sich als Touristen in die Metropole wagten. Das Haus wurde kurz nach dem Bürgerkrieg als Varieté eröffnet und nach dem berühmten Theater in London benannt. Da es sich aber gegen die großen Häuser wie das Tivoli an der 8th Street und das Tony Pastor's an der 14th Street nicht behaupten konnte, musste es am ersten Dezember 1878 wieder schließen. Wenige Wochen später wurde es als Tanzpalast neu eröffnet und so auch bis zu seiner endgültigen Schließung betrieben.

Das dreistöckige Gebäude aus Ziegelfachwerk mit dem Anstrich in trübem Schwefelgelb sah bei Tageslicht schäbig und abstoßend aus und wirkte wie ausgestorben. Aber wenn der Abend dämmerte und das Volk von Satan's Circus seinen nächtlichen Auftritt auf der 6th Avenue vorbereitete, wurden die Läden geöffnet. Alle Fenster erstrahlten in hellem Glanz, und vor dem Haupteingang hing an gewaltigen eisernen Haken ein Schild: »Haymarket – Grande Soirée Dansant«. Frauen hatten freien Eintritt, Männer zahlten 25 Cents pro Person. Dafür durften sie tanzen, trinken und sich anderweitig amüsieren. Das Parkett war auf drei Seiten von Rängen und Logen umgeben, die noch aus der Zeit stammten, als das Gebäude ein Theater beherbergte. Sie waren zu kleinen Kabinen umgebaut worden, in denen in der Glanzzeit des Haymarket die weiblichen Stammgäste Cancan tanzten und Aufführungen präsentierten, die denen in französischen Peepshows glichen. Angeblich entstand im Haymarket die Bezeichnung ›Circus‹, die später im ganzen Land allgemein für derartige Darbietungen verwendet wurde. Der Name des Tanzes Cancan ist laut Wörterbuch von dem französischen Wort für Skandal abgeleitet, und das, was die Gäste des alten Haymarket zu sehen bekamen, war für die damalige

Zeit in der Tat skandalös – insbesondere in den frühen Morgenstunden, wenn Rauchschwaden durch den Raum zogen und immer mehr Betrunkene über die Tische oder zu Boden sanken, wo Langfinger und Taschendiebe sich flink und geschickt über sie hermachten. Später wurde der Cancan von anderen Schautänzen abgelöst, die ihren Siegeszug mit der berühmten Bauchtanzshow Little Egypt auf der Weltausstellung in Chicago 1893 antraten und von fortan immer freizügiger wurden.

Das French Madame's an der 31st Street nahe der 6th Avenue war nach der Nationalität der Besitzerin benannt – einer beleibten Frau mit Damenbart, die die ganze Nacht hindurch auf einem erhöhten Sitz neben der Kasse thronte und über den Hausfrieden wachte. Sie wurde berühmt für die Art und Weise, wie sie ihren Knüppel führte oder unliebsame weibliche Gäste blitzschnell bei den Haaren packte und mit Schwung auf die Straße beförderte. Das Etablissement war dem Anschein nach ein Restaurant, aber in Wirklichkeit bekam man dort kaum etwas zu essen, sondern allenfalls schwarzen Kaffee. Das eigentliche Geschäft bestand im Ausschank von Wein und Spirituosen. Die Frauen von der Straße, die regelmäßig im French Madame's verkehrten, ließen sich nicht lange bitten, in einer der kleinen Kabinen über dem Speisesaal einen Cancan zu präsentieren. Für einen Dollar tanzten sie nackt und gegen einen geringen Aufpreis bekam man Darbietungen zu sehen, die denen in den Logen des Haymarket glichen. Im Idlewile an der 6th Avenue nahe der 31st Street und im Strand ein paar Häuser weiter südlich ging es ähnlich zu, allerdings gab es in diesen Lokalen auch kleine Tanzflächen. Das Strand gehörte Dan Kerrigan, der in den späten 70er Jahren des 19. Jahrhunderts Mitglied des Generalkommitees von Tammany Hall war. Pater T. DeWitt Talmage besuchte 1878 jedes dieser Etablissements für einen Abend. Seine Predigten erregten derartiges Aufsehen, dass die Polizei auf Anordnung des

Bürgermeisters Cooper die Lokale für Frauen mehrere Monate lang sperrte.

Zu den berühmten Spelunken des Satan's Circus gehörten auch das Cremorne an der 32nd Street westlich der 6th Avenue, die Egyptian Hall an der 34th Street östlich der 6th Avenue, die Sailors' Hall an der 30th Street, wo hauptsächlich Schwarze verkehrten, der Buckingham Palace an der 27th Street, der für seine Kostümbälle berühmt war, das Tom Gould's an der 31st Street, eine Kneipe mit Gästezimmern im Obergeschoss, und das Star and Garter, ein etwas gehobenes Etablissement, das der bekannte Zeitgenosse Ed Coffee 1878 an der Ecke 6th Avenue/30th Street eröffnete. Das Star and Garter erfreute sich auf Anhieb großer Beliebtheit, besonders wegen des Chef-Barkeepers Billy Patterson, einer rundlichen Gestalt mit sonnigem Gemüt. Patterson gehörte zu den wahrhaft begnadeten Barmixern seiner Zeit und pflegte zu sagen, er habe keine Feinde auf der Welt – ein einziger Drink von ihm genüge, um aus jedem Mann einen ergebenen Verehrer zu machen. Von Billy Patterson persönlich einen Drink gemixt zu bekommen, galt als große Auszeichnung. Eines Nachts fiel der Barmann dem Totschläger eines mysteriösen Attentäters zum Opfer, als er das Star and Garter durch den Nebenausgang verließ. Das Ereignis war sofort in aller Munde und die Frage »Wer hat Billy Patterson erschlagen?« wurde zum geflügelten Wort.

Das Cremorne, eine Kellerkneipe an der 32nd Street westlich der 6th Avenue, galt bei der Polizei als eine der verruchtesten Spelunken der Zeit. Woher der Name stammte, ist nicht bekannt. Wahrscheinlich war die Schenke wie viele andere in der Gegend nach einem Tanzpalast oder Lokal in London benannt worden. Der Haupteingang führte direkt in die Bar, an deren Ende hinter einem großen, kunstvoll geschnitzten Pult der Manager saß. Er war eine imposante, unnahbare Erscheinung mit üppigem Bart und einem gewaltigen Walross-Schnäuzer, der ihm den Spitznamen ›Don Whiskerandos‹ eingetragen hatte. Hin-

Das Haymarket im Jahre 1879

ter dem Mann führte eine Schwingtür in einen großen Raum, der übertrieben prunkvoll mit Gemälden und Statuen ausgestattet war. Die Figuren zeichneten sich eher durch Nacktheit als durch künstlerischen Wert aus. In dem Saal saßen Frauen und Männer gemeinsam an Tischen und tranken, während eine schrille Geige, ein dröhnender Kontrabass und ein schepperndes Klavier für die musikalische Untermalung sorgten. Die Frauen erhielten wie in den meisten derartigen Lokalen Provision auf alle Getränke, die sie an den Herrn oder die Dame bringen konnten. Für Mixdrinks bekamen sie kleine Messingmarken, und wenn ihre Begleiter Wein bestellten, hoben sie die Korken auf. Die Getränke für die Damen kosteten 20 Cent, die Herren zahlten dagegen den üblichen Preis von 15 Cent für einen Drink oder 25 für zwei. Direkt neben dem Cremorne gab es ein weiteres Haus, das denselben Namen trug. Dabei handelte es sich allerdings um eine Mission unter der Leitung von Jerry McAuley, einem bekehrten Spieler und Trinker. Nach ihm wurde später die McAuley Mission an der Water Street benannt, in der allabendlich Seelsorge und belegte Brote für die Stadtstreicher aus der Hafengegend angeboten wurden. Es kam häufig vor, dass angetrunkene Kneipengäste sich in McAuleys Cremorne verirrten. Der Missionar verschloss dann schnell die Tür und hielt den Radaubrüdern eine Moralpredigt, ehe er sie wieder ihren Ausschweifungen nachgehen ließ.

2

1860 kamen in New York die Konzertsaloons in Mode. Der erste, das Melodeon, wurde von einem Mann aus Philadelphia in der alten chinesischen Versammlungshalle am Lower Broadway eröffnet. Diese Lokale erfreuten sich bald großer Beliebtheit, sodass es ein paar Jahre später über den gesamten Südteil Manhattans verteilt schon über 200 gab. Neben Alkohol und Tanz bestand die Hauptattraktion in den Kellnerinnen und den niveaulosen, oft freizügigen Theateraufführungen. In einigen der billigeren Lokale, besonders in denen an der Bowery, gab es zur Unterhaltung nur einen ständig betrunkenen Klaviervirtuosen, der Professor genannt wurde.

Der berühmteste Konzertsaloon war der von Harry Hill an der West Houston Street östlich des Broadway. Hills Lokal zählte jahrelang zu den Sehenswürdigkeiten der Metropole. Die Geistlichen, die in der Stadt Material für ihre Predigten über Gothams[1] Verderbtheit sammelten, fanden

---

[1] Gotham: alte, volkstümliche Bezeichnung für die Stadt New York – *Anm. d. Übers.*

dort die besten Beispiele. Das ausladende, schmuddelige, zweistöckige Fachwerkhaus hatte zwei Vordereingänge: eine kleine Tür für die Damen, die freien Eintritt hatten, und eine größere für die Herren, die 20 Cent zahlten. Vor dem Haupteingang beleuchtete eine gewaltige, rotblaue Laterne ein riesiges Schild, das an der Seitenwand des Gebäudes lehnte und auf dem ein halbes Dutzend von Hill verfasste Knittelverse aufgemalt waren, in denen er den Wandersmann einlud zu

> Coctail, Punsch, Likör und Bowle
> Dem Gaumen und Gemüt zum Wohle.

Harry Hill legte großen Wert auf Frömmigkeit: Er ging regelmäßig sonntags zur Kirche und mittwochabends zur Betstunde und spendete häufig und freigiebig für wohltätige Zwecke. Hill war auch ein unverbesserlicher Dichter, der einmal in der Woche auf die Bühne trat, um aus seinen Werken zu rezitieren. Dann ruhte der gesamte Lokalbetrieb – nicht einmal Getränke wurden ausgeschenkt, bis der Meister geendet hatte. Leider erschienen an den betreffenden Abenden meist nur wenige Gäste. Selbst die Hausordnung war in Versen verfasst und gut sichtbar an der Wand ausgehängt. Ein Zeitgenosse beschrieb die ›Quintessenz dieser Regeln‹ folgendermaßen: »Laute Gespräche, Lästern, obszöne oder unzüchtige Ausdrücke sind untersagt. Trunkenheit und andere Verletzungen der guten Sitten werden nicht geduldet. Ein Mann darf nicht sitzen, wenn eine Frau steht. Alle Männer sind verpflichtet, gleich nach dem Betreten des Lokals sowie nach jedem Tanz Getränke zu bestellen. Männer, die nicht tanzen wollen, müssen das Lokal verlassen. Mr. Hill selbst ist ein Mann von etwa 50 Jahren, klein, stämmig und muskulös – das Urbild eines Boxers. Er sorgt persönlich für Ruhe und Ordnung und zögert nicht, jeden Mann, der gegen die Regeln des Hauses verstößt, zusammenzuschlagen oder hinauszuwerfen. Hill wacht streng über den Lokalbetrieb und hat seine Augen und Ohren überall – in der Bar, im Saal, wo man die Tänzer bei Laune halten muss, an der Bühne, wo die schlechten Komödien und derben Farcen aufgeführt werden. Er hält die Raufbolde und Schläger im Zaum und hindert die eifersüchtigen Frauen daran, einander die Augen auszukratzen. Überall im Saal sieht man seine stämmige Gestalt mit dem breiten Gesicht, und ständig hört man ihn rufen: ›Ruhe! Ruhe! Weniger Lärm hier! Achtung! Mädels, seid ruhig!‹ – So geht das den ganzen Abend.«

Der eigentliche Tanzsaal war aus einer Reihe kleinerer, aneinander angrenzender Räume entstanden, deren Trennwände entfernt worden waren. Es gab keine richtige Bar auf der Etage, sondern lediglich eine Theke an einer Seite der lang gestreckten Halle. Von dort servierten Kellnerinnen die Getränke, die aus dem Untergeschoss heraufgebracht wurden, wo Hills zwielichtigere Kundschaft abends zechte. Auf der anderen Seite des Raumes befand sich die Bühne mit einem hohen Kasten für die damals äußerst beliebten Punch-and-Judy-Aufführungen.[2]

Zu Hills Stammgästen zählten auch viele Boxer, und neben dem Theaterprogramm wurden zur Abwechslung häufig Preiskämpfe veranstaltet. Bei einer solchen Gelegenheit hatte John L. Sullivan am 31. März 1881 seinen ersten Auftritt in New York und besiegte Steve Taylor in zweieinhalb Minuten.

Harry Hills Konzertsaloon war eine mehr oder weniger ebenbürtige Konkurrenz zu berühmten Lokalen in der Gegend wie dem American Mabille an der Ecke Bleecker Street/Broadway, dem Black and Tan im Untergeschoss des Hauses Bleecker Street 153 und Billy

---

[2] bekannte Figuren im Puppentheater, ähnlich dem deutschen Kasper – *Anm. d. Übers.*

Nächtliche Szene in Harry Hills Konzert-Saloon

McGlory's Armory Hall in der Hester Street 158. Das American Mabille, das nach dem Jardin de Mabille in Paris benannt war, gehörte Theodore Allen, der allgemein als The Allen bekannt war. Er stammte aus einer ursprünglich frommen Methodistenfamilie, die jedoch dem Verbrechen verfallen war. Drei seiner Brüder, Wesley, Martin und William, waren professionelle Einbrecher, während der vierte, John, einen Spielsalon betrieb. The Allen soll der Besitzer von mehr als einem halben Dutzend Lokalen und der finanzkräftige Drahtzieher in mehreren Spielhöllen und verrufenen Spelunken gewesen sein. Er war auch ein Freund und Beschützer der Gangsterbosse und hatte bei der Planung und Ausführung zahlreicher Einbrüche in Banken und Geschäfte die Hand im Spiel. Irgendwann brachte er einen Spieler um und tauchte schließlich unter. Allens Lokal nahm das Untergeschoss und die erste Etage des Hauses in der Bleecker Street ein. Unten befand sich der Tanzsaal, oben der Konzertsaloon, wo aufreizend gekleidete Frauen tanzten und anzügliche Lieder sangen.

Frank Stephenson, der Wirt des Black and Tan, war ein großer, hagerer Mann mit seltsam blutleerem Gesicht. Zeitgenössische Berichte schildern sein Aussehen als leichenhaft: Das Gesicht war geradezu schneeweiß und die Wangen eingefallen, Haar und Augenbrauen dagegen rabenschwarz, und die tief liegenden Augen blickten scharf und stechend. Stephenson pflegte kerzengerade auf einem hohen Stuhl mitten in seinem Lokal zu sitzen, und oft war stundenlang kein anderes Lebenszeichen an ihm zu erkennen als das unheilvolle Glitzern seiner Augen. Die Gäste waren überwiegend Schwarze, die Frauen dagegen alle weiß und offenbar grenzenlos freizügig. Die vier Barmänner, die an einer langen Theke den Ausschank besorgten, hatten jeweils einen langen Dolch und einen Knüppel griffbereit hinter sich, die sie regelmäßig benutzten, um für Ordnung zu sorgen. Die Sperrstunde wurde im Black and Tan wie auch in anderen großen Lokalen mit Cancan-Aufführungen und ähnlich gewagten Darbietungen gefüllt. Zu den Stammgästen des Black and Tan zählte jahrelang eine alte Frau, die als Crazy Lou bekannt war. Angeblich stammte sie aus einer wohlhabenden Bostoner Kaufmannsfamilie. Sie hatte mit 17 Jahren ihre Unschuld verloren und war danach auf der Suche nach ihrem Verführer nach New York gekommen. Dort fiel sie jedoch Kupplern in die Hände, die sie an eine der sieben Schwestern an der West 25th Street verkauften. Als ihre Schönheit dahin war, wurde sie entlassen. Fortan verbrachte sie ihre Zeit im Haymarket, dem Cremorne, den Lokalen von Harry Hill und Billy McGlory und schließlich im Black and Tan. Sie lebte auf ihre alten Tage von Essensresten, die sie im Müll fand, und den paar Pennies, die sie erbettelte oder als Blumenverkäuferin verdiente. Aber jeden Abend ging sie ins Black and Tan. Sie erschien immer pünktlich um Mitternacht und blieb exakt zwei Stunden. Crazy Lou trug stets ein verblichenes, zerschlissenes Tuch um die Schultern und saß immer an einem ganz bestimmten Ecktisch, an dem Stephenson ihr persönlich gratis einen großen Whiskey servierte. Den schlürfte sie langsam, bis es Zeit wurde zu gehen. Eines Nachts blieb sie aus, und am nächsten Morgen fand man ihre Leiche im East River. Stephenson stellte zum Gedenken einen Monat lang immer um Mitternacht ein Glas Whiskey auf Crazy Lous angestammten Tisch und hielt ihren Platz bis zwei Uhr morgens frei.

Alle diese Spelunken waren geradezu heilige Stätten im Vergleich zu Billy McGlory's Armory Hall in der Hester Street 158, die wohl die übelste Spelunke in der Geschichte New Yorks war. McGlory wurde in einer Mietskaserne an den Five Points geboren, und zwar zu jener Zeit, als die Mission und das House of Industry noch nicht eingerichtet und die Verhältnisse im Viertel die übelsten waren. McGlory wuchs daher inmitten von Sittenlosigkeit und

Kriminalität auf. In seiner Jugend war er Mitglied und Anführer berühmter Gangs wie der Forty Thieves und der Chichesters, ehe er in den späten 70er Jahren in die Hester Street zog und dort zwischen schäbigen Mietskasernen, wo Verbrechen und Prostitution an der Tagesordnung waren, eine Kneipe mit Tanzsaal eröffnete. Die Armory Hall wurde zum Stammlokal der Gangster aus dem vierten und sechsten Bezirk und von der Bowery. Auch andere Kriminelle, die in der Stadt ihr Unwesen trieben, verkehrten dort scharenweise – Räuber, Taschendiebe, Kuppler und Gauner, die ihre Opfer mithilfe von K.-o.-Tropfen wehrlos machten. Es verging kaum eine Nacht, in der sich in der Kneipe nicht mindestens ein halbes Dutzend wilder Schlägereien abspielte, und es war keine Seltenheit, dass ein betrunkener und von Betäubungsmitteln benommener Gast zuerst von den Ganoven, die ihn noch wenige Minuten zuvor umschmeichelt hatten, ausgenommen und anschließend von McGlorys tüchtigen Rausschmeißern vom Tisch gezerrt und auf die Straße befördert wurde. Dort fielen dann Langfinger, die sich auf Betrunkene spezialisiert hatten, über ihn her und durchsuchten erneut seine Taschen. Oft raubten sie ihrem Opfer sogar noch die Kleider vom Leib und ließen es nackt in der Gosse liegen. McGlory beschäftigte kampferprobte Gangster von den Five Points und aus dem Hafenviertel als Rausschmeißer, darunter auch einige der größten Kämpfer jener Zeit. Sie streiften die ganze Nacht lang drohend durch die Spelunke und machten mit größtem Vergnügen von Pistolen, Messern, Schlagringen und Knüppeln Gebrauch.

Man betrat die Armory Hall von der Straße aus durch eine schmuddelige Doppeltür, hinter der ein langer, enger Gang lag. Darin war es finster wie in einer Gruft, denn kein Gaslicht und kein Farbtupfer durchbrachen die Schwärze. Nach 15 Metern mündete der Gang in die Bar, an die sich der Tanzsaal mit Tischen und Stühlen für rund 700 Personen anschloss. Um den Saal herum verlief an zwei Seiten eine Galerie mit kleinen, durch schwere Vorhänge abgeteilten Kabinen. Diese Plätze waren für besondere Gäste reserviert – meist Herrengesellschaften von außerhalb der Stadt, die einen zahlungsfreudigen Eindruck machten. Was die Herren in diesen Logen zu sehen bekamen, übertraf selbst die Darbietungen im Haymarket. Zusätzlich zu den Kellnerinnen, die die Getränke servierten, beschäftigte McGlory als besondere Attraktion ein halbes Dutzend Transvestiten, die sich in Frauenkleidern singend und tanzend unter die Gäste mischten. Die Kapelle bestand aus einem Klavier, einem Horn und einer Geige. Ein Journalist vom *Cincinnati Enquirer*, der sich in den Kneipen New Yorks unter das gemeine Volk mischte, um die Kuriositäten der Slums zu studieren, beschrieb in den frühen 80er Jahren eine Nacht in McGlorys Lokal folgendermaßen:

»In dem riesigen Saal befinden sich 500 Männer und 100 weibliche Personen – sie Frauen zu nennen, wäre blanker Hohn. Sie fallen im halben Dutzend in unsere Loge ein, platzieren sich auf unserem Schoß und betteln uns um Vierteldollars an, die wir ihnen in die Strümpfe stecken sollen – das brächte Glück. Zu diesem Zweck werden wohl geformte Gliedmaßen großzügig und in unzüchtiger Weise entblößt. Eine junge Frau schlägt die Menge in ihren Bann, indem sie anbietet, für einen halben Dollar einen Cancan zu tanzen. Schon setzt die Musik ein, und die Frau beschließt, zuerst den Cancan zu tanzen und anschließend das Geld einzusammeln. Sie zieht mit einer Hand den Rock zwischen die Beine, stößt mit dem Fuß einen Stuhl oder zwei zur Seite und schwingt alsbald die Beine auf eine Weise durch die Luft, dass kein Hut in der Loge mehr sicher ist. Die Männer im Saal renken sich schier die Hälse aus, um einen Blick auf das zu erhaschen, was in der Loge vorgeht, während die anderen Mädchen die Tänzerin mit Rufen anfeuern.

Satan's Circus – die 6th Avenue um drei Uhr morgens

Einige meiner Begleiter haben sich in eine der Nachbarkabinen locken lassen. Jetzt kehren sie zurück und erzählen, welche Schamlosigkeiten ihnen dort für Geld geboten wurden.... Es wird spät. Gegenüber auf der Galerie hält ein Mädchen seinen Begleiter mit theatralischer Geste umschlungen. Ein anderes hängt sich einer jener Gestalten an den Hals, die ich zuvor beschrieben habe. Deren Gefährte, ein mondgesichtiger Kerl, tritt dazu, und sie kommen zu uns herüber und begaffen uns. Sie reden gekünstelt und affektiert und mustern den einen oder anderen von uns betont gleichgültig.... Billy McGlory selbst steht an der Bar, links vom Eingang, und wir gehen hin, um ihn uns anzusehen. Er sieht genauso aus, wie man sich den typischen New Yorker Saloonwirt vorstellt: ein mittelgroßer Mann, weder dick noch dünn, mit schwarzem Haar, Schnurrbart und stechenden schwarzen Augen. Die Geste, mit der er uns allen zur Begrüßung die Hand reicht, gleicht der eines Königs, der seine ergebenen Untertanen empfängt.... Ich habe hier noch nicht die Hälfte, ja nicht einmal ein Zehntel dessen geschildert, was wir in diesem Lokal zu sehen bekamen. Es ist einfach unbeschreiblich.... Unter diesem Dach herrscht eine menschenunwürdige Verruchtheit, die in der gesamten Weltgeschichte nicht ihresgleichen hat.«

Viele der verrufensten Innenstadtkneipen lagen in der Umgebung des Polizeihauptquartiers in der Mulberry Street 300. Einen halben Häuserblock weiter in derselben Straße befand sich ein Spielsalon, in dem ausschließlich Polizisten verkehrten, und Mike Kerrigans Saloon in der Mott Street 100 war ebenfalls nicht weit entfernt. Kerrigan, der allgemein als Johnny Dobbs bekannt war, begann seine Laufbahn als Flusspirat im vierten Bezirk und machte später als Bankräuber und Hehler Karriere. Von den insgesamt mehr als 2 Millionen Dollar, die angeblich durch seine Hände gingen, betrug sein eigener Anteil schätzungsweise ein Drittel. Aber Dobbs brachte sein gesamtes Vermögen durch. Mitte der 90er Jahre fand man ihn eines Tages ohnmächtig in der Gosse, und wenig später starb er auf der Alkoholikerstation des Bellevue Hospital. Als Johnny Dobbs einmal gefragt wurde, warum sich ausgerechnet in der Gegend um das Polizeihauptquartier so viele Gauner herumtrieben, soll er gesagt haben: »Je dichter an der Kirche, desto näher bei Gott.«

Tom Bray betrieb ein ähnliches Lokal in der Thompson Street 22, war jedoch klüger als Dobbs und hortete sein Geld, sodass er bei seinem Tod ein Vermögen von mehr als 200 000 Dollar hinterließ. Im House of Lords und dem Bunch of Grapes, benachbarten Kneipen an der Kreuzung von Houston und Crosby Street, verkehrten viele englische Diebe und Trickbetrüger. Zu den Gästen zählten auch Größen der Unterwelt wie Chelsea George, Gentleman Joe, Cockney Ward und London Izzy Lazarus, den Barney Friery im Streit umbrachte. Es ging dabei um die Aufteilung einer ansehnlichen Menge Schmuck, den London Izzy aus einem Juweliergeschäft gestohlen hatte, indem er das Schaufenster mit einem Ziegelstein einschlug. Das St. Bernard Hotel an der Kreuzung von Prince und Mercer Street gehörte zu The Allens Lokalen. Außerdem gab es am Broadway auf dem Abschnitt zwischen Chambers und Houston Street etwa 50 Kellerkneipen, von denen die Dew Drop Inn die berühmteste war. An der Kreuzung Broadway/Houston Street, ganz in der Nähe von Harry Hills Konzertsaloon, befand sich Patsy Egans Spelunke. Dort brachte Reddy the Blacksmith, ein berühmtes Mitglied der Bowery Boys, Wild Jimmy Hagerty um – einen Gangster aus Philadelphia, der nicht wusste, dass mit Reddy the Blacksmith nicht zu spaßen war. Reddy war einer der Brüder der berühmten Ladendiebin, Trickbetrügerin und Hehlerin Mary Varley aus der James Street.

Peter Mitchell, der an der Kreuzung von Wooster und Prince Street einen Saloon mit Bordell betrieb, häufte in zwei Jahren ein Vermögen von mehr als 350 000 Dollar an. Er kam jedoch nicht mehr dazu, seinen Reichtum zu genießen. Stattdessen erhängte er sich an einem Zapfhahn. Angeblich war er im mittleren Alter fromm geworden, und die Reue über seinen Lebenswandel hatte ihn gequält. Eine der berüchtigtsten Spelunken der Stadt war die von Johnny Camphine an der Ecke Mercer/Houston Street. Anstelle von Whiskey wurde hier oft gefärbte Kampferlösung oder auch Terpentinöl ausgeschenkt, das normalerweise als Lösungsmittel für Lack und als Brennstoff für Lampen diente. Mindestens 100 Männer sollen nach dem Genuss von Johnny Camphines Gebräu den Verstand verloren haben, und über lange Zeit hinweg wurden im Durchschnitt zwei Männer pro Abend im Delirium tremens aus der Kneipe geschafft. Ein paar Häuser weiter befand sich ein Lokal, das dem Dieb und Gangsterboss Big Nose Bunker gehörte, einem der großen Schläger und Raufbolde jener Zeit. Ein Hafenganove hackte ihm im Kampf schließlich vier Finger ab und rammte ihm sechsmal ein Messer in den Bauch. Big Nose brachte seine Finger in einer Papiertüte auf die Polizeiwache und verlangte nach einem Arzt, der sie wieder annähen sollte. Er brach jedoch tot zusammen, ehe der Notarzt eintraf, und stürzte die gesamte Unterwelt in tiefe Trauer.

Der Ruhm der Lokale um das Polizeihauptquartier und im Satan's Circus entlang der 6th Avenue tat dem Ruf der Viertel Bowery und Five Points keinen Abbruch. In der Bowery 105 hatte Owney Geogheghan seine berühmte Spelunke, und gleich nebenan, in der Nummer 103, befand sich der Windsor Palace, der einem Engländer gehörte und zu Ehren des britischen Königshauses benannt war. In diesen beiden besonders anrüchigen Lokalen wurde für zehn Cent Whiskey pur ausgeschenkt, während Scharen von Langfingern, Taschendieben und Gaunern mit Totschlägern darauf lauerten, dass die Gäste dem Alkohol erlagen und zur leichten Beute wurden. Mord

Owney Geoghegans Lokal und der Windsor Palace

war sowohl in Geogheghans Kneipe als auch im Windsor Palace an der Tagesordnung. Auch Gunther's Pavillion zählte zu den berühmten Bowery-Kneipen, und die Bismarck Hall an der Kreuzung von Pearl und Chatham Street war für ihren Anbau bekannt – eine Reihe unterirdischer Gewölbe, in denen allerlei unlautere Dinge vor sich gingen. Eine Geschichte machte die Bismarck Hall besonders berühmt: Angeblich kehrte in den 70er Jahren einmal der russische Großherzog Alexis in diesem Lokal ein. Er erkannte in einer der Kellnerinnen eine russische Gräfin wieder, die ins Verderben gestürzt war. Der Überlieferung nach soll der Großherzog die Dame vom Besitzer der Kneipe, dem sie sich für eine bestimmte Anzahl von Jahren verpflichtet hatte, freigekauft und wieder mit nach Russland genommen haben. Ihr Name wird in den Berichten nicht erwähnt. In der Bismarck Hall und dem nahe gelegenen House of Commons trieb sich auch eine Gestalt von der Bowery herum, die unter dem Namen Ludwig the Bloodsucker bekannt war und menschliches Blut trank, als sei es Wein. Ludwig war ein stark untersetzter Deutscher mit dunklem Teint, dessen gewaltiges Haupt ein struppiger schwarzer Haarschopf krönte. Riesige Haarbüschel wuchsen ihm aus den Ohren, und ein ebenso üppiger Schnurrbart rundete die ungewöhnliche Erscheinung ab.

In der Broome Street 115 gab es eine weitere Spelunke namens Milligan's Hell, und an der Center Street in der Nähe des berüchtigten Gefängnisses Tombs betrieb Boiled Oysters Malloy eine Kellerkneipe. Sie hieß Ruins, und man bekam dort für nur zehn Cent drei Gläser eines fürchterlichen Whiskeys. Auch Mush Rileys Spelunke ein paar Häuser weiter gehörte zu den Glanzlichtern des Viertels. Rileys Spitzname kam daher, dass er eine besondere Vorliebe für ›mush‹ – ›Maisbrei‹ – mit heißem Branntwein hatte. Einmal lud er Dan Noble, Mike Byrnes, Dutch Heinrichs und weitere Größen der Unterwelt zu einem üppigen Festessen ein, bei dem er als Hauptgericht einen Neufundländer auftragen ließ. Erst nachdem die Gäste mit bestem Appetit davon gegessen und die besondere Würze des Bratens gelobt hatten, eröffnete er ihnen, welches Fleisch sie gerade verzehrt hatten. Noble führte eine Gang aus Bankräubern und Einbrechern an und sicherte seine Machenschaften ab, indem er 20 seiner Männer geschickt bei der Polizei einschleuste. Diese sorgten dafür, dass ihre Komplizen nicht überrascht wurden, und bekamen dafür einen Anteil der Beute. Schließlich kehrte Noble jedoch den kriminellen Geschäften den Rücken und wurde ein rechtschaffener Bürger, der sein Geld in Mietshäuser investierte.

3

In den vielen gut besuchten Kneipen in der Umgebung des Polizeihauptquartiers und an der Bowery tummelten sich Scharen von Verbrechern aller Art, die überall in Manhattan ihr Unwesen trieben: Taschendiebe, Betrüger, verschiedene Trickdiebe, Langfinger, die darauf spezialisiert waren, Betrunkene auszuplündern, und Diebe, die ihre Opfer mit Betäubungsmitteln außer Gefecht setzten. Außerdem gab es regelrechte Banden von Betrügern, die sich beispielsweise auf Glücksspiel oder Falschgeld spezialisiert hatten und in den Spelunken zahlreiche Opfer fanden. Vor allem Männer vom Lande waren für die gerissenen Stadtganoven leichte Beute. Die armen Tölpel fielen immer wieder auf die Tricks der Gauner herein und kauften ihnen tatsächlich die unechten Goldbarren oder das Falschgeld ab. Die Masche mit den Goldbarren, wohl das berühmteste Schurkenstück jener Zeit, soll eine Erfindung von Reed Waddell gewesen sein, der wenige Jahre vor dem Bürgerkrieg in Springfield im Staat Illinois geboren wurde. Waddell stammte aus einer gut situierten und hoch angesehenen Familie, aber die Spielleidenschaft lag ihm im Blut. Schon als Junge machte er in seiner Heimat von sich reden, weil er keine Gelegenheit versäumte, das Schicksal herauszufordern und bedenkenlos auch um hohe Summen spielte. Seine Familie gab ihn bald verloren, und so kam er 1880 im Alter von 21 Jahren nach New York. Er verkaufte als Erster einen falschen Goldbarren. Der Barren bestand aus Blei, das mit einer dreifachen Schicht Goldlack überzogen war. In der Mitte hatte Waddell einen Klumpen echten Goldes eingefügt. Außerdem war der Barren mit einem Stempel versehen, der wie das Siegel der amtlichen Prüfstelle aussah: Auf einer Seite waren die Buchstaben ›U.S.‹ eingeprägt, darunter stand der Name des Prüfers. Unter dem Namen waren Gewicht und Qualität des vermeintlichen Goldbarrens angegeben. Wenn Waddell einen Tölpel gefunden hatte, der sich auf seinen Trick einließ, ging er mit ihm zu einem Komplizen, der sich als Prüfer ausgab und über ein vollständig eingerichtetes Büro mit der erforderlichen Ausrüstung verfügte. Dieser erklärte den Barren für echt. Wenn der Interessent dann immer noch Zweifel hatte, schnitt Waddell scheinbar spontan ein Stückchen von dem echten Gold heraus und forderte sein ahnungsloses Opfer auf, dieses doch selbst einem Juwelier vorzulegen. Dessen Test fiel natürlich positiv aus, sodass der Handel in 99 Prozent der Fälle tatsächlich zustande kam. Waddell verkaufte den ersten Barren für 4000 Dollar und schloss auch später keinen Handel unter 3500 Dollar ab. Manchmal schlug er sogar das Doppelte heraus. In zehn Jahren soll er mehr als 250 000 Dollar ergaunert haben – teils aus dem Geschäft mit falschen Goldbarren, teils aus dem so genannten ›Grünzeug‹-Handel, auf den er sich in späteren Jahren verlegte. Der Grünzeug-Betrug, auch Sägemehl-Masche genannt, wurde 1869 erstmals in New York praktiziert. Die Gauner arbeiteten dabei zu zweit, und der Trick bestand ganz einfach darin, einen Packen echter Geldscheine nachträglich gegen ein Bündel wertloser grüner oder brauner Papierstreifen auszutauschen – oder, wenn das Geld in einem Säckchen verpackt war, gegen einen Beutel voller

Sägemehl. Dazu beschafften sich die Gauner zuerst über Lotterien oder Almanach-Verleger Listen mit Namen von Abonnenten. Anschließend wurden Agenten ausgeschickt, die die geeignetsten Kandidaten auswählen sollten. An diejenigen, die als Opfer in Frage kamen, wurden dann Serienbriefe verschickt. Es gab verschiedene Anschreiben, die immer wieder verwendet wurden. Am gebräuchlichsten war das folgende:

Sehr geehrter Herr,
mit diesem Brief möchte ich Sie in ein Geheimnis einweihen, mit dem Sie im Handumdrehen ein Vermögen machen können. Ich verfüge über eine große Summe Falschgeld in Banknoten der Nennwerte ein, zwei, fünf, zehn und 20 Dollar. Ich bürge dafür, dass jeder einzelne Schein eine perfekte Fälschung ist, denn ich selbst prüfe sie unmittelbar nach der Herstellung äußerst sorgfältig und vernichte alle Noten, die nicht einwandfrei sind. Selbstverständlich wäre es ganz gegen meine eigenen Interessen, mangelhafte Ware in Umlauf zu bringen – dadurch bekämen nicht nur meine Abnehmer Schwierigkeiten, sondern auch mein eigenes Geschäft – und damit ich selbst – würde ruiniert. Daher bin ich zu meinem eigenen Schutz gezwungen, ausschließlich originalgetreue Fälschungen zu liefern. Sie haben die Möglichkeit, meine Ware zu den folgenden, einmalig günstigen Preisen zu beziehen – billiger kann ich sie nicht abgeben, wenn ich mich nicht buchstäblich selbst in den Ruin stürzen will:

Für $ 1200 meiner Ware (sortiert) berechne ich   . . $ 100
Für $ 2500 meiner Ware (sortiert) berechne ich   . . $ 200
Für $ 5000 meiner Ware (sortiert) berechne ich   . . $ 350
Für $ 10 000 meiner Ware (sortiert) berechne ich   . . $ 600

Dieser Rundbrief wurde ebenso wie Nachfolgeschreiben und weiterer Lesestoff ganz offen per Post verschickt. Manche der ›Grünzeug‹-Betrüger gestalteten sogar aufwändige Heftchen mit Fotos von Banknoten, die als Abbildungen gefälschter Scheine ausgegeben wurden.

Reed Waddell dehnte seine Geschäfte nach und nach bis nach Europa aus, wo er schließlich im März 1895 in Paris bei einem Streit um Beute umgebracht wurde. Sein Komplize und Widersacher war Tom O'Brien, neben Joseph Lewis, der unter dem Spitznamen Hungry Joe bekannt war, und Charles P. Miller, den man den Banco-König nannte, einer der Größten im Banco-Geschäft. Miller begann seine Karriere als Lockvogel in einem Spielsalon in New Orleans. Als er 35 Dollar gespart hatte, ging er nach New York und eröffnete einen kleinen Spielsalon, der für betrügerische Methoden berüchtigt wurde. In wenigen Jahren stieg er zum Anführer einer Gang von Banco-Betrügern und ›Grünzeug-Händlern‹ auf, die hauptsächlich im Astor House und dem Fifth Avenue Hotel ihr Unwesen trieben. Miller selbst war gewöhnlich an der südwestlichen Ecke der Kreuzung von Broadway und 28th Street anzutreffen, wo er an einem Laternenpfahl zu lehnen pflegte. Der Begriff ›Banco‹ wurde später durch Verwechslung mit dem Wort ›buncombe‹ – auch ›bunkum‹ geschrieben[3] – zu ›bunco‹, einer allgemeinen Bezeichnung für Betrüger aller Art. Ursprünglich waren damit jedoch nur die Betreiber des Glücksspiels Banco gemeint, einer abgewandelten Form des alten englischen Eight Dice Cloth. Banco wurde in den Vereinigten Staaten von einem berüchtigten Falschspieler eingeführt, der den Betrug zuerst mit großem Erfolg unter den Goldgräbern im Westen praktizierte und um 1860 herum, als er von den Vigilantes aus San Francisco vertrieben wurde, damit nach New York kam. Gelegentlich wurde das Spiel auch als ›lottery‹ bezeichnet. Eine

---

[3] amerikanischer Ausdruck für: leeres Gerede, falsche Versprechungen – *Anm. d. Übers.*

Variante des Banco kam in den 20er Jahren des 20. Jahrhunderts in Chicago in Mode, blieb in New York aber unbekannt.

Das Spiel wurde entweder mit Würfeln oder mit Karten gespielt. Mit Würfeln brauchte man ein Spielfeld mit 14 Feldern, mit Karten waren es 43. Eines davon blieb leer, alle anderen waren mit Zahlen gekennzeichnet. 13 Felder trugen zusätzlich ein Sternchen, in den übrigen 29 waren unterschiedliche Gewinnsummen angegeben, deren Höhe je nach Größe der Bank zwischen zwei und 5000 Dollar variierte. Jeder Spieler erhielt acht Karten, die Nummern von eins bis sechs trugen. Diese Zahlen wurden addiert. Wenn die Summe der Nummer eines Spielfeldes entsprach, in dem ein Geldbetrag angegeben war, hatte der Spieler diesen gewonnen. Wenn das betreffende Feld ein Sternchen hatte, ging der Spieler leer aus. Er durfte jedoch noch einmal ziehen, nachdem er eine bestimmte Summe an die Bank gezahlt hatte. Man ließ den Spieler zunächst meist gewinnen, bis die Bank ihm zwischen 100 und 5000 Dollar schuldete. Dann bekam er ein Blatt, dessen Summe 27 ergab. Mit dieser Zahl konnte man nur unter einer bestimmten Bedingung gewinnen: Der Spieler musste alles, was er bisher gewonnen hatte, einsetzen und durfte dann noch einmal ziehen. Dabei kam selbstverständlich eine Niete oder eine Zahl mit Sternchen heraus, sodass der gesamte Einsatz verloren war. Der so genannte Banco Steerer hatte eine ähnliche Funktion wie der Schlepper oder Lockvogel im Spielkasino. Er verlor ebenfalls und brach darüber in ein derartiges Lamento aus, dass die Klagen des eigentlichen Opfers in dem Geschrei einfach untergingen. Für heutige Verhältnisse mag dieser Schwindel albern klingen, aber damals war er jahrelang in ganz Amerika verbreitet, und viele Männer häuften auf diese Weise ein Vermögen an. Hungry Joe, Tom O'Brien und Miller spezialisierten sich auf Bankiers, reiche Kaufleute und andere bekannte Persönlichkeiten, denn diese hatten nicht nur besonders viel Geld zu verlieren, sondern mussten auch um ihren Ruf fürchten und hatten daher Hemmungen, die Polizei einschalteten. Als der berühmte Schriftsteller Oscar Wilde auf Vortragsreise in den Vereinigten Staaten war, biederte Hungry Joe sich bei ihm an. Nachdem die beiden mehrmals im Hotel Brunswick gemeinsam zu Abend gegessen hatten, überredete der Ganove sein Opfer zu einer Partie Banco. Wilde verlor 5000 Dollar und beglich die Schuld mit einem Scheck der Park National Bank. Als er aber erfuhr, dass er einem Betrüger aufgesessen war, ließ er den Scheck sperren. Hungry Joe verbreitete prompt eine andere Version der Geschichte: Er prahlte damit, dass er dem Schriftsteller 1500 Dollar in bar abgenommen habe.

In den späten 60er Jahren des 19. Jahrhunderts etablierte sich auch der Einsatz von K.-o.-Tropfen – eine besonders hinterhältige Praxis: Den ahnungslosen Opfern wurden Betäubungsmittel verabreicht, damit die Diebe ihnen in aller Ruhe die Taschen leeren und den Schmuck abnehmen konnten. Schon die verbrecherischen Wirte der Hafenpensionen im alten vierten Bezirk hatten gelegentlich Laudanum benutzt, um Seeleute zu betäuben, sodass sie ohne großen Widerstand schanghait werden konnten, aber als bloßes Hilfsmittel zum Raub war diese Methode in New York bisher unbekannt gewesen. Ein gewisser Peter Sawyer führte sie 1866 aus Kalifornien ein und versetzte damit sowohl die Polizei als auch die Unterwelt in beträchtlichen Aufruhr. Die Polizei setzte ihm sogar ein Denkmal, indem sie seine Nachahmer als ›peter players‹ – ›Peter-Gauner‹ – bezeichnete. Anfangs benutzte Sawyer nur harmlosen Schnupftabak, den er seinem Opfer ins Bier oder in den Whiskey gab. Später jedoch verwendeten er und die anderen Peter-Gauner hauptsächlich Chloralhydrat und gelegentlich auch Morphium. Nach der Einführung des Alkoholverbots reichte dann meist schon schwarz gebrannter Schnaps aus, um jemanden außer Gefecht zu setzen.

Die medizinisch vertretbare Dosierung von Chloralhydrat lag zwischen knapp einem und 1,3 Gramm, doch die Ganoven arbeiteten mit der doppelten Dosis. Sie mischten das Mittel mit Wasser im Verhältnis von 65 Milligramm zu einem Tropfen und gaben davon meist einen Teelöffel voll in ein Glas Bier. Die Chemikalie hemmt die Herztätigkeit, und eine Überdosierung kann zu Herz- und Atemstillstand führen. Nur wenige Männer vertragen eine Dosis von mehr als 1,95 Gramm, aber da Alkohol die Wirkung beeinträchtigt, mussten die Ganoven ihren Opfern damals oft bis zu 3,9 Gramm verabreichen, wenn diese bereits viel getrunken hatten.

Die Methode verbreitete sich rasch, und bald hatten sich ganze Diebesbanden – Männer wie Frauen – auf sie spezialisiert. Man arbeitete meist zu zweit: Während einer das Opfer ablenkte, mischte der andere heimlich Betäubungsmittel ins Glas. Über Jahre hinweg fand die Polizei bei fast jeder Prostituierten, die sie aufgriff, in der Handtasche oder auch im Saum des Muffs versteckt Chloralhydrat oder Morphium. Die größte und erfolgreichste der Banden, die mit diesen Mitteln arbeiteten, hatte ihr Hauptquartier in einer Kneipe an der Worth Street nahe dem Chatham Square, am südlichen Ende der Bowery. Diese Gang schickte Straßenjungen aus, um gut gekleidete Herren aufzuspüren, die sich in das Viertel wagten. Die Kundschafter verständigten die Gangster, wenn die Gelegenheit günstig schien. Rund zwei Dutzend Männer häuften ein Vermögen an, indem sie Chloralhydrat in Fläschchen zu zwei Dollar verkauften. Das weitaus größte Geschäft machte jedoch Diamond Charley, ein berüchtigter Bowery-Ganove, dessen Hemdbrust von Edelsteinen nur so funkelte – ebenso wie die des späteren Diamond Jim Brady, der allerdings im Gegensatz zu Charley ein rechtschaffener Mann war. Diamond Charley schickte jeden Abend nach Einbruch der Dämmerung ein Dutzend Händler aus, die kleine Beutel voller Cloralfläschchen bei sich trugen und das Mittel ganz offen in Kneipen und an Straßenecken feilboten. Außerdem verkauften sie auch kleine Morphiumkapseln, die man unter einem Fingerring verstecken konnte. Das Rauschgift war allerdings schwer löslich und darum nicht besonders gefragt. Sobald Diamond Charley ein Monopol aufgebaut hatte, erhöhte er den Preis von Cloralhydrat auf fünf, dann auf zehn Dollar pro Fläschchen – sehr zum Ärger seiner Kundschaft, denn die Herstellungskosten lagen nicht über sechs Cent. Viele Ganoven begannen daraufhin, die Betäubungsmittel selbst zu produzieren, wobei sie in ihrem Eifer dem Chloralhydrat andere Substanzen beimischten, um die Wirkung zu beschleunigen. Dass dies oft tödliche Folgen hatte, war dann die Sorge der Polizei und der Hinterbliebenen.

Auch Zuhälter und Kuppler benutzten K.-o.-Tropfen. Sie betrieben ihre Geschäfte in der Stadt mit äußerster Dreistigkeit: Viele Zuhälter organisierten sich in Vereinen und unterhielten Klubräume, in denen sie sich trafen, um ihre Unternehmungen zu besprechen. Die Kuppler richteten indessen oft aufwändige Geschäftsstellen ein. Red Light Lizzie, die wohl berühmteste Kupplerin jener Zeit, verfügte über ein halbes Dutzend Mitarbeiterinnen und Mitarbeiter, die durch die kleinen Dörfer New Yorks und der angrenzenden Staaten reisten und junge Frauen mit Arbeitsversprechungen in die Metropole lockten. Außerdem beschäftigte die Kupplerin mehrere junge Männer, die Mädchen zu Kneipenbesuchen anstifteten und sie dann mit Alkohol und Betäubungsmitteln gefügig machten. Red Light Lizzie besaß selbst ein Dutzend Bordelle, vermittelte die Mädchen aber auch an andere Etablissements. Sie verschickte monatliche Rundschreiben an ihre Kunden. Ihre größte Rivalin war Hester Jane Haskins, die auch Jane the Grabber genannt wurde und für die Entführung junger Mädchen berüchtigt war. Mit der Zeit spezialisierte sie sich auf Töchter aus gutem Hause. Deren massenhaftes Verschwinden verursachte allerdings sol-

Der Trick mit der Wandvertäfelung

chen Aufruhr, dass Jane the Grabber Mitte der 70er Jahre
des 19. Jahrhunderts von Captain Charles McDonnell hinter Schloss und Riegel gebracht wurde.

Auch die Blumen- und Zeitungsmädchen, die in großer
Zahl auf der Straße unterwegs waren, fielen häufig Kupplern zum Opfer. Viele von ihnen – oft noch Kinder – machten sich als Prostituierte selbstständig, und es gab ein
halbes Dutzend Lokale, die sich ausschließlich auf diese
Kundschaft spezialisiert hatten. Die Besitzerin eines derartigen Etablissements warb damit, dass in ihrem Lokal viele
Blumenmädchen unter 16 Jahren verkehrten. Eine andere
hatte im Hinterzimmer eines Austernsalons an der Kreuzung von Chatham Street – der heutigen Park Row – und
William Street neun Mädchen im Alter zwischen neun und
15 Jahren untergebracht. Die Mädchen sprachen Männer

auf der Straße an, und statt ihnen Blumen oder Zeitungen anzubieten, fragten sie: »Haben Sie einen Penny für mich, Mister?« Dieser Satz war jahrelang die Formel, mit der die scheinbaren Blumen- oder Zeitungsverkäuferinnen sich als Prostituierte zu erkennen gaben.

Viele Mädchen arbeiteten auch mit den Banden der Trickdiebe zusammen, die in den zwielichtigen Vierteln rege zu Werke gingen. Eine Gang war für ihre gerissenen Methoden ganz besonders berühmt. Ihr Anführer, Shang Draper, besaß einen Saloon an der 6th Avenue zwischen 29th und 30th Street. Draper beschäftigte angeblich 30 Frauen, deren Aufgabe es war, betrunkene Männer in ein Haus in der Nähe der Kreuzung von Prince und Wooster Street zu locken. Während das Opfer mit einer Frau beschäftigt war, krochen die Diebe durch eine Geheimtür in der Wandvertäfelung ins Zimmer und stahlen seine Wertsachen. Diese Methode bezeichnete man als ›panel game‹ – den Trick mit der Wandvertäfelung – oder ›badger game‹ – den Dachs-Trick, weil der Dieb wie ein Dachs durch einen Gang ins Zimmer kroch. Drapers Bande wurde schließlich von Captain John H. McCullagh zerschlagen, den Saloon betrieb er jedoch noch bis 1883. Gegen Ende jenes Jahres starb Johnny Irving in einem Pistolenduell mit Johnny Walsh, der allgemein unter dem Spitznamen Johnny the Mick bekannt war. Dieser wurde daraufhin sofort von Irvings Freund Billy Porter erschossen. Irving und Walsh waren die Anführer rivalisierender Gangs von Trick- und Taschendieben und schon seit vielen Jahren verfeindet. Draper selbst war darüber hinaus ein berühmter Bankräuber. Er war unter anderem an dem legendären Einbruch in die Manhattan Savings Institution beteiligt.

Kapitel 10

Der König der Bankräuber

1

In den ersten zwei Jahrzehnten nach dem Bürgerkrieg hatten fast alle großen Einbrecher und Bankräuber der Vereinigten Staaten ihren Hauptstützpunkt in New York. Aber nur einer war darunter, dessen Genialität selbst der Polizei Bewunderung abnötigte: George Leonidas Leslie, der auch unter den Namen George Howard und Western George bekannt war. Leslie war der Sohn eines Brauern aus Ohio und hatte an der Universität von Cincinnati Architektur als Hauptfach belegt und hervorragende Leistungen erbracht. Wahrscheinlich hätte er in seinem Beruf ein Vermögen verdienen können, doch als er kurz nach Abschluss des College seine Mutter verlor, ging er nach New York und geriet auf die schiefe Bahn.

Leslie stieg in wenigen Jahren zum Anführer der erfolgreichsten Gang professioneller, auf Banken spezialisierter Einbrecher auf, die je auf dem Kontinent ihr Unwesen trieb. George W. Walling, der von 1874 bis 1885 Polizeipräsident war, machte Leslie und seine Anhänger für 80 Prozent aller Bankeinbrüche verantwortlich, die in der Zeit zwischen 1865, als Leslie an die Ostküste kam, und seinem Todesjahr 1884 verübt wurden. Walling schätzte den Gesamtwert der Beute auf 7 Millionen bis 12 Millionen Dollar, wobei der erste Betrag äußerst niedrig angesetzt war. Wahrscheinlich stammte rund ein Drittel der Beute aus Geldinstituten in der Metropole. Beispielsweise wurden am 27. Juni 1869 in der Ocean National Bank an der Kreuzung von Greenwich und Fulton Street 786 879 Dollar geraubt, und die Beute aus dem Einbruch in die Manhattan Savings Institution an der Ecke Bleecker Street/Broadway am 27. Oktober 1878 betrug 2 747 000 Dollar. Bei dem Einbruch in die Ocean Bank ließen die Diebe fast 2 Millionen Dollar in Bargeld und Wertpapieren neben dem Tresorraum auf dem Boden verstreut zurück. Auf das Konto der Gang gingen auch die legendären Einbrüche in die South Kensington National Bank in Philadelphia, die Third National Bank in Baltimore, die Saratoga County Bank in Waterford im Staat New York und die Wellsbro Bank in Philadelphia. Leslie und seine Gang lieferten neben zahlreichen Trickdieben, Einbrechern und Betrügern den Hauptgrund für die spektakuläre Maßnahme, mit der Inspektor Thomas Byrnes versuchte, den Verbrechern Einhalt zu gebieten: Der Kriminalist richtete am 12. März 1878 in der Wall Street 17 eine Dienststelle ein und gab den Befehl, jeden der Polizei bekannten Straftäter zu verhaften, der innerhalb einer bestimmten Zone angetroffen wurde. Das Sperrgebiet erstreckte sich von der Fulton Street nach Süden bis zur Battery. Im Westen wurde es von der Greenwich Street und im Osten vom East River begrenzt.

Leslie war allerdings nur der Polizei und der Unterwelt als kriminelles Genie bekannt. In der Gesellschaft trat er dagegen als solventer Herr auf, und seine Bildung und Abstammung eröffneten ihm den Zugang zu den höheren Kreisen New Yorks. Leslie war Mitglied mehrerer exklusiver Klubs und nahm rege am gesellschaftlichen Leben teil. Man sah ihn bei Theaterpremieren und auf Kunstausstellungen. Außerdem machte er sich als Bücherliebhaber einen Namen. Er besaß eine Sammlung wertvoller Erstausgaben und wurde häufig als Experte zu Rate gezogen. Leslie kaufte bei erstklassigen Schneidern und Herrenausstattern ein und mied die Gesellschaft seiner Verbrecherkumpane, wenn es nicht um geschäftliche Angelegenheiten ging. Dies änderte sich allerdings in den frühen 80er Jahren, als der elegante Einbrecherkönig mit Babe Irving anbändelte – einer Schwester von Johnny Irving, den Johnny the Mick in Shang Drapers Saloon umbrachte. Auch die Reize der Geliebten von Shang Draper hatten Leslie in ihren Bann geschlagen, und er investierte viel Zeit und Geld in die beiden Frauen.

Die Polizei fand bei den Ermittlungen zu mehr als 100 Einbrüchen immer wieder Hinweise auf Leslies Beteiligung, konnte aber nur ein einziges Mal genügend Beweise sammeln, um ihn zu verhaften. Im Jahr 1870, versuchte Leslie, der damals noch am Anfang seiner Karriere stand, gemeinsam mit Gilbert Yost in einen Juwelierladen in Norristown bei Philadelphia einzubrechen. Die beiden wurden auf frischer Tat ertappt, als sie sich gerade Zugang zum Geschäft verschaffen wollten. Leslie hatte aber bereits Kontakte zu Politikern in Philadelphia aufgebaut, sodass er gegen eine Kaution wieder auf freien Fuß gesetzt wurde. Während er untertauchte, wurde Yost verurteilt und verbüßte eine zweijährige Gefängnisstrafe. Das Unternehmen in Norristown war einer der seltenen Fälle, in denen Leslie es für nötig hielt, sich selbst aktiv an der Ausführung der Tat zu beteiligen. Gewöhnlich beschränkte er sich darauf, die Einbrüche zu planen, vorher die nötigen Informationen zu beschaffen, die Zahlungen für Bestechungen und Handlangerdienste zu arrangieren und mit Hehlern über den Absatz der Beute zu verhandeln.

Wenn Leslie ein Einbruchsziel auserkoren hatte, pflegte er sich zuerst Baupläne der betreffenden Bank zu beschaffen. Falls das nicht möglich war, besuchte er das Institut als vermeintlicher Kunde, sah sich aufmerksam um und erstellte anschließend selbst Skizzen. Er fertigte gewöhnlich eine Zeichnung von Erdgeschoss und Keller in großem Maßstab an und trug sorgfältig alle Ein- und Ausgänge, die genaue Lage des Panzerschranks oder Tresorraums sowie alle Möbelstücke ein, über die man im Dunkeln stolpern konnte oder die den Weg zu einer Tür oder einem Fenster versperrten. Manchmal gelang es Leslie, ein

Mitglied seiner Gang als Wachmann oder Pförtner in die Bank einzuschleusen und so wertvolle, zuverlässige und detaillierte Informationen zu bekommen. Die Sicherheitsvorkehrungen wurden mit größter Sorgfalt ausgekundschaftet. Der Name des Herstellers, von dem der Tresor stammte, wurde ermittelt, und oft gab auch ein leutseliger Buchhalter oder ein anderer Angestellter etwas über die Routineabläufe des Hauses preis.

Leslie war technisch ausgesprochen versiert und mit allen Arten von Tresoren und Schließmechanismen, die in den USA hergestellt wurden, bestens vertraut. Viele Modelle konnte er öffnen, indem er das Kombinationsschloss manipulierte. Er hatte sich auf einem Dachboden im Süden der Stadt eine Werkstatt eingerichtet, in der er zahlreiche verschiedene Modelle und Nachbildungen aus Holz oder Metall gesammelt hatte. Manchmal experimentierte Leslie dort wochenlang an dem Safe- oder Tresormodell, mit dem seine Leute es beim nächsten Einbruch zu tun haben würden, bis er schließlich eine Möglichkeit fand, den Schließmechanismus außer Kraft zu setzen. Meist mussten dazu ober- oder unterhalb der Ziffernscheibe kleine Löcher gebohrt werden, durch die dann mit einem dünnen Stahlstift die Zuhaltungen im Inneren manipuliert werden konnten. Sobald Leslie wusste, wie dies bei dem jeweiligen Modell zu bewerkstelligen war, bestellte er die Männer, die er für den Raubzug ausgewählt hatte, in sein Arbeitszimmer. Er erklärte ihnen ausführlich seine Zeichnungen und wies jedem Mann eine bestimmte Aufgabe zu. Manchmal wurde sogar der Innenraum der Bank nachgebaut, und die Einbrecher mussten im Dunkeln den Tresor finden und öffnen, während Leslie sie beobachtete und ihr Vorgehen kritisch kommentierte.

Auch der Einbruch in die Manhattan Savings Institution wurde auf diese Weise vorbereitet. Aber dann ging durch pure Nachlässigkeit etwas schief, und der Tresor wurde schließlich mit einem Sortiment äußerst raffinier-

Big Frank McCoy

Johnny Dobbs

Eddie Goodie

Sheeny Mike Kurtz

Billy the Kid

Banjo Pete Emerson

*Berühmte
Bankräuber*

Worchester Sam Perris

Max Shinburn

ter Einbruchswerkzeuge geknackt, die Leslie für mehr als 3000 Dollar eigens hatte anfertigen lassen. Bereits im Herbst 1875 – drei Jahre vor der eigentlichen Tat – begann Leslie damit, die Aktion zu planen. Zuerst wählte er seine wichtigsten Mitarbeiter aus: Jimmy Hope, Jimmy Brady, Abe Coakley, Red Leary, Shang Draper, Johnny Dobbs, Worcester Sam Perris und Banjo Pete Emerson. Dann stellte Leslie umfangreiche Nachforschungen über den Tresor an und entschied sich schließlich gegen den Einsatz von Dynamit oder Pulver, weil durch die Explosion die Fensterscheiben der Bank zu Bruch gegangen wären und der Lärm mit Sicherheit den Hausmeister Louis Werckle geweckt hätte, der mit seiner Familie im Untergeschoss des Gebäudes wohnte. Auch Besucher und Personal des benachbarten St. Charles Hospital wären alarmiert worden.

Nachdem Leslie herausgefunden hatte, mit welcher Art von Kombinationsschloss der Tresorraum gesichert war, beschaffte er sich ein baugleiches Modell von derselben Firma, Valentine & Butler, und begann, damit zu experimentieren. Er fand heraus, dass der Schließmechanismus überwunden werden konnte, indem man unterhalb der Ziffernscheibe ein Loch bohrte und die einzelnen Zuhaltungen im Inneren dann mit einem dünnen Stahlstift manipulierte. In den folgenden Monaten schleuste Leslie Patrick Shevlin, ein unbekanntes Mitglied der Gang, in die Bank ein, und ein halbes Jahr später konnte dieser ihm nachts Zugang zum Gebäude verschaffen. Leslie bohrte ein kleines Loch in die Tresortür und hob zwei der Zuhaltungen aus der Sperrlage. Da der Raum von der Straße her einsehbar war, arbeitete der Gangster hinter einem schwarzen Wandschirm, der ihn vor den Blicken zufälliger Passanten schützte. Die Prozedur war allerdings äußerst nervenaufreibend, sodass Leslie am Ende vergaß, die Ausgangslage wieder herzustellen, ehe er das Loch mit Kitt verschloss. Am nächsten Morgen konnten die Mitarbeiter der Bank den Tresor nicht öffnen, und der Hersteller

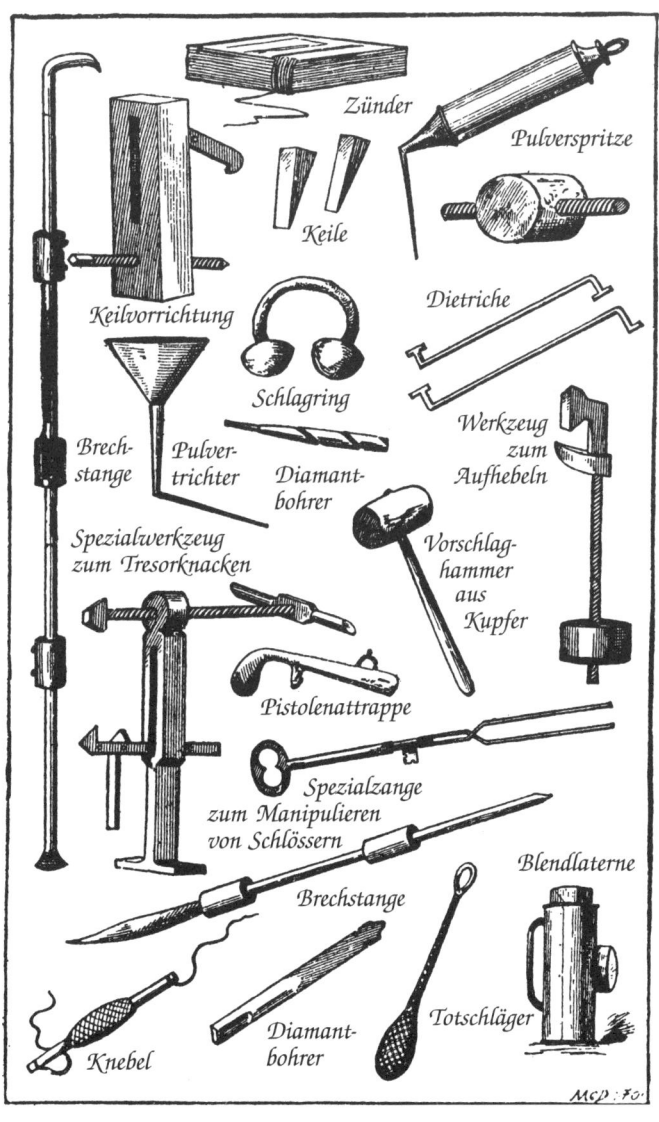

Zünder

Pulverspritze

Keile

Dietriche

Keilvorrichtung

Schlagring

Brech-
stange

Pulver-
trichter

Diamant-
bohrer

Werkzeug
zum
Aufhebeln

Spezialwerkzeug
zum Tresorknacken

Vorschlag-
hammer
aus
Kupfer

Pistolenattrappe

Spezialzange
zum Manipulieren
von Schlössern

Brechstange

Blendlaterne

Knebel

Diamant-
bohrer

Totschläger

Bankräuber-Ausrüstung

musste ein neues Schlossblatt einbauen. Als Leslie das nächste Mal in die Bank ging, um die letzten Vorbereitungen zu treffen, stellte er fest, dass die Zuhaltungen sich nicht mehr bewegen ließen. Er erfuhr erst später, dass er lediglich gut drei Millimeter unterhalb des ersten Lochs ein neues hätte bohren müssen, um den ›Schaden‹ zu beheben.

Leslie beschloss daraufhin, den Tresor gewaltsam aufzubrechen. Zuvor bestach er allerdings den zuständigen Polizisten, John Nugent, damit er sich von der Bank fern hielt, bis seine Hilfe benötigt würde. Dann sollte er den Rückzug der Räuber decken und, wenn möglich, die Verfolgung hinauszögern. Am Sonntag, dem 27. Oktober 1878, um sechs Uhr morgens stahlen Jimmy Hope, Abe Coakley, Banjo Pete Emerson und Bill Kelly sich in die Bank. Kelly, ein bewährter Kämpfer, war für den Fall dabei, dass es zu Handgreiflichkeiten käme. Zuerst schlichen sich die maskierten Einbrecher in die Hausmeisterwohnung und überwältigten Werckle selbst, seine Frau und seine Schwiegermutter. Sie ließen die drei gefesselt und geknebelt unter Kellys Bewachung zurück und wandten sich dem Tresorraum zu. Nach drei Stunden harter Arbeit gelang es ihnen zwar schließlich, die Tür zu öffnen, aber die inneren Schließfächer, die aus bestem Stahl gefertigt waren, widerstanden selbst den größten Anstrengungen. Am Ende konnten die Gangster nur ein einziges Fach aufbrechen. Es enthielt eine große Summe Bargeld, die einem Kunden der Bank gehörte. Während Hope und Emerson hinter dem Wandschirm arbeiteten, setzte Abe Coakley seinen Hut ab, zog den Mantel aus und machte sich in der Bank zu schaffen, als gehöre er dorthin. Er staubte Möbel ab, rückte hier und da etwas zurecht und wirkte emsig beschäftigt, als Schutzmann Van Orden vom 15. Revier auf dem Heimweg an dem Gebäude vorbeiging und zufällig durch das Fenster hineinblickte. Der Polizist wunderte sich zwar über den Wandschirm, der den Tresorraum verdeckte, aber sein Misstrauen verflog, als Coakley ihn mit einer freundlichen Geste grüßte. Wenige Minuten später schlichen die Diebe durch die Hintertür auf die Straße. Die Beute steckte in mehreren kleinen Beuteln, von denen auch Schutzmann Nugent einen trug.

Eine Stunde später gelang es dem Hausmeister, sich von seinen Fesseln zu befreien und Alarm zu schlagen. Trotzdem dauerte es bis Ende Mai 1879, ehe die Polizei die ersten Verdächtigen verhaften konnte. Coakley und Banjo Pete Emerson wurden freigesprochen, Hope und Kelly dagegen zu langjährigen Haftstrafen verurteilt. Schutzmann Nugent erreichte seinen Freispruch angeblich nur durch Bestechung eines Geschworenen. Einige Monate später jedoch wurde er in Hoboken, auf der anderen Seite des Hudson, erneut festgenommen und kam wegen Straßenraubes ins Gefängnis. Gegen Leslie selbst konnte die Polizei nicht genügend Beweise vorbringen, um ihn vor Gericht zu stellen. Der Gesamtwert der Beute war enorm, aber es waren nur 11 000 Dollar Bargeld und börsenfähige Wertpapiere im Wert von 300 000 Dollar darunter, wovon später die meisten, nämlich Papiere im Wert von 257 000 Dollar, sichergestellt wurden. Damit belief sich der tatsächliche Schaden schließlich auf 11 000 Dollar in bar und 43 000 Dollar in Wertpapieren.

Leslie wurde durch seine erfolgreichen Raubzüge mit der Zeit im ganzen Land zu einer Berühmtheit, und andere Gangs begannen, ihn als Fachmann für Bankeinbrüche zu Rate zu ziehen. Gegen ein festes Honorar oder einen garantierten Basisbetrag zuzüglich eines bestimmten Anteils an der Beute plante er Bank- und Geschäftseinbrüche in allen Teilen der USA. Angeblich wurden ihm einmal sogar 20 000 Dollar dafür gezahlt, dass er an die Westküste reiste, um die Pläne für einen Bankraub zu überprüfen, die ein Verbrecherring in San Francisco ausgearbeitet hatte. Doch dieser Abschnitt von Leslies Karriere war kurz, denn die Affären mit Babe Irving und Shang

Drapers Geliebter nahmen seine Zeit und Aufmerksamkeit immer stärker in Anspruch, sodass seine Umsicht und Geschicklichkeit erheblich nachließen. Außerdem beunruhigte es ihn zutiefst, als es bei dem Versuch, die Dexter Savings Bank im Staat Maine auszurauben, Komplikationen gab und der Kassierer J. W. Barron umgebracht wurde. Nachdem noch weitere Unternehmungen an Fehlern in Planung und Leitung scheiterten, begann die Gang, das Vertrauen in ihren Anführer zu verlieren. Draper, der wegen Leslies Affäre mit seiner Geliebten ohnehin tiefen Groll gegen den König der Bankräuber hegte, gab ihm die Schuld dafür, dass die Polizei von dem Vorhaben in Dexter erfahren hatte, und machte ihn auch für die Verhaftung von Hope, Coakley, Banjo Pete und anderen nach dem Einbruch in Manhattan verantwortlich.

Bald sickerte in der Unterwelt durch, dass Leslies Tod beschlossene Sache war, und so überraschte es niemanden, als am Morgen des 4. Juni 1884 der berittene Streifenpolizist Johnstone die verwesende Leiche des Gangsterbosses am Fuß des Tramps' Rock, nördlich der Bronx an der Grenze zur County Westchester fand. Leslie war durch einen Kopfschuss getötet worden. Die Waffe, ein Revolver mit perlenbesetztem Griff, lag neben ihm. Ein Mitarbeiter der berüchtigten Hehlerin Marm Mandelbaum, ein gewisser Herman Steid, identifizierte die Leiche und sorgte auch dafür, dass Leslie ein würdiges Begräbnis bekam. Die Polizei konnte die Mörder nie dingfest machen, verdächtigte allerdings Shang Draper, Johnny Dobbs und Worcester Sam Perris der Tat. Leslie war erst zwei Wochen zuvor von einer kurzen Reise nach Philadelphia zurückgekehrt und hatte sich in die Lynch Street 101 in Brooklyn begeben – ein Haus, in das Shang Draper sich mit Jemmy Mooney und Gilbert Yost zurückgezogen hatte und dem Worcester Sam und weitere Mitglieder der Gang von Manhattan aus regelmäßige Besuche abstatteten. Die Polizei vermutete, dass Leslie dort in Brooklyn ermordet worden war und

Dobbs, Worcester Sam und Ed Goodie, ein Trickdieb, der gelegentlich mit Leslies Leuten zusammenarbeitete, die Leiche mit einem Karren zum Tramps' Rock gebracht hatten. Alle drei wurden zur fraglichen Zeit in der Nähe der Stadt Yonkers gesehen. Die Beweise waren jedoch spärlich, sodass der Mord letztendlich in die lange Liste ungeklärter Verbrechen aufgenommen werden musste.

2

Die zahlreichen, gut organisierten Diebesbanden, die in New York in jener verruchten Ära ihr Unwesen trieben, konnten nur deshalb so erfolgreich operieren, weil es ein ebenso effizient funktionierendes Handelsnetz gab, über das die Beute abgesetzt wurde. Dies war die Domäne der Hehler, die ihre Geschäfte unmittelbar an den Brennpunkten des Verbrechens zwischen den Stammkneipen der Ganoven betrieben. Um ihr eigentliches Gewerbe, den Handel mit Diebesgut, zu tarnen, richteten sie kleine Läden mit einem immer gleich bleibenden Sortiment unverderblicher Waren ein, die allerdings kaum rechtschaffene Kunden anzogen.

Die Hehler kannten keine Skrupel, wenn es darum ging, Diebesgut – sei es groß oder klein – zu Geld zu machen. Einmal, Mitte der 70er Jahre des 19. Jahrhunderts, wickelte einer von ihnen sogar erfolgreich den Verkauf von Nadeln und Nähgarn im Wert von 50 000 Dollar ab, die aus dem Lager von H. B. Claflin & Co. gestohlen worden waren. Die Hehler waren damals vielleicht nicht zahlreicher als in späteren Jahren, aber sie unterhielten ausgezeichnete Beziehungen zu Polizei- und Politikerkreisen. Der große Einfluss, den sie dadurch gewannen, ließ sie außerordentlich dreist werden. Viele betrachteten es als unter ihrer Würde, unter dem Deckmantel irgendeines legalen Geschäftes zu arbeiten. So entstand beispielsweise die berüchtigte Thieves' Exchange – ›die Diebesbörse‹ – im achten Bezirk nahe der Kreuzung von Broadway und Houston Street. In diesem stadtbekannten Lokal trafen sich allabendlich Hehler und Diebe und feilschten in aller Öffentlichkeit über einem Glas Bier oder Whiskey um Schmuck und anderes Diebesgut. Strafverteidiger bezogen feste Jahresgehälter, und auch an Politiker und Polizisten wurden regelmäßig bestimmte Beträge gezahlt. Darüber hinaus erhielten sie gelegentlich zusätzliche Provisionen für besonders schmutzige Arbeiten. Die erfolgreichsten Hehler setzten nicht nur die Ware ab, die ihnen gebracht wurde, sondern halfen ihren Zulieferern auch über schwere Zeiten hinweg und finanzierten die Vorarbeiten, die nötig waren, ehe ein Banktresor oder die Kasse eines Geschäftes erfolgreich geplündert werden konnte.

Der erste große Hehler, über den ausführliche Berichte vorliegen, war Joe Erich, der vor dem Bürgerkrieg an der Maiden Lane ansässig war. Erichs größter Rivale Ephraim Snow, genannt Old Snow, besaß einen kleinen Gemischtwarenladen mit unverderblicher Ware an der Kreuzung Grand Street/Allen Street und handelte mit Diebesgut aller Art. Von Old Snow wird berichtet, dass er einmal 20 Schafe zu Geld machte, die eine Bande Bowery-Ganoven bei einem Ausflug aufs Land einem Farmer in der County Westchester gestohlen und durch die Straßen der Stadt bis zum Laden des Hehlers getrieben hatte. Old Ungers Laden an der Elridge Street war ebenfalls ein beliebter Umschlagplatz, besonders für Trick- und Taschendiebe. Ebenso erfolgreich waren Little Alexander, dessen wirklichen Namen die Polizei nie in Erfahrung bringen konnte, und Bill Johnson, der einen Gemischtwarenladen an der Bowery eingerichtet hatte.

All diese Hehler überstanden zwar den Bürgerkrieg, wurden aber bald darauf von zwei brillanten neuen Größen der Unterwelt in den Schatten gestellt: Marm Mandelbaum und John D. Grady. Letzterer war allgemein als Travelling Mike bekannt – ein kleiner, hagerer Mann mit gebeugter Haltung, dessen schmuddelige, finster dreinblickende Gestalt Sommer wie Winter in einem dicken Mantel und mit einer Hausiererkiste auf der Schulter durch die Straßen trottete. Travelling Mike tarnte sich als Kurzwarenhändler, doch in Wirklichkeit transportierte er in seiner Kiste vor allem Perlen und Diamanten oder auch gestohlene Wertpapiere. Er trug ständig Diebesgut im Wert von wenigstens 10 000 Dollar mit sich herum. Statt einen eigenen Laden einzurichten, verkehrte er regelmäßig in der Thieves' Exchange und besuchte seine Kunden auch von Zeit zu Zeit, um ihnen Tipps für lohnende Einbrüche zu geben und mit ihnen um die Beute ihrer letzten Raubzüge zu feilschen. Travelling Mikes Spezialitäten waren Schmuck und Wertpapiere, und er kaufte in der Regel ausschließlich solche Dinge, die er in seiner Kiste transportieren konnte. Nur bei Seide, einem äußerst begehrten Artikel, machte er gelegentlich eine Ausnahme. Einer der genialsten Trickdiebe, mit deren Beute er handelte, war der legendäre Billy the Kid, der eigentlich William Burke hieß und bis zu seinem 26. Geburtstag bereits 100-mal verhaftet worden war.

Die Polizei vermutete, dass Travelling Mike auch hinter dem Raub des Vermögens von Rufus L. Lord steckte. Die Summe, die Greedy Jake Rand, Hod Ennis, Boston Pet Anderson und Eddie Pettengill 1866 bei diesem Schurkenstück erbeuteten, war in den USA von beispielloser Höhe. Lord war ein bedeutender Finanzier und besaß angeblich ein Vermögen von mehr als vier Millionen Dollar in Anleihen, Wertpapieren und Immobilien. Er verfügte über einen beachtlichen Geschäftssinn, hatte aber wegen seiner Habgier und Knauserei keine Freunde und kaum Bekannte. Lord verbrachte viel Zeit in seinem schäbigen Büro im Hinterhaus des Exchange Place 38, wo er seine Papiere ordnete oder dem Klimpern der goldenen 20-Dollar-Münzen lauschte, die er in großen Stoffsäcken hortete. Seine ärmliche Kleidung war stets reparaturbedürftig, und im Sommer ging er in abgetragenen Filzpantoffeln. In der Rückwand des Büros war ein feuerfester, einbruchsicherer Panzerschrank eingebaut, aber als Lord im Alter senil wurde, ging er oft geistesabwesend aus dem Haus, ohne den Safe zu verschließen, sodass Millionen Dollar in Bargeld und Wertpapieren der Gnade hergelaufener Diebe überlassen blieben. Das Büro lag ständig im Halbdunkel, denn Lord ließ nie mehr als eine Kerze brennen, und es gab nur ein einziges kleines Fenster, durch das Tageslicht hereindrang.

Greedy Jake und seine Komplizen besuchten Lord mehrmals und verhandelten zum Schein über ein Darlehen oder eine Investition. Am Nachmittag des 7. März 1866, der ein trüber, nebliger Tag war, ging Greedy Jake allein in das Büro am Exchange Place und fesselte Lords Aufmerksamkeit, indem er ausführlich über die hohen Zinsen sprach, die er angeblich zu zahlen bereit war. Als er 20 Prozent und dazu erstklassige Sicherheiten bot, geriet Lord vor Begeisterung ganz außer sich, packte Greedy Jake am Revers und drängte darauf, den Handel sofort abzuschließen. Diese Gelegenheit nutzten Boston Pet und Eddie Pettengill, um sich in das dämmrige Büro zu schleichen und sich Sekunden später mit zwei Blechkassetten wieder aus dem Staub zu machen, die 1 900 000 Dollar in Bargeld und Wertpapieren enthielten. Sie versteckten die Beute einige Wochen lang in einem Saloon an der Ecke Spring Street/Wooster Street und warteten, bis sich der erste Aufruhr gelegt hatte. Dann fanden börsenfähige Wertpapiere über rund 200 000 Dollar den Weg zu Travelling Mike Grady, der sie im Handumdrehen zu Bargeld machte. Den Rest der Beute konnte die Polizei in den folgenden zwei Jahren sicherstellen. Für Lord war der Diebstahl jedoch ein furchtbarer Schlag, und er wurde ein noch größerer Menschenfeind als zuvor. Fortan sicherte er sein Büro mit einer Stahltür und ließ keine Fremden mehr hinein.

Fredericka Mandelbaum, die allgemein Marm oder Mother genannt wurde, war wohl die größte und erfolgreichste Hehlerin in der Kriminalgeschichte der Stadt New York. Diese imposante Erscheinung brachte mehr als 110 Kilo auf die Waage. Sie hatte scharf geschwungene Lippen, außerordentlich fette Wangen und kleine, schwarze Augen unter buschigen, ebenfalls schwarzen Brauen. Auch das dichte Haar über der hohen, wulstigen Stirn war schwarz und zu einer strengen Frisur aufgesteckt, auf der meist ein mit geschwungenen Federn geschmücktes Häubchen in derselben Farbe saß. Marm Mandelbaum besaß ein dreistöckiges Haus in der Clinton Street 79, an der Kreuzung zur Rivington Street. Sie selbst bewohnte mit ihrem Mann Wolfe, ihrem Sohn und zwei Töchtern die zweite und dritte Etage. Die Eleganz der Einrichtung fand in der ganzen Stadt nicht ihresgleichen. Viele der erlesensten Möbelstücke und einige der kostbarsten Stoffe hatten früher die Häuser von Aristokraten geschmückt. Einbrecher, die Marm Mandelbaum Dank schuldeten oder ihr eine Freude machen wollten, hatten die prächtigen Stücke eigens für sie geraubt. Zu den Bällen und Banketten, die Marm in diesen Räumlichkeiten veranstaltete, erschienen nicht nur gefeierte Größen der amerikanischen Unterwelt, sondern auch Polizeifunktionäre und Politiker, die unter dem Einfluss der Hehlerin standen.

Im Erdgeschoss, zur Rivington Street hin, betrieb Marm Mandelbaum einen kleinen Herrenausstattungsladen, aber ihrem eigentlichen Gewerbe ging sie in einem schindelverkleideten Seitenflügel zur Clinton Street hin nach. Dieser diente als Umschlagplatz für Diebesgut, und von dort aus finanzierte die Hehlerin die Machenschaften vieler großer Gangs, die auf Laden- und Bankeinbrüche spezialisiert waren. In den ersten paar Jahren ging Marm Mandelbaum noch mit der Beute hausieren. Zu den berühmten Verbrechern, die mit ihr Geschäfte machten, zählten Shang Draper, George Leonidas Leslie, Banjo Pete Emerson, Mark

Shinburn, Bill Mosher und Joe Douglas. Shinburn war alles andere als ein gewöhnlicher Bankräuber und klagte oft darüber, dass er im Herzen ein Aristokrat sei und die Gauner verachte, mit denen er sich notgedrungen gemein machte. Er führte ein bescheidenes Leben und überwies alle seine Einnahmen an Verwandte in Preußen. Als er sich schließlich zur Ruhe setzte, reiste er mit dem Schiff nach Europa. Dort verwendete er einen Teil seines Vermögens darauf, sich eine neue Identität als Baron Shindell von Monaco zu verschaffen. In dieser Rolle lebte Shindell seinen aristokratischen Neigungen angemessen und glücklich bis ans Ende seiner Tage. Mosher und Douglas wurden durch den rätselhaftesten Entführungsfall in der Geschichte des Landes berühmt: Die beiden raubten am 1. Juli 1874 den vierjährigen Charley Ross aus seiner Heimatstadt Germantown im Staat Pennsylvania. Sie gerieten bald unter Verdacht, und die New Yorker Kriminalpolizei suchte sie vergeblich überall an der Ostküste, bis sie schließlich am Morgen des 14. Dezember 1874 bei einem Einbruch in das Haus des Richters Van Brunt im Brooklyner Stadtteil Bay Ridge getötet wurden. Albert, der Sohn des Richters, erschoss Mosher, und Van Brunt selbst traf Douglas in den Rücken, als dieser versuchte zu fliehen. Mosher war sofort tot, aber Douglas blieb noch eine Weile bei Bewusstsein. Als Richter Van Brunt zu ihm trat, richtete er sich auf und sagte: »Lügen bringt jetzt nichts mehr. Mosher und ich haben Charley Ross aus Germantown entführt.« Er starb jedoch, bevor er verraten konnte, was aus dem Jungen geworden war, und so blieb Charley Ross für immer verschwunden. Allerdings tauchte noch lange Zeit im Schnitt alle zwei Jahre jemand auf, der sich als der Vermisste ausgab.

Marm Mandelbaum hatte eine besondere Schwäche für die Damen der Unterwelt und war die Freundin und Schirmherrin berühmter Ganovinnen wie Black Lena Kleinschmidt, Big Mary, Ellen Clegg, Queen Liz, Little Annie, Old Mother Hubbard und Kid Glove Rosey, die allesamt

Black Lena   Old Mother Hubbard   Kid Glove Rosie

Queen Liz   Marm Mandelbaum   Sophie Lyons

Marm Mandelbaum und einige ihrer Klientinnen

Trick- und Taschendiebinnen sowie Erpresserinnen waren, und Sophie Lyons, die man wohl zu Recht die berühmteste Betrügerin in der Geschichte Amerikas nannte. Ihr Mann, Ned Lyons, war ein Bankräuber. Black Lena ergaunerte mit Diebstahl und Erpressung ein Vermögen, entwickelte jedoch im mittleren Alter gesellschaftliche Ambitionen und zog nach Hackensack im Staat New Jersey, wo sie sich als reiche Witwe eines südamerikanischen Bergbauingenieurs ausgab. Sie veranstaltete aufwändige Empfänge und mach-

Abendgesellschaft bei Marm Mandelbaum

te in der Gesellschaft New Jerseys derartig Furore, dass sie bald als Queen of Hackensack bekannt wurde. Dennoch hatte sie ihrem alten Gewerbe nicht völlig den Rücken gekehrt: Sie verbrachte weiterhin jede Woche zwei Tage in New York und füllte durch dort begangene Laden- und Taschendiebstähle ihre Schatullen wieder auf. Dies wurde ihr schließlich zum Verhängnis, als bei einem abendlichen Empfang eine der Damen an ihrer Tafel – über deren Mann Black Lena sich im Übrigen auch schon hergemacht hatte – den Smaragdring an ihrem Finger als denselben Ring wiedererkannte, der ihr bei einem Einkaufsbummel in der Metropole aus der Handtasche gestohlen worden war.

Marm Mandelbaum wurde zum ersten Mal 1862 wegen des Verdachts der Hehlerei bei der New Yorker Polizei aktenkundig. In den folgenden 20 Jahren soll Diebesgut im Wert von schätzungsweise 5 Millionen bis 10 Millionen Dollar durch ihre Hände gegangen sein. Sie unternahm im Laufe ihrer langen Karriere mehrere Versuche, einigen ihrer Klienten feste Gehälter zu zahlen. Im Gegenzug sollten sich die Ganoven dazu verpflichten, ihr die ganze Beute auszuhändigen und angemessen fleißig und gewissenhaft zu arbeiten. Die Hehlerin gelangte jedoch bald zu der Erkenntnis, dass Inspektor Thomas Byrnes Recht hatte: Diebe kannten keine Ehre. Nachdem sie mehrmals Gauner, die bei ihr unter Vertrag standen, dabei ertappt hatte, dass sie ihre Beute an Travelling Mike Grady verkauften, gab sie es schließlich auf. Marm Mandelbaum soll sich auch als Fagin[1] betätigt und an der Grand Street unweit des Polizeihauptquartiers eine Schule eingerichtet haben, in der kleine Jungen und Mädchen von professionellen Taschen- und Trickdieben unterrichtet wurden. Außerdem gab sie regelrechte Fortgeschrittenenkurse in Einbruchstechniken und Tresorknacken und weihte einige wenige ihrer engsten Vertrauten in die hohe Kunst von Erpressung und Betrug ein. Der Ruf der Einrichtung sprach sich in weitem Umkreis herum, aber als sich schließlich sogar der kleine Sohn eines hochrangigen Polizeifunktionärs dort ausbilden lassen wollte, bekam Marm Mandelbaum es mit der Angst und entließ das Lehrpersonal.

Big Bill Howe und Little Abe Hummell von der berühmten Anwaltskanzlei Howe & Hummell standen Marm Mandelbaum bei all ihren Machenschaften mit fachkundigem Rat zur Seite und bezogen von ihr ein Jahreshonorar von 5000 Dollar. Dafür vertraten sie die Hehlerin nicht nur in den seltenen Fällen, in denen die Justiz es wagte, sich ihr persönlich in den Weg zu stellen, sondern sie verteidigten auch Marms Klienten, wann immer es nötig war. Aber selbst diese einflussreichen Juristen konnten Marm Mandelbaum nicht retten, als im Jahre 1884 die Reformer an die Macht kamen und der Bezirksstaatsanwalt

---

[1] Ganove, der Kinder zu Dieben ausbildet. Der Name stammt von einer Romanfigur in Charles Dickens' *Oliver Twist* – *Anm. d. Übers.*

wegen schweren Diebstahls und Hehlerei in mehreren Fällen Anklage gegen sie erhob. Die Verhandlung wurde für Dezember desselben Jahres angesetzt, doch Marm Mandelbaum, die gegen Kaution auf freiem Fuß war, setzte sich nach Kanada ab und blieb dort für den Rest ihres Lebens. Angeblich hielt sie sich noch mehrmals unerkannt in New York auf. Der Staat ging übrigens leer aus, denn Marms Bürgen hatten den Besitz, den sie als Kaution für ihr Erscheinen vor Gericht verpfändet hatten, mithilfe zurückdatierter Dokumente überschrieben, und Marm selbst hatte ihr Eigentum auf den Namen ihrer Tochter eintragen lassen. Howe, der eine ihrer berühmten Anwälte, starb 1903. Den anderen, Little Abe, brachte der Bezirksstaatsanwalt William Travers Jerome zwei Jahre später für diverse Delikte ins Gefängnis.

3

In der Zeit nach dem Bürgerkrieg operierten in New York mehrere gut organisierte Grabräubergangs. Sie plünderten hauptsächlich die Gräber von Schwarzen und Armen und verkauften die Leichen an Ärzte und Medizinstudenten. Weder die Polizei noch sonst irgendjemand nahm besondere Notiz davon – bis zum Tod von Alexander T. Stewart, einem Handelsfürsten der ersten Generation, um dessen Gestalt sich nach seinem Ableben einer der spektakulärsten Kriminalfälle in der Geschichte der Metropole rankte. Stewart begann seine Karriere als kleiner Buchhalter, Handelsvertreter, Empfangssekretär und Laufbursche in einer Person, arbeitete sich aber im Laufe seines Lebens mit außerordentlichem Fleiß und Scharfsinn zum größten Einzelhändler seiner Zeit hoch. Er stieg zum Besitzer eines exklusiven Geschäftes an der Kreuzung Broadway/Chambers Street auf – dort hatte später die Zeitung *The Sun* ihre

Redaktion – und brachte es schließlich sogar zum Eigentümer eines großen Kaufhauses, das den gesamten Häuserblock zwischen 4th Avenue, Broadway, 9th und 10th Street einnahm. Später ging sein Geschäft im Wanamaker Store auf. Stewart nahm ausschließlich Bargeld an und verachtete den Konkurrenzkampf: Auf dem Gipfel seiner wirtschaftlichen Macht beschäftigte er zahlreiche Kaufleute, die er aus dem Geschäft verdrängt hatte, als Buchhalter. Er hatte mehrere Kinder, die alle früh starben, und nur wenige Freunde. Sein Reichtum und seine gesellschaftliche Stellung verhalfen ihm jedoch zu beträchtlichem Einfluss. Stewarts Grundhaltung war distanziert und äußerst zurückhaltend – ihm wurde nachgesagt, der Maxime zu folgen, keinem Mann und keiner Frau jemals zu vertrauen. Er war klein und hager, hatte struppiges, rötliches Haar, markante Gesichtszüge und schiefergraue Augen, die unglaublich kalt wirkten. Als er 1876 starb, hinterließ er ein Vermögen von 30 Millionen Dollar. Er wurde auf dem Friedhof von St. Mark's-in-the-Bouwerie an der Kreuzung von 2nd Avenue und 10th Street beigesetzt.

Stewart lag kaum im Grab, als auch schon Gerüchte kursierten, dass Räuber planten, die Leiche zu stehlen und damit ein Lösegeld zu erpressen. In den folgenden Wochen wurden einige bekannte Verbrecher in der Nähe des Friedhofes gesehen. Die Polizei ging auch Hinweisen nach, dass George Leonidas Leslie mit seiner Einbrechergang etwas im Schilde führte. Die Gruft blieb jedoch unberührt, bis am 8. Oktober 1878 der Küster Hamill entdeckte, dass die Namenstafel verschoben war. Man befürchtete schon, jemand sei in die Gruft eingedrungen, in der außer dem Handelsfürsten noch vier weitere Tote ruhten, aber unter der Erde war alles unberührt. Auf Anordnung von Henry Hilton, dem Nachlassverwalter und Anwalt der Witwe Stewart, wurden neue Schlösser an den Friedhofstoren angebracht. Außerdem wurde die Namenstafel entfernt und etwa 30 Meter südwestlich der Grabstätte niedergelegt, um etwaige Räuber irrezuführen. Die Stelle, an der sie gelegen hatte, wurde sorgfältig mit Grasnarbe bedeckt. Als zusätzliche Vorsichtsmaßnahme beauftragte man den Wachmann eines Mietstalls an der 2nd Avenue, nachts stündlich über den Friedhof zu gehen und gegebenenfalls Eindringlinge zu vertreiben. Wiederum geschah lange Zeit nichts, sodass der Anwalt Hilton schließlich annahm, die Gefahr sei vorüber, und die Bewachung am 3. November 1878 einstellen ließ.

Vier Tage später, am Morgen des 7. November, betrat der Küstergehilfe Frank Parker eine Stunde nach Sonnenaufgang den Friedhof und fand zu seinem Entsetzen einen großen Erdaushub am Eingang zur Gruft der Stewarts. Er stellte keine weiteren Nachforschungen an, sondern alarmierte sofort den Küster Hamill, der an der 10th Street wohnte. Dieser stieg in die Gruft hinab und stellte fest, dass die Leiche des Kaufmanns geraubt worden war. Er eilte zu Stewarts Geschäft, und als er Hilton dort nicht antraf, nahm er eine Kutsche und fuhr zum Haus des Anwalts an der 34th Street, gleich neben der Marmorresidenz der Witwe Stewart. Hilton benachrichtigte umgehend die Polizei, und Superintendent George W. Walling nahm sich persönlich der Untersuchung an.

Die Gruft der Stewarts war in Ziegelstein gefasst, drei mal viereinhalb Meter groß und rund 3,70 Meter tief. Darüber lag eine etwa einen Meter dicke Erdschicht. Das Grab befand sich fast genau in der Mitte des Friedhofs, östlich der Kirche. Rechts und links davon lagen die Ruhestätten von Benjamin Winthrop und Thomas Bixby, Angehörigen traditionsreicher New Yorker Familien. Die Grabräuber hatten sich nicht von der versetzten Namenstafel irreführen lassen, sondern an der richtigen Stelle gegraben. Nachdem sie die schützende Erdschicht entfernt hatten, waren sie in die Gruft gestiegen. Dort hatten sie den Deckel einer großen Zedernholztruhe aufgeschraubt, einen Bleisarg aufgeschnitten und schließlich den eigentlichen

Sarg aufgebrochen, in dem die Leiche lag. Außerdem hatten sie die kostbaren Beschläge und das Namensschild des Sarges mitgenommen und aus dem Samt, mit dem dieser ausgekleidet war, ein dreieckiges Stück herausgeschnitten. Als weitere Spuren hatten die Eindringlinge eine neue Kohlenschaufel und eine Blechlaterne zurückgelassen. Die Leiche wog rund 45 Kilo und war nicht einbalsamiert worden. Offenbar hatten die Räuber sie mit einem Karren fortgebracht, denn in der Nähe des östlichen Friedhofstors wurden entsprechende Spuren gefunden.

Rechtsanwalt Hilton ließ in den Morgenzeitungen des 8. November veröffentlichen, dass 25 000 Dollar Belohnung auf die Wiederbeschaffung der Leiche und die Ergreifung der Räuber ausgesetzt seien. Das Verbrechen erregte an der gesamten Ostküste ungeheures Aufsehen. Monatelang durchstöberten Hobbydetektive eifrig jeden Schuppen und inspizierten jeden verdächtig aussehenden Karren. Rund 20 frische Gräber wurden geöffnet, weil man die vermisste Leiche darin vermutete. Die Zeitungen veröffentlichten ganze Seiten mit Kommentaren und Mutmaßungen. An Commodore Vanderbilts Grab in New Dorp auf Staten Island wurde eine doppelte Wache postiert, und an allen Friedhöfen der Stadt patrouillierten bewaffnete Männer. Die Polizei fand schnell heraus, woher die Schaufel und die Laterne stammten. Doch dann rissen alle Spuren ab, obwohl mehr als 100 bekannte Verbrecher zum Hauptquartier geladen wurden und ihr Alibi für die fragliche Nacht vorweisen mussten. Der Raub der Leiche eines großen und einflussreichen Kaufmanns war schließlich kein gewöhnliches Verbrechen, und die Unterwelt war sich darüber im Klaren, dass die Täter nicht auf die übliche Protektion durch Polizei und Politiker hoffen durften.

Der Fall schien festgefahren zu sein, bis im Januar des folgenden Jahres General Patrick H. Jones aus der Nassau Street 150, ein Rechtsanwalt und ehemaliger Postmeister,

Superintendent Walling aufsuchte und ihm die Beschläge von Stewarts Sarg, zwei der silbernen Griffe, einen schmalen Streifen Samt sowie ein dreieckiges Stück Papier präsentierte. Er erklärte, er habe diese Dinge per Kurier aus Kanada erhalten. Außerdem zeigte er Walling mehrere Briefe eines gewissen Henry G. Romaine, der ihn bat, in den Verhandlungen um die Rückgabe der Leiche zu vermitteln. Romaine kündigte an, diese werde gegen Zahlung von 250 000 Dollar in bar sofort erfolgen. General Jones wurde angewiesen, die Verhandlungen über Annoncen im *New York Herald* zu führen. In einem der Briefe schrieb Romaine:

»Die sterblichen Überreste wurden in der Nacht vom 6. vor zwölf Uhr entwendet, nicht am Morgen des 7. um drei. Sie wurden nicht mit einer Kutsche, sondern im Wagen eines Lebensmittelhändlers transportiert. Sie wurden nicht zu einem Haus in der Nähe des Friedhofs gebracht, sondern zu einem anderen in der Nähe der 160th Street. Von dort aus wurden sie frühmorgens in einer zinkverkleideten Truhe mit dem Zug aus der Stadt gebracht, zunächst nach Plattsburg und dann weiter nach Kanada. Dort wurden sie begraben. Lediglich die Augen fehlen, das Fleisch ist jedoch so fest und die Gesichtszüge sind so natürlich wie am Tag des Begräbnisses, sodass die Leiche ohne Schwierigkeiten zu identifizieren ist. Das beigefügte Papier hat exakt die Maße des Samtstückes, das aus der Sargverkleidung herausgeschnitten wurde, während Sie den kleinen Streifen als denselben Stoff wieder erkennen werden, mit dem der Sarg ausgekleidet ist.«

Nach einer Beratung mit Hilton und Superintendent Walling wurde General Jones angewiesen, am 5. Februar eine Annonce im *New York Herald* zu veröffentlichen und Verhandlungsbereitschaft zu signalisieren. Am 11. traf ein Antwortschreiben ein, das in Boston abgestempelt war und in dem Romaine sich bereit erklärte, die Leiche unter folgenden Bedingungen herauszugeben:

»1. Die zu zahlende Summe beträgt 200 000 Dollar.

2. Die Leiche wird Ihnen selbst und Richter Hilton im Umkreis von 40 Kilometern um die Stadt Montreal übergeben werden. Niemand sonst darf zugegen sein.

3. Das Geld wird in Ihren Händen oder unter Ihrer Aufsicht bleiben, bis Richter Hilton sich davon überzeugt hat, das alles mit rechten Dingen zugeht. Dann werden Sie es meinem Vertreter aushändigen.

4. Beide Parteien bewahren für immer völliges Stillschweigen über die Transaktion.«

Hilton wollte diese Bedingungen nicht annehmen und weigerte sich, die Verhandlungen fortzusetzen. Daraufhin

Übergabe der Gebeine von A. T. Stewart

wies Romaine General Jones an, sich mit Mrs. Stewart in Verbindung zu setzen, aber der General weigerte sich. Um Mitte März herum bot Hilton 25 000 Dollar für Stewarts Leiche oder Gebeine, doch Romaine lehnte ›respektvoll, aber entschieden‹ ab. Dabei blieb es mehr als ein Jahr lang. Gegen Ende 1880 nahm Mrs. Stewart, für die der Raub der Leiche ihres Gatten ein furchtbarer Schlag gewesen war, schließlich ihrerseits über General Jones Kontakt zu den Räubern auf. Daraufhin schrieb Romaine, er werde die Leiche für 100 000 Dollar zurückgeben. Mrs. Stewart wollte die geforderte Summe sofort zahlen, aber General Jones machte ein Gegenangebot in Höhe von 20 000 Dollar, das Romaine tatsächlich akzeptierte. Er stellte allerdings wiederum umfangreiche Bedingungen für die Zahlungs- und Übergabemodalitäten. Romaine verlangte, das Geld müsse in bar in einer Segeltuchtasche verpackt überbracht werden, und zwar durch einen Kurier, der an einem bestimmten Abend um zehn Uhr allein mit einer einspännigen Kutsche von New York in Richtung Westchester fahren sollte. Dazu schickte Romaine eine Karte der Gegend, auf der der betreffende Weg – eine einsame Landstraße – markiert war. Er schrieb, irgendwann vor Tagesanbruch werde man den Boten abfangen und ihm weitere Anweisungen erteilen.

Ein Verwandter der Witwe Stewart stellte sich als Kurier zur Verfügung und verließ zur festgesetzten Zeit die Stadt. Während der Nacht hatte er mehrmals das Gefühl, beobachtet zu werden, doch erst um drei Uhr morgens tauchte ein maskierter Reiter auf, der ihn anwies, in einen Feldweg einzubiegen. Eine Meile weiter versperrte ein Pferdewagen den Weg. Zwei maskierte Männer stiegen aus, einer trug einen schweren Jutesack. Sie gingen auf den Kurier zu und präsentierten ihm ein dreieckiges Stück Samt als Erkennungszeichen, woraufhin dieser das Geld aushändigte. Die Räuber warfen den Sack in seine Kutsche und verschwanden mit ihrem eigenen Wagen in Richtung

Norden. Der Kurier kehrte eilig in die Stadt zurück, und die Gebeine des Kaufmanns in dem Sack klapperten zu seinen Füßen. Ein Bestatter legte sie in eine Truhe, und am nächsten Abend wurden sie in einem Güterwaggon nach Garden City auf Long Island transportiert. In der Gruft der Garden City Cathedral stand ein leerer Sarg bereit, in den der Küster und der Kurier die Gebeine legten. Dann wurde der Sarg an einem unzugänglichen Ort unter dem Gewölbe der Kathedrale versteckt. Als zusätzlicher Schutz wurde ein verborgener Mechanismus angebracht, der bei Berührung die Glocken im Kirchturm zum Läuten gebracht und so das ganze Dorf alarmiert hätte.

Kapitel 11

Die Whyos und ihre Zeitgenossen

1

Die Whyos waren die größte nach dem Bürgerkrieg neu entstandene Gang – eine Bande der ruchlosesten Ganoven, Mörder und Diebe, die je in New York ihr Unwesen trieben. Sie waren selbst den skrupellosen Flusspiraten im alten vierten Bezirk ebenbürtig, wenn nicht gar überlegen. Die Herkunft des Namens ist ungeklärt. Es wird allerdings vermutet, dass er von einem speziellen Ruf der Gangster abgeleitet war. Die Gang selbst ging wahrscheinlich aus der alten Five-Points-Gang der Chichesters hervor, die auf diese Weise die Dead Rabbits, Plug Uglies, Shirt Tails und weitere Banden aus dem Viertel um den Paradise Square überlebten. Der wichtigste Treffpunkt der Whyos lag nordöstlich der eigentlichen Five Points in einer Gegend, die man damals Mulberry Bend nannte. Im Sommer lungerten sie auch oft auf einem Friedhof an der Kreuzung von Park und Mott Street herum. Die Hauptdurchfahrtsstraße durch das Revier der Whyos war die Baxter Street, die zur Zeit der alten Five Points noch Orange Street hieß und später für ihre Secondhand-Kleiderläden und die Methoden der dortigen Händler berühmt wurde, die Passanten abfingen und geradezu gewaltsam in ihre Geschäfte lotsten. Auf der Baxter Street war auch der legendäre Harris Cohen zu Hause, der mit seinem neu eröffneten Geschäft auf Anhieb so überwältigenden Erfolg hatte, dass prompt weitere jüdische Händler Schilder mit seinem Namen aushängten. So entstand der Eindruck, als gehörten mehr als einen Block weit alle Läden dem echten Harris Cohen. Einer der Cohens hielt ein paar Spatzen in einem Käfig im Fenster, weil ihr Tschilpen in seinen Ohren wie der Ruf ›cheap!‹ – ›billig!‹ – klang. Das Geld, das er in Vogelfutter investierte, betrachtete er als Werbeetat.

Die eigentliche Heimat der Whyos waren zwar die Baxter Street und die übrigen Straßen in der Gegend Mulberry Bend, aber die Ganoven waren auch in anderen Teilen der Stadt aktiv. Einige ihrer legendären Raubzüge fanden beispielsweise an der Lower West Side und im Bezirk Greenwich Village statt. Die Whyos fochten zahlreiche blutige Schlachten gegen andere Gangs oder die Polizei und wurden erst Mitte der 90er Jahre des 19. Jahrhunderts endgültig ausgerottet. Die letzten Bastionen der sagenhaften Ganoven waren eine italienische Spelunke an der Ecke Worth Street/Mulberry Street und eine Kneipe an der Bowery, die Morgue hieß und deren Wirt seinen Schnaps mit der Behauptung anpries, er sei als Getränk ebenso geeignet wie zum Einbalsamieren. In diesem Lokal trugen die Whyos auch ihren letzten großen Kampf aus, der damit begann, dass English Charley und Denver Hop in einem Streit um die Teilung von Beute mit dem Revolver aufeinander losgingen. Kurz darauf waren rund 20 Männer an der Schießerei beteiligt, die jedoch allesamt so betrunken waren, dass keiner ihrer Schüsse jemanden verletzte. Der Wirt kommentierte das Ereignis mit der Bemerkung, nur ein Dummkopf könne sich einbilden, er sei noch in der Lage, ordentlich zu zielen, nachdem er von seinem Schnaps getrunken habe.

Die 80er und frühen 90er Jahre waren die Blütezeit der Whyos. Damals gehörten zahlreiche Größen der Unterwelt der Gang an, darunter auch Hoggy Walsh, Fig McGerald, Bull Hurley, Googy Corcoran, Baboon Connolly und Red Rocks Farrell. Diese Helden waren nicht nur Ganoven und Schläger erster Güte, sondern in der Mehrzahl auch ausgezeichnete Trickdiebe, Einbrecher und Taschendiebe. Viele von ihnen besaßen Kneipen, zwielichtige Hotels und Bordelle. Big Josh Hines wurde dafür berühmt, dass er in sei-

Red Rocks Farrell

Googy Corcoran

Slops Connolly

Piker Ryan

Bull Hurley

Dorsey Doyle

Mike Lloyd

Big Josh Hines

Baboon Connolly

Berühmte Mitglieder der Whyo-Gang

nem Kasino als Erster das Glücksspiel Stuss einführte, das sich später zu einer wichtigen Einnahmequelle der jüdischen und italienischen Gangs entwickelte. Stuss kam in New York Mitte der 80er Jahre in Mode, und die Lokale, in denen es gespielt wurde, schossen schon bald überall östlich der Bowery vom Chatham Square bis zur 14th Street und nach Westen bis zum Broadway wie Pilze aus dem Boden.[1] Big Josh zog jeden Abend mit zwei Revolvern bewaffnet von einer Spielhalle zur nächsten und forderte einen bestimmten Prozentsatz der Einnahmen als Tribut. Wenn die Besitzer der Lokale protestierten, betonte Big Josh ganz entrüstet, wie großzügig er doch sei: Niemand könne behaupten, dass er ihm die gesamten Einnahmen abgenommen habe.

»Die Jungs ticken doch nich' richtig«, beklagte er sich bei einem Polizisten. »Ich will doch nur mein' Anteil, un' schließlich lass ich ihn' immer was übrig!«

Man munkelte, die Anführer der Whyos hätten in der Glanzzeit der Gang niemanden aufgenommen, der nicht schon einen Mord oder wenigstens einen ernsthaften Versuch dazu begangen und sich so der erlauchten Gesellschaft der Unterwelt würdig erwiesen hatte. Das Gerücht war vermutlich aus einer Bemerkung von Mike McGloin,

---

[1] Stuss war eine Abwandlung des Faro und wurde in unterschiedlichen Varianten gespielt. Am beliebtesten war die Version mit 13 Feldern, die vom As bis zum König durchnummeriert waren. Der Geber mischte die Karten und legte den Stapel verdeckt auf den Tisch. Die Spieler setzten auf beliebige Karten, dann wurde der ganze Stapel umgedreht. Die Karte, die nun zuoberst lag, gehörte dem Geber und der Betrag, der darauf gesetzt worden war, ging an die Bank. Die nächste Karte gehörte den Spielern, und die Bank zahlte die Gewinne an diejenigen, die darauf gesetzt hatten. Jede zweite Karte gehörte dem Geber, sodass die Spieler überhaupt nur bei höchstens sechs von 13 Karten gewinnen konnten. Die Gewinnspanne der Bank war enorm. Das Spiel war in der Unterwelt allgemein als jüdisches Faro bekannt.

einem Gangmitglied aus der Anfangszeit der Whyos, entstanden. McGloin wurde am 8. März 1883 als Mörder im Tombs gehängt. Er hatte Louis Hanier, den Besitzer eines Saloons an der West 26th Street, ermordet, als dieser ihn dabei überraschte, wie er die Kasse plünderte. Hanier wollte sein Eigentum verteidigen, woraufhin der aufgebrachte Gangster ihn auf der Stelle mit einem Totschläger zum Schweigen brachte. Am Tag nach dem Mord sagte McGloin: »Man is' doch erst 'n ganzer Kerl, wenn man einen umgelegt hat!« Die späteren Mitglieder der Whyos waren eifrige Anhänger dieser Lehre: Viele von ihnen rissen sich förmlich um Aufträge zu Erpressungen, Mord und anderen Gewalttaten. Die Ganoven warben sogar mit gedruckten oder handgeschriebenen Preislisten, auf denen sie Verstümmelung und Mord regelrecht als Dienstleistungen anboten. Piker Ryan, der ein ungemein geschäftstüchtiger Ganove gewesen sein muss, führte diese Form der Werbung ein. Als er endlich für eines seiner zahlreichen Verbrechen zur Rechenschaft gezogen wurde, fand die Polizei in seiner Tasche folgende Liste:

Faustschlag	$ 2
zwei blaue Augen	$ 4
Nasenbein- und Kieferbruch	$ 10
K. o. (mit Totschläger)	$ 15
Ohr abbeißen	$ 15
Arm- oder Beinbruch	$ 19
Schuss ins Bein	$ 25
Messerstich	$ 25
den Garaus machen	$ ab 100

Aus Ryans Notizbuch, das ebenfalls bei ihm gefunden wurde, ging hervor, dass er sich keine Gelegenheit entgehen ließ. Auf einer Seite stand unter der Überschrift ›Aufträge‹ ein halbes Dutzend Namen, von denen manche mit einem Haken versehen waren. Ryan erklärte, dies bedeute, dass die Aufträge zur Zufriedenheit der Kunden ausgeführt worden seien.

Die größten Anführer der Whyos waren Danny Lyons und Danny Driscoll, die sich das Kommando über die Gang teilten. Sie wurden beide im Abstand von acht Monaten im Tombs gehängt. 1887 gab es einen Streit um ein Mädchen von den Five Points namens Beezy Garrity. Daraus entstand eine wilde Schießerei zwischen Driscoll und John McCarthy, bei der das Mädchen tödlich getroffen wurde. Driscoll wurde dafür verantwortlich gemacht und am 23. Januar 1888 hingerichtet. Lyons war wohl der skrupelloseste Gangster seiner Zeit und verdient es, in einem Atemzug mit dem alten Mose von den Bowery Boys und dem später ebenso legendär gewordenen Monk Eastman genannt zu werden. Außerdem war Lyons einer der ersten Gangsterbosse, die weiblichen Rat in Anspruch nahmen. Er besprach sich regelmäßig mit seinen Geliebten, Lizzie the Dove, Gentle Maggie und Bunty Kate, die es alle drei als Ehre betrachteten, für ihn auf die Straße zu gehen, und die getreulich ihre Einnahmen bei ihm ablieferten. Lyons war dennoch unzufrieden und nahm schließlich noch ein viertes Mädchen, Pretty Kitty McGown, in seinen Harem auf. Dessen bisherigen Liebhaber, Joseph Quinn, verbannte Lyons aus der Gang. Quinn schwor ihm dafür ewige Feindschaft, und die beiden Ganoven lauerten monatelang auf eine Gelegenheit, einander zu erschießen. Beide feierten den Unabhängigkeitstag am 4. Juli 1887 mit viel Alkohol, und als sie sich am nächsten Morgen an den Five Points begegneten, waren sie noch mordlüsterner als sonst. Sie feuerten quer über den Paradise Square aufeinander los, wobei Lyons seinen Widersacher mit einem Schuss ins Herz tötete. Er tauchte für ein paar Monate unter, wurde aber schließlich gefasst und am 21. August 1888 hingerichtet. Bunty Kate und Pretty Kitty zuckten nur mit den Schultern und suchten sich sofort einen neuen Liebhaber. Gentle Maggie und Lizzie the Dove kleideten sich in Schwarz und verweigerten für eine angemessene Trauerzeit alle Geschäfte – eine Geste, die in der Unterwelt einiges Aufsehen erregte. Allerdings gingen die beiden noch gelegentlich aus, um etwas zu trinken. Dabei begegneten sie sich eines Abends in einer Kneipe an der Bowery und begannen einen Wettstreit darüber, wessen Trauer größer war und an welcher von ihnen Lyons mehr gehangen hatte. Gentle Maggie entschied die Auseinandersetzung schließlich, indem sie Lizzie the Dove ein Käsemesser in den Hals stieß. Lizzie starb mit den Worten, wenn sie Gentle Maggie in der Hölle wieder sähe, werde sie ihr die Augen auskratzen.

Ein weiteres Glanzlicht in der frühen Geschichte der Whyos, noch vor Driscolls und Lyons' Zeit, war Dandy Johnny Dolan – ein erstklassiger Straßenkämpfer, zugleich aber auch ein begnadeter Einbrecher und Trickdieb. Er stahl alles, was nicht niet- und nagelfest war. Seine Gangsterkollegen betrachteten Dolan als eine Art Genie, weil er eine besondere Technik im Augenausstechen entwickelt hatte. Angeblich erfand er ein kupfernes Instrument, das man am Daumen trug und mit dem man diese wichtige Tätigkeit elegant und effizient ausführen konnte. Die Whyos setzten diese Erfindung in ihren Kämpfen gegen andere Gangs mit großem Erfolg ein. Dandy Johnny wurde auch die Idee zugeschrieben, scharfe Stücke von Axtklingen in die Sohlen seiner Kampfstiefel einarbeiten zu lassen. Wenn er damit auf einen Widersacher, der am Boden lag, eintrat, war das Ergebnis ebenso blutig wie tödlich. Normalerweise trug Dandy Johnny allerdings keine Kampfstiefel, sondern schmückte sich mit den erlesensten Erzeugnissen der Schuhmacherkunst, denn er war der zeitgenössische Beau Brummell der Unterwelt – in Kleiderfragen ein wahrer Geck und penibel auf sein Äußeres bedacht. Unter keinen Umständen, noch nicht einmal, um sich an einer Schlägerei oder einem viel versprechenden Raubzug zu beteiligen, ließ er sich unfrisiert in der

Öffentlichkeit sehen. Dandy Johnny trug sein Haar stets sorgfältig geölt und glatt an den Kopf gekämmt mit einer elegant geschwungenen, ebenfalls geölten Stirnlocke. Er hatte eine Schwäche für auffällige, rot oder blau gemusterte Halstücher und für geschnitzte Spazierstöcke. Am meisten liebte er solche mit einem Knauf in Tiergestalt. Er besaß bereits eine umfangreiche Sammlung davon und ließ sich keine Gelegenheit entgehen, diese zu vergrößern. Oft sah man ihn in den berüchtigten Vierteln Five Points oder Mulberry Bend mit einem farbenfrohen Tuch um den Hals umherschlendern, wobei er vergnügt einen eleganten Spazierstock schwang und die Zipfel weiterer Tücher aus seinen Taschen ragten.

Dandy Johnnys Schwäche für derartige Accessoires wurde ihm schließlich zum Verhängnis. James H. Noe, ein Bürstenfabrikant, beschloss im Sommer 1875, seinen Betrieb zu erweitern, und begann mit dem Bau einer neuen Fabrik in der Greenwich Street 275. Er besuchte die Baustelle jeden Sonntag, um zu sehen, wie die Arbeit voranging. Am Sonntag, dem 22. August 1875, betrat er wie gewöhnlich das Gelände und stieg über Leitern und behelfsmäßige Treppen bis auf das Dach des Rohbaus. Dort überraschte er Dandy Johnny Dolan mit seinem Augenaussteeher am Daumen und einem Tuch mit blauer Borte um den Hals dabei, wie er das Blei von der Regenrinne riss. Mr. Noe führte den Gauner ab, doch als die beiden ins Erdgeschoss gelangten, schlug Dandy Johnny den Fabrikanten mit einer Eisenstange auf den Kopf und verletzte ihn so schwer, dass Mr. Noe eine Woche später starb. Bevor der Gangster flüchtete, nutzte er die Gelegenheit, sein wehrloses Opfer auszurauben. Er erbeutete etwas Geld, eine goldene Taschenuhr mit Kette sowie Noes Stock, der einen Metallknauf in Form eines Affen hatte. Dann beging Dandy Johnny die Dummheit, dem Fabrikanten sein eigenes Tuch vor das Gesicht zu binden. Es gab Gerüchte, der Ganove sei anschließend mit einem von Mr. Noes Augen in der Tasche in der Stammkneipe der Whyos im Mulberry-Bend-Viertel aufgetaucht, doch dies gehört wohl in den Bereich der Legende.

Der Kriminalbeamte Joseph M. Dorcy, dem der Fall übertragen wurde, fand innerhalb weniger Tage heraus, dass Uhr und Kette in einer kleinen Pfandleihe an der Chatham Street, der heutigen Park Row, versetzt worden waren. Etwas später wurde das Tuch von zwei Frauen identifiziert, die für Dandy Johnny auf die Straße gegangen waren, bis er sie durch jüngere und hübschere Mädchen ersetzt hatte. Außerdem kam dem Ermittler zu Ohren, dass Dandy Johnny in verschiedenen Kneipen in den Vierteln Five Points und Mulberry Bend stolz einen Stock mit einem Metallknauf in Gestalt eines Affenkopfes zur Schau getragen hatte. Der Gangster wurde umgehend ver-

Mr. Noe ertappt Dandy Johnny Dolan

haftet und bei der Gerichtsverhandlung als der Mann identifiziert, der die Uhr versetzt hatte. Am 21. April 1876 wurde Dandy Johnny Dolan im Hof des Tombs gehängt. Detective Dorcy, der ihn verhaftet hatte, wurde später einer der berühmtesten Kriminalisten seiner Zeit. Zu seinen Ruhmestaten zählte auch die Ergreifung des Kanonikus Leon L.J. Bernard, der 1400000 Dollar aus dem Schatz der Diözese von Tournai in Belgien veruntreut hatte. Dorcy verfolgte den ehrwürdigen Schurken nach Vera Cruz. Dort nahm er ihn fest und stellte sogar 1200000 Dollar des gestohlenen Geldes sicher.

2

Etwa gleichzeitig mit dem Aufstieg der Whyos machte der Hartley Mob von sich reden. Diese Gangster, die sich in den Spelunken um die Kreuzung von Broadway und Houston Street herum trafen, tarnten ihre Beutetransporte als Leichenzüge. Die schwer bewaffneten Ganoven selbst trugen Trauerkleidung, und hinter den Vorhängen des vermeintlichen Leichenwagens sowie auf dem Boden der schwarzen Kutschen, die diesem folgten, war Diebesgut versteckt. Dieselbe Tarnung setzten die Anführer des Hartley Mob auch für Kriegszüge ein. Einmal unternahmen rund 20 Mitglieder der Gang auf diese Weise eine Vergeltungsaktion gegen eine Five-Points-Gang. Letztere versammelte sich geschlossen an der Mulberry Street, um den Angriff abzuwehren. Als aber eine Begräbnisprozession nahte, machten die Gangster Platz, um die Kutschen passieren zu lassen. Da stürmten plötzlich die Ganoven vom Hartley Mob aus den Fahrzeugen und überwältigten die überraschten Gegner. Der Hartley Mob trieb allerdings nur wenige Jahre sein Unwesen, denn die Gang verfügte zwar über erstklassige Einbrecher und Diebe, aber es gelang ihren Anführern nicht, Beziehungen zu Politikern zu knüpfen. Dadurch fehlte der Bande die nötige Protektion, und sie wurde bald von der Polizei zerschlagen.

Die Molasses Gang, die von Jimmy Dunnigan, Billy Morgan und Blind Mahoney angeführt wurde, zählte ebenfalls zu den Zeitgenossen der Whyos. Die meisten ihrer Mitglieder waren auf Ladenkassen und primitiven Trickdiebstahl spezialisiert. Dunnigan und Blind Mahoney waren allerdings auch erstklassige Taschendiebe. Dunnigan hatte eine besondere Lieblingsmasche: Er betrat gemeinsam mit ein paar Komplizen ein Geschäft und bat den Besitzer, seinen Hut mit Sirup zu füllen. Dunnigan erklärte, er habe mit einem Freund darum gewettet, wie viel die Kopfbedeckung fassen könne. Wenn der Hut gefüllt war, stülpte Dunnigan ihn dem Ladenbesitzer blitzschnell auf den Kopf und zog ihn über dessen Augen. Während das Opfer versuchte, sich zu befreien und seine mit Sirup verklebten Augen zu öffnen, plünderten die Gangster die Kasse, nahmen mit, was sie tragen konnten, und machten sich aus dem Staub.

Der Dutch Mob unter den Anführern Sheeney Mike, Little Freddie und John Irving operierte mit großem Erfolg östlich der Bowery in dem Gebiet zwischen Houston und 5th Street, bis 1877 Captain Anthony J. Allaire Polizeichef des 18. Reviers wurde und die Gang mit Schlagstöcken aus dem Bezirk prügeln ließ. Die Mackerelville Crowd trieb ihr Unwesen zwischen 11th und 13th Street, 1st Avenue und Avenue A, während weiter nördlich die Battle-Row-Gang aktiv war. Letztere versetzte Manhattan im Bereich der Straßen mit den 60er Nummern vom East River bis zum Hudson in Angst und Schrecken. Die eigentliche Battle Row war ein Block der 63rd Street zwischen 1st und 2nd Avenue. Später wurde allerdings auch die West 39th Street auf dem Abschnitt zwischen 10th und 11th Avenue so genannt. Die Rag-Gang war eine der berüchtigtsten unter den zahlreichen neuen Banden an der Bowery, während an der West Side um 1868 herum die legendäre Hell's-Kitchen-Gang in Erscheinung trat, die sich bald zu einem Sammelbecken für die skrupellosesten Schurken der Stadt entwickelte.

Hell's Kitchen war ursprünglich der Name einer Kneipe an der East Side bei Corlear's Hook, nördlich der Grand Street. Kurz nach dem Bürgerkrieg wurde die Bezeichnung jedoch auf ein größeres Gebiet ober- und unterhalb der West 34th Street westlich der 8th Avenue übertragen. Die gleichnamige Gang durchstreifte unter der Führung von Dutch Heinrichs ihr Revier, forderte Tribut von Kaufleuten und Fabrikbesitzern, brach am hellichten Tag in Häuser ein, überfiel Fremde und versetzte den gesamten Bezirk in Angst und Schrecken. Bevorzugtes Ziel der Raubzüge waren die alten Eisenbahnlager und das Depot der Hudson River Railroad an der 30th Street. Heinrichs wurde zu fünf Jahren Gefängnis verurteilt, weil er und zwei seiner Kumpane Captain John H. McCullagh überfallen hatten. Dieser war damals noch ein einfacher Schutzmann und hatte sich allein in das Revier der Gang gewagt, um den Diebstahl von zwei Fässern Schinken aus einem Güterzug zu untersuchen. McCullagh kämpfte mehr als eine halbe Stunde lang gegen die drei Ganoven und konnte sie schließlich mit seinem Schlagstock außer Gefecht setzen. Dann fesselte er ihnen mit ihren eigenen Gürteln die Arme auf dem Rücken, lud sie auf einen Wagen und beförderte sie zur Polizeiwache an der West 35th Street. Die Tenth-Avenue-Gang, die später in der Hell's-Kitchen-Gang aufging, machte hauptsächlich durch einen Raubüberfall auf einen Schnellzug der Hudson River Railroad von sich reden. Die Gangster stiegen unter der Führung von Ike Marsh bei Spuyten Duyvil am nördlichen Ende von Manhattan Island in den Zug und drangen in den Kurierwagen ein, wo sie den Boten fesselten und knebelten. Dann warfen sie eine eiserne Kassette mit einer großen Summe in Bargeld und Staatsanleihen aus dem Zug.

Die Gegend um die Kreuzung von Broadway und Houston Street war nicht nur der Tummelplatz von Bankräubern, Trickdieben und anderen Verbrechern, sondern auch zahlreiche kleinere Gangs trieben dort ihr Unwesen. Zwar ging keine von ihnen in die Geschichte ein, aber zu ihren Mitgliedern zählten immerhin einige der gefürchtetsten Straßenkämpfer jener Zeit. Mehrere Polizisten ließen ihr Leben bei dem Versuch, ihnen das Handwerk zu legen, andere wurden in Schlägereien mit den Gangstern übel zugerichtet. Der Kampf gegen sie schien nahezu aussichtslos, bis Schutzmann Alexander S. Williams, der später als Inspektor ein bedeutendes Kapitel New Yorker Polizeigeschichte schrieb, auf den Plan trat. Williams war groß und muskulös. Seine dröhnende Stimme war von vielen Jahren auf See gekräftigt, denn er hatte früher als Schiffszimmermann gearbeitet. Bereits zwei Tage nach seiner Versetzung in den Bezirk um die Houston Street suchte er sich zwei der brutalsten Kerle des Viertels aus, legte es auf einen Streit mit ihnen an und schlug sie mit seinem Knüppel k. o. Dann schleuderte er sie nacheinander durch die Fensterscheibe des Florence Saloon, aus dem sie gekommen waren. Fast ein Dutzend ihrer Kumpane eilte ihnen zur Hilfe, doch Williams schlug sich tapfer und knüppelte sie alle mit seinem Schlagstock nieder. Von da an trug er beinahe vier Jahre lang durchschnittlich einen Kampf pro Tag aus. Er schwang den Schlagstock so geschickt und teilte so kraftvolle Hiebe aus, dass er in weitem Umkreis berühmt wurde und ihm der Ehrentitel Clubber Williams – ›Prügel-Williams‹ – seine ganze weitere Laufbahn hindurch als Spitzname anhing.

Im September 1871 wurde Williams zum Captain befördert und übernahm das Kommando über das 21. Revier, dessen Wache sich an der East 35th Street zwischen 2nd und 3rd Avenue befand. Das Viertel war damals als Gas-House-Distrikt bekannt und gehörte zu den gefährlichsten Gegenden der Stadt. Die berühmte Gas-House-Gang hatte gerade damit begonnen, in einem ausgedehnten Gebiet ihr Unwesen zu treiben, und es verging kaum eine Nacht, ohne dass die Gangster Häuser und Geschäfte plünderten und sich auf der Straße oder in den Kneipen prügelten. Die Polizei konnte nichts gegen sie ausrichten. Williams jedoch setzte auf die segensreiche Macht des Schlagstocks und bildete ein Sonderkommando, das im Revier patrouillierte und die Ganoven niederknüppelte – ob sie einen Anlass dazu boten oder nicht. Nach kurzer Zeit kehrte im Bezirk relative Ruhe ein, und Williams sorgte dafür, dass sich dieser Zustand nicht mehr änderte, solange er das Revier leitete. Wie nachdrücklich er die Gangster in ihre Schranken verwiesen hatte, bewies er den Polizeireportern und Bürgern, die gegen die brutale Knüppelei protestiert hatten, drei Monate nach seinem Amtsantritt mit einem Experiment: Williams hängte vor den Augen einiger Beobach-

Inspektor
Alexander S.
Williams

ter seine Taschenuhr an einen Laternenpfahl an der Kreuzung 3rd Avenue/35th Street. Dann ging er gemeinsam mit den Zeugen eine Runde um den Block. Als sie wieder zu dem Laternenpfahl zurückkehrten, hing das kostbare Stück unberührt an seinem Platz.

Nachdem Williams einige Jahre lang in diesem sowie im achten und vierten Revier Dienst getan hatte, wurde ihm 1876 das Kommando über das 29. Revier, das ›Filetstück‹, übertragen. 1879 gab er dieses Amt auf und wurde Superintendent des Bureau of Street Clearing, kehrte jedoch zwei Jahren später zur Polizei zurück und übernahm wieder das ›Filet‹, wo er für sechs weitere, ebenso turbulente wie erfolgreiche Jahre blieb. 18-mal wurden Vorwürfe gegen ihn erhoben, aber jedes Mal wurde er vom Board of Police Commissioners freigesprochen. Williams verlor während seiner gesamten Laufbahn nie den Glauben an die nachhaltige Wirkung des Schlagstocks, und wenn die gnadenlose Knüppelei Proteste auslöste, rechtfertigte er sein Vorgehen mit dem berühmt gewordenen Ausspruch: »Im Schlagstock eines Polizisten steckt mehr Recht als in einem Beschluss des Obersten Gerichts.«

An der Lower West Side traten mehrere berüchtigte Gangs auf den Plan, die ihre Herrschaft bald über den gesamten Stadtteil ausdehnten. Sie genossen wie üblich den Schutz korrupter Politiker. Die Stable-Gang, die rund 50 Mitglieder zählte, hatte ihr Hauptquartier in einer alten Scheune an der Washington Street und war ausschließlich darauf spezialisiert, Einwanderer auszurauben. Die Silver-Gang, die ebenfalls an der Washington Street zu Hause war, übte das vornehmere Gewerbe des Einbruchs aus. Die Potashes trieben ihr Unwesen in der Gegend um die Seifenfabrik Babbitt an der Washington Street nahe der Rector Street. Sie waren die kühnste und kampflustigste Gang in der Gegend und nahmen unter ihrem Anführer Red Shay Meehan eine Vormachtstellung in der Unterwelt ein. Kraft ihrer Überlegenheit beanspruchten sie für sich das Privileg auf die aussichtsreichsten Raub- und Kriegszüge. Ein halbes Dutzend weiterer Gangs war in einem Doppelhausblock zwischen den Straßen Greenwich, Washington, Spring und Canal Street ansässig. Dazu gehörte die Boodle-Gang, die die Geschäfte am Centre Market ausraubte und die Wagen der Lebensmittelhändler überfiel, die durch das Revier fuhren. Die Bande ging dabei ähnlich vor wie die Fleischerwagen-Gangs aus den späten 50er Jahren des 19. Jahrhunderts. Diese hatten sich anfangs auf Fleischwagen und Metzgereien spezialisiert. Einige Ganoven fuhren zu einem Geschäft, stürmten hinein, schnappten sich ein ganzes Rind oder so viele Schinken und kleinere Fleischstücke, wie sie tragen konnten, und warfen alles in ihren Wagen. Dann rasten sie mit Höchstgeschwindigkeit die Straße hinunter. Um die Mitte der 60er Jahre wandten sich diese Gangs dem Finanzdistrikt zu und begannen damit, Kuriere auszurauben, die Geld und Wertpapiere von einem Geldinstitut zum anderen transportierten. Der erste größere Raub dieser Art ereignete sich am 19. Januar 1866. Dabei wurde Samuel Terry auf dem Weg von der Farmers & Citizens Bank in Williamsburg zur New Yorker Park National Bank überfallen. Er überquerte gerade die Beekman Street in der Nähe der Park Row, als zwei Männer plötzlich aus einem Fleischerwagen sprangen und sich auf ihn stürzten. Während der eine ihn mit einem Totschläger niederschlug, schnappte sich der andere einen Beutel mit Schecks und Bargeld im Wert von 14000 Dollar. Dann machten sich die beiden mit ihrem Wagen aus dem Staub. Im frühen 20. Jahrhundert wurde diese Methode durch den Einsatz von Autos perfektioniert und erfreute sich großer Beliebtheit unter den Gangstern. Manche spezialisierten sich dabei besonders auf den Raub von Alkohol.

3

Die Whyos und ihre räuberischen Zeitgenossen schlugen die Laufbahn von Messerstechern und Revolverhelden ein, wie es für Menschen, die unter den furchtbaren Lebensbedingungen in der Old Brewery, der Cow Bay und Gotham Court aufgewachsen waren, nur natürlich war. Zugleich stieg die Zahl jugendlicher Gangster rapide an. Sie waren im letzten Jahrzehnt des 19. und zu Beginn des 20. Jahrhunderts der Nachwuchs für die großen Gangs. Vor dem Bürgerkrieg entstanden Jugendbanden ebenso wie Erwachsenengangs hauptsächlich im Five-Points-Viertel, an der südlichen Bowery und im vierten Bezirk – eben in den Stadtteilen, in denen damals besonders viele und besonders arme Menschen lebten. Als die Slums sich immer weiter ausdehnten, wurden auch die Gangster aller Arten und Altersgruppen immer zahlreicher und mächtiger. Bereits 1870 wimmelte es in weiten Teilen New Yorks nur so von Banden obdachloser Jungen und Mädchen, die durch die Straßen zogen und rege kriminelle Neigungen entfalteten. Die Führer dieser Gangs waren nicht älter als die übrigen Mitglieder, aber sie unterstanden ihrerseits meist zugleich der Leitung erwachsener Gangster oder professioneller Diebe, die die Kinder im Taschendiebstahl und Raub von Geldbörsen und Muffs unterrichteten und dazu anhielten, alles zu stehlen, was sie erwischen konnten. Die Kinder gingen als Schuhputzer, Blumenmädchen oder Zeitungsverkäufer getarnt auf die Straße. Sie schliefen am Hafen, in den Kellern der Kneipen und Mietskasernen, auf den Gassen oder in den Hinterhöfen. Oft bekamen sie von ihren Lehrmeistern nicht einmal etwas zu essen, sondern ernährten sich von Abfällen aus Schweinetrögen und Mülltonnen.

Als Pater L. M. Pease 1850 an den Five Points eine Mission gründete, stellte er fest, dass an alle großen Randalierer- und Räubergangs vom Paradise Square Jugendbanden angeschlossen waren, deren Mitglieder ihre jeweiligen erwachsenen Vorbilder in Worten und Taten, womöglich auch in der äußeren Erscheinung zu imitieren versuchten. Es gab die Forty Little Thieves, die Little Dead Rabbits, die Little Plug Uglies und im vierten Bezirk, am Hafen, die Little Daybreak Boys. Letztere bestanden aus Burschen im Alter von acht bis zwölf Jahren, die beinahe ebenso unerschrocken waren wie die erwachsenen Gangster, nach denen sie sich nannten und denen sie nach Kräften nacheiferten. Manchmal begleiteten Mitglieder der Jugendbande die richtigen Daybreak Boys auf Beutezügen, dienten ihnen als Wachposten und Lockvögel oder stiegen durch Bullaugen in Schiffe ein und ließen Seile hinab, an denen die erwachsenen Ganoven auf Deck kletterten. Aber die jungen Gangster planten auch zahlreiche eigene Unternehmungen, die sie selbstständig ausführten. Die Polizei schrieb ihnen sogar mehrere Morde zu. Eine ihrer spektakulärsten Aktionen war ein Raubzug im Hafen vor der Battery, wo sie zu sechst mit Ruderbooten drei Jungen überfielen, die einen Ausflug auf einer kleinen Segeljacht machten. Die Burschen wurden ausgeraubt, verprügelt und dann in den Fluss geworfen, während die jungen Piraten mit der Jacht triumphierend den East River hinaufsegelten und sie dann für ein paar Dollar an einen Händler verkauften. Glücklicherweise konnten die Opfer schwimmen und erreichten wohlbehalten die Battery. Viele der berühmtesten Anführer der Daybreak Boys, darunter auch Saul und Howlett, gingen aus den Reihen dieser jugendlichen Übeltäter hervor.

Manche der frühen Jugendgangs wurden von Mädchen angeführt, insbesondere die Forty Little Thieves, die einer kleinen Furie namens Wild Maggie Carson unverbrüchliche Treue geschworen hatten. Dieser Wildfang machte erst im Alter von neun Jahren Bekanntschaft mit einer Badewanne. Als Maggie fast zwölf war, gelang es Pater Pease, sie zu zähmen. Er weihte sie in die Freuden des Nähens ein, und bald übte sie jenes Handwerk mit derselben Begeisterung aus, mit der sie zuvor gerauft und gekämpft hatte. Mit 15 Jahren wurde Maggie Carson von einer anständigen Familie adoptiert, und schließlich heiratete sie einen wohlhabenden jungen Mann. Dieser Fall war jedoch eine Ausnahme. Die meisten jugendlichen Gangster setzten ihre kriminelle Laufbahn fort. Jack Mahaney, ein Zeitgenosse von Wild Maggie und selbst Anführer einer Gang, wurde später einer der berühmtesten Verbrecher Amerikas und bekam wegen seiner häufigen Ausbrüche aus dem Gefängnis oder dem Polizeigewahrsam den Spitznamen American Jack Sheppard – im Gedenken an den legendären englischen Dieb und Ausbrecherkönig. Mahaney floh zweimal aus dem Sing Sing, außerdem aus dem Tombs und überhaupt aus fast jedem größeren Gefängnis an der Ostküste. Einige Male sprang er sogar von schnell fahrenden Zügen – scheinbar in den sicheren Tod, aber er kam immer unversehrt davon.

Jack Mahaney wurde 1844 als Sohn einer wohlhabenden Familie in New York geboren. Als er etwa zehn Jahre alt war, starb sein Vater, und seine Mutter schickte ihn auf ein Internat. Dort bekam er wegen seiner Aufsässigkeit und Ungezogenheit bald Schwierigkeiten. Nachdem er mehrmals mit Prügel bestraft worden war, lief er davon, und als die Polizei ihn später bei einer berüchtigten Kinderbande im Hafenviertel aufspürte, kam Mahaney in die Besserungsanstalt House of Refuge. Aber der Junge riss nicht nur erneut aus, sondern er nahm diesmal auch ein Dutzend andere Jungen mit. Er tauchte an den Five Points unter, wo er dem berühmten Fagin und Trickdieb Italian Dave in die Hände fiel. Dieser hatte etwa 30 bis 40 Jungen im Alter zwischen neun und 15 Jahren unter seine Fittiche genommen, die er in einer heruntergekommenen Mietskaserne am Paradise Square untergebracht hatte und täglich in der Kunst des Taschendiebstahls unterrichtete. Dazu benutzte Italian Dave lebensgroße Puppen in Männer- oder

Frauenkleidung, die in verschiedenen Posen aufgestellt wurden. Die Jungen übten daran, Muffs oder Geldbörsen zu entwenden und unbemerkt Taschen auszuräumen. Außerdem weihte Italian Dave sie in die hohe Kunst des Bettelns und des Stehlens aus Schaufensterauslagen und Ladentheken ein. Wenn seine Schüler sich ungeschickt anstellten, zog er sich feierlich eine Polizeiuniform an und verprügelte sie mit einem Schlagstock.

Sobald die Jungen genug geübt hatten, schickte Italian Dave sie auf die Straße, damit sie ihr Können erprobten, oder verlieh sie für Geld als Handlanger an Trickdiebe und Einbrecher. Manchmal zahlte ein Dieb dem Fagin eine feste Summe, für die ihm eine bestimmte Anzahl Jungen über einen vereinbarten Zeitraum zur Verfügung stand,

Jack Mahaney flieht aus einem fahrenden Zug

und alles, was sie stahlen, gehörte ihm. Allerdings musste der Auftraggeber während dieser Zeit auch für die Unterkunft und Verpflegung der Jungen aufkommen, sodass derartige Geschäfte immer ein Risiko waren. Mahaney entwickelte sich zu einem so hervorragenden Taschen- und Trickdieb, dass Italian Dave ihn persönlich in seine Dienste nahm und ihm Privilegien gewährte, die keiner der anderen genoss. Der Junge begleitete seinen Lehrmeister häufig auf Beutezügen. Mal wählte Italian Dave Betrunkene als Opfer aus, die Mahaney dann ausplünderte, mal stahl der Junge einer achtlosen Frau die Geldbörse oder verwickelte einen gut gekleideten Mann in ein Gespräch und lenkte ihn ab, während Italian Dave sich von hinten heranschlich und den Mann mit einem Totschläger k. o. schlug. Dann zog sich Dave wieder zurück, während der Junge die Taschen des Opfers durchsuchte. Als Mahaney älter wurde, trennte er sich von Italian Dave und schloss sich einer Five-Points-Gang an. Nachdem auch dort seine Lehrzeit beendet war, gründete er seine eigene Räubergang, die nach der Fleischerwagenmethode vorging, betätigte sich außerdem als Einbrecher und Betrüger und wurde schließlich ein regelrechter Universalganove.

Zehn Jahre nach dem Ende des Bürgerkriegs herrschten in vielen Gegenden im südlichen und mittleren Teil Manhattans noch schlimmere Bedingungen als an den Five Points und im vierten Bezirk. Bauunternehmer hatten unter der schweigenden Duldung korrupter Beamter und Politiker in den überbevölkerten Bezirken eilig billige und minderwertige Mietskasernen aus dem Boden gestampft, um den Scharen von Einwanderern Unterkunft zu bieten. Diese Gebäude verkamen in kurzer Zeit zu Elendsquartieren der übelsten Sorte. Im zehnten Bezirk nördlich des Chatham Square und der Division Street, zu dem auch ein großer Teil der heutigen Lower East Side gehörte, herrschten besonders furchtbare Bedingungen. Am schlimmsten waren die Zustände an der Hester Street und in dem Doppelhausblock zwischen den Straßen Pitt, Stanton, Willett und Houston Street, der im Volksmund Rag Pickers' Den – ›Lumpensammlernest‹ – genannt wurde.

Ebenso entsetzliche Bedingungen wie in diesen Slums, womöglich sogar noch schlimmere, herrschten auch in der Rotten Row an der Laurens Street, in Poverty Lane und Misery Row an der 9th beziehungsweise 10th Avenue und in Dutch Hill, einer Hüttensiedlung an der East 40th Street nahe dem Flussufer. Aus diesen Elendsquartieren gingen Jugendgangs hervor, die die Stadt förmlich überschwemmten. Die Nineteenth-Street-Gang, eine Horde besonders hinterhältiger junger Ganoven, mit denen selbst die Polizei sich nicht gern auf Auseinandersetzungen einließ, bestand aus Jungen von Poverty Lane und Misery Row. Die Mietskasernen im Bereich um die Kreuzung von 2nd Avenue und East 34th Street herum, in denen hauptsächlich Katholiken aus Irland lebten, bescherte der Unterwelt einen jungen Anführer namens Little Mike. Er überfiel mit seiner Gang regelmäßig die protestantischen Missionen und Schulen, die in der Gegend eingerichtet wurden. Little Mike störte mit Vorliebe den Unterricht oder den Gottesdienst, indem er mit einem Stein die Fensterscheiben einwarf, seinen Kopf mit dem roten Haarschopf durch das Loch steckte und schrie: »Fahrt zur Hölle, ihr ollen Protestanten!« Ein halbes Dutzend Gangs junger Bettler und Trickdiebe machte den Kaufleuten und Bürgern der Lower West Side in der Gegend von Greenwich und Washington Street und an der alten Trinity Church das Leben schwer.

An der Worth, Mott, Mulberry und Baxter Street sowie weiteren Straßen in den Vierteln Bowery und Five Points entstanden Saloons und Kneipen, die sich eigens auf die Straßenjungen als Kundschaft spezialisierten. Diese Lokale verkauften miserablen Whiskey zu drei Cent das Glas und beschäftigten kleine Mädchen zur Unterhaltung der jungen Gäste. Einmal duellierten sich zwei junge Gangster aus Mackerelville im City Hall Park mit Messern um die Gunst eines dieser Kinder. Dabei wurden sie von einer Meute johlender, mit Dolchen, Knüppeln und Steinen bewaffneter Jugendlicher umringt. Einer der Jungen wurde getötet, und das Ganze artete schließlich zu einer wilden Massenschlägerei aus, an der mehr als 50 junge Gangster teilnahmen. Außer den Kneipen gab es über die Stadt verteilt auch ein halbes Dutzend Spielkasinos, in denen die Jungen ihre spärlichen Einnahmen beim Faro und Lotteriespiel durchbrachten. Bordellbesitzer stellten sie als Schlepper ein, während selbstständige Prostituierte sie dafür bezahlten, dass sie gedruckte Visitenkarten verteilten und ihnen Kundschaft zuführten. Hunderte von Jungen und Mädchen zogen mit Geigen, Harmonikas und anderen Instrumenten durch die Straßen und brachten darauf klägliche Töne hervor. Die wenigen Pennies, die sie auf diese Weise erbettelten, lieferten sie dann bei ihren Lehrmeistern ab. Die meisten der kleinen Musikanten lebten in dem berüchtigten Slumviertel Mulberry Bend, in dem kurz nach dem Krieg eine große italienische Kolonie entstanden war, die die irische Bevölkerung nach und nach verdrängt hatte. Viele Kinder waren von ihren Eltern bereits in Italien zu Dieben in die Lehre gegeben worden.

Eine der berüchtigten Jugendbanden, die damals die Stadt terrorisierten, war die Fourth-Avenue-Tunnel-Gang. Ihre Mitglieder trieben sich in den Straßenbahntunnels entlang der 4th Avenue, der späteren Lower Park Avenue, zwischen 34th und 42nd Street herum. Richard Croker, ein namhaftes Mitglied der Partei Tammany Hall, soll früher einmal Anführer dieser Gang gewesen sein. Später war Croker auch als Boxer sehr erfolgreich und siegte in zahlreichen Schaukämpfen, ehe er schließlich durch den natürlichen Gang der Dinge in die Politik geriet. Eine weitere berühmte Jugendgang war die der Baxter Street Dudes, die in den 70er Jahren des 19. Jahrhunderts in Erscheinung trat. Sie wurde von einem kleinen Jungen angeführt, der als Baby-Face Willie bekannt war, hinter dessen engelhaftem Äußeren sich jedoch ein abgebrühter Charakter verbarg. Die Dudes hatten im Keller einer schäbigen Bierkneipe in der Baxter Street 21 ein eigenes Theater eingerichtet, das sie Grand Duke's Theater nannten. Sie inszenierten auf dieser Bühne eigene Stücke und Musik-Shows. Die Unkosten waren gering, weil die jungen Künstler alles, was sie an Kulissen und Requisiten benötigten, kurzerhand aus größeren Theatern an der Bowery oder von Händlern stahlen. Das Theater wurde zum beliebten Treffpunkt für Straßenjungen aus allen Teilen der Stadt. Auch Schaulustige, die die Slums als Sehenswürdigkeit besuchten, kehrten gern dort ein. Der Eintritt kostete zehn Cent, und die beträchtlichen Gewinne wurden gleichmäßig unter den Mitgliedern der Dudes aufgeteilt. Aber andere Jugendgangs der Viertel Five Points und Mulberry Bend missgönnten ihnen den Erfolg und begannen, das Theater mit Steinen zu bombardieren, wann immer dort eine Aufführung stattfinden sollte. Kaum ein Abend verging ohne Kämpfe, bis die Polizei das Theater am Ende schloss – teils wegen der Krawalle, teils aber auch, weil die Jungen sich hartnäckig weigerten, die reguläre Vergnügungssteuer an die Stadt abzuführen.

In der Zeit, als Monk Eastman der König der Unterwelt war – in den letzten Jahren des 19. und zu Beginn des 20. Jahrhunderts – gab es unter den Jugendgangs der Stadt eine Bande besonders gerissener Taschendiebe. Ihr Anführer, Crazy Butch, gehörte zu Eastmans Gefolgsleuten. Er wurde später von Harry the Soldier im Streit um eine Frau getötet – eine hervorragende Ladendiebin, die unter dem Namen Darby Kid bekannt war. Crazy Butch selbst war schon im zarten Alter von acht Jahren auf sich selbst gestellt. Zwei Jahre später gab er es auf, sich als Schuhputzer und Zeitungsverkäufer mühsam durchzuschlagen, und wandte sich stattdessen dem einträglicheren Geschäft des Taschendiebstahls zu. Mit 13 Jahren stahl Butch einen

Hund, den er Rabbi nannte und dazu abrichtete, achtlosen Frauen die Handtasche fortzureißen und damit durch die Straßen zu rennen, bis er alle Verfolger abgeschüttelt hatte. Dann lief der Hund zu der Kreuzung Willett Street/Stanton Street und überbrachte seinem Herrchen, das ihn dort erwartete, stolz und schwanzwedelnd die Beute. In seiner späten Teenagerzeit übernahm Crazy Butch die Führung einer Gang kleiner Jungen an der East Side, und ein paar Monate später streifte bereits eine Schar von 20 bis 30 Jungen durch die Straßen, die in seinem Auftrag Börsen und Muffs stahlen. Sie gingen täglich zusammen auf Beutezug, wobei Crazy Butch auf einem Fahrrad langsam die Straße entlangfuhr, während seine kleine Räuberbande zu beiden Seiten auf dem Gehweg mit ihm Schritt hielt. Plötzlich fuhr Crazy Butch einen Fußgänger an – meist eine alte Frau –, stieg vom Rad und brach in eine wüste Schimpftirade aus, woraufhin sich schnell eine empörte Menschenmenge um ihn scharte. Während die Neugierigen sich immer dichter herandrängten, machten die Jungen sich dann mit geschickten Fingern ans Werk und räumten Taschen und Handtaschen aus. Wenn sie die Menge erfolgreich ausgeplündert hatten oder ein Polizist auftauchte, liefen die Jungen in alle Richtungen auseinander, und Crazy Butch ging ganz plötzlich dazu über, sich bei seinem überraschten Opfer zu entschuldigen. Dann radelte er zu dem vereinbarten Treffpunkt, wo er die Beute der Jungen in Empfang nahm und jedem zur Belohnung ein paar Cent gab.

Als die Wohlfahrtsverbände immer aktiver wurden, die Wohnbedingungen sich verbesserten und die Polizei effizienter arbeitete, wirkten die Veränderungen sich auch auf die Jugendgangs aus. Vor allem durch Reformen im Bildungssystem wurde erreicht, dass die Kinder aus den Mietskasernen nicht mehr wie früher in ihrer Entwicklung sich selbst überlassen blieben. Zwar mag die Zahl der Jugendbanden in New York auch später in etwa gleich geblieben sein, aber ihr kriminelles Potenzial ging insgesamt erheblich zurück. Noch bis ins frühe 20. Jahrhundert hinein bestand eine Tradition, die immer wieder Anlass zu Auseinandersetzungen unter den Jugendgangs gab: Am Abend eines Wahltags wurden große Feuer entfacht. Wenn dabei einer Bande der Brennstoff ausging, plünderte sie kurzerhand den lodernden Scheiterhaufen, um den eine andere Gang herumtanzte. Es kam zu Kämpfen, die regelmäßig mit einer mehr oder weniger ewigen Feindschaft zwischen beiden Parteien endeten. In den folgenden Wochen versuchte die beraubte Gang, sich in Vergeltungsschlachten für die erlittene Schmach zu revanchieren. In vielen Bezirken der Stadt, insbesondere in Harlem und an der Upper East Side, gingen die Jungen zunächst mit Holzschwertern aufeinander los und benutzten die Deckel von Waschbottichen als Schilde. Aber schließlich wurden sie doch von der Hitze des Gefechts überwältigt und griffen wieder zu Steinen – mit dem Ergebnis, dass ein paar Köpfe und einige Fensterscheiben zu Bruch gingen.

Kapitel 12

Ein Königreich für jede Gang

1

Als 1886 die Kampagne zur Bürgermeisterwahl anlief, gab es in New York zwei große demokratische Parteien: die Tammany Hall und die New York County Democracy, die Abram S. Hewitt und andere prominente Demokraten 1880 als Gegenbewegung zu den raffgierigen Tammany-Machthabern gegründet hatten. Hewitt war der Bürgermeisterkandidat der County Democracy, während die Republikaner Theodore Roosevelt aufstellten. Die Union Labor Party, die erst kürzlich neu entstanden war, aber schon erhebliche Stärke demonstriert hatte, nominierte Henry George. Richard Croker, jener bemerkenswert scharfsinnige Politiker, der die Metropole viele Jahre lang regiert hatte, sorgte dafür, dass Tammany Hall die Kandidatur von Hewitt unterstützte, und dieser wurde schließlich mit einer Mehrheit von rund 22 000 Stimmen vor George und mehr als 30 000 vor Roosevelt gewählt. Der neue Bürgermeister, der seine Wahl immerhin zu einem erheblichen Teil Tammany verdankte, legte jedoch einen erstaunlichen Hang zur Rechtschaffenheit an den Tag. Gleich nach seinem Amtsantritt begann er damit, die Sittenlosigkeit in der Stadt zu bekämpfen. Er schloss die Kneipen von Billy McGlory und Harry Hill, das Black and Tan, das American Mabille und weitere Lokale im Südteil Manhattans ebenso wie das Haymarket, das French Madame's und die Spelunken, die die Gegend um die 6th Avenue als Satan's Circus in Verruf gebracht hatten. Außerdem ordnete er Razzien in vielen der luxuriösen Spielsalons an, die bisher unter dem besonderen Schutz von Polizei und Politikern gestanden hatten, und leitete energische Kampagnen gegen die Gangster und andere Kriminelle ein.

Bürgermeister Hewitt zog sich auf diese Weise natürlich die Feindschaft seiner ehemaligen politischen Verbündeten zu, und als er 1888 als Kandidat der County Democracy zur Wiederwahl antrat, unterlag er dem Kandidaten von Tammany Hall, Hugh J. Grant, der eine überwältigende Mehrheit errang. Sofort öffneten das Haymarket und weitere Kneipen im Norden der Stadt wieder ihre Pforten, aber nur wenige erlangten den früheren Glanz zurück, denn Wohn- und Geschäftsansiedlungen verdrängten das Zentrum von Unmoral und Verbrechen zunehmend von der 6th Avenue in den alten zehnten Bezirk. In den frühen 90er Jahren des 19. Jahrhunderts war dieser Distrikt bereits weithin als verrufenste Gegend in den USA bekannt, und eine Straße nach der anderen wurde von Bordellen, Kneipen und umherziehenden Ganoven in Besitz genommen. Der zehnte Bezirk war damals der Hauptumschlagplatz für den Menschenhandel mit Weißen. Zuhälter und Kuppler schlossen sich zusammen und organisierten Veranstaltungen, bei denen sie offen Frauen tauschten und verkauften, so wie früher die Händler an der alten Bull's Head Tavern mit Vieh gehandelt hatten. Eine dieser Vereinigungen unterhielt aufwändige Klubräume an der Allen Street, wo sich die Mitglieder zweimal wöchentlich offiziell versammelten, um die Marktlage zu besprechen und geschäftliche Dinge zu regeln. Viele Jahre lang stand der Bezirk unter der Herrschaft von Charles R. Solomon, der sich selbst Silver Dollar Smith nannte und dem der berühmte Silver Dollar Saloon an der Essex Street gegenüber dem Essex Market Court gehörte. Sein Handlanger und Mittelsmann war ein Rechtsanwalt namens Max Hochstim, über den an der East Side noch bis ins 20. Jahrhundert hinein immer wieder die folgende Anekdote erzählt wurde: Hochstim soll einmal zu einem Richter, bei dem er sich einschmeicheln wollte, gesagt haben: »Euer Ehren sehen blendend aus in dem richterlichen Gewanze.«

Alexander S. Williams wurde 1887 zum Polizeiinspektor ernannt und wegen zahlreicher Skandale während seiner Amtszeit im ›Filet‹-Revier an die East Side versetzt. Vier Jahre später wurde William S. Devery, allgemein als Big Bill bekannt, zum Polizeidirektor befördert und in Williams' Distrikt versetzt. Er übernahm das Kommando über das elfte Revier, das die neun Blocks zwischen dem Chatham Square, der Bowery und den Straßen Division, Clinton und Houston Street umfasste. Pater Charles H. Parkhurst begann als Leiter der New York Society for the Prevention of Crime, einer christlichen Gesellschaft zur Verbrechensbekämpfung, in den frühen 90er Jahren einen Kreuzzug gegen Inspektor Williams und Captain Devery. Parkhurst trug wesentlich zu dem Beweismaterial bei, auf das sich die Arbeit des Lexow- und des Mazet-Ausschusses stützte. Diese führten in den Jahren 1894 beziehungsweise 1899 Untersuchungen durch, die das ganze Ausmaß der kriminellen Machenschaften in Polizei und Politik zu Tage förderten. Anhand von Zeugenaussagen wurde belegt, dass die gesamte Polizeibehörde derart unter dem Einfluss von Tammany Hall stand, dass de facto die Bezirksleiter der Partei über Beförderungen, Ernennungen und Aufgabenverteilung entschieden. Praktisch jeder Mann bei der Polizei war Mitglied in einer Tammany-Organisation, und alle zahlten widerspruchslos die Beiträge, mit denen sich die Tammany-Führer bereicherten. Captain Creedon bekannte, dass er für seine Beförderung zum Captain 15 000 Dollar an politische Handlanger gezahlt hatte, und Captain Max Schmittberger, ehemals Sergeant im ›Filet‹-Revier, der später Chefinspektor wurde, gab zu, dass er Geld von Besitzern von Spielkasinos und zwielichtigen Lokalen eintrieben und es an Inspektor Williams weitergeleitet hatte. Darüber hinaus belegten Zeugenaussagen, dass Williams an einer Firma beteiligt war, die eine bestimmte Whiskeymarke herstellte. Diese hatte er den Saloonwirten aufgenötigt. Wenn sie den Absatz nicht in die Höhe trieben, führte er Razzien in ihren Lokalen durch. Die Besitzerin einer Bordellkette sagte aus, sie habe jährlich 30 000 Dollar Schutzgeld gezahlt, und andere gaben an, dass bei der Eröffnung ihrer Etablissements eine einmalige Zahlung von 500 Dollar und danach auf jedes Haus eine monatliche Gebühr erhoben worden sei, die je nach der Anzahl der Beschäftigten zwischen 25 und 50 Dollar betrug. Prostituierte, die auf der Straße arbeiteten, erklärten laut Untersuchungsberichten, dass sie Schutzmännern Schmiergeld zahlten. Auch Gangster, Trickdiebe, Einbrecher, Taschendiebe, Straßenräuber und Langfinger, die Betrunkene ausplünderten, bezeugten einhellig, dass sie einen Teil ihrer Beute an Polizisten oder Politiker abführten. Mehr als 600 Lotterieläden zahlten durchschnittlich jeweils 15 Dollar pro Monat, während von Billardhallen 300 Dollar und von den luxuriösen Spielkasinos noch höhere Summen eingetrieben wurden.

Inspektor Williams bestritt sämtliche Vorwürfe, musste allerdings einräumen, dass er trotz seines spärlichen Gehalts in der Lage gewesen war, ein wertvolles Anwesen in Cos Cob im Staat Connecticut zu kaufen, dessen Anlegesteg allein 39 000 Dollar gekostet hatte. Außerdem besaß er eine Yacht, ein Haus in der Stadt und weitere Immobilien und verfügte darüber hinaus über umfangreiche Bankguthaben. Er erklärte dem Komitee, sein Vermögen stamme aus Spekulationen mit Baugrundstücken in Japan. Zwar wurde aufgrund der Enthüllungen durch den Lexow-Ausschuss kein Verfahren gegen Williams eingeleitet, aber er legte innerhalb eines Jahres freiwillig sein Amt bei der Polizei nieder und wechselte in die Versicherungsbranche, wo er innerhalb kurzer Zeit ein Vermögen in Millionenhöhe machte. Williams starb 1910. Das Beweismaterial gegen Big Bill Devery war dagegen so erdrückend, dass der Board of Police Commissioners ihn 1894 aus dem Dienst entließ.

Wenige Monate später wurde Devery wegen Erpressung im Amt angeklagt, doch als der Fall 1896 zur Verhandlung kam, sprachen die Geschworenen den Beschuldigten frei. Inzwischen war er durch einen Beschluss des Obersten Gerichts wieder in den Dienst als Captain eingesetzt worden, woraufhin die Police Commissioners wenige Monate später wieder auf die alten Vorwürfe zurückkamen und erneut versuchten, ihn aus der Behörde zu entfernen. Doch Devery erwirkte beim Obersten Gericht prompt eine weitere Verfügung, sodass die Commissioners kein Verfahren gegen ihn einleiten konnten. Tammany war so einflussreich und Devery stand so hoch in den Rängen des Wigwam, dass er Anfang 1898 zum Inspektor ernannt wurde und ein halbes Jahr später zum Polizeichef aufstieg. Devery war groß und kräftig, hatte ständig eine dicke schwarze Zigarre im Mundwinkel, und seine sympathische Erscheinung und geschickte Rhetorik trugen ihm allgemeine Bekanntheit und Beliebtheit ein.

Robert A. Van Wyck war der letzte New Yorker Bürgermeister vor der Eingemeindung von Brooklyn, Queens, der Bronx und Richmond in das New Yorker Stadtgebiet, das bis dahin nur aus Manhattan bestanden hatte. Van Wyck verehrte Devery glühend und bezeichnete ihn als den besten Polizeichef in der Geschichte New Yorks. Dr. Parkhurst dagegen legte immer neues Beweismaterial über kriminelle Machenschaften und Korruption vor, und auch die Presse trug mit ausführlichen Kampagnen zur Säuberung der Stadt bei. Dabei machten die Journalisten Deverys demoralisierende Führung praktisch für jedes Verbrechen verantwortlich, das in der Metropole begangen wurde. Der *New York Herald* bezog besonders nachdrücklich gegen ihn Stellung, als während der Rassenunruhen im August 1900 zwei Tage lang weiße und schwarze Mobs in den Straßen und auf den Hausdächern von Hell's Kitchen kämpften. Der Aufruhr begann damit, dass schwarze Gangster einen Polizisten töteten, der in den Mietshäusern an der 37th Street zwischen 8th und 9th Avenue einen Verbrecher verfolgte. Der Mord geschah nachmittags. In der folgenden Nacht versammelten sich die weißen Gangs an der Kreuzung 37th Street/9th Avenue, wo sie schwarze Passanten mit Steinen bewarfen und dabei mehrere Personen schwer verletzten. Kurz darauf griffen die Schwarzen in großer Zahl an, wobei sie von den Gangs von San Juan Hill Verstärkung bekamen – jener Gegend nördlich der 50th Street und westlich der 8th Avenue, die zu Ehren der Verdienste schwarzer Soldaten im Spanisch-Amerikanischen Krieg benannt worden war. Der *Herald* erhob den Vorwurf, die Unruhen seien nach kurzer Zeit zu einem Polizeikrawall ausgeartet, da sich die Polizisten auf der Seite der weißen Gangster tatkräftig an den Kämpfen beteiligt hätten. »Die Gewalttätigkeiten gingen in jedem einzelnen Fall von den weißen Jugendlichen aus«, schrieb der *Herald*. »Wenn diese das Spiel begonnen hatten, eilten sogleich mehrere Polizisten herbei und vollendeten das Werk, indem sie die unglücklichen Farbigen mit Schlagstöcken prügelten und viele von ihnen festnahmen. Diese Vorgehensweise von Deverys Leuten war nicht darauf angelegt, die Rassenunruhen zu beenden. Als auf Anweisung des Polizeichefs die 8th Avenue geräumt wurde, kamen auch zahlreiche Schaulustige zu Schaden, die nicht an den Ausschreitungen beteiligt waren. Die Polizei blies zu einem gewaltigen Sturm durch die 8th Avenue und über die Kreuzung zur 28th Street, und viele Frauen und Kinder, die dort versammelt waren, wurden verletzt.«

Big Bill Devery blieb trotz aller Vorwürfe an der Macht, bis 1901 das Amt, das er innehatte, per Gesetz abgeschafft und die gesamte Behörde umstrukturiert wurde. An die Stelle des Chief of Police, wie der Polizeichef bis dahin hieß, trat der Commissioner. Devery wurde Deputy Commissioner – stellvertretender Polizeichef –, war aber allzu rastlos für den Bürojob, sodass er das Amt nach kurzer Zeit niederlegte und ins Immobiliengeschäft wechselte. Nach seinem Tod im Jahre 1919 wurde er von der Presse in Nachrufen glorifiziert.

2

Während Inspektor Williams und Big Bill Devery als Despoten der Lower East Side in die eigene Tasche wirtschafteten und andere Polizeifunktionäre überall in der Stadt es ihnen gleichtaten, verschwanden die Whyos und ihre Zeitgenossen von der Bildfläche. Stattdessen traten zahlreiche neue Gangs in Erscheinung, die ihnen in der Kunst des Kampfes ebenbürtig und in der Abwicklung krimineller Machenschaften sogar überlegen waren. Ihre Namen erregten noch bis weit ins 20. Jahrhundert hinein Angst und Schrecken und wurden immer wieder von jugendlichen Randaliererbanden in Beschlag genommen. Beinahe 15 Jahre lang war Manhatten vom Times Square abwärts in klar definierte Reviere unterteilt, deren Grenzen von den Gangs wie regelrechte Staatsgrenzen gesichert und bewacht wurden. Die Five Pointers, Nachfolger der Dead Rabbits, Plug Uglies und Whyos, waren mit 1500 Mitgliedern die Herrscher über das Gebiet zwischen Broadway und Bowery, 14th Street und City Hall Park. Ihr Stammlokal war die New Brighton Dance Hall an der Great Jones Street, deren Besitzer, Paul Kelly, die Gang anführte. Dort veranstalteten die Ganoven Feste und planten Kriegszüge in feindliches Gebiet. Der große Gangsterfürst Monk Eastman führte mehr als 1200 Kämpfer an, die das Gebiet von der Monroe Street bis zur 14th Street und von der Bowery bis zum East River beherrschten. Dazu gehörte auch das Rotlichtviertel, das eine besonders ergiebige Einnahmequelle darstellte. Seine Männer verachteten hochtrabende Pseudonyme und nannten sich mit schlichtem Stolz nach ihrem Anführer:

die Eastmans. Ihr Hauptquartier war eine heruntergekommene Spelunke an der Chrystie Street nahe der Bowery, wo die Polizei einmal in einem Anfall rechtschaffener Empörung zwei Wagenladungen Totschläger, Revolver, Schlagringe und weiteres Bandenkriegsgerät beschlagnahmte. Die Eastmans und die Five Pointers lagen mehr als zwei Jahre lang in bitterer Fehde. Es ging dabei um einen strittigen Punkt in den Revieransprüchen, der nie geklärt werden konnte, obwohl fast zwei Dutzend blutige Schlachten deswegen ausgetragen wurden und rund 30 Gangster dafür ihr Leben ließen. Monk Eastman war der Meinung, das Hoheitsgebiet der Five Pointers ende an der Spelunke von Nigger Mike Salter, dem Pelham an der Pell Street. Paul Kelly vertrat jedoch die Ansicht, sein Revier reiche bis an die Bowery, und erhob Anspruch auf alles, was es östlich dieser Straße zu erbeuten gab.

Die Gas-House-Gang, unter deren Banner rund 200 Ganoven kämpften, war aus dem alten Gas-House-Bezirk um die East 35th Street nach Norden gezogen und beherrschte jetzt die Gegend um die 3rd Avenue von der 11th bis zur 18th Street. In diesem vergleichsweise bescheidenen Revier hatten die Gas Housers reichlich Möglichkeiten, sich auszutoben und zu bereichern. Wenn sich dort einmal keine passenden Gelegenheiten boten, wilderten sie auch in den Revieren anderer Gangs. Sie waren außerordentlich gerissene Straßenräuber und brachten es in ihren besten Zeiten auf durchschnittlich 30 Überfälle pro Nacht.

Die Gophers waren die Herren in Hell's Kitchen, und ihr Hoheitsgebiet erstreckte sich von der 7th zur 11th Avenue und von der 14th bis an die 42nd Street. Ihr Name hatte seinen Ursprung darin, dass Keller ihre bevorzugten Schlupfwinkel waren.[1] Die Gang war mit nicht mehr als

---

[1] ›Gophers‹ sind unterirdisch lebende Nagetiere, bes. Taschenratten, aber auch Erdhörnchen – *Anm. d. Übers.*

500 Männern vergleichsweise klein, aber jeder Einzelne von ihnen war ein Ganove erster Güte. Selbst Monk Eastman wagte sich mit seinen Leuten nur ungern nach Hell's Kitchen, wenn er nicht mindestens doppelt so viele Männer um sich scharte, wie die Gegner aufboten. Die seltenen Fälle, in denen die Gophers geschlossen einen Vorstoß an die East Side unternahmen, versetzten die dortigen Gangs in erheblichen Aufruhr. Zu den Lieblingslokalen der Gophers gehörte ein Saloon an der Battle Row (dem Abschnitt der 39th Street zwischen 10th und 11th Avenue), dessen Wirt Mallet Murphy – ›Holzhammer-Murphy‹ – genannt wurde, weil er anstelle des üblichen Knüppels oder Spundaustreibers einen gewaltigen Holzhammer benutzte, um Eindringlinge zu vertreiben und randalierende Gäste ruhig zu stellen. Die Gophers waren so rebellisch und launenhaft, dass kaum einer ihrer Anführer länger als ein paar Monate an der Macht blieb. Daher brachte diese Gang auch keine herausragenden Figuren vom Format eines Monk Eastman oder Paul Kelly hervor. Immerhin gingen aber viele von ihnen als skrupellose Verbrecher und wilde Kämpfer in die Annalen der Polizei ein. Newburg Gallagher, Marty Brennan und Stumpy Malarkey trugen ebenso zum Ruhm ihrer Gang bei wie Goo Goo Knox, der außerdem auch einer der Gründer der Hudson Dusters war. Ein weiterer großer Held aus den Reihen der Gophers war One Lung Curran. Als dessen Freundin sich einmal beklagte, sie habe keinen geeigneten Mantel für den Herbst, ging Curran auf die Straße und schlug den ersten Polizisten, der ihm über den Weg lief, mit einem Totschläger nieder. Dann nahm er dem Wehrlosen die Uniformjacke ab und brachte sie seiner Liebsten, die daraus eine schicke Jacke im Militärlook nähte. Damit war der Anstoß zu einer Modewelle gegeben, und fortan fühlte sich jeder Gopher in Hell's Kitchen bemüßigt, One Lung Currans Beispiel zu folgen. Die Polizisten von der Wache an der West 47th Street kehrten regelmäßig angeschlagen

und in Hemdsärmeln von ihren Streifengängen zurück, bis sie sich schließlich nur noch in Trupps zu vier oder fünf Mann auf die Straße wagten. Um dem Treiben Einhalt zu gebieten, rückte das Sondereinsatzkommando mehrmals aus und verprügelte alle Gangster, die ihm unter die Augen kamen. Happy Jack Mulraney war ebenfalls ein berühmter Gopher. Sein Spitzname rührte daher, dass er ständig zu lächeln schien. Dieser Gesichtsausdruck wurde jedoch durch eine halbseitige Lähmung der Gesichtsmuskeln hervorgerufen. In Wirklichkeit verfügte Happy Jack über alles andere als ein heiteres Gemüt und war äußerst empfindlich, was seine Missbildung betraf. Wenn er gegen einen Feind aufgehetzt werden sollte, brauchte man ihm nur zu erzählen, der Gegner habe sich abfällig über sein ständiges Grinsen geäußert. Am Ende kam Happy Jack wegen Mordes ins Gefängnis. Sein Opfer, Paddy the Priest, besaß einen Saloon an der 10th Avenue. Er war eng mit Happy Jack befreundet gewesen, bis er den Gangster eines Tages fragte, warum er nicht auch auf der anderen Seite lachte. Daraufhin erschoss Happy Jack ihn und plünderte bei der Gelegenheit auch gleich die Kasse des Toten.

Fast zwei Dutzend kleinerer Hell's-Kitchen-Gangs waren stolze und treue Anhänger der Gophers. Sie kämpften an deren Seite unter One Lung Curran und anderen Anführern, durch die der Name der Gang zum Synonym für Skrupellosigkeit und Hell's Kitchen zu einem der verrufensten Orte auf dem amerikanischen Kontinent wurde. Unter diesen kleineren Banden sind vor allem die Gorillas, die Rhodes Gang und der Parlor Mob erwähnenswert. Außerdem wurden die Gophers vom Battle Row Ladies' Social and Athletic Club unterstützt, dessen Mitglieder allgemein als die Lady Gophers bekannt waren. Der Verein bestand ausschließlich aus Frauen, die bereits in zahlreichen Auseinandersetzungen mit der Polizei bewiesen hatten, was in ihnen steckte. Ihre Anführerin war Battle Annie, die Angebetete fast sämtlicher Gophers und eine der bekanntesten

Gestalten in der Geschichte von Hell's Kitchen. Wie ihre illustren Vorgängerinnen Gallus Mag, Sadie the Goat und Hell Cat Maggie war auch Battle Annie eine Meisterin der Verstümmelung. Angeblich gab sie ihre Erfahrung und ihre Errungenschaften in dieser Kunst sogar in Kursen an ihre Anhängerinnen weiter. Battle Annie war mehr als sechs Jahre lang die Königin von Hell's Kitchen und galt in weitem Umkreis als die Furcht erregendste Frau ihrer Zeit. Als Gewerkschaften und Arbeitgeber damit begannen, Gangster für ihre Zwecke anzuheuern, machte Battle Annie gute Geschäfte, indem sie im Arbeitskampf beide Parteien mit Kriegerinnen versorgte. Wo immer Frauen an Streiks beteiligt waren, sah man Battle Annie und ihre Gangsterinnen sowohl Streikposten als auch Streikbrecher leidenschaftlich mit Klauen und Zähnen attackieren.

Die Hudson Dusters beherrschten die Manhattaner West Side unterhalb der 13th Street und östlich des Broadway, der Westgrenze von Paul Kellys Reich. Diese Straße machte ihnen allerdings eine kleine Gang mit dem Namen Fashion Plates vehement streitig. Die Hudson Dusters trieben ihr Unwesen bis hinunter zur Südspitze von Manhattan Island, aber der Hauptschauplatz ihrer Machenschaften war der Stadtteil Greenwich Village, in dessen verwinkelten Gassen man ausgezeichnet untertauchen konnte. Von dort hatten sie die Potashes, die Boodle Gang und andere Banden der frühen 90er Jahre verdrängt. Die Dusters waren Freunde und Verbündete der Gophers, und viele ihrer Anführer stammten aus dieser Gang, die ursprünglich in Hell's Kitchen ansässig war, dann aber weiter nach Süden zog, als das Pflaster dort zu heiß wurde. Aus den Fehden der Eastmans, der Five Pointers und anderer East-Side-Gangs hielten die Dusters sich dagegen heraus. Ihre Erzfeinde waren die Marginals und die Pearl Buttons, die mit ihnen um das Vorrecht auf Raubzüge an den Docks und auf dem Hudson stritten. In späteren Jahren, nachdem die Hudson Dusters von der Polizei zerschlagen und ihre Anführer dem Drogenkonsum verfallen waren oder wegen verschiedener Verbrechen im Sing Sing saßen, stiegen die Marginals unter der Führung von Tanner Smith zur herrschenden Gang im Distrikt auf und degradierten die Pearl Buttons zu bloßen Vasallen.

Die Hudson Dusters wurden in den späten 90er Jahren des 19. Jahrhunderts von Kid Yorke, Circular Jack und Goo Goo Knox gegründet, die nach einem gescheiterten Putschversuch gegen den amtierenden Herrscher der Gophers aus dem Hoheitsgebiet dieser Gang geflüchtet waren. Spätere besonders berüchtigte und kühne Anführer waren Red Farrell, Rickey Harrison, Mike Costello, Rubber Shaw und Honey Stewart, während Ding Dong als der genialste Dieb in die Geschichte der Gang einging. Ding Dong streunte mit einem halben Dutzend junger Herumtreiber durch die Straßen. Die Burschen sprangen auf fahrende Kurierwagen auf und warfen ihrem Meister die Pakete in die Arme. Der schnappte sich die Beute und tauchte damit in den verwinkelten Straßen von Greenwich Village unter, während der Fahrer des Wagens und die Polizei vergebens den Jungen nachjagten. Anfangs hatten die Hudson Dusters ihr Hauptquartier in einem Gebäude an der Ecke Hudson Street/13th Street, dessen Besitzer ihnen gezwungenermaßen zwei Räume als Vereinslokal zur Verfügung stellte. Als es ihnen dort zu eng wurde, nahmen die Dusters ein altes Haus an der Hudson Street unterhalb der Horatio Street in Beschlag. Dort wurde später die Open Door Mission eingerichtet. Doch zunächst stellten die Mitglieder der Gang ein Klavier auf, tanzten und amüsierten sich die ganze Nacht hindurch mit den Prostituierten aus der Hafengegend und wurden zur Plage des Viertels, von dessen rechtschaffenen Bewohnern und Kaufleuten sie zudem ihren Unterhalt erpressten. Aber nur wenige wagten es, sich zu beklagen, denn die Dusters rächten sich, sobald sie Beleidigung oder Verrat witterten. Als einmal ein Saloonwirt sich trotzig weigerte, ein halbes Dutzend Fässer Bier für eine Feier bereitzustellen, stürmten die Dusters das Lokal, demolierten die Einrichtung und plünderten den gesamten Alkoholvorrat. Als die Polizei sich endlich doch des Problems annahm, wurden in dem Haus an der Hudson Street mehrere Razzien durchgeführt, wobei das Klavier zu Bruch ging und die Möbel auf die Straße flogen. Daraufhin verlegten die Dusters ihr Hauptquartier an die Bethune Street. Doch das Sondereinsatzkommando spürte sie dort erneut auf, und sie mussten in der folgenden Zeit noch einige Male umziehen.

Die Hudson Dusters waren die Lieblinge der Presse, denn sie boten reichlich Stoff für Sensationsgeschichten. Durch das Interesse der Journalisten wurden sie zu derjenigen Gang aus jener Zeit, über die es die meisten Dokumente gibt. Die Bande verfügte zwar nicht über so großartige Krieger wie die Eastmans, die Five Pointers und die Gophers, aber ihr Ruhm war dennoch nicht unverdient, denn es handelte sich um eine ganz außerordentliche Gaunerbande. Etwa 90 Prozent der Dusters waren kokainabhängig und daher äußerst gefährlich, denn sie verloren unter dem Einfluss der Droge jede Furcht vor möglichen Strafen. Das verlieh den Gangstern eine gewaltige, wenn auch künstlich erzeugte Kühnheit und Skrupellosigkeit. Die Hudson Dusters griffen selten ganze Polizeitrupps an, aber wenn sie es auf einen einzelnen Beamten abgesehen hatten, tat dieser gut daran, sich versetzen zu lassen, denn früher oder später wurde er überfallen und furchtbar zugerichtet. Dieses schlimme Schicksal ereilte auch den Streifenpolizisten Dennis Sullivan von der Wache an der Charles Street, der im letzten Jahr vor der endgültigen Zerschlagung der Hudson Dusters ankündigte, er werde der Gang im Alleingang den Garaus machen. Es gelang ihm, zehn Gangster festzunehmen, darunter auch den Anführer Red Farrell. Die Dusters besprachen den Fall ausführlich auf mehreren Versammlungen in ihren Quartieren an der Hudson und der Bethune Street. Am Ende beschlossen sie,

Sullivan eine Lektion zu erteilen, wobei sie von einem Politiker aus Greenwich unterstützt wurden, der die Gang zu Zwecken der Wahlschiebung und Einschüchterung einsetzte. Er war der Meinung, ein Überfall auf den Polizisten würde den Politikern in den höheren Rängen demonstrieren, dass die Hudson Dusters ihr Revier tatsächlich unter Kontrolle hatten. Eines Nachts, als Schutzmann Sullivan gerade aufgrund der Beschwerde eines Kaufmanns ein Mitglied der Gang festnehmen wollte, stürzten die Dusters sich von hinten auf ihn. Der Polizist schlug sich tapfer gegen 20 prügelnde, tretende Ganoven, die ihm den Mantel vom Leib rissen, Schlagstock, Schutzschild und Revolver abnahmen und mit Steinen und Totschlägern auf ihn einschlugen. Als der Beamte bewusstlos war, ließen sie zunächst von ihm ab. Doch die Dusters wollten ihrem Opfer einen bleibenden Denkzettel verpassen. Sie drehten den Polizisten auf den Rücken. Dann traten vier der Gangster vor und richteten ihn fürchterlich zu, indem sie ihm ihre Absätze ins Gesicht rammten. Schließlich wurde Sullivan von Reservepolizisten ins Krankenhaus gebracht. Es dauerte viele Wochen, bis er sich wieder erholt hatte.

Der siegreiche Überfall auf Schutzmann Sullivan wurde zur Sensation in der Unterwelt, und die Gophers gratulierten den Hudson Dusters in aller Form zu dem gelungenen Anschlag – besonders zu dem letzten Teil. One Lung Curran lag zu jener Zeit gerade auf der Tuberkulosestation des Bellevue Hospital und wurde wegen des Lungenleidens behandelt, das ihm seinen Spitznamen eingebracht hatte. Er starb später daran. Als er von der Tat erfuhr, schrieb er ein Gedicht darauf. Seit langem war er der anerkannte Barde der West-Side-Gangster:

> Dennis sprach: »Ich werd' berühmt,
>   unsterblich und ein Held,
> Denn ich schaff' ganz allein die Hudson
>   Dusters aus der Welt.«

Sie nahmen ihm den Knüppel ab,
    die Knarre und den Schild,
Da musste er erkennen, was
    ein echter Gangster gilt.

Es folgten noch ein halbes Dutzend Verse, in denen der Überfall ausführlich geschildert wurde. Die Hudson Dusters ließen das Gedicht auf grobes Papier drucken und legten es in allen Barbierläden und Lokalen in ihrem Reich aus. Vor allem sorgten sie dafür, dass es den Polizisten von der Wache an der Charles Street in die Hände fiel. Außerdem verschickten sie ein Dutzend Exemplare an das Polizeihauptquartier und an das Krankenhaus, in dem Schutzmann Sullivan behandelt wurde. Monatelang sangen Ding Dongs jugendliche Diebe und andere Gassenjungen, die die Heldentaten der Dusters bewunderten und später in die Gang eintraten, die Verse auf der Straße.

3

Die bereits genannten Gangs waren die wichtigsten der damaligen Zeit, aber keineswegs die einzigen – außer ihnen gab es noch Dutzende andere. Etwa 50 kleinere Banden, die südlich der 42nd Street ihr Unwesen trieben, unterstanden den Gophers, den Eastmans, den Five Pointers, den Gas Housers oder den Hudson Dusters und kämpften in größeren Bandenkriegen an deren Seite. Jede dieser kleinen Banden beherrschte ein eigenes Gebiet, in das andere, die derselben großen Gang untergeordnet waren, nicht eindringen durften. Ihr jeweiliger Anführer war nur dem der größeren Gang Rechenschaft schuldig, wie ein Fürst seinem König. Den Eastmans unterstanden unter anderem die McCarthys, die Batavia-Street-Gang, die Squab-Wheelman-Gang und die Cherry-Street-Gang. Letztere versuchte nach Kräften, die Flusspiraterie aus der Blütezeit des vierten Bezirks wieder aufleben zu lassen. Die Squab-Wheelman-Gang[2] wurde von Crazy Butch gegründet. Eastman besaß zu jener Zeit einen Fahrradverleih und eine Vogel- und Haustierhandlung an der Broome Street. Der Name der Gang trug daher sowohl einem Geschäftszweig des großen Gangsterbosses als auch dessen Liebhaberei für Tauben Rechnung. Wer Eastmans Gunst gewinnen wollte, widmete sich eifrig dem Radsport. Von allen Mitgliedern der Squab Wheelmen wurde erwartet, dass sie wenigstens einmal wöchentlich ein Fahrrad mieteten, ganz gleich ob sie überhaupt fahren konnten. Das Hauptquartier der Gang befand sich in einem Saal an der Forsyth Street. Als Crazy Butch einmal Wind davon bekam, dass die Five Pointers einen Überfall darauf planten, beschloss er eines Abends im Sommer, den Mut seiner Krieger auf die Probe zu stellen. Er stürmte mit dreien seiner engsten Vertrauten die Treppe hinauf in den Saal und schoss dabei mit zwei Revolvern wild in die Luft. Von den rund 60 Gangstern, die trinkend und Karten spielend in dem Lokal saßen, verschwanden alle bis auf zwei oder drei blitzartig durch das Fenster oder über die Hintertreppe. Little Kishky, der auf einer Fensterbank saß, fiel vor Schreck rücklings hinaus und stürzte zu Tode.

Zu Eastmans engsten Vertrauten zählte auch ein finster aussehender Ganove, der mit bürgerlichem Namen Charles Livin hieß. Er trug wegen seiner enormen Kraft und Kühnheit den Spitznamen Ike the Blood, obwohl er, soweit der Polizei bekannt war, nie eine Kerbe in seinen Revolver ritzte. Ike the Blood begleitete Eastman auf vielen gewagten Kriegszügen und war besonders gefragt, wenn es um Aufträge ging, bei denen jemand mit dem Messer oder Totschläger überfallen werden sollte. Er fiel schließlich in

---

[2]   squab: Jungtaube; wheelman: Radfahrer – *Anm. d. Übers.*

einer Kneipe an der Ecke 7th Avenue/28th Street den Gophers zum Opfer, als er einem Freund zur Hilfe eilte, der von den Schrecken von Hell's Kitchen in die Enge getrieben worden war und versuchte, sich den Weg freizuschießen. Auch einer der Gophers wurde getötet, aber ob Ike the Blood den tödlichen Schuss abgegeben hatte, blieb für immer ein Rätsel.

Berüchtigte Five Pointers wie Johnny Spanish, Biff Ellison, Eat 'Em Up Jack McManus und Nathan Kaplan, genannt Kid Dropper[3], den das Schicksal zum letzten der großen Gangster ausersehen hatte, führten selbst Banden an, unterstanden aber ihrerseits zugleich Paul Kelly. McManus wurde nach einer gescheiterten Karriere als Profiboxer Rausschmeißer in McGuirks Lokal Suicide Hall an der Bowery. Später sorgte er im New Brighton für Ordnung und stand hoch in Paul Kellys Gunst. Den Spitznamen Eat 'Em Up Jack[4] verdankte er seiner Vorliebe dafür, den Gegnern schwere Verletzungen zuzufügen. Er wäre in den alten Zeiten des vierten Bezirks in bester Gesellschaft gewesen. McManus wurde schließlich nach einer Auseinandersetzung mit Chick Tricker umgebracht. Tricker, der selbst einen beispiellos verruchten Saloon an der Park Row führte, äußerte sich abfällig darüber, wie einige der Damen im New Brighton beim Tanzen die Beine schwangen. Daraufhin fühlte sich Eat 'Em Up Jack genötigt, die Beleidigung persönlich zu rächen. In der Nacht, nachdem die Kneipe geschlossen hatte, trafen sich die beiden an der

---

[3] Als *dropper* (drop: fallen lassen) bezeichnete man einen Dieb, der hinter seinem Opfer eine Brieftasche mit Falschgeld fallen ließ, sie dann aufhob und tat, als hätte er sie gefunden. Er gab vor, in großer Eile zu sein, und überredete den Ahnungslosen dazu, ihm die Brieftasche gegen einen Finderlohn abzunehmen und dem rechtmäßigen Eigentümer zurückzugeben. Kid Dropper praktizierte diesen Betrug in seiner Jugend besonders eifrig und kam so zu seinem Spitznamen.

[4] zu Deutsch etwa: Hans, Mach-sie-alle! – *Anm. d. Übers.*

Ecke 3rd Avenue/Great Jones Street und lieferten sich eine Schießerei, bei der Chick Tricker ins Bein getroffen wurde. 24 Stunden später, als Tricker noch im Krankenhaus lag und damit ein unerschütterliches Alibi hatte, schlich sich ein Gangster auf einem finsteren Abschnitt der Bowery von hinten an Eat 'Em Up Jack heran und schlug ihm mit einem in Zeitungspapier gewickelten Stück Bleirohr den Schädel ein. Obwohl die ganze Unterwelt wusste, dass Sardinia Frank der Täter war, wurde er nie verhaftet. In späteren Jahren arbeitete Sardinia Frank als Rausschmeißer im Normandie Grill an der Ecke Broadway/38th Street, und wenn jemand ihn fragte, was er so weit außerhalb seines eigentlichen Reviers treibe, antwortete er schlicht: »Ich sorg' dafür, dass hier keiner reinkommt, den ich kenne!«

Johnny Spanish, dessen richtiger Name John Weyler lautete – er war ein spanischer Jude und behauptete mit seinem Namensvetter, dem berühmten Krieger auf Kuba, verwandt zu sein –, war noch ein kleiner, schmächtiger Bursche von 17 Jahren, als er in der Unterwelt erstmals von sich reden machte. Spanish war äußerst wortkarg, mürrisch und grüblerisch veranlagt. Er sonderte sich jahrelang von allen ab, betrieb seine kriminellen Machenschaften allein auf eigene Rechnung und nahm jeden Auftrag an, wenn nur die Bezahlung stimmte. Später schloss Johnny Spanish sich jedoch den Five Pointers an und leitete in den letzten Jahren von Paul Kellys Herrschaft auch selbst eine kleine Gang. Spanish ging nie ohne seine beiden Revolver im Gürtel aus. Bei wichtigen Anlässen trug er noch zwei weitere in den Jackentaschen und dazu natürlich die üblichen Totschläger und Schlagringe. Eine seiner größten Taten, die ihm den Respekt der Unterwelt eintrug, war der Überfall auf einen Saloon an der Norfolk Street, der Mersher the Strong Arm gehörte. Spanish kündigte vorher den genauen Zeitpunkt an, zu dem er kommen und die Kasse leeren würde. Pünktlich auf die Minute stand er dann im Eingang, den Hut über die Augen gezogen und in jeder Hand einen Revolver. Ein anderer Mann folgte ihm, schien aber nur als Waffenträger zu fungieren, denn er trug zwar ebenfalls zwei Pistolen, machte aber keine Anstalten, sie zu benutzen. Spanish dagegen zertrümmerte mit einem Schuss den Spiegel über der Bar und betrat dann den Saloon. Er plünderte nicht nur die Kasse, sondern raubte auch etwa zehn Gäste aus. Diese mussten sich an der Bar aufstellen, während der Begleiter des Gangsters ihre Taschen durchsuchte.

Wenig später verliebte sich Johnny Spanish und verspürte den brennenden Wunsch, seine Angebetete mit Seide und kostbaren Steinen zu schmücken. Als er darüber nachdachte, wie er das nötige Geld auftreiben könnte, fiel ihm zuerst das Glücksspiel Stuss ein – insbesondere Kid Jiggers Spielsalon an der Forsyth Street zwischen Hester und Grand Street, der zu den einträglichsten an der East Side gehörte. Kid Jigger war ein berühmter Pistolenschütze, sodass die Gangster im Allgemeinen großen Respekt vor ihm hatten und ihn in Ruhe ließen. Aber Spanish war vor Liebe und Habgier so blind, dass er sich nicht durch Jiggers Ruf abschrecken ließ. Er stattete der Spielhalle einen Besuch ab und teilte Kid Jigger ruhig und bestimmt mit, er habe ihm in Zukunft die Hälfte seiner Gewinne zu überlassen – die Arbeit dürfe er allerdings weiterhin allein erledigen.

»Un' warum sollt' ich dir dann die Hälfte von mei'm Gewinn abgeb'n?«, fragte Kid Jigger.

»Weil, wenn du's nich machs', leg' ich dich um un' hol' mir alles«, war die Antwort.

Kid Jigger lachte schallend und ausgiebig, während Johnny Spanish ihn aus seinen finsteren, schwarzen Augen drohend anstarrte.

»Also gut«, sagte Spanish schließlich. »Morgen nacht leg' ich dich um.«

Als Kid Jigger in der folgenden Nacht die Spielhalle verließ, stand Johnny Spanish wie angekündigt an der Straßenecke und erwartete ihn. Spanish eröffnete sofort mit beiden Revolvern das Feuer, aber Jigger konnte sich rechtzeitig wieder in seine Festung zurückziehen. Einer der Schüsse tötete jedoch ein achtjähriges Mädchen, das auf der Straße spielte. Daraufhin floh Johnny Spanish aus der Stadt. Als er nach einigen Monaten zurückkehrte, musste er feststellen, dass die Frau, die er ursprünglich hatte beeindrucken wollen, ihm inzwischen untreu geworden war und sich mit dem interessanteren Kid Dropper eingelassen hatte. Spanish sprach diesmal keine Drohungen aus, sondern entführte seine ehemalige Geliebte eines Abends ohne Vorwarnung mit einer Mietskutsche zu einem Moor bei Maspeth auf Long Island. Dort stellte er sie an einen Baum und schoss ihr mehrmals in den Unterleib. Als die Bewusstlose Stunden später gefunden wurde, hatte sie ein Kind zur Welt gebracht, dem durch die Schüsse drei Finger fehlten. Die Polizei konnte Spanish einige Zeit später festnehmen und brachte ihn im Frühjahr 1911 für sieben Jahre hinter Gitter. Kid Dropper wurde wenige Monate darauf verhaftet und wegen eines besonders heimtückischen Raubes ebenfalls zu sieben Jahren Gefängnis verurteilt.

4

Neben den großen Gangs und deren Vasallen gab es auch zahlreiche eigenständige Banden, die kleinere Gebiete innerhalb der Reviere der großen Gangs beherrschten und sich jedem Versuch, sie zu vereinnahmen oder zu unterdrücken, standhaft widersetzten. Wie schon erwähnt, erhoben die Marginals, die Pearl Buttons und die Fashion Plates Revieransprüche innerhalb des Reiches der Hudson Dusters. Im Hoheitsgebiet der Eastmans konnte sich die Fourteenth-Street-Gang unter ihrem Anführer Al Rooney mehrere Jahre lang erfolgreich behaupten, ebenso die Yakey

Yakes, Lollie Meyers und Red Onions. Die Yakey Yakes trieben in der Gegend um die Brooklyn Bridge ihr Unwesen. Als ihr Anführer, Yakey Yake, an Tuberkulose starb, verschwanden sie von der Bildfläche.

Die berühmteste dieser unabhängigen Gangs war die unter der Führung von Humpty Jackson, die hauptsächlich in der Umgebung eines alten Friedhofs zwischen 1st und 2nd Avenue, 12th und 13th Street aktiv war. Jackson war in der Unterwelt der damaligen Zeit eine einzigartige Erscheinung. Er hatte eine recht gute Ausbildung genossen und trug fast immer ein Buch bei sich. Seine Lieblingsautoren waren Voltaire, Herbert Spencer, Darwin und Huxley. Jackson besaß eine gut sortierte Bibliothek, die hauptsächlich aus philosophischen Schriften bestand, und verfügte angeblich über umfangreiche Griechisch- und Lateinkenntnisse. Sein Charakter war allerdings nicht der eines Philosophen, sondern er hatte ein mürrisches und aufbrausendes Temperament und zog beim kleinsten Anlass den Revolver. Davon trug er nicht weniger als drei bei sich: einen in der Hosentasche, einen weiteren in einem Halfter am Rücken und einen dritten in einer speziellen Halterung in seiner Melone. Seine Gang bestand aus rund 50 Ganoven, zu denen auch berühmte Helden wie Spanish Louie, Nigger Ruhl, Lobster Kid und der so genannte Grabber gehörten.

Die Herren trafen sich regelmäßig auf dem Friedhof, wo sich Jackson wie ein buckliger kleiner Gnom auf einen Grabstein hockte, während sich seine Gefolgsleute um ihn herum auf den Gräbern niederließen. Eines Abends im Sommer, als sie dort saßen, fielen plötzlich Crazy Butch und knapp zwei Dutzend Eastman-Gangster über sie her, fesselten sie und raubten ihnen Geld und Waffen. Humpty Jackson selbst wurde von der Polizei zwar nie des Mordes beschuldigt, kam aber für 20 andere Verbrechen ins Gefängnis und wurde insgesamt mehr als 100-mal verhaftet. Einmal wurde ihm nachgewiesen, dass er von einem

Fremden für 100 Dollar den Auftrag angenommen hatte, einen Mann, den er noch nie gesehen hatte, mit dem Totschläger zu überfallen. Humpty führte die Tat natürlich nicht selbst aus. So etwas war unter der Würde eines Gangsterbosses. Auch Bauunternehmer schaufelten schließlich nicht selbst Dreck, und Staatsoberhäupter zogen nicht persönlich in den Krieg. Jackson strich also die Prämie ein und setzte für derartige Auftragsarbeiten einen Totschläger-Experten oder einen Revolverschützen auf das Opfer an. Dann zog er sich in seine Stammkneipe zurück, wo er den Bericht seines Handlangers erwartete. Manche Gangster ließen es sich nicht nehmen, die Meldung schriftlich vorzulegen. Einer von Monk Eastmans erfolgreichsten Totschläger-Experten verfasste zu diesem Zweck sogar förmliche, maschinengeschriebene Dokumente, in denen er das Opfer als Subjekt und sich selbst als Ausführenden bezeichnete. Interessanterweise strebte dieser Mann ausgerechnet die Polizistenlaufbahn an.

Abgesehen von Jackson selbst war Spanish Louie der berühmteste der Gangster, die sich auf dem alten Friedhof versammelten. Er war auch unter dem Namen Indian Louie bekannt, und seine Abstammung war äußerst rätselhaft. Gelegentlich sprach er recht vage von spanischen und portugiesischen Vorfahren. Außerdem ließ er verlauten, in seinen Adern fließe das heiße Blut indianischer Häuptlinge, und er habe sämtliche Laster der Rothäute, aber keine ihrer Tugenden geerbt. Angeblich hatte er in der Armee und bei der Marine gedient, aber niemand wusste Näheres darüber, etwa in welchem Regiment oder auf welchem Schiff er Dienst getan hatte. In den Kneipen Chinatowns und der Bowery, wo Spanish Louie sich meist herumtrieb, kursierten fantastische Geschichten über seine Kühnheit, die er weder dementierte noch bestätigte. Dies trug zu der Aura des Geheimnisvollen bei, mit der sich der Ganove gern umgab. Spanish Louie trug ein Paar schwerer Colts – der massivsten Geschütze der Unterwelt – und dazu zwei 20 Zentimeter lange Dolche, für die spezielle Scheiden in seine Hosenbeine eingenäht waren. Seine Kleidung war tiefschwarz. Statt eines Hemdes trug er einen hoch geschlossenen Pullover und ein breiter Sombrero in derselben Farbe krönte die Erscheinung. Wenn Spanish Louie so durch die Straßen schritt und mit seinen stechenden schwarzen Augen unter der Hutkrempe hervorblickte, war er eine Furcht und Respekt einflößende Gestalt. Seine Kumpane wussten jedoch nie so recht, ob er nicht nur eine Fassade zur Schau trug. Spanish Louie hatte immer genügend Geld zur Verfügung, denn nicht weniger als drei Mädchen gingen für ihn auf die Straße. Nach seiner Ermordung fand man 170 Dollar in seiner Hosentasche und 700 in einem seiner Schuhe. Außerdem hinterließ er ein Guthaben von 3000 Dollar bei der Bowery Savings Bank. Er vollbrachte jedoch keine großen Taten und blieb für die Polizei ein unbeschriebenes Blatt. Nicht einmal ein Jahr nach seinem Erscheinen an der Lower East Side fand man ihn von zahlreichen Kugeln getroffen auf der 12th Street nahe der 2nd Avenue. Sein Mörder wurde nie gefasst. In der Unterwelt fiel der Verdacht auf den Grabber, der bekanntermaßen mit Spanish Louie im Streit lebte. Er hatte diesen beschuldigt, ihm seine Gewinnbeteiligung an einer Feier vorenthalten zu haben, die die beiden in der Tammany Hall veranstaltet hatten. Jedenfalls wurde durch Spanish Louies Tod das Rätsel seiner Abstammung gelöst: Ein Mann aus Brooklyn erhob Anspruch auf die Leiche und ließ sie nach jüdisch-orthodoxem Ritus bestatten.

Entlang der East Side bis zum Harlem River hinauf trieben zahlreiche eigenständige Gangs ihr Unwesen, die nicht weniger skrupellos und unerschrocken waren als die Banden im Süden der Stadt. Die Red Peppers und die Duffy Hills lagen in blutiger Fehde um den Anspruch auf die Gegend um die East 102nd Street, während die Pansies, die ihr Quartier an der Ecke Avenue A/81st Street hatten, unter Rags Rileys genialer Führung in der Hafengegend am East River und bis weit landeinwärts auf Raubzüge gingen. Höher im Norden herrschten die italienischen Gangs aus dem damaligen Harlemer Viertel Little Italy. Die meisten Morde, die auf ihr Konto gingen, geschahen in der Umgebung des berühmten Murder Stable an der East 125th Street. Dort wurden mehr Menschen getötet als irgendwo sonst in Amerika mit Ausnahme des Bloody Angle in der Doyers Street in Chinatown. Diese Verbrechen hatten allerdings meist wenig mit der New Yorker Unterwelt zu tun, sondern entstanden aus Fehden, die ihren Ursprung auf Sizilien hatten. Die berühmteste Italienergang wurde von Ignazio Lupo angeführt, der allgemein als Lupo the Wolf bekannt war und zu den skrupellosesten und blutrünstigsten Verbrechern in der Geschichte Amerikas zählte. Seine Anhänger standen ihm an Gewalttätigkeit in nichts nach. Sie waren der Schrecken der einfachen Bürger unter ihren Landsleuten, denn sie arbeiteten mit Sprengstoff, Revolver und Stilett nicht nur äußerst professionell, sondern ihnen wurden auch magische Fähigkeiten wie der böse Blick nachgesagt. Wann immer ein rechtschaffener Italiener auch nur den Namen von Lupo the Wolf hörte, bekreuzigte er sich und hielt die gekreuzten Finger vor sich, um den Zauber des bösen Mannes abzuwehren. Menschen, denen Raub- oder Mordanschläge drohten, wandten sich oft verzweifelt an die Pfarrer in der Hoffnung, diese könnten sie vor Lupos Magie beschützen, doch die heiligen Männer konnten wenig ausrichten. Lupo the Wolf beteiligte sich nicht nur an den Vendetten der Mafia und der Black Hand, sondern vermietete seine Leute auch an andere italienische Geheimbünde. Zudem war er ein hervorragender Fälscher. Sein engster Vertrauter war Giuseppi Morello, dessen 18-jähriger Stiefsohn in den Verdacht geriet, Bandengeheimnisse verraten zu haben, und dafür gefoltert und umgebracht wurde. William J. Flynn, der Leiter des amerikanischen Geheimdienstes, untersuchte 60 Mordfälle, deren

Spuren zu Lupos Gang führten. Darunter war auch der Fall des Kriminaloberkommissars Joseph Petrosino, der in Palermo ermordet wurde, als er dort Nachforschungen über italienische Verbrecher anstellte. Bei praktisch allen Ermordeten, die man fand, war die Zunge zerschnitten, wie es der Sitte der sizilianischen Unterwelt entsprach. Außerdem hatten die Gangster eine Vorliebe dafür, die Leichen in Fässer, Truhen oder Körbe zu zwängen und in andere Städte zu transportieren. Im ersten Jahrzehnt des 20. Jahrhunderts gab es eine Serie derartiger Fälle, die größtenteils auf diese Tradition zurückzuführen waren.

5

So schnell die Gangs dezimiert wurden – sei es durch den Tod ihrer Mitglieder oder durch die sporadischen Aktionen der Polizei –, so rasch bekamen sie auch wieder neuen Zulauf von der Straße und aus den vielen Vereinigungen junger Männer, die es überall an der East und West Side gab. Diese Vereine trugen Namen wie Twin Oaks, Yankee Doodle Boys, Go-Aheads, Liberty Athletic Club, Round Back Rangers, Bowery Indians, East Side Crashers, East Side Dramatic and Pleasure Club, Jolly Forty-eight, Soup Greens und Limburger Roarers. Die Vorbilder – sie stellten zugleich auch Schirmherren und Förderer dieser Klubs – waren die zahlreichen lokalen Tammany-Organisationen, mit denen die Bezirksleiter der Partei die breite Masse der Wähler unter ihren Einfluss brachten. Derartige Gesellschaften waren in New York von jeher eine wichtige Quelle der Macht von Tammany Hall gewesen, aber die 90er Jahre des 19. Jahrhunderts waren ihre Blütezeit. Die zuständigen Lokalpolitiker gaben den Vereinen meist ihre eigenen Namen und sponserten auch deren zahlreiche Feiern, die Sommerausflüge für arme Frauen und Kinder und die Kohle-, Schuh- und sonstigen Sachspenden, mit denen die Bewohner der Mietskasernen im Winter großzügig bedacht wurden. Meist wurden auch die Verhandlungen mit Gangsterbossen über diese Vereine abgewickelt, wenn es darum ging, Ganoven anzuheuern, um die Wähler der Gegenpartei außer Gefecht zu setzen, Wahlergebnisse zu manipulieren und gelegentlich sogar lästige und gefährliche Rivalen aus dem Weg zu schaffen.

Die Klubs junger Männer spielten besonders in den überbevölkerten Wohngegenden, in denen es wenige legale Freizeitvergnügungen gab, schon seit vielen Jahren eine wichtige Rolle. In den frühen 90er Jahren stieg ihre Zahl unter der Schirmherrschaft der politischen Organisationen jedoch sprunghaft an. Die meisten, wenn auch nicht alle, bestanden aus jungen Herumtreibern und Amateur-Trickdieben, die, wenn sie nicht tatsächlich Gangster waren, jedenfalls das Zeug dazu hatten. Sie verehrten fragwürdige Helden wie Monk Eastman, Paul Kelly und Humpty Jackson, und Hunderte von ihnen kannten kein höheres Ziel, als die Gunst der Herrscher der Unterwelt zu erringen. Gelegentlich wurde auch den Freundinnen der jungen Männer der volle Mitgliedsstatus zuerkannt. Manche Vereinigungen wählten sogar ihre Namen eigens zu Ehren der Damen, wie zum Beispiel die Lady Locusts, die Lady Barkers' Association, die Lady Flashers, die Lady Liberties im vierten Bezirk und die Lady Truck Drivers' Association.

Viele der Klubs machten baufällige Scheunen, die Kellergeschosse der Mietskasernen oder Säle und Vortragsräume zu Treffpunkten für ihre Mitglieder, andere dagegen versammelten sich regelmäßig in den Hinterzimmern von Saloons oder Kneipen, in denen eine Ecke für ihre Besprechungen und Feiern reserviert wurde. Alle diese Vereinigungen veranstalteten häufig Feste und Bälle und nötigten Kaufleute und andere Geschäftsmänner durch Einschüchterung dazu, ihnen Eintrittskarten abzukaufen.

Diese Methoden waren ganz nach dem Geschmack der Gangster, die sie nach kurzer Zeit übernahmen, massenweise Ein-Mann-Vereine gründeten und in deren Namen eine Feier nach der anderen veranstalteten. Die Biff Ellison Association, deren einziges Mitglied Biff Ellison selbst war, brachte es auf drei Veranstaltungen pro Jahr und wurde damit eines der erfolgreichsten Unternehmen dieser Art. Ellison, der seine Feiern in der Tammany Hall abhielt, nahm auf diese Weise jährlich rund 3000 Dollar ein – eine für damalige Verhältnisse nicht geringe Summe, von der er unbeschwert leben konnte. Nach einiger Zeit wurde ihm diese mühelose Einnahmequelle jedoch zu langweilig, und er eröffnete an der Bowery nahe der Cooper Union einen Sündenpfuhl, dem er den treffenden Namen Paresis Hall gab. Das Lokal wurde bereits nach wenigen Monaten wieder geschlossen.

Viele der Feiern, die Gangster, Klubs und politische Vereinigungen veranstalteten, fanden in der Tammany Hall statt. Noch beliebter aber waren die Walhalla Hall an der Orchard Street nahe der Grand Street, die im Volksmund Walla Walla genannt wurde, und die New Irving Hall an der Broome Street, wo früher das Lokal Green Dragon gewesen war, das die Dead Rabbits 1857 in einer Schlacht gegen die Bowery Boys demoliert hatten. In den ersten Stunden eines Festes wurden Anstand und Etikette strengstens gewahrt. Aber da die Bar rege besucht wurde, die Damen schön und liebenswürdig und die Herren heißblütig waren, endete so gut wie jeder Ball an der East Side in einer Massenschlägerei. Manchmal bestand der Stein des Anstoßes darin, dass Mitglieder eines Klubs in Abendgarderobe zur Feier eines anderen erschienen und ihre Rivalen damit blamierten. Um an Geld zu gelangen, begingen diese dann irgendeinen plumpen Raub, über den die Polizei beim besten Willen nicht hinwegsehen konnte. Ein derartiger Zwischenfall überschattete Mitte der 90er Jahre einen Ball der William J. Sullivan Association in der New

Irving Hall und führte dazu, dass mehrere Mitglieder nicht daran teilnehmen konnten. Die Cherry-Hill-Gang kündigte nämlich an, geschlossen in Abendgarderobe zu erscheinen, woraufhin fünf Mitglieder der Sullivan Association, die zugleich zu den Glanzlichtern der Batavia-Street-Gang gehörten, sich zu einer mindestens ebenso eleganten Aufmachung genötigt fühlten. Sie suchten unter der Führung von Duck Reardon und Mike Walsh nach Mitteln und Wegen, bis nach langen Diskussionen schließlich zwei von ihnen eine Uhr aus Herman Segals Juwelierladen an der New Chambers Street stahlen. Damit veranstalteten sie in Coynes Saloon an der James Street eine Tombola und manipulierten die Ziehung so, dass ihre eigene Nummer gewann. Sie stellten sich jedoch derart stümperhaft an, dass sie bei dem Versuch, den Trick zu wiederholen, keine Lose mehr verkaufen konnten. Also kehrten sie zu Segals Geschäft zurück, schlugen das Schaufenster mit einem Ziegelstein ein und entwendeten 44 goldene Ringe, die jeweils zwischen vier und 45 Dollar wert waren. Diese verkauften sie, doch als sie sich mit dem Geld bei einem Schneider an der Division Street einkleiden wollten, wurden sie von der Polizei gefasst. Am Ballabend schmachteten die Gauner dann im Tombs, während die eleganten Helden der Cherry-Hill-Gang die Ehre der Batavia-Street-Gang in den Schmutz zogen.

Kapitel 13

Der Fürst der Unterwelt

1

In Filmen und Theaterstücken werden Gangster traditionell als gewöhnliche, ungehobelte Gestalten mit bedrohlich funkelndem Blick und ungepflegtem Stoppelbart dargestellt. Eine karierte Mütze ist tief in die finstere Stirn gezogen, und die selbstgefällige Haltung schreit geradezu heraus, dass hier jemand Böses im Schilde führt. Derartige Gestalten gab es zwar tatsächlich, und ihre Ruhmestaten gingen in die Legenden über die Unterwelt ein, aber die wirklich gefährlichen Gangster, die Killer, sahen meist eher wie Dandys aus. Diese Ganoven waren gut gekleidet, glatt rasiert und hatten gepflegte Hände. Ihr Haar war geölt und glatt aus der Stirn gekämmt, und wenn ihre Gang eine Feier veranstaltete, waren sie in schicker Abendgarderobe die Zierde der Gesellschaft. Zur Zeit der Dead Rabbits und der Bowery Boys, aber auch noch später, als Dandy Johnny Dolan von den Whyos zum Aushängeschild der Unterwelt wurde, waren die meisten Gangster groß und kräftig. Im Laufe der Jahre forderten die elenden Lebensbedingungen in den überfüllten Mietskasernen jedoch ihren Tribut: Aus Polizeiunterlagen und aus den Akten der Gefängnisse geht hervor, dass die Gangster zur Zeit der Gophers, der Eastmans und der Five Pointers durchschnittlich nur 1,60 Meter groß und zwischen 55 und 60 Kilo schwer waren.

Einige berüchtigte Gefolgsmänner von Paul Kelly waren ausgesprochen modebewusst, so zum Beispiel Eat 'Em Up Jack McManus und Louis Pioggi, der unter dem Spitznamen Louie the Lump bekannt war und schon als schmäch-

Louie the Lump

Biff Ellison   *Kid Twist*

tiger, bartloser Junge im Ruf eines Mörders stand. Selbst
Biff Ellison, ein riesenhafter, bärenstarker Kerl, war in Kleiderfragen ein wahrer Geck. Ellison verwendete mit Vorliebe
ein besonderes Duftwasser, das ein Drogist eigens für
ihn nach einer streng geheimen Rezeptur herstellte. Auch

Johnny Spanish putzte sich heraus wie die Lilie im Felde, ebenso Kid Twist und Richie Fitzpatrick, die berühmtesten unter Eastmans Gefolgsleuten, und gleichfalls Razor Riley, ein berüchtigtes Mitglied der Gophers. Letzterer brachte zwar nicht einmal 45 Kilo auf die Waage, machte diesen Mangel an körperlicher Substanz aber durch eine beachtliche Geschicklichkeit im Umgang mit Revolver, Totschläger und einem gewaltigen Rasiermesser wett, dem er seinen Spitznamen verdankte. Paul Kelly, der seine kriminelle Laufbahn später abbrach und als Immobilienmakler und Geschäftsagent für Gewerkschaften ein rechtschaffenes Leben führte, stellte das Paradebeispiel des neuen Gangstertypus dar. Er war als langjähriger Anführer der Five Pointers der zweitmächtigste Gangsterboss nach Monk Eastman. Dennoch war er ein eleganter, zurückhaltender Bursche und beteiligte sich selten an Schlägereien, obwohl er es in seiner frühen Jugend einmal als Boxer im Bantamgewicht zu einiger Berühmtheit gebracht hatte. Hinter Kellys Erscheinung hätte man eher einen Bankangestellten oder Theologiestudenten als einen Gangsterboss vermutet, und seine Kneipe, das New Brighton, gehörte zu den schicksten Sündenpalästen der Stadt. Der Gangsterboss war im Unterschied zu den meisten seiner Kumpane ein recht gebildeter Mann, der Französisch, Spanisch und Italienisch sprach und sich mit seinen guten Umgangsformen auch in kultivierteren Kreisen nicht hätte genieren müssen.

Dazu ist die folgende Anekdote überliefert: Einmal soll eine Frau eigens unter dem Schutz eines Kriminalbeamten vom Polizeihauptquartier in das New Brighton an der Great Jones Street gegangen sein, um Paul Kelly zu sehen, nachdem die Zeitungen im Zusammenhang mit irgendeinem besonders spektakulären Zwischenfall in der Unterwelt über ihn berichtet hatten. Die Dame und ihr Begleiter saßen eine Weile zwischen Dieben und Gangstern – buchstäblich vom Strom des gesellschaftlichen Abschaums umwogt, der aus der Bowery und dem Chatham Square hervorquoll und sich über Chinatown und die East Side ergoss. Unterdessen plauderten sie mit einem dunkelhaarigen, unaufdringlichen jungen Mann, der bereits an einem Tisch gesessen hatte, als sie das Lokal betraten. Nachdem er sie eine halbe Stunde lang mit sachkundigen Ausführungen über Kunst unterhalten hatte, verließ die Frau mit ihrem Beschützer das Etablissement. Im Hinausgehen sagte sie: »Zu schade, dass wir Paul Kelly nicht zu Gesicht bekommen haben.«

Darauf erwiderte der Polizist: »Aber der Mann, mit dem Sie gesprochen haben, war doch Paul Kelly.«

»Ach, du meine Güte!«, rief sie aus. »Und ich dachte, er sei auch nur dort, um sich die Leute anzusehen!«

Monk Eastman, einen würdigen Nachfolger des alten Mose von den Bowery Boys, hätte dagegen niemand für einen Bankangestellten oder einen Theologiestudenten gehalten. Er war der kühnste Ganove, der je hinterrücks einen Feind erschoss oder einen Wähler an der Urne niederschlug – ein Gangster wie aus einem Kinofilm. Sein Kopf war von Natur aus kugelrund, und die gebrochene Nase und die Blumenkohlohren, die er im Laufe seiner Karriere davontrug, machten ihn nicht gerade zu einer Schönheit. Er hatte hervorquellende Adern und Hängebacken, die ebenso wie sein kurzer Hals mit dem Stiernacken die Narben zahlreicher Schlachten trugen. Eine um mehrere Nummern zu kleine Melone, die gewagt auf dem wilden, struppigen und ständig unfrisierten Schopf saß, krönte die abenteuerliche Erscheinung wie das sprichwörtliche i-Tüpfelchen. Meist streifte Monk Eastman nachlässig gekleidet durch sein Reich oder lungerte ohne Hemd, Kragen oder Rock in dem Lokal an der Chrystie Street herum. Katzen und Tauben waren seine Leidenschaft. Überhaupt scheinen Tiere eine besondere Faszination auf Gangster ausgeübt zu haben: Viele Ganoven, die ihre kriminellen Geschäfte freiwillig oder unter dem Druck der Polizei an den Nagel hängten, handelten später erfolgreich mit Vögeln und anderen Haustieren. Monk Eastman soll einmal mehr als 100 Katzen und 500 Tauben besessen haben. Er bot diese zwar in seinem Geschäft an der Broome Street zum Verkauf an, konnte sich aber nur selten tatsächlich von einem der Tiere trennen. Manchmal, wenn er spazieren ging, hielt er in jedem Arm eine Katze, und eine Schar weiterer folgte ihm auf den Fersen. Er besaß auch eine große blaue Taube, die er gezähmt hatte und die unterwegs auf seiner Schulter saß.

»Ich mag Katz'n un' Vögel«, pflegte Eastman zu sagen. »Un' ich schlag' jeden hier in der Gegend zusamm', der 'ner Katz' oder 'nem Vogel was tut.«

Als einmal ein Reporter Eastman wenige Monate vor seinem Tod fragte, wie oft er verhaftet worden sei, antwortete der Gangsterboss, das könne er ›ums Verrecken nich‹ sagen. Auf dem Polizeihauptquartier bekam der Journalist die Auskunft, man habe den Überblick verloren. »Was macht das für einen Unterschied?«, fragte ein Kriminalpolizist, der sich oft genug mit dieser undankbaren Aufgabe herumgeschlagen hatte. »Die Politiker haben ihn ja doch jedes Mal wieder rausgepaukt. Einen besseren Mann hatten sie nie an der Wahlurne.« Ebenso wenig konnte Eastman sagen, wie viele Narben er im Kampf davongetragen hatte. An seinem Hals befand sich mindestens ein Dutzend alte Stichverletzungen und an anderen Körperteilen noch einmal die gleiche Anzahl. Der Gangster prahlte damit, er habe so viele Schüsse abbekommen, dass er, wenn er auf die Waage steige, das Gewicht der Kugeln in seinem Körper abziehen müsse. Als er sich beim Eintritt der USA in den Ersten Weltkrieg als Freiwilliger für die New Yorker Miliz meldete und sich während der Musterung auszog, schien es den Ärzten, als hätten sie es mit einem Veteranen zu tun, der in sämtlichen Gefechten seit der berühmten Schlacht von Gettysburg gekämpft habe. Sie fragten ihn, in welchen Kriegen er denn gewesen sei.

»Och!«, entgegnete Eastman grinsend. »So in 'ner ganzen Menge Kämpfchen hier und da in New York!«

Im Laufe seiner Gangsterkarriere legte Monk sich an die zwei Dutzend Pseudonyme zu. Er nannte sich unter anderem Joseph Morris, Joseph Marvon, Edward Delaney und William Delaney, aber hauptsächlich war er als Edward Eastman bekannt. In Wirklichkeit hieß er wahrscheinlich Edward Osterman. Er wurde um 1873 herum im Brooklyner Stadtteil Williamsburg geboren. Noch bevor er zwanzig Jahre alt war, übertrug sein Vater, ein rechtschaffener jüdischer Gastwirt, ihm eine Tierhandlung an der Penn Street, unweit des elterlichen Betriebs. Aber der junge Mann war rastlos und fand keine Befriedigung darin, sein Geld mit redlicher Arbeit zu verdienen. Er gab das Geschäft nach kurzer Zeit auf und zog nach New York, wo er den Namen Edward Eastman annahm und bald unter seinesgleichen geriet. Mitte der 90er Jahre wurde er Rausschmeißer in der New Irving Hall. Angeblich war er noch brutaler als Eat 'Em Up Jack McManus, der in der gleichen Funktion in den Lokalen Suicide Hall und New Brighton Geschichte machte. Eastman übte sein Amt mithilfe eines riesigen Knüppels aus. Dazu trug er einen Totschläger in der Hosentasche und Schlagringe an beiden Händen. Er war ungemein versiert im Gebrauch dieser Waffen und konnte notfalls auch eine Bierflasche oder ein Stück Bleirohr mit beeindruckender Geschicklichkeit führen. Außerdem war er ein tüchtiger Boxer und ein überragender Gegner im Kampf mit allen Mitteln, obwohl er nur 1,65 Meter groß war und nicht einmal 70 Kilo wog.

Schon im ersten Jahr seiner Laufbahn als Rausschmeißer des New Irving zerschmetterte Eastman Dutzenden den Schädel. Er prahlte damit, dass in den ersten sechs Monaten, nachdem er das Amt übernommen hatte, 50 Männer einen Arzt benötigt hatten, nachdem er sie mit seiner Aufmerksamkeit beehrt hatte. Schließlich führte seine Knüppelei sogar dazu, dass die Fahrer der Ambulanzen des

Bellevue Hospital die Unfallstation scherzhaft Eastman Pavillion tauften. Trotzdem war und blieb Monk ein Gentleman: Er legte großen Wert darauf, nie eine Frau mit dem Knüppel geschlagen zu haben, gleichgültig wie aufsässig sie gewesen war. Als er einmal eine Dame, die ihre Manieren vergessen hatte, in die Schranken weisen musste, schlug er ihr einfach mit der Faust ein blaues Auge.

»Ich hab' ihr nur 'n kleinen Stups verpasst«, rief er aus. »Grad genug, dass sie mal wieder auf den Teppich kommt. Und ich nehm' auch immer vorher die Schlagringe ab.«

Eastman wurde zur Galionsfigur der East Side und zum leuchtenden Vorbild zahlloser junger Männer, die begannen, seine Redeweise und sein Benehmen zu imitieren. Daraus entwickelte sich unter den jungen Randalierern und Schlägern eine regelrechte Monk-Eastman-Schule. Die Nachahmer trugen ihre Verehrung für den großen Helden zur Schau, indem sie sich eine ungepflegte Erscheinung und eine knappe, derbe Sprache zulegten und sich immer und überall mit jedem anlegten. Als Eastman seine Stellung im New Irving aufgab und als Gangsterboss aktiv wurde, traten fast alle diese Burschen seiner Bande bei. Bereits im Jahre 1900 war die Gang so groß, dass Eastman damit beginnen konnte, sein späteres Revier zu erobern. Er stützte seinen Gebietsanspruch auf das Recht des Stärkeren. Damals begann die Fehde zwischen Eastman und Paul Kelly von den Five Pointers über den Abschnitt zwischen der Bowery und Nigger Mikes Kneipe an der Pell Street. Kaum eine Woche verging, ohne dass die Gangsterbosse Patrouillen mit Totschlägern und Revolvern in das umkämpfte Gebiet schickten, die gnadenlos über jeden gegnerischen Gangster herfielen, den sie antrafen.

Der blutige Krieg zwischen den großen Gangsterbossen versetzte die Gegend um den Chatham Square, die Bowery und Chinatown permanent in Angst und Schrecken, denn die meisten Gangster waren nicht besonders treffsichere Schützen, sodass verirrte Kugeln häufig Unbeteiligte trafen oder Fensterscheiben zerschlugen. Gelegentlich versuchten Polizeitrupps in spektakulären Einsätzen, die Kämpfer beider Seiten niederzuknüppeln, aber diese Aktionen blieben im Allgemeinen unbedeutende Gesten, denn sowohl Eastman als auch Kelly verfügten über ausgezeichnete Beziehungen und standen hoch in der Gunst der Tammany-Politiker. Eastman wurde zum besonderen Liebling des Wigwam, denn er leistete der Partei jahrelang wertvolle Dienste. Bei den Wahlen machte er sich besonders nützlich, indem er seine Gangster scharenweise an die Urne führte und sie außerdem dazu einsetzte, rechtschaffene Bürger, die nach ihrer eigenen Überzeugung wählen wollten, mit dem Totschläger außer Gefecht zu setzen. Wann immer Eastman in Schwierigkeiten geriet, stellte Tammany Hall ihm Anwälte zur Verfügung und bezahlte die Kaution für ihn. Sobald er wieder auf freiem Fuß war, tauchte er unter, und der Fall verschwand aus den Akten. Wenn Eastman gerade nicht im Auftrag von Politikern aktiv war, widmete er sich dem, was man als Alltagsgeschäft der Unterwelt bezeichnen könnte. Er knüpfte Verbindungen zu Bordellen und Stuss-Spielhallen, betätigte sich als Zuhälter, ließ Taschendiebe, Einbrecher und Straßenräuber für sich arbeiten und verhandelte mit Auftraggebern, die ihre Feinde von Ganoven aus dem Weg schaffen lassen wollten. Das Honorar für solche Dienstleistungen richtete sich danach, wie gründlich jemand außer Gefecht gesetzt werden sollte. Manchmal überfiel Eastman auch selbst mit ausgesuchten Mitgliedern seiner Gang die Stuss-Spiellokale, die überall an der East Side florierten, und gelegentlich übernahm er es sogar persönlich, im Auftrag eines Kunden jemanden k. o. zu schlagen.

»So ab un' zu hau' ich gern mal wen um«, pflegte er zu sagen, »damit ich nich' einroste.«

Eastman hatte in seiner Zeit als Rausschmeißer des New Irving oft genug die Fäuste seiner Widersacher zu spüren bekommen. Die erste Erfahrung mit einer Kugel machte er erst im Sommer 1901. Er war ohne Leibwächter ausgegangen, als auf der Bowery nahe dem Chatham Square plötzlich ein halbes Dutzend Five Pointers mit Totschlägern und Revolvern über ihn herfiel. Eastman, der bis auf seine Schlagringe und den Totschläger unbewaffnet war, wehrte sich tapfer und hatte schon drei Angreifer niedergeschlagen, als ein vierter ihn mit zwei Schüssen in den Bauch traf. Die Gegner hielten Eastman für tot und machten sich aus dem Staub, doch der Gangsterboss kam wieder auf die Beine. Er presste die Hand auf die klaffende Wunde und schleppte sich zum Gouverneur Hospital, wo er wochenlang mit dem Tod rang. Dennoch weigerte er sich als echter Gangster standhaft, der Polizei zu verraten, wer auf ihn geschossen hatte. Indessen tobte der Krieg gegen die Five Pointers blutiger denn je. Eine Woche, nachdem Eastman aus dem Krankenhaus entlassen worden war, fand die Polizei ein Mitglied dieser Gang erschossen in der Gosse an der Ecke Grand Street/Chrystie Street. Eine Frau hatte das Opfer aus seiner Stammkneipe gelockt und in einen Hinterhalt geführt.

Mehr als zwei Jahre lang führten die Eastmans und die Five Pointers beinahe ununterbrochen Krieg gegeneinander; Nacht für Nacht huschten zwielichtige Gestalten durch die finsteren Straßen der East Side und des alten Viertels um den Paradise Square und beschossen einander aus Kutschen oder aus dieser seltsamen neuen Erfindung, dem Automobil. Sie lauerten sich gegenseitig in Hauseingängen auf, wo man in der Dunkelheit nur das unheilvolle Zischen der Totschläger oder Bleirohre hörte, wenn sie auf die Opfer niedersausten. Die Five Pointers überfielen Stuss-Spiellokale, die unter Eastmans Schutz standen, während dieser mit seinen Gefolgsleuten seinerseits Kellys Einnahmequellen ausraubte. Auf Bällen und anderen Feiern im New Irving und den Walhalla Halls kam es regelmäßig zu Schießereien zwischen den verfeindeten Gangstern, die in ihrem Hass keine Rücksicht auf die anderen Gäste nahmen. Die Besitzer von Kneipen und Tanzpalästen lebten in ständiger Angst, ihr Lokal könnte als Schauplatz blutiger Auseinandersetzungen in die Schlagzeilen geraten. Mitte August 1903 gipfelte das sinnlose Gemetzel in einer Schlacht, die Politiker und Öffentlichkeit aufrüttelte und schließlich dazu führte, dass der Fehde ein Ende gesetzt wurde.

Es hatte schon den ganzen Sommer über immer wieder sporadische Kämpfe gegeben. Dann, an einem schwülen Augustabend, traf ein halbes Dutzend umherstreunender Eastmans auf ebenso viele Five Pointers, die gerade eine Spielhalle an der Kreuzung von Rivington und Allen Street unter dem Brückenbogen der 2nd Avenue-Hochbahn überfallen wollten. Das Lokal befand sich in Eastmans Revier und stand bekanntermaßen unter Monks persönlichem Schutz, denn der Besitzer war mit dem Gangsterboss befreundet und überließ diesem getreulich einen beträchtlichen Teil der Einnahmen. Die empörten Eastmans brachten einen der Eindringlinge auf der Stelle um. Die übrigen Five Pointers flüchteten vor dem Kugelhagel in den Schutz der Hochbahnstützen. Ab und zu wagten sie sich zaghaft hervor, um aufs Geratewohl in Richtung der Eastmans zu feuern, die ebenfalls in Deckung gegangen waren. Die Schießerei verlief eine ganze Weile ergebnislos. Zwischendurch versuchten zwei Polizisten einzuschreiten, mussten aber gleich darauf mit durchlöcherten Uniformen die Rivington Street hinunter flüchten. Nach einer halben Stunde wurden schließlich Boten zu den Hauptquartieren der beiden Gangs ausgeschickt, und wenig später traf Verstärkung ein.

Eastman selbst eilte mit einem Trupp seiner Leute aus der Kneipe an der Chrystie Street herbei und ging hinter einer Hochbahnstütze in vorderster Front in Deckung. Von dort aus übernahm er das Kommando. Die Polizei fand nie heraus, ob auch Paul Kelly sich persönlich an der

Schlacht beteiligte. Dies ist allerdings anzunehmen, denn Kelly scheute keine Gefahr und stürzte sich immer mitten ins dichteste Kampfgetümmel. Jedenfalls waren bis Mitternacht mehr als 100 Gangster – etwa zu gleichen Teilen Eastmans und Five Pointers – versammelt, die sich unter dem Hochbahngerüst ein heftiges Feuergefecht lieferten. Ein halbes Dutzend Gophers, die sich aus Beute- und Abenteuerlust aus Hell's Kitchen an die East Side vorgewagt hatte, kam zufällig an den Ort des Geschehens. Sie hielten sich nicht damit auf herauszufinden, wer da gegen wen kämpfte und worum es überhaupt ging, sondern griffen ihrerseits zu den Waffen, stürzten sich begeistert ins Getümmel und schossen unterschiedslos auf Eastmans und Five Pointers.

Einer der Gophers erklärte später: »Da ballerten 'ne Menge Typen aufeinander los, warum sollten wir da nich' auch 'n bisschen mitballern?«

Während die Schlacht tobte, verbarrikadierten die Ladenbesitzer in der Nachbarschaft Türen und Fenster, und die Bewohner der Mietshäuser schlossen sich in ihren Zimmern ein. Etwa eine halbe Stunde nach dem Ausbruch der Kämpfe erschien ein halbes Dutzend Polizisten, die jedoch mit so heftigem Kugelhagel empfangen wurden, dass sie Hals über Kopf den Rückzug antraten. Erst als mehrere Reserveeinheiten über die Rivington Street heranstürmten und das Feuer auf die Gangster eröffneten, verließen diese die Deckung der Stützpfeiler und verzogen sich in ihre Schlupfwinkel. Drei Tote und sieben Verletzte blieben auf dem Schlachtfeld zurück, und 20 Gangster, die nicht schnell genug flüchteten, wurden festgenommen. Unter den Verhafteten war auch Monk Eastman, der den Namen Joseph Morris angab und erklärte, er sei gerade zufällig vorbeigekommen, habe Schüsse gehört und der Sache selbstverständlich auf den Grund gehen wollen. Er wurde am nächsten Morgen dem Richter vorgeführt und sofort auf freien Fuß gesetzt.

Die Politiker litten sehr, als sie die Zeitungsberichte über den Kampf unter dem Hochbahngerüst lasen. Nachdem für die Bestattung der Toten und die Behandlung der Verletzten gesorgt war, wandten sie sich an Eastman und Paul Kelly und machten den beiden eindringlich klar, dass sie ihre eigene Nützlichkeit infrage stellten, wenn sie ihre Auseinandersetzungen so ausufern ließen. Die Politiker erklärten den Gangsterbossen, niemand hätte etwas dagegen, wenn gelegentlich jemand aus geschäftlichen Gründen zusammengeschlagen oder umgebracht würde. Man könnte sogar hin und wieder ein Auge zudrücken, wenn mal einem Scharfschützen der Zeigefinger zuckte – so seien Gangster nun einmal, das wisse man. Massenschießereien an der East Side seien hingegen ein untragbares Ärgernis und könnten unter keinen Umständen geduldet werden. Es wurde ein Treffen zwischen Eastman und Kelly arrangiert, und wenige Tage später standen die Gangsterbosse sich im Palm, einer schäbigen Kneipe an der Chrystie Street nahe der Grand Street, von Angesicht zu Angesicht gegenüber. Die Tammany-Politiker hatten für Kelly freies Geleit ausgehandelt. Tom Foley, ein prominentes Mitglied des Wigwam, dem Eastman in einer heißen Kampagne schon einmal wertvolle Dienste erwiesen hatte, trat als Vermittler auf. Er plädierte für eine friedliche Lösung und deutete an, dass man, sollten die beiden Gangs ihre private Fehde fortsetzten, sie rigoros niederschlagen werde. Daraufhin erklärten Kelly und Eastman sich bereit, dafür zu sorgen, dass die Schießereien und Messerstechereien ein Ende hätten. Der umstrittene Abschnitt zwischen der Bowery und der Kneipe von Nigger Mike wurde zur neutralen Zone erklärt, in der beide Gangs gleiche Rechte hatten. Foley veranstaltete zur Feier des Waffenstillstands einen Ball. Vor der Polonäse standen sich Eastman und Kelly mitten auf der Tanzfläche gegenüber und drückten sich feierlich die Hände. Dann beobachteten sie von einer Loge aus, wie sich ihre Gefolgsleute amüsierten. Unter Tom Foleys wohlwollenden Blicken forderten Eastmans und Five Pointers die Freundinnen ihrer ehemaligen Erzfeinde zum Tanz auf – und es war Friede auf Erden und den Menschen ein Wohlgefallen…

Die Schlacht an der Rivington Street war – gemessen am Einsatz von Schusswaffen – die bislang größte in der Geschichte der Unterwelt. An den legendären Gefechten zwischen den alten Bowery- und Five-Points-Gangs waren zwar wesentlich mehr Krieger beteiligt gewesen, aber diese hatten noch hauptsächlich mit Knüppeln, Zähnen, Fäusten und Ziegelsteinen gekämpft. Pistolen waren eher die Ausnahme gewesen. Zu Eastmans Zeit gab es dagegen kaum noch einen Ganoven, der nicht mit wenigstens zwei Revolvern bewaffnet war. Manche trugen sogar vier, dazu Totschläger und Schlagringe als Standardausrüstung. Bevor im Frühjahr 1911 das Sullivan-Gesetz in Kraft trat, nach dem das Tragen von Schusswaffen mit Gefängnis bestraft wurde, trug man mindestens eine Waffe sichtbar an der Hüfte oder im Gürtel. Eine weitere steckte meist in einem speziellen Halfter seitlich am Körper. Diese Vorrichtung war unter den Killern besonders beliebt, denn der Revolver konnte daraus leichter als aus jeder anderen Halterung gezogen werden, und zugleich war die Gefahr, dass ein Widersacher ihn zu fassen bekam, äußerst gering. Nach dem Schusswaffenverbot kam es vor, dass Gangsterbosse, die gerade mit der Obrigkeit auf Kriegsfuß standen, sich die Hosentaschen zunähten. Sie ließen sich dann von einem Handlanger, der sie begleitete, mit Zigaretten, Streichhölzern und allem Übrigen versorgen, den Dingen, die sie normalerweise selbst bei sich trugen. Auf diese Weise konnte die Polizei bei Kontrollen keine Schusswaffen bei ihnen finden, ihnen aber auch keine unterschieben, um sie unter diesem Vorwand hinter Gitter zu bringen.

Trotzdem waren die Gangster keineswegs schutzlos. Die Taschen ihrer Gefolgsleute waren mit Messern, Totschlägern und Revolvern buchstäblich vollgestopft, sodass der

Anführer immer sofort eine geeignete Waffe zur Hand hatte, wenn es zu Auseinandersetzungen kam. Die Waffenträger wurden zwar regelmäßig verhaftet, nahmen dieses Risiko aber gern auf sich, um ihrem Meister zu dienen und sich seine Gunst zu sichern. Oft trugen auch Frauen die Revolver – mal im Muff, mal in den großen Hüten, die damals modern waren, oder auch in der Jackentasche. Die monumentalen Hochfrisuren, die in den 90er Jahren in Mode kamen, stellten ebenfalls ausgezeichnete Verstecke für Waffen dar, besonders als zusätzliche Hilfsmittel eingeführt wurden, um das Haar über der Stirn aufzupolstern. Anstatt des Drahtgestells, das normalerweise dafür verwendet wurde, steckten sich manche Gangsterbräute Revolver in die Frisur. Andere befestigten die Pistole ihres Liebsten mit elastischen Bändern am Oberarm, denn die Keulenärmel der damaligen Kleider boten reichlich Platz, und die Waffe war durch einen Schlitz im Stoff jederzeit greifbar. Viele Gangster hinterlegten außerdem Ersatzrevolver und Totschläger in verschiedenen Tabak- und Schreibwarenläden überall in ihrem Revier.

2

Nachdem Monk Eastman sich dazu verpflichtet hatte, nicht mehr gegen die Five Pointers zu kämpfen, suchte er nach anderen Möglichkeiten, seine Kampflust zu befriedigen. Er beteiligte sich von nun an häufiger persönlich an den diversen Überfall- und Totschlägerkommandos, deren Durchführung er zuvor meist seinen Handlangern überlassen hatte. Weniger als drei Wochen nach der Schlacht an der Rivington Street reiste Eastman mit zweien seiner Gangster zu einem Überfall nach Freehold im Staat New Jersey. Das Opfer war ein Kutscher namens James McMahon, dessen Arbeitgeber, David Lamar, durch seine Finanzgeschäfte als ›Wolf der Wall Street‹ in Verruf geraten war. McMahon sollte vor Gericht als Zeuge gegen Lamar auftreten, aber als er mit seinen Anwälten die Stufen zum Gerichtsgebäude hinaufstieg, fielen Eastman und seine Männer mit Fäusten und Messern über sie her und verletzten McMahon so schwer, dass er nicht mehr aussagen konnte und das Verfahren eingestellt werden musste. Die Gangster entkamen in einer Kutsche, wurden jedoch wenige Stunden später gefasst und im Gefängnis von Freehold eingesperrt. Eastman gab sich dort als William Delaney aus.

Als Kid Twist, Eastmans engster Vertrauter, von der Notlage seines Chefs erfuhr, wollte er sofort 50 ausgesuchte schwer bewaffnete Gangster losschicken, die das Gefängnis stürmen sollten. Doch bevor die Männer aufbrechen konnten, fing Inspektor McCluskey mit einer großen Truppe Streifenpolizisten die Kutschen vor der Kneipe an der Chrystie Street ab und zwang die Gangster in einem erbitterten Gefecht zurück in ihren Schlupfwinkel. Kid Twist benachrichtigte daraufhin Tammany Hall, und am nächsten Morgen brachen zwei der gewieftesten Juristen der Partei in aller Eile nach Freehold auf. Dort setzten sie politische Hebel in Bewegung, beschafften Zeugen und erreichten, dass die Anklage wegen Überfalls mit schwerer Körperverletzung fallen gelassen wurde. Eastman und seine Männer kehrten triumphierend nach Manhattan zurück, wo der Gangsterboss noch am selben Abend in seinem Hauptquartier einen Empfang gab, um seine Rettung vor der Justiz New Jerseys zu feiern.

Sowohl die Eastmans als auch die Five Pointers hielten sich einige Monate lang an den vereinbarten Waffenstillstand, aber dann gab es im Winter 1903 in einer Bowery-Kneipe einen Streit zwischen einem Mitglied der Eastmans namens Hurst und einem gewissen Ford, der zu Paul Kellys Leuten gehörte. Es ging um die Tapferkeit ihrer Anführer, und die Auseinandersetzung endete in einer Schlägerei, bei der es Hurst übel erging. Berichten zufolge wurde seine Nase zweimal gebrochen und eines seiner Ohren abgerissen. Monk Eastman ließ seinem Erzfeind daraufhin ausrichten, Ford habe sein Leben verspielt, und wenn Kelly ihn nicht selbst aus dem Weg schaffe, würden die Eastmans in das Revier der Five Pointers eindringen und Kollektivrache üben.

»Wir hau'n euch zu Putzlappen, Kerls«, drohte Monk. Kelly erwiderte bissig, die Eastmans sollten sich Ford nur selbst holen, und beide Seiten rüsteten sich zur Schlacht. Aber wieder schritten die Politiker ein und arrangierten erneut ein Treffen zwischen Eastman und Kelly. Diesmal versprachen die beiden Anführer nichts und erklärten sich nur bereit, die Angelegenheit in Gegenwart neutraler Vermittler zu besprechen. Beide erschienen zu den Verhandlungen im Palm in Begleitung bewaffneter Leibwächter. Sie reichten einander mit großer Förmlichkeit die Hand und setzten sich dann – jeder mit einer riesigen Zigarre zwischen den Zähnen und mit der Hand am Revolver – an einen Tisch. Es galt, eine Möglichkeit zu finden, wie beide Seiten ihre Ehre retten konnten, ohne dass ihre Leute einander an die Kehle gingen. Die Gangsterbosse waren sich darin einig, dass etwas geschehen musste. Die Politiker hatten nämlich für den Fall weiterer Ausschreitungen damit gedroht, den Gangs ihren Schutz zu entziehen und der Polizei freie Hand zu lassen. Viele rechtschaffene Polizisten wünschten sich nichts sehnlicher als eben dies – endlich einmal ungehindert gegen die Gangster vorgehen zu können, unter denen sie schon so lange gelitten hatten.

Nach ausgiebiger Diskussion wurde vereinbart, die Frage der Vorherrschaft durch einen Zweikampf zwischen Kelly und Eastman zu entscheiden. Der Verlierer sollte die Überlegenheit des Siegers anerkennen und sich fortan strikt auf sein eigenes Revier beschränken müssen. An dem vereinbarten Abend trafen sich die Gangsterbosse in Begleitung von jeweils 50 ihrer besten Kämpfer in einer abgelegenen, alten Scheune in der Bronx. Kelly hatte zwar aufgrund seiner früheren Karriere als Profiboxer mehr Erfahrung, aber Eastman machte seine technische Unterlegenheit durch größere Brutalität und höheres Gewicht wett. Die beiden kämpften zwei Stunden lang, ohne dass einer die Oberhand gewann, und brachen schließlich erschöpft übereinander zusammen, wobei sie immer noch kraftlose Schläge zu landen versuchten. Ihre Gefolgsleute luden sie in Kutschen und brachten sie an die East Side beziehungsweise die Five Points zurück. Der Kampf wurde für unentschieden erklärt, und sobald sich die beiden Anführer auskuriert hatten, mobilisierten sie ihre gesamten Streitkräfte und schickten sich an, den Krieg bis zum Letzten auszufechten – mochten die Politiker sagen, was sie wollten.

Es gab einige unbedeutende Scharmützel, aber das Ende von Monk Eastmans Herrschaft war bereits abzusehen, und auch über Paul Kelly braute sich Unheil zusammen. Eastman kam als Erster zu Fall. Am 2. Februar 1904 kehrte er um drei Uhr morgens mit Chris Wallace von einem Totschlägerkommando an der Kreuzung 6th Avenue/ 42nd Street – weit außerhalb seines Reviers – zurück. Die beiden Gangster bemerkten einen gut gekleideten jungen Mann, der unsicher die Straße entlangstolperte. Ihm folgte in einigem Abstand eine zweifelhafte Gestalt, die sie für einen Dieb hielten, der es auf den Betrunkenen abgesehen hatte. Eastman und Wallace wollten sich die leichte Beute nicht durch die Lappen gehen lassen. Es stellte sich jedoch heraus, dass der junge Mann aus einer vermögenden Familie stammte und sein verdächtig aussehender Verfolger in Wirklichkeit ein Privatdetektiv von der Agentur Pinkerton war, der den Auftrag hatte, den jungen Burschen während seiner nächtlichen Eskapaden zu beschützen. Die Pinkerton-Detektive waren dafür bekannt, dass sie beim Anblick eines Verbrechers ohne viel Federlesens von ihrem Revolver Gebrauch machten. Auch dieser Detektiv eröffnete das Feuer, als Eastman und Wallace dem jungen Mann die Waffen unter die Nase hielten und begannen, mit geschickten Fingern seine Taschen zu durchsuchen. Die überraschten Gangster schossen zurück und flohen dann die 42nd Street hinunter, wobei sie sich gelegentlich umdrehten und versuchten, ihren Verfolger mit Warnschüssen abzuschütteln. An der Ecke Broadway/42nd Street, vor dem Hotel Knickerbocker, liefen die beiden jedoch geradewegs einem Schutzmann in die Arme. Wallace entkam, aber Eastman wurde von dem Polizisten mit dem Knüppel niedergeschlagen. Als der Gangsterboss wieder zu sich kam, fand er sich in einer Zelle auf der Wache an der West 30th Street wieder. Sofort wurde wegen Straßenraubs und räuberischen Überfalls ein Haftbefehl erwirkt. Eastman lachte zuerst darüber, dass der Bezirksstaatsanwalt ihn vor Gericht bringen wollte, doch dann musste er zu seinem Entsetzen feststellen, dass Tammany Hall seine Hilferufe ignorierte. Seine ehemaligen Freunde ließen ihn im Stich, und noch ehe er recht begriffen hatte, wie ihm geschah, war er zu zehn Jahren Gefängnis verurteilt und befand sich auf dem Weg nach Sing Sing. Paul Kelly bekundete tiefe Trauer, als er vom Missgeschick seines Rivalen hörte. »Monk war so ein gutherziger, umgänglicher Kerl«, sagte er. »Seine Leute waren eine Bande von Feiglingen, zweitklassigen Gaunern, Panzerknackern, Wohnungseinbrechern und Handtaschendieben. Aber er selbst war doch ein tapferer Bursche, der für jeden in die Bresche sprang. Ich würde 10 000 Dollar geben, um ihn aus dem Gefängnis zu holen.«

Die Politiker hatten dagegen keine zehn Cent dafür übrig, und so landete Eastman, der einstige Herrscher der Unterwelt, hinter schwedischen Gardinen.

Die geplagten Bewohner der East Side hofften, damit werde in der Unterwelt Ruhe einkehren, und Polizei und Politiker taten alles, was in ihrer Macht stand, um den ersehnten Frieden herbeizuführen. Paul Kelly war vernünftigen Argumenten durchaus zugänglich, denn die Politiker hatten ihm unmissverständlich klar gemacht, dass er ernsthafte Schwierigkeiten bekäme, wenn die Unruhen nicht sofort aufhörten. Sie drohten ihm unter anderem mit der Schließung des New Brighton. Diese Kneipe war nicht nur eine ergiebige Einnahmequelle, sondern auch Kellys ganzer Stolz. Das folgende Jahr verlief daher weitgehend ruhig. Eastmans Leute waren ohnehin durch den Sturz ihres Anführers so entmutigt, dass seine wichtigsten Getreuen, Kid Twist und Richie Fitzpatrick, vollauf damit beschäftigt waren, ihre Leute zusammenzuhalten. Sie konnten zwar verhindern, dass die Gang zerfiel, aber es entstand zwangsläufig ein Konkurrenzkampf um Eastmans Nachfolge. Schließlich waren die beiden Möchtegern-Thronfolger bis aufs Messer zerstritten. Als Ganoven waren sie einander ebenbürtig: Kid Twist, der eigentlich Max Zweibach oder Zwerbach hieß, hatte sechs Männer getötet, und Eastman hatte ihm viele wichtige Aufträge anvertraut, aber auch Richie Fitzpatrick war ein Killer und nicht bereit, unter irgendjemand anderem als dem großen Monk persönlich die zweite Geige zu spielen.

Kid Twist schlug ein Treffen vor, bei dem alle strittigen Fragen geklärt und ein für alle Mal entschieden werden sollte, wer die Gang in Zukunft anführen würde. Fitzpatrick stimmte arglos zu, obwohl er genau wusste, dass Twist eine Verräternatur war. Die beiden trafen sich spätabends im Hinterzimmer einer Kneipe an der Chrystie Street, doch kaum hatten die Verhandlungen begonnen, gingen plötzlich die Lichter aus, und ein Schuss ertönte. Als die Polizei eintraf, war nur noch Richie Fitzpatrick in dem Raum, der ausgestreckt am Boden lag – mit einer Kugel im Herzen und sorgfältig über der Brust gefalteten Händen. Bei den Ermittlungen stieß man auf manipuliertes Beweismaterial, das auf Kid Dahl, einen engen Freund von Kid Twist, hindeutete. Dieser wurde umgehend verhaftet und ebenso schnell wieder auf freien Fuß gesetzt. Er konnte ein unerschütterliches Alibi vorweisen und hatte offenbar nichts mit dem Mord zu tun. Twist schickte Blumen zu Fitzpatricks Beerdigung und trug eine Trauerbinde am Arm – eine edle Geste, wie man in der Unterwelt fand. Dann trat er die unangefochtene Herrschaft über die Eastman Gang an. Da Kid Dahl eine Belohnung dafür zustand, dass er sich hatte verhaften lassen, begann Twist, begehrliche Blicke auf den Stuss-Spielsalon an der Suffolk Street zu werfen. Er gehörte dem Bottler, einem Five-Points-Gangster, der zwar kein großer Kämpfer, dafür aber ein gerissener Betrüger war. Sein Kasino gehörte zu den einträglichsten an der East Side und stand unter Paul Kellys besonderem Schutz, weil der Besitzer regelmäßige Zahlungen in die Kriegskasse der Five Pointers leistete.

Twist und Dahl statteten dem Bottler an einem heißen Sommerabend einen Besuch ab und teilten ihm mit, Kid Dahl hätte als sein Kompagnon in Zukunft Anspruch auf die Hälfte aller Einnahmen der Spielhalle. Der Bottler protestierte, musste dann aber klein beigeben, um sein Leben zu retten, denn er wusste, dass Paul Kellys Leute ihm nicht rechtzeitig zur Hilfe kommen könnten. Nachdem er ein paar Wochen lang seine Einnahmen mit Kid Dahl geteilt hatte, ließ Kid Twist ihn wissen, dass der Nailer ab sofort die andere Hälfte des Geschäftes übernehmen würde. Dieser Gangster hatte seinem Boss irgendeinen kleinen Dienst erwiesen und sich dafür eine Belohnung verdient. Als der Bottler aufgefordert wurde, das Feld sofort zu räumen, verschanzte er sich mit dem Mut der Verzweiflung in der Spielhalle und schwor, diese und sich selbst gegen Kid Twist und seine Gang zu verteidigen. Kid Dahl war empört und begann sofort mit der Belagerung, doch als er mit seinem Revolver vor dem Lokal auf und ab marschierte und den Bottler wütend aufforderte, herauszukommen und dem Tod ins Auge zu blicken, griff ein Polizist ein. Am nächsten Tag wurde Kid Dahl wegen Ruhestörung zu fünf Dollar Geldstrafe verurteilt. Der Bottler, der den Anlass zur Unruhe gegeben hatte, wurde ebenfalls bestraft.

Twist und seinen Beratern wurde es jetzt ernst, und sie kamen zu dem Schluss, dass eine derartige Beleidigung der Gang und ihres Anführers nach blutiger Rache schrie. Kid Twist und Kid Dahl konnten den Bottler allerdings nicht eigenhändig aus dem Weg schaffen, denn die Polizei war über die ganze Angelegenheit im Bilde und hätte sie sofort verdächtigt. In dieser Notlage schickte Kid Twist nach Vach Lewis in Brooklyn, der den Künstlernamen Cyclone Louie führte und auf Coney Island gelegentlich als Muskelmann auftrat. Dort bog er vor den Augen staunender Touristen Eisenstangen um seinen Hals oder wickelte sie um seine Arme. Cyclone Louie erklärte sich aus Freundschaft zu Kid Twist und Kid Dahl dazu bereit, den Bottler umzubringen, und der Mord wurde für neun Uhr am folgenden Abend angesetzt. Zu dieser Zeit befand Kid Twist sich auf der Polizeiwache an der Delancey Street und verhandelte mit einem Beamten um die Freilassung eines Gangsters, der sich eigens zu diesem Zweck hatte verhaften lassen. Kid Dahl stritt sich währenddessen in einem Restaurant an der Houston Street mit dem Besitzer über die Uhrzeit. Während die beiden sich auf diese Weise hieb- und stichfeste Alibis verschafften, betrat ein Mann mit tief in die Stirn gezogenem Hut die Spielhalle, ging auf den Bottler zu und schoss ihm zweimal ins Herz. Obwohl 20 Männer Zeugen des Mordes wurden, fand die Polizei nur noch die Leiche vor. Wenige Tage später setzten Kid Dahl und der Nailer gemeinsam den Spielbetrieb in dem Lokal fort. Kid Dahl beklagte das tragische Ableben seines Partners ausführlich und brachte einen Trauerflor am Eingang des Spielsalons an.

Während Kid Twist damit beschäftigt war, die Angelegenheit mit dem Bottler zu klären und seine Position als Monk Eastmans Nachfolger zu festigen, zog sich die Schlinge um Paul Kellys Hals immer enger zusammen, bis

Razor Riley und Biff Ellison dem König der Five Pointers schließlich den Todesstoß versetzten. Ellison hatte in der New Yorker Unterwelt zuerst als Rausschmeißer von Fat Flynns Lokal an der Bond Street von sich reden gemacht. Dort war er auch an seinen Spitznamen gelangt.[1] Später sorgte er in einer Kneipe an der Chrystie Street für den Hausfrieden und erfreute sich allgemeiner Hochachtung, nachdem er einmal einen Polizisten mit einer Bierflasche niedergeschlagen und den Ohnmächtigen anschließend mit Fußtritten traktiert hatte. Wie Kelly und Ellison Feinde wurden, konnte nie geklärt werden. Manche Kriminalisten waren der Ansicht, es könne daran gelegen haben, dass Kelly sich angeblich weigerte, Ellison das ehrenvolle Amt des Rausschmeißers im New Brighton zu übertragen, nachdem Eat 'Em Up Jack durch einen Schlag mit einem Stück Bleirohr davon abberufen worden war.

Wie auch immer: Jedenfalls brannte Biff Ellison darauf, Paul Kelly zu stürzen. Razor Riley hasste den Gangsterboss ebenfalls, denn dieser hatte ihn einmal persönlich aus dem New Brighton hinausgeworfen – eine Kränkung, die Riley ihm nie verzieh. Außerdem war er als waschechter Gopher stets darauf aus, anderen Gangs auf jede erdenkliche Weise zu schaden. Ellison und Riley saßen also eines Abends im Winter halb betrunken an einem Tisch in Nigger Mike Salters Kneipe an der Pell Street und schmiedeten Pläne zu einem Überfall auf das New Brighton. Je mehr sie dem Alkohol zusprachen, umso verlockender erschien ihnen diese Aussicht. Sie rechneten sich nämlich aus, dass sie bei dieser Gelegenheit nicht nur Paul Kelly umbringen könnten, sondern durch ein derartiges Wagnis gleichzeitig zu Helden der Unterwelt würden. Etwa eine halbe Stunde vor Mitternacht verließen die beiden die Kneipe und gingen durch den sanft fallenden Schnee die

---

[1] biff: am. Slang für Faustschlag – *Anm. d. Übers.*

Bowery entlang nach Norden zur Great Jones Street, wo die Zierden und Helden der Unterwelt im New Brighton ihren nächtlichen Ausschweifungen nachgingen.

Als Ellison und Razor Riley das Lokal betraten, saß Paul Kelly an einem Tisch im Hintergrund und unterhielt sich mit Bill Harrington, Rough House Hogan und Harringtons Freundin, die als Goldie Cora oder Cora the Blonde bekannt war. Die beiden Eindringlinge blieben einen Augenblick lang an der Tür stehen, dann stürmten sie mit gezogenen Revolvern in beiden Händen auf die Tanzfläche. Die Musik verstummte schlagartig, und die Tanzenden wichen zurück, denn aus den stechenden Blicken und dem kalten Glanz der Waffen sprach Mord. Als die beiden Männer noch gut sechs Meter von Paul Kelly entfernt waren, stieß Harrington eine Warnung aus, woraufhin Razor Riley ihn mit einer Kugel in den Kopf zum Schweigen brachte. Ein Geschoss aus Ellisons Waffe durchschlug Paul Kellys Ärmel, woraufhin der Gangsterboss blitzschnell unter dem Tisch verschwand. Als er auf der anderen Seite wieder auftauchte, hielt er in jeder Hand einen Revolver und empfing die Angreifer mit einem Kugelhagel. Dann löschte jemand das Licht, und die Schießerei ging fünf Minuten lang im Dunkeln weiter. Unbeteiligte Gangster flohen mit ihren Damen durch Türen und Fenster aus dem New Brighton. Als eine halbe Stunde später ein Polizist das Lokal betrat, das noch kurz zuvor hell erleuchtet und von fröhlichem Treiben erfüllt gewesen war, fand er es finster und verlassen vor. Nur Harringtons lebloser Körper lag ausgestreckt auf dem Boden.

Riley und Ellison waren unversehrt geblieben, Paul Kelly hatte drei Schussverletzungen davongetragen. Seine Freunde trugen ihn hinaus und brachten ihn nach Harlem. Dort hielt er sich einen Monat lang versteckt. Inzwischen wurden in Politikerkreisen Hebel in Bewegung gesetzt und Vorkehrungen zu seiner Sicherheit getroffen. Dann stellte Kelly sich, plädierte auf Notwehr und wurde nicht angeklagt. Razor Riley tauchte in den finsteren Winkeln von Hell's Kitchen unter und starb an einer Lungenentzündung, ehe die Polizei ihn aufspürte. Biff Ellison setzte sich nach Baltimore ab und wurde erst gefasst, als er sich 1911 wieder nach New York wagte. Das Gericht verurteilte ihn zu acht bis 20 Jahren im Sing Sing, aber schon lange bevor er die Strafe verbüßt hatte, war er geistig und körperlich gebrochen.

Das New Brighton wurde nach dem Überfall durch Ellison und Razor Riley endgültig geschlossen. Nachdem sich Paul Kelly von seinen Verletzungen erholt hatte, eröffnete er an der Great Jones Street ein neues Lokal, das er Little Naples nannte. Aber das Schicksal hatte es nun einmal auf ihn abgesehen, und auch dieses Etablissement wurde im Herbst 1906 geschlossen, weil es den Reformern ein Dorn im Auge war. Von nun an schwanden Größe und Ansehen der Five Pointers zusehends dahin, und Kellys Herrschaft neigte sich allmählich dem Ende zu, obwohl noch mehrere Jahre lang einige der kühnsten Ganoven und schnellsten Schützen der Unterwelt um seine Gunst warben und danach strebten, unter seiner Führung ruhmreich in die Geschichte der Gangs einzugehen. Auch Louis Pioggi legte einen nicht geringen Ehrgeiz an den Tag. Sein Spitzname lautete Louie the Lump, und er war 1906 als schüchterner, schmächtiger Junge von 17 Jahren zu den Five Pointers gekommen. Zwei Jahre darauf spielte er bereits eine bedeutende Rolle, denn er wurde dazu ausersehen, den armen Bottler zu rächen und den Untergang der alten Monk-Eastman-Gang zu besiegeln.

Die Anführer und hochrangigen Mitglieder der Gangs pflegten sich im Sommer am frühen Abend in den Trink- und Tanzlokalen im Brooklyner Vergnügungszentrum Coney Island zu erfrischen, bevor sie in ihre Chinatown- und Bowery-Spelunken zurückkehrten. Am Abend des 14. Mai 1908 beschlossen sowohl Kid Twist als auch Louie the Lump, die Insel mit ihrem Besuch zu beehren. Keiner der beiden ahnte, dass er den anderen dort treffen würde. Louie the Lump streifte durch den Ort und kehrte dann in einem Tanzlokal ein, in dem eine reizende junge Tänzerin namens Carroll Terry auftrat. Diese hatte ihm allerdings bereits zu verstehen gegeben, dass sie den berühmteren Kid Twist, der sich ebenfalls um sie bemühte, vorzog. Louie tanzte mit Carroll und rang ihr mit einiger Überredungskunst das Versprechen ab, ihn nach Feierabend nach Manhattan zu begleiten. Eine halbe Stunde später betraten Kid Twist und Cyclone Louie das Tanzlokal und ließen sich an einem Tisch nieder. Carroll Terry gesellte sich zu ihnen. Louie the Lump beobachtete kurz darauf, dass die drei gemeinsam Bier tranken. Louie kochte vor Wut und Eifersucht, denn er wusste, dass das Mädchen ihn nun nicht mehr begleiten würde. Er verließ das Tanzlokal und ging in einen Saloon, wo er einen Whiskey nach dem anderen hinunterstürzte. Schon nach wenigen Minuten kamen Kid Twist und Cyclone Louie ebenfalls herein und setzten sich zu ihm, obwohl er ihnen mit drohenden Blicken zu verstehen gab, dass er ihre Gesellschaft nicht wünschte.

»Ich hab' grad' mit Carroll geredet, Louie«, sagte Twist grinsend, »und sie sagt, du bist der größte Penner, den sie kennt.«

Louie the Lump starb innerlich tausend Tode, aber er biss die Zähne zusammen und schwieg.

»Sie sagt, du wärst 'n ganz fideles Kerlchen«, fuhr Twist fort, »und immer auf'm Sprung. Zeig doch mal, wie fidel du bist, Kerlchen. Mach doch mal 'n Sprung aus'm Fenster!«

Als Louie the Lump zögerte, legte Kid Twist drohend die Hand an seine Tasche. Also sprang Louie. Er landete auf allen vieren, rappelte sich auf, blieb einen Moment lang unter dem Fenster stehen und hörte, wie Kid Twist und Cyclone Louie sich drinnen über ihn amüsierten. Dann suchte Louie ein Telefon und rief ein hochrangiges

Mitglied der Five Pointers an, dem er seinen Fall schilderte. Er wollte Kid Twist umbringen, und zwar sofort, denn eine so ungeheuerliche Schmach konnte kein Gangster auf sich sitzen lassen.

»Ich muss ihn alle machen«, sagte Louie the Lump.

»Klar musst du ihn alle machen«, stimmte der Höherrangige zu. »Du passt auf, dass die Vögel nicht ausfliegen, und ich schick dir 'n paar von unseren Burschen. Wenn sie ankommen, lockst du die Penner auf die Straße und knallst sie ab. Unsere Jungs halten dir Twists Leute und die Bullen vom Hals.«

Ein halbes Dutzend Five Pointers stürzte in die nächste Bahn nach Coney Island. Als sie das Lokal erreichten, aus dem Louie the Lump seinen schändlichen Abgang gemacht hatte, saßen Kid Twist und Cyclone Louie immer noch dort und lachten sich über den gelungenen Streich ins Fäustchen. Am nächsten Morgen würde die ganze Bowery von nichts anderem reden. Louie the Lump, dessen dunkle Augen vor Zorn Funken sprühten, wartete in einer alten Kutsche am Straßenrand. Der Anführer der Five Pointers sprach kurz mit dem Kutscher, Geld wechselte den Besitzer, dann stieg ein Gangster auf den Bock und ergriff die Zügel, während der Besitzer des Gefährts in der Menge untertauchte. Wenige Minuten später betrat ein Ganove, den Kid Twist nicht kannte, die Kneipe und sprach den Gangsterboss schüchtern an.

»Du, Kid«, begann er, »da draußen ist Carroll Terry, die würde dich gern mal kurz sprechen.«

»Klar, sofort«, erwiderte Kid. »Komm, Louie.«

Als die Männer auf die Straße traten, rief eine Stimme: »Hier drüben, Kid!«

Twist blickte sich um und erkannte, dass er von Feinden umzingelt war. Noch ehe er seinen Revolver ziehen konnte, jagte Louie the Lump ihm eine Kugel in den Kopf und dann, als er auf dem Gehweg zusammenbrach, eine weitere ins Herz. Cyclone Louie wollte fliehen, stürzte aber im nächsten Moment im Kugelhagel der Five Pointers auf den leblosen Körper seines Anführers. Carroll Terry, die auf dem Weg zu Kid Twist war, kam gerade rechtzeitig dazu, um ebenfalls einer Salve aus Louie the Lumps Revolver zum Opfer zu fallen. Ein Schuss traf sie in die Schulter und auch sie brach über dem toten Gangsterboss zusammen.

All das spielte sich innerhalb weniger Sekunden ab. Dann stoben die Five Pointers auseinander und ließen ihre Opfer auf dem Gehweg liegen. Louie the Lump sprang in die Kutsche, schoss zur Abschreckung einem herbeigeeilten Polizisten durch den Helm und floh nach Manhattan. Dort tauchte er unter, bis bei der Polizei gewisse Hebel in Bewegung gesetzt worden waren, und stellte sich dann. Bei der Verhandlung bekannte er sich des Totschlags schuldig und wurde zu elf Monaten im Elmira Reformatory, einer Besserungsanstalt für junge Straftäter, verurteilt. Er gab sich darüber gänzlich unbeeindruckt. »Elf Monate – was ist das schon?«, höhnte er. »Das ist doch wohl 'n Klacks für mich!«

3

Etwa ein Jahr nach dem Mord an Kid Twist, im Juni 1909, stimmte der staatliche Begnadigungsausschuss der Entlassung Monk Eastmans aus dem Sing Sing zu. Nach dem Gesetz konnte bei jemandem, der zum ersten Mal verurteilt worden war, die zweite Hälfte der Strafe zur Bewährung ausgesetzt werden. Eastman kehrte sofort an die East Side zurück, musste jedoch feststellen, dass er inzwischen ein König ohne Reich und ein General ohne Armee war. Mit Kid Twists Tod war der Untergang der Eastman-Gang besiegelt, und sie hatte begonnen, in Splittergruppen zu zerfallen, von denen viele untereinander Krieg führten. Humpty Jackson und weitere Anführer saßen im Gefängnis, andere waren umgebracht worden, und einige der kleineren Gangs existierten gar nicht mehr. Selbst Paul Kelly hatte die Zeichen der Zeit erkannt und angesichts der verstärkten Tätigkeit von Reformausschüssen wie dem Committee of Fourteen seinen Hauptsitz nach Harlem verlegt. Allerdings unterhielt er weiterhin rege Verbindungen zum Südteil der Stadt und blieb dort noch jahrelang ein einflussreicher Mann. In Harlem machte er indessen erste Erfahrungen mit der Arbeiterbewegung, die später, als er dem Verbrechen den Rücken kehrte, eine seiner Haupteinnahmequellen wurde. Kelly gründete eine Organisation der Lumpensammler von den Müllhalden am East River auf der Höhe der 108th Street und trat als deren geschäftlicher Vertreter und Gesandter auf. Nach wenigen Monaten organisierte er den ersten Streik, bei dem drei Männer getötet wurden, als die Arbeitgeber Gangster aus dem Süden der Stadt zu Hilfe holten, um die Aktion niederzuschlagen. Dann ließen sich einige von Kellys Leuten von einer Maklerclique engagieren, die es auf die herrlichen alten Anwesen an der Upper East Side nördlich von Yorkville, in der Gegend um die 111th Street abgesehen hatte. Wenn die Besitzer nicht verkaufen wollten, leiteten die Gangster eine systematische Zerstörungs- und Einschüchterungskampagne ein. Zuerst stahlen sie das Blei von den Regenrinnen und dergleichen, dann schlugen sie Löcher in die Dächer, warfen Fenster ein, sprengten Veranden und Türen. Über besonders hartnäckige Besitzer fielen sie sogar mit Fäusten und Pistolen her. Die meisten Hauseigentümer hielten den Attacken nicht länger als einige Wochen lang stand. Dann verkauften sie bereitwillig zu jedem Preis und beeilten sich, aus der Gegend zu verschwinden. Die Maklerclique baute die Häuser zu billigen Mietskasernen um und vermietete die Wohnungen an Italiener, die zu jener Zeit scharenweise an die Upper East Side strömten.

Eastman hatte mit allen Mitteln versucht, seine Gang wieder aufzubauen und seine frühere Machtstellung zu-

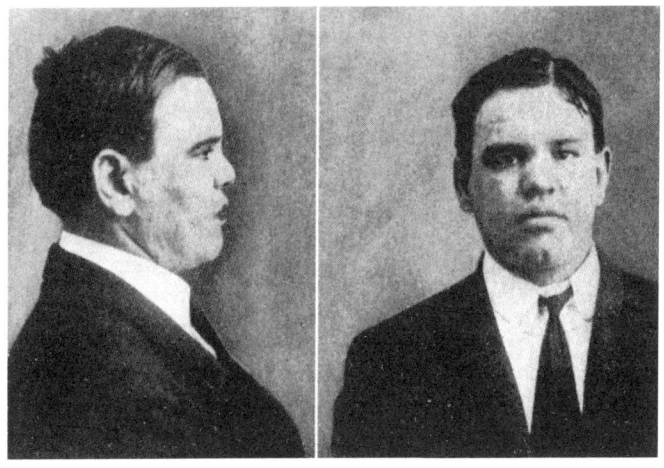

Humpty Jackson

Monk Eastman

rückzuerlangen, aber er konnte kaum mehr als ein Dutzend seiner ehemaligen Getreuen unter seinem Banner versammeln. So sank er zum gewöhnlichen Trickdieb, Einbrecher, Taschendieb und Rauschgifthändler herab. Nachdem er diese Geschäfte etwa drei Jahre lang in aller Stille betrieben hatte, drang 1912 die Kriminalpolizei in seine Wohnung an der East 13th Street ein. Die Ermittler ertappten ihn beim Opiumrauchen und fanden außerdem eine vollständige Ausrüstung zur Herstellung der Droge. Der Bezirksrichter Mayer verurteilte Eastman daraufhin zu acht Monaten Gefängnis. Im September 1914 wurde der Gangster in Buffalo erneut festgenommen und des Einbruchs angeklagt, diesmal aber freigesprochen. Im Juni des folgenden Jahres wurde er dann eines Einbruchs an der Albany Street überführt und zu zwei Jahren und elf Monaten Haft im Gefängnis von Dannemora verurteilt. Im September 1917 wurde Eastman wegen einer Schlägerei festgenommen, jedoch nach einer Anhörung vor dem Schiedsgericht wieder freigelassen. Am folgenden Tag trat der ehemalige Gangsterboss in Yonkers unter dem Namen William Delaney in das 106. Infanterieregiment der New Yorker Miliz ein. Wenige Monate später wurde seine Einheit nach Europa verlegt.

Der Mann, der mit eiserner Hand über 1000 Gangster geherrscht hatte, unterwarf sich bereitwillig der strengen Disziplin der Armee und diente ehrenhaft und verdienstvoll im Ersten Weltkrieg. Nach den Schießereien an der East Side konnte Kugelhagel Eastman nicht schrecken, und er war bei jedem Vorstoß seiner Einheit in vorderster Front dabei. Einmal, als seine Truppe abgelöst wurde, nachdem sie einen besonders hart umkämpften Abschnitt der Front gehalten hatte, bat Eastman den vorgesetzten Offizier um Erlaubnis, als Bahrenträger bei der neu eingetroffenen Einheit zu bleiben. Während seine Kameraden sich ausruhten, brachte er an der Front Verletzte in Sicherheit. Ein anderes Mal, als er selbst verwundet worden war, entwischte Eastman nach drei Tagen halb bekleidet und unbewaffnet aus dem Lazarett, schlug sich bis an die Front durch und schloss sich wieder seiner Einheit an. Monk Eastman bekam keinen Orden für seine Tapferkeit, aber er gewann die Achtung und das Vertrauen seiner Kameraden und Vorgesetzten. Als das Regiment nach Amerika zurückkehrte, unterschrieb Eastmans vorgesetzter eine Petition an Gouverneur Alfred E. Smith und bat darum, dem Gangster das Bürgerrecht wieder zuzuerkennen. Der Kommandeur der Einheit schrieb an den Gouverneur, Eastman sei »ein ruhiger und disziplinierter Soldat und stets freundlich und aufopfernd gegenüber allen seinen Kameraden«.

Am 3. Mai 1919 unterzeichnete Gouverneur Smith das Dokument, durch das Monk Eastman erneut in den vollen Genuss aller staatsbürgerlichen Rechte gelangte. Der ehemalige König der Unterwelt erklärte, er wolle nun ein anständiger Mensch werden. Die Polizei verschaffte ihm eine Arbeitsstelle, und er wurde nicht wieder aktenkundig, bis man ihn am Morgen des 26. Dezember 1920 auf dem Gehweg vor dem Blue Bird Café in der East 14th Street 62 nahe der 4th Avenue fand. Eastman war mit fünf Schüssen getötet worden. Einige Tage später wurde er mit allen militärischen Ehren bestattet. Im Dezember 1921 gestand Jerry Bohan, ein Prohibitionsagent, die Tat. Er wurde zu einer Gefängnisstrafe von drei bis zehn Jahren verurteilt. Im Herbst 1923 wurde Bohan begnadigt. Er sagte aus, er habe mit Eastman über das Trinkgeld für einen Kellner gestritten. Bei den polizeilichen Ermittlungen kam jedoch zu Tage, dass der ehemalige Gangsterboss illegale Alkohol- und Drogengeschäfte betrieben hatte.

Kapitel 14

Die Tong-Kriege

1

Die Doyers Street ist eine verwinkelte kleine Straße, die sich zwischen dem Chatham Square und der Pell Street auf- und abwärts windet und zusammen mit der Pell und der Mott Street die Keimzelle des New Yorker Viertels Chinatown bildete. Sie wurde im Laufe der Zeit zum Schauplatz vieler turbulenter Ereignisse. Die Straße ist ein Waisenkind der Geschichte – Stadtführer und historische Werke über die Entwicklung New Yorks schweigen sich über sie aus, und es ist nicht dokumentiert, wie sie zu ihrem Namen kam. Die wahrscheinlichste Erklärung scheint die zu sein, dass die Straße zum Gedenken an Anthony H. Doyer benannt wurde, der 1809 das Haus mit der Nummer drei baute und für einige Jahre darin wohnte, bevor er in die Hudson Street zog. Ursprünglich hieß die Straße wahrscheinlich Doyer's Lane oder Doyer's Road. Später wurde sie dann unter dem Namen Doyer's Street verzeichnet. Irgendwann ließ ein achtloser Schildermaler den Apostroph weg, und die bis heute gebräuchliche Schreibweise Doyers entstand. Es gibt eine fantastische Geschichte über einen Goldschatz von 35 Millionen Dollar, den einer der Doyers in den Mauern des Hauses versteckt haben soll. Im Laufe der Jahre wurden die Wände daher immer wieder nach Hohlräumen abgeklopft, und auch in den Fundamenten wurde nach dem Schatz gegraben, aber die Suche blieb erfolglos. Die Geschichte ist allein schon wegen der ungeheuren Summe unglaubwürdig, hielt sich aber trotzdem hartnäckig. Noch bis ins 20. Jahrhundert hinein tauchte alle paar Jahre jemand auf, der Anspruch auf das sagenhafte Vermögen der Doyers erhob, seine Geschichte erzählte und wieder von der Bildfläche verschwand, wenn er erfuhr, dass in den Verwaltungsunterlagen keinerlei Hinweise auf ein derartiges Erbe zu finden waren.

Die Doyers Street erfüllte nie einen besonderen Zweck. Früher einmal mag sie als Verbindung zwischen dem Chatham Square und der Pell Street gedient haben, aber Letztere ist ohnehin nur zwei Häuserblocks lang und trifft wenige Meter nördlich des Platzes auf die Bowery. Für den Durchgangsverkehr ist die Doyers Street außerdem zu schmal. Sie ist kaum mehr als 60 Meter lang und so stark gewunden, dass man, um von einem Ende zum anderen zu gelangen, beinahe der legendären Wegbeschreibung zum Haus des Kassim Baba folgen könnte: erst nach rechts und dann nach links, dann wieder rechts und noch einmal links. Aber anstelle des blauen Kreuzes auf der steinernen Säule an Kassims Palast prangt hier die allgegenwärtige Kalligrafie der Chinatown-Fassaden mit ihren rotweißen Plakaten, deren Schriftzeichen in Orange und Schwarz jeder Mensch im Viertel lesen kann – nur die ›fremden Teufel‹ nicht. Wo die Doyers Street auf die Pell Street trifft, befindet sich das alte Hauptquartier der Hip Sing Association, an dessen Seitenwand – einer Art öffentlicher Anschlagtafel Chinatowns – in der Zeit der Tong-Konflikte die Kriegserklärungen dieser Geheimbünde und die Bekanntmachungen der Glücksspielvereinigung Bin Ching angebracht wurden. Letztere stellte damals ein höchst wirksames Aufsichtsorgan der Tongs dar, denn Glücksspiel war der beliebteste Zeitvertreib im Viertel.

Im ersten Drittel des 19. Jahrhunderts wohnten in dem Stadtteil, aus dem später Chinatown entstand, noch überwiegend biedere deutsche Familien in Ziegelhäusern. Vereinzelt lebten auch Iren dort, die – im Gegensatz zu ihren randalierenden Landsleuten an den Five Points – ebenfalls ehrbare Leute waren. Die Entstehung Chinatowns begann damit, dass 1858 ein Kantonese namens Ah Ken nach New York kam, sich an der Mott Street niederließ und mit seinem bescheidenen Kapital einen kleinen Tabakladen an der Park Row eröffnete. Das Geschäft florierte, und zehn Jahre später zog ein zweiter Chinese in die Gegend. Er hieß Wah Kee und eröffnete in der Pell Street 13 – einen halben Block von der Doyers Street entfernt – einen Laden, in dem er schwunghaften Handel mit allerlei Kuriositäten, Lebensmitteln und Süßigkeiten trieb. Wah Kees wichtigste Einnahmequelle war jedoch die Glücksspiel- und Opiumkneipe im Stockwerk über dem Laden. Damit zog er auf Anhieb die zwielichtigen Gestalten von der Bowery und dem Chatham Square an, und das Erscheinungsbild des Viertels begann sich zu wandeln.

Wah Kee war ein so gerissener Gauner, und die Polizei drückte trotz seiner Machenschaften so bereitwillig ein Auge zu, dass sich sein Erfolg in weitem Umkreis herumsprach. Zwei Jahre darauf eröffnete ein Landsmann von ihm in der Mott Street 4 den nächsten Laden als Tarnung für eine Spielhölle und Opiumkneipe. 1872 gab es bereits zwölf Chinesen in der Gegend, und 1880 war ihre Zahl auf 700 gestiegen. Sie strömten immer zahlreicher in das Viertel, hatten nach kurzer Zeit Iren und Deutsche verdrängt und bevölkerten die Mietshäuser an der Doyers, der Mott und der Pell Street. Die Scharen derer, die dort keinen Platz mehr fanden, siedelten sich an der Bowery und südwestlich des Chatham Square an. 1910 lebten in New York Schätzungen zufolge zwischen 10 000 und 15 000 Chinesen, aber in den folgenden zwei Jahrzehnten sank ihre Zahl wieder auf rund die Hälfte, da viele nach New Jersey abwanderten – vor allem in die Stadt Newark, deren chinesische Gemeinde bald größer war als die der Metropole.

Die Tong-Kriege begannen wohl um 1899 herum. Bis auf einen oder zwei, die sich an Streitigkeiten um Frauen entzündeten, hatten alle diese Konflikte ihren Ursprung im Geschäft mit dem Glücksspiel. Die Tongs waren ebenso eine amerikanische Entwicklung wie das Chop Suey – während Letzteres angeblich von einem amerikanischen Tellerwäscher in San Francisco erfunden wurde, entstand der erste Tong etwa um 1860 im Land der Goldgräber im Westen. Mit der Zeit entwickelten sich diese Geheimbünde immer mehr zu Dachorganisationen des Glücksspiel- und Opiumgeschäftes. In ihrer Blütezeit wurden überall entlang der Mott, Doyers und Pell Street in aller Offenheit Fan-Tan- und Pi-Gow-Spielhallen betrieben. Hinter beinahe jedem Laden verbarg sich ein Spielsalon, und der Opiumrauch aus den Kellern und den schmuddeligen Dachstuben über den Kasinos zog an stillen Abenden in Schwaden durch die Straßen, wo er sich mit den Ausdünstungen von schalem Bier, Whiskey und ungewaschenen Männern aller Völker vermischte. Mitte der 90er Jahre des 19. Jahrhunderts gab es an den drei Straßen im Herzen Chinatowns 200 Glücksspiellokale und beinahe ebenso viele Opiumkneipen. Die Besitzer dieser Spelunken zahlten der Polizei durchschnittlich jeweils 17,50 Dollar pro Woche. Kleinere Summen wurden direkt an die Anführer der Tongs entrichtet und außerdem wurde eine Gewinnbeteiligung an die Glücksspielvereinigung abgeführt. Dieses Geld, das aus den Taschen der Spieler stammte, floss ebenfalls in die Kassen der Tongs, allerdings zusätzlich zu den regulären Abgaben, die jeder Spielhallenbesitzer zu leisten hatte. Wie effizient die Vereinigung arbeitete, zeigt das folgende Plakat, das 1897 in Chinatown verteilt wurde, nachdem die Polizei in einer plötzlichen Anwandlung von Tugendhaftigkeit die Spielhöllen für ein paar Wochen geschlossen hatte:

BEKANNTMACHUNG
AN ALLE GLÜCKSJÄGER

Die Spielhallen sind wieder in Betrieb. Da zusätzliche Ausgaben erforderlich sind, tritt eine neue Regelung in Kraft. Statt der bisherigen Abgabe von sieben Prozent auf alle Gewinne über 50 Cent wird in Zukunft eine neue Gewinnbeteiligung erhoben. Sie beträgt sieben Prozent auf alle Gewinne und 14 Prozent auf Gewinne über 25 Dollar.

Diese Bekanntmachung ist in allen Spielhallen deutlich sichtbar an der Wand anzubringen.

Inspektoren der Glücksspielvereinigung werden alle Spielhallen kontrollieren, um sicherzustellen, dass diese Regelung eingehalten wird. Jegliche Zuwiderhandlung wird mit einer Geldstrafe von zehn Dollar geahndet, von der die Hälfte demjenigen ausgezahlt wird, der den Verstoß meldet.

Gezeichnet und gesiegelt im neunten Monat (Oktober) im 17. Jahr des Königs Quong Soi

Bin Ching Union, New York

In jener goldenen Zeit des Fan Tan und Pi Gow regierte Tom Lee, der Anführer der On Leongs, über das gesamte Glücksspielgeschäft. Der konkurrierende Tong der Hip Sings übte sich in Bescheidenheit und durfte nur ein paar Spielsalons betreiben. Außerdem beherrschte Tom Lee alle sechs chinesischen Wahlbezirke der Stadt New York und sorgte gegebenenfalls dafür, dass die Bewohner ihre Stimmen gleich mehrmals abgaben. Dadurch machte Lee sich bei den Politikern äußerst beliebt, und diese ehrten ihn, indem sie ihn den Bürgermeister Chinatowns nannten und ihm das Amt des stellvertretenden Sheriffs von New York County übertrugen. Nun schritt der Häuptling der On Leongs in großartiger Aufmachung durch die Straßen: An seiner Jacke glänzte der polierte Stern, sein hoch gewachsener Körper steckte in einem Kettenpanzer, und seine Hände ruhten auf den Schultern der Trabanten, die zu beiden Seiten neben ihm hergingen. Tom Lee genoss das Leben in Macht und Reichtum. Der einzige Wermutstropfen war Wong Get – eigentlich ein sanfter und liebenswürdiger Zeitgenosse, der aber zehn Jahre lang unermüdlich versuchte, Tom Lee von seinem Sockel zu stoßen. Doch er scheiterte kläglich. Vielleicht lag es daran, dass Wong Get sein Haar kurz trug und sich wie die Weißen kleidete, wodurch er zum Gespött von Chinatown wurde und das Vertrauen seiner Landsleute verlor.

Im Frühjahr 1900 wurde der ruhige, friedliche Fluss von Tom Lees Herrschaft jedoch abrupt gestört, als Mock Duck auf den Plan trat. Er war ein farbloser, feister, mondgesichtiger kleiner Mann, der darauf aus war, sich zum Kaiser des Viertels aufzuschwingen. Er wurde mit einer eigentümlichen Mischung aus Tapferkeit und Feigheit zum Schrecken von Chinatown. Mock Duck trug ebenso wie alle Tong-Killer der damaligen Zeit ein Kettenhemd und war mit zwei Pistolen und einem Beil bewaffnet. Er konnte durchaus ein unerschrockener Kämpfer sein. Manchmal hockte er sich auf der Straße inmitten feindlicher On Leongs mit geschlossenen Augen auf den Boden und schoss ohne Rücksicht auf Verluste um sich. Dabei traf er

Tom Lee

nur selten sein Ziel – genau genommen traf er überhaupt selten irgendetwas. Dennoch war er, solange er nur den Abzug betätigen konnte, eine Gefahr für jeden, der in die Reichweite der Pistolen geriet. Manchmal bekam Mock Duck es allerdings auch mit der Angst und floh Hals über Kopf nach San Francisco oder Chicago. Wenn er zurückkehrte, steckte er stets voller neuer Pläne und Ideen, mit denen er den On Leongs das Leben schwer machen wollte. Möglicherweise waren diese Fluchtmanöver ausschließlich strategischer Art, und Mock Duck fürchtete sich in Wirklichkeit vor niemandem außer vor Tai Yu, seiner Frau. Diese stöberte ihren Mann einmal in der Wohnung einer Chinesin an der Division Street auf und zerrte ihn am Kragen nach Hause. Unterwegs blieb sie an jeder Ecke stehen und bearbeitete ihn mit Fußtritten und Fäusten. Einige Schießereien waren nötig, bis Mock Duck das Gelächter über diesen schändlichen Zwischenfall zum Verstummen gebracht hatte.

Bei Mock Duck war die Spielleidenschaft, der ohnehin viele Menschen aus seinem Volk frönten, besonders ausgeprägt. Er schloss Wetten über alles Mögliche ab – einmal soll er sein gesamtes Vermögen darauf verwettet haben, ob eine beliebige Orange von einem Obstkarren eine gerade oder ungerade Anzahl Kerne hätte. Mock Duck setzte sogar seine Religion aufs Spiel: Nachdem er viel von der Allmacht des christlichen Gottes gehört hatte und diese nicht zuletzt darin bewiesen sah, dass die Polizisten trotz ihrer spärlichen Bezahlung auf wundersame Weise im Wohlstand lebten, brachte Mock Duck über der Götterfigur auf seinem Hausaltar das Motto an, das auf den amerikanischen Dollarnoten steht: »In God we trust« – »Auf Gott vertrauen wir.« Einige Jahre später, nachdem die Gesellschaft zur Verbrechensbekämpfung seine Pläne gegen die On Leongs unfreiwillig unterstützt hatte, ersetzte er das Götterbild im Haus des Hip-Sing-Tong durch eine riesige Kreidezeichnung, die Frank Moss darstellte. Dieser war

Berater und Mitstreiter des berühmten Dr. Charles H. Parkhurst auf dessen Feldzug gegen den Teufel.

Als Mock Duck nach New York kam, war Wong Get bereits drauf und dran, den Kampf gegen Tom Lee aufzugeben, aber er hatte immer noch einigen Einfluss in den Rängen der Hip Sings. Mock Duck verbündete sich mit ihm und setzte sich innerhalb eines Jahres an die Spitze des Tong. Dessen Mitglieder waren inzwischen so zahlreich, dass Mock Duck es wagen konnte, dem Anführer der On Leongs die Stirn zu bieten. Er forderte den Potentaten des Viertels kurzerhand auf, ihm die Hälfte der Einnahmen aus den Glücksspielrechten in Chinatown abzutreten – anderenfalls könne er sich auf eine Auseinandersetzung gefasst machen. Tom Lee lachte nur, und ganz Chinatown mit Ausnahme der Männer des Hip-Sing-Tong stimmte ein. Aber das Lachen verging ihnen bald, denn ein paar Wochen später wurde in einer Pension, die Anhängern der On Leongs gehörte, ein Feuer gelegt, das das Gebäude zerstörte und zwei von Tom Lees Getreuen tötete. Der Brand ereignete sich an der Pell Street, die damals noch nicht unter der Kontrolle der Hip Sings stand. Später, als die Mott Street zur Hochburg der On Leongs wurde, übernahmen die Hip Sings die Herrschaft über die Pell Street. Mock Duck stritt natürlich entrüstet ab, irgendetwas mit dem Brand zu tun zu haben, aber er hatte doch unmissverständlich klar gestellt, dass man seine Macht nicht unterschätzen durfte. Um ihm eine Lektion zu erteilen, ergriff ein On-Leong-Mann ein Beil und erschlug den erstbesten Hip Sing, der ihm auf der Doyers Street über den Weg lief.

Mock Duck hisste sofort die Mörderflagge auf dem Dach des Hauptquartiers des Hip-Sing-Tong und es begann ein jahrelanger blutiger Krieg. Die Four Brothers schlossen sich den Hip Sings an, und Mock Ducks Killer setzten alles daran, Tom Lee umzubringen. Dies wäre ihnen auch um ein Haar gelungen, denn ein Schuss durch das Fenster verfehlte den Häuptling der On Leongs so

*Waffenstillstands-Flagge
auf dem Haus des On-Leong-Tong
an der Mott Street*

knapp, dass die Kugel einen Wecker auf einem Regal direkt neben seinem Kopf zerschmetterte. Während das Gemetzel in vollem Gange war, hinterbrachte Mock Duck scheinheilig Dr. Parkhursts Gesellschaft zur Verbrechensbekämpfung die Adressen der wichtigsten Spielhöllen der On Leongs. Parkhursts Mitarbeiter Frank Moss erledigte alles Weitere. Er setzte die Polizei unter Druck und sorgte dafür, dass Razzien durchgeführt und Lokale geschlossen wurden. Mock Duck und Wong Get betrieben mit demselben Eifer die Neueröffnung der Spielsalons durch ihre eigenen Leute. Der Spielbetrieb ging munter und ungestört weiter, aber die Gewinne flossen nun an Mock Duck und die Hip Sings statt wie früher an Tom Lee und die On Leongs. Damals erklärte Mock Duck, Frank Moss müsse doch ein wahrhaft mächtiger Götze sein, denn Tom Lees Protest stieß bei ihm ebenso wie bei Dr. Parkhurst auf taube Ohren. Dieser Krieg dauerte an, bis 1906 Richter Warren W. Foster vom staatlichen Strafgericht die Anführer der beiden verfeindeten Tongs zu sich nach Hause einlud und sie dazu brachte, einen Friedensvertrag zu unterzeichnen. Die On Leongs bekamen darin die Vorherrschaft über die Mott Street und die Hip Sings die über die Pell Street eingeräumt, während die Doyers Street zur neutralen Zone erklärt wurde. Es gab ein großes Fest im Port Arthur Restaurant an der Einmündung der Mott Street in den Chatham Square, und Tom Lee trank zur Feier des Tages 107 Gläser Reiswein. Aber die Tinte, mit der der Vertrag unterschrieben worden war, hatte kaum Zeit zum Trocknen. Schon bald erschoss ein Schütze von den Hip Sings in der Biegung der Doyers Street einen On Leong. Nach einer Woche qualmten die rostigen Revolver wie eh und je, und auch Beile und Messer wurden aufs Neue gewetzt. Es dauerte ein halbes Jahr, bis Richter Foster mithilfe der chinesischen Regierung einen neuen Waffenstillstand zu Stande brachte, der bis zum großen Krieg von 1909 hielt.

Als Mock Duck auf dem Höhepunkt seiner Karriere stand, begannen Vertreter der Gerry Society, sich für sein Privatleben zu interessieren. Es gab nämlich Gerüchte darüber, dass die leiblichen Eltern seiner Adoptivtochter Ha Oi Weiße gewesen seien. Bei den Ermittlungen stellte sich heraus, dass die Mutter eine gewisse Lizzie Smith war, die nach dem Tod ihres ebenfalls weißen Ehemannes einen Chinesen aus San Francisco namens Wu Ching Mung geheiratet hatte. Als Lizzie Smith starb, heiratete der Witwer eine gewisse Tai Yu, die wiederum nach seinem Tod Mock Ducks Frau wurde. So kam Ha Oi in das Haus des Tong-Bosses. Als die Mitarbeiter der Gerry Society das Mädchen schlafend am Fußende einer Couch fanden, auf der Mock Duck und sein Vetter Opium rauchend lagen, nahmen sie es kurzerhand mit.

Mock Duck tobte verzweifelt durch die Straßen Chinatowns und flehte unter Tränen um Hilfe. Er brachte den Fall vor die Berufungskammer des Obersten Gerichts, die jedoch gegen ihn entschied. In seiner Verzweiflung übertrug er Wong Get seine Anteile am Glücksspielgeschäft und machte sich auf eine Reise quer über den amerikanischen Kontinent. Mock Duck spielte fieberhaft in Chicago, San Francisco und überall im Westen. Als er nach einem Jahr nach Chinatown zurückkehrte, trug er Diamanten auf der Hemdbrust, hatte 30 000 Dollar in der Tasche und wechselte zum Erstaunen des ganzen Viertels dreimal täglich die Kleidung. Aber Reichtum allein konnte ihn nicht befriedigen, und seine Machtgier ließ ihm keine Ruhe. Sobald er wieder zurück war, ertönten aufs Neue Schüsse, und die Klingen der Beile blitzten. Mock Duck wurde immer wieder wegen Mordverdachts und illegaler Glücksspielgeschäfte verhaftet, aber jedes Mal freigesprochen. Erst 1912 gelang es, ihn als Betreiber einer Lotterie zu verurteilen und im Sing Sing zu inhaftieren.

Es gibt wenige Menschen, auf die häufiger geschossen wurde als auf Mock Duck, aber obwohl er mehr als zehn Jahre lang buchstäblich im Kugelhagel lebte, wurde er nur ein einziges Mal verwundet. Dies geschah am 4. November 1904. Mock Duck schnappte gerade vor seinem Haus ein wenig Luft, als plötzlich drei On Leongs in der Pell Street auftauchten. Sie hockten sich auf den Boden, schlossen die Augen und schossen wild drauflos, bis Mock Duck mit einer Kugel in der Hüfte zu Boden ging. Polizisten rannten über die Doyers Street und von beiden Enden der Pell Street herbei, erwischten jedoch nur einen der On-Leong-Schützen. Sie nahmen ihn in die Mitte und deckten ihn von allen Seiten mit ihren Körpern, damit die aufgebrachte Menge ihn nicht lynchte. In dieser Formation bewegten sie sich langsam bis zum Chatham Square, wo eine Meute mit Beilen und Pistolen um einen Polizeiwagen tobte. Die rasenden Hip Sings suchten fieberhaft nach einer Lücke in der Mauer der Polizisten, durch die sie schießen oder schlagen könnten.

Mock Duck lag drei Wochen lang im Hudson Hospital. Als er wieder genesen entlassen wurde, brannte er auf Rache – und er bekam sie. Die drei Straßen Chinatowns, Doyers, Pell und Mott Street, hallten von den Schüssen wider, die wütende Hip Sings auf flüchtende On Leongs abfeuerten. Mock Duck selbst war bei jeder Schlacht in vorderster Front mit dabei, bis er 1912 verhaftet wurde. Es gab nicht viele Beweise gegen ihn, und er beharrte unbeirrt darauf, dass diese gefälscht seien, aber die Gerichte waren offenbar der Meinung, es sei höchste Zeit, etwas gegen ihn zu unternehmen, und verurteilten ihn zu einer Gefängnisstrafe. Damit war Mock Ducks Karriere als Tong-Krieger beendet. Nach seiner Entlassung siedelte er nach Brooklyn über und erklärte 1918 feierlich, er habe mit Tongs und Kriegen nichts mehr zu tun. Sein Verlangen nach Reichtum und Abenteuer sei gestillt, und er werde sich nie wieder in Chinatown blicken lassen. Soweit bekannt ist, hielt er sein Wort.

2

Das alte chinesische Theater und der Bloody Angle zählen zu den geschichtsträchtigsten Orten Chinatowns. Als Bloody Angle bezeichnete man eine scharfe Biegung der Doyers Street bei der Arcade, einem Durchgang zur Mott Street, den die Polizei später sperrte, weil er den Killern des On-Leong-Tong einen allzu günstigen Fluchtweg bot. Die Polizei glaubte – und konnte es auch beweisen, sofern sich so etwas eben beweisen ließ –, dass am Bloody Angle mehr Menschen ermordet wurden als an irgendeinem anderen, vergleichbar großen Ort auf der Welt. Die Stelle war ideal als Hinterhalt geeignet, denn die Biegung war so scharf, dass man unmöglich sehen konnte, wer oder was dahinter lag. Dort lauerten die Killer der Tongs mit rasiermesserscharfen Dolchen und Beilen ihren ahnungslosen Opfern auf, fielen über sie her, sobald diese um die Ecke bogen, und flüchteten dann durch die Arcade oder verschwanden im Theater. Durch unterirdische Gänge entkamen sie in die Mott oder die Pell Street.

Das Theatergebäude wurde später von der New York Rescue Society zur Mission umfunktioniert, und fromme Lieder und belegte Brote für Obdachlose traten an die Stelle der Späße des Komödianten Ah Hoon und der mitreißenden Tragödien, zu denen der berühmte Schauspieler Hom Ling eigens aus Kanton anreiste. Als das Theater 1895 eröffnet wurde, war es das erste chinesische Theater östlich von San Francisco, wo der große Hom Ling ebenfalls gastierte. Es wurde auch das letzte, abgesehen von vereinzelten Gastspielen chinesischer Tourneetheater, die Reiseveranstalter gelegentlich in den alten Häusern an der Bowery organisierten. Die Spielstätte gelangte im August

Der Bloody Angle in der Doyers Street

Das alte chinesische Theater

1910 in den Besitz der Rescue Society, nachdem der Schauspieler Raymond Hitchcock und Joe Humphreys, der bei großen Boxwettkämpfen als Ansager auftrat, erfolglos versucht hatten, die zivilisatorische Errungenschaft des Kinos in Chinatown zu etablieren. Die Gesellschaft war nicht übermäßig interessiert daran, dem Gerücht auf den Grund zu gehen, das Fundament habe jahrelang als Friedhof für die Opfer der Tong-Kriege gedient. Sie übernahm das Gebäude weitgehend unverändert, ließ lediglich ein Bad einbauen, die unterirdischen Gänge zumauern und die Pritschen, auf denen früher Opium geraucht worden war, aus dem Keller entfernen. Die Befestigungshaken blieben im Mauerwerk stecken. Die Wandgemälde im Zuschauerraum, die Drachenkämpfe und den Sieg der Tugend über das Böse darstellten, blieben ebenfalls erhalten. Fantasievolle Fremdenführer gaben sie mitunter als herausragende Zeugnisse chinesischer Kunst aus und erzählten, die Bilder stammten aus einem alten Tempel und seien zur Erbauung der chinesischen Gemeinde aus Kanton nach New York gebracht worden. In Wirklichkeit handelte es sich um die Werke von Chin Yin, der im Haus nebenan wohnte und als Kalligraf, Maler, Künstler und Hausmeister arbeitete. Er hatte die Bilder für 35 Dollar gemalt.

Die ursprünglichen Initiatoren des Theaters hatten Mühe, aus dem Unternehmen Gewinn herauszuschlagen, denn sie verlangten nur 25 Cent Eintritt. Das Haus musste zu jeder Vorstellung ausverkauft sein, damit die laufenden Kosten gedeckt waren. Nach dem Ausbruch der Tong-Kriege ergab sich zudem das Problem, dass die On Leongs, die Hip Sings und die Four Brothers das Theater zum Schauplatz ihrer Kämpfe und Morde machten. Der große Hom Ling musste seine ergreifenden Reden regelmäßig unterbrechen und von der Bühne flüchten, weil ein kampflustiger Hip Sing gerade einem andächtig lauschenden On Leong mit scharfer Klinge die Kehle durchgeschnitten hatte. Auch Revolverschüsse störten immer wieder die Aufführungen, denn die Chinesen hatten inzwischen ihre Vorliebe für die Waffen der ›fremden Teufel‹ entdeckt, auch wenn sie deren Gesetze weiterhin missachteten. Allerdings ließ ihre Treffsicherheit sehr zu wünschen übrig – sie zielten einfach vage in die Richtung ihrer Widersacher, schlossen die Augen und drückten so lange ab, bis das Magazin leer war.

Ah Hoon, den chinesische Theaterkritiker als begnadeten Komödianten beurteilten, wurde umgebracht, weil er es nicht lassen konnte, in seine Darbietungen Anspielungen auf die aktuelle Lage einzuflechten. Da er entschieden auf der Seite des On-Leong-Tong stand, dem er auch selbst angehörte, gingen seine Scherze und Bissigkeiten im Allgemeinen auf Kosten der Four Brothers und Hip Sings. Ah Hoon schürte unablässig deren Groll und brachte sich auf diese Weise in immer größere Gefahr. Pater Huie Kim, ein Christ und Leiter der Morning Star Mission an der Doyers Street, warnte den Komiker und verurteilte ihn öffentlich als schlechten Menschen. Aber Ah Hoon ließ sich nicht belehren. Auch nachdem die Four Brothers und die Hip Sings den On Leongs aus anderen Gründen den Krieg erklärt hatten, hielt er sich mit Spott über die Feinde seines Tong nicht zurück. Daraufhin beschlossen die Hip Sings und die Four Brothers, ihn umzubringen. Da sie Wert auf Fairness legten, schickten sie ihm einen Boten mit einer Vorwarnung. Sie teilten Ah Hoon auf die Minute genau mit, wann sie ihn ermorden würden, und ließen ihn außerdem wissen, dass er auf der Bühne für seine Schmähreden sterben solle, dem Ort, wo er sie gehalten hatte.

Am 30. Dezember 1909 – Tom Lee hatte gerade vorübergehend sein Amt als Häuptling der On Leongs niedergelegt, um sich außerhalb der Stadt etwas zu erholen und vor den Geschossen der Hip Sings in Sicherheit zu bringen – ging eine Chinesin, die in der Wohnung unter der von Ah Hoon wohnte, zur Polizei und bat um Schutz für den bedrohten Komödianten. Daraufhin begleiteten Sergeant John D. Coughlin, der später Chefinspektor wurde, und zwei Streifenpolizisten Ah Hoon zum Theater und blieben während der gesamten Aufführung auf der Bühne sitzen, wo sie in ihren blauen Uniformen seltsam deplatziert wirkten. Ah Hoon zitterte bei seinem Auftritt vor Angst, kürzte den Text und verkniff sich alle Witze über die Hip Sings und die Four Brothers. Das Theater war überfüllt, denn die Nachricht von der bevorstehenden Tragödie hatte sich in ganz Chinatown herumgesprochen. Draußen auf der Straße drängten sich Scharen Schaulustiger, die nicht einmal mehr einen Stehplatz bekommen hatten. Aber die Hip-Sing-Killer hatten offenbar Angst vor der Polizei, denn sie hielten ihr Wort nicht. Nach der Veranstaltung eskortierten die Polizisten den Schauspieler durch einen unterirdischen Gang bis zu seiner Wohnung am Chatham Square. Dort schloss er sich ein und ging zu Bett. Das einzige Fenster seines Zimmers lag gegenüber einer glatten, fensterlosen Mauer, am Hauseingang waren schwer bewaffnete On-Leong-Männer in Kettenhemden postiert, und auch in den Straßen patrouillierten Wachen. Doch als der Morgen dämmerte, war Ah Hoon tot. Ein Hip-Sing-Killer hatte sich vom Dach abgeseilt und ihn durch das Fenster mit einem Schuss ins Herz umgebracht. Hoochy-Coochy-Mary, die im Stockwerk unter dem Komiker wohnte und den Schuss gehört hatte, fand die Leiche.

Nach dem Mord an Ah Hoon hallte ganz Chinatown von Schüssen wider, und überall im Viertel blitzten die Klingen der Beile auf. Auch die leidgeprüften Besitzer des Theaters beklagten den Verlust, denn der beliebte Komiker war ein wichtiger Publikumsmagnet gewesen. Der Krieg erreichte seinen Höhepunkt an Neujahr, dem größten Fest der Chinesen. Zu diesem Anlass drängten sich in dem Haus die Menschen. Es hieß, die verfeindeten Tongs hätten einen Waffenstillstand vereinbart. Es gab eine mitreißende und temperamentvolle Aufführung, bis plötzlich in der Luft über dem Parkett ein Päckchen Böller explodierte. Die Feuerwerkskörper knallten und pfiffen, und sofort brach die Menge in Panik aus. Doch in dem allgemeinen Tumult knallten und pfiffen auch Schüsse, und als das Publikum das Gebäude räumte, blieben fünf On-Leong-Männer reglos liegen. Sie waren inmitten der explodierenden Feuerwerkskörper schnell und unauffällig ermordet worden. Mock Duck und mehrere andere Hip-Sing-Killer wurden verhaftet, aber da ihnen nichts nachgewiesen werden konnte, gingen sie straffrei aus.

Die Theaterbesitzer kündigten vor Empörung über diese Vorfälle an, das Haus zu schließen. Daraufhin gab es neue Verhandlungen, und schließlich wurde im Frühjahr 1910 vereinbart, den Waffenstillstand von 1906 wieder in Kraft zu setzen – wenigstens im Theater sollte es in Zukunft kein Blutvergießen mehr geben. Der Bloody Angle und die übrige Doyers Street wurden in der Vereinbarung allerdings nicht erwähnt. Folglich lauerten dieselben Mörder, die bisher das Theater verwüstet hatten, ihren Opfern fortan draußen mit Beilen und Revolvern auf. Dies schreckte die Besucher kaum weniger ab. Später übernahmen die ›fremden Teufel‹ das Theater, und es wechselte mehrmals den Besitzer. Als Hitchcock und Humphrey schließlich mit ihrem Versuch, ein Kino daraus zu machen, scheiterten, war das Ende des chinesischen Theaters besiegelt. Es wurde als Mission dem Gott der Weißen geweiht und war von nun an für die Chinesen völlig uninteressant.

Der Auslöser des Tong-Krieges, dem Ah Hoon zum Opfer gefallen war und der dazu führte, dass die Chinesen das Theater aufgaben, war der Mord an der kleinen Sweet Flower. Sie hieß eigentlich Bow Kum und stammte aus Kanton. Ihr Vater hatte sie für ein paar Dollar an Menschenhändler verkauft, die sie in die USA brachten. Low Hee Tong, der hoch in den Rängen der Four Brothers und ihrer Verbündeten, der Hip Sings, stand, kaufte das Mädchen in San Francisco für 3000 Dollar und lebte vier Jahre lang mit ihm zusammen. Dann bekam er Schwierigkeiten mit der Polizei, und als er keine Heiratserlaubnis vorlegen konnte, nahm man ihm Bow Kum weg und brachte sie in einer christlichen Mission unter, um sie vor der Sünde zu retten. Dann trat Tchin Len auf den Plan, ein fleißiger Gemüsebauer, der sie heiratete und mit ihr nach New York zog. Low Hee Tong forderte, Tchin Len solle ihm den Kaufpreis erstatten, den er für das Mädchen gezahlt hatte. Als der Gärtner sich weigerte, schrieb Low Hee Tong einen Brief an die Four Brothers und die Hip Sings in New York, in dem er sein Problem schilderte. Die Tong-Bosse fanden die Forderung gerechtfertigt und verlangten in seinem Namen das Geld offiziell vom On-Leong-Tong, zu dem Tchin Len gehörte, zurück. Als die On Leongs nicht reagierten, hissten die Four Brothers und Hip Sings sofort die rote Mörderflagge auf den Tong-Häusern an der Pell

Street und hängten an den Plakatwänden Kriegserklärungen in grellen Farben aus. Wenige Tage darauf, am 15. August 1909, stahl ein Killer sich in die Mott Street 17 – das Haus, in dem Tchin Len wohnte – und tötete Bow Kum mit einem Messerstich ins Herz. Dann schnitt er ihr die Finger ab und verstümmelte die Leiche.

Daraufhin kannte das Gemetzel kein Halten mehr. Es kam zum wohl verheerendsten aller New Yorker Tong-Kriege. Er forderte rund 50 Tote und ein Vielfaches an Verwundeten – ganz zu schweigen von dem Sachschaden, der durch Bomben entstand, denn die Chinesen hatten inzwischen damit begonnen, mit Dynamit zu experimentieren, und die Folgen waren entsetzlich. Tom Lee plädierte dafür, Frieden zu schließen, bevor die ›fremden Teufel‹ eingriffen und beide Tongs aus der Stadt jagten. Doch die jüngeren und heißblütigen Hip Sings, Four Brothers und On Leongs schworen bei den Gebeinen ihrer Vorfahren, ihre Feinde bis zum letzten Mann zu bekämpfen. Captain William Hodgins von der Wache an der Elizabeth Street fand schließlich Unterstützung bei den chinesischen Kaufleuten, die keinem der verfeindeten Tongs angehörten. Mit ihrer Hilfe konnte er die Anführer tatsächlich zu Gesprächen bewegen. Zuerst verhandelte Hodgins mit den On Leongs, die erklärten, sie seien nur allzu gern bereit, Frieden mit ihren Brüdern zu schließen. Vorher müssten die Hip Sings und die Four Brothers ihnen allerdings eine chinesische Flagge, ein gebratenes Schwein und 10 000 Pakete Feuerwerkskörper übergeben. Ebenso gut hätte man von den Mitgliedern des Ku Klux Klans verlangen können, Jom Kippur zu feiern, den Kolumbusrittern ihre Gewänder zu schenken und vor dem Papst niederzuknien. Die Hip Sings und die Four Brothers schäumten vor Wut, und das Gemetzel ging ein Jahr lang munter weiter. Im Herbst 1910 wurde der Streit schließlich von einem Ausschuss, der sich aus 40 Personen zusammensetzte – überwiegend chinesischen Kaufleuten, Lehrern und Studenten – beigelegt. Der chinesische Gesandte in Washington hatte ihn eingesetzt. Der Waffenstillstand, der so zu Stande kam, enthielt keine Bedingungen, die für eine der Parteien erniedrigend gewesen wären. Obwohl die Four Brothers ihn ablehnten, blieb er bis 1912 in Kraft. Dann trat ein neuer Tong auf den Plan. Er nannte sich Kim Lan Wui Saw und erklärte sowohl den On Leongs als auch den Hip Sings den Krieg. Diese schworen, dass die Four Brothers dahinter steckten. Die einstigen Rivalen verbündeten sich, um die Emporkömmlinge zu vernichten, und waren bereits auf dem besten Wege dazu, als die chinesische Regierung erneut eingriff und die Tongs mit der Hilfe der New Yorker Polizei zwang, einem neuen Vertrag zuzustimmen. Dieser wurde am 22. Mai 1913 von der chinesischen Handelsvereinigung, den Tongs On Leong und Hip Sing sowie dem Kim Lan Wui Saw unterzeichnet. Die widerspenstigen Four Brothers widersetzten sich allerdings auch diesmal.

Alle Seiten profitierten von dem Frieden, der nach dieser Vereinbarung in Chinatown einkehrte, bis 1924 ein neuer Krieg ausbrach. Der Auslöser war, dass einige Mitglieder des On-Leong-Tong, als sie aus dieser Organisation ausgeschlossen wurden, zu den Hip Sings überliefen. Die On Leongs behaupteten, sie hätten dabei eine beträchtliche Summe aus der Kasse des Tong mitgenommen. Es kam monatelang immer wieder zu sporadischen Kämpfen, die jedoch nie die Ausmaße der früheren Auseinandersetzungen erreichten. Was New York betraf, spielte sich das Gemetzel größtenteils nicht in Chinatown selbst ab, sondern unter chinesischen Wäschern und Restaurantbesitzern in der Bronx und in Brooklyn. Auf der Mott, Doyers und Pell Street wurden dagegen nur wenige Männer getötet. Außerdem gab es 1921 im Westen einen großen Krieg zwischen den Tongs Suey Ying, Bing Kong, Suey Don und Jung Ying, aber da keine dieser Gruppen Anhänger an der Ostküste hatte, blieb New York davon verschont.

Die Gangs hielten sich zwar aus den Kämpfen in Chinatown weitgehend heraus, aber es gab überall im Viertel
zahlreiche Kneipen, die Weißen gehörten und in denen
Gangster verkehrten. Scotchy Lavelle, der das beschwerli-
che Gewerbe des Flusspiraten aufgegeben hatte, um Rausschmeißer in Callahan's Dance Hall an der Ecke Chatham
Square/Doyers Street zu werden, eröffnete später selbst
eine Kneipe in der Doyers Street 15. Dies geschah etwa um
die Zeit, als Monk Eastman begann, in der Unterwelt von
sich reden zu machen. Das Lokal gegenüber dem Callahan's gehörte Barney Flynn, der sich bei der irischen
Kundschaft besonders beliebt machte, als er einmal ein
Gemälde von George Washington in Auftrag gab und darauf bestand, dass der Künstler zu Füßen des Generals
auch einige tote Engländer malte. In der Doyers Street 6
befand sich der Chatham Club, wo Irving Berlin gelegentlich sang und als Kellner arbeitete. Er bekam dazu eine
besondere Erlaubnis von Nigger Mike Salter, in dessen
Kneipe in der Pell Street 12 er als singender Kellner sein
Geld verdiente, bis er seinen Hang zum Ragtime entdeckte. In Lavelles Lokal soll das geflügelte Wort entstanden sein: »Wer fragt nach dem schönen Kellner?« Im vorderen Raum des damaligen Chatham Club wurde später
ein Kuriositätenladen eingerichtet, aber äußerlich blieb
das Gebäude unverändert – eine merkwürdige Konstruk-
tion mit zahlreichen Giebeln, unglaublich schmutzig und
schäbig, aber voller Zierrat und architektonischer Spie-
lereien.

Diese Spelunken – besonders der Chatham Club, Barney
Flynns Kneipe und die von Nigger Mike – dienten auch
als Hauptquartier der weißen Parasiten Chinatowns, die
als Laufburschen oder Fremdenführer im Viertel eine unsichere Existenz fristeten. Big Mike Abrams zählte in den
späten 90er Jahren zu den berüchtigten Gestalten der Ge-

gend. Er hatte früher an der Pell Street und auf Coney Island Opiumkneipen betrieben, zog dann aber in das chinesische Viertel, wo er sich darauf spezialisierte, Chinesen zu verprügeln, gelegentlich auch Aufträge als Schläger oder Killer annahm und einer Bande von Taschendieben eine Anlaufstelle bot. Big Mike prahlte noch kurz vor sei-

Chuck Connors in einer seiner getarnten Opiumkneipen

nem Tod damit, dass nicht weniger als zehn Chinesen durch seine Hand gestorben seien. Drei hatte er auf der Pell Street vor den Augen ihrer entsetzten Landsleute mit einem Klappmesser enthauptet. Aber Big Mike verlor viel von seinem Schrecken, als ihn einmal ein Hip-Sing-Killer namens Sassy Sam, der sich zuvor mit Reisschnaps und Rosenwein Mut angetrunken hatte, mit einem riesigen Krummschwert durch die ganze Pell Street jagte. Wenig später köpfte Big Mike Ling Tchen, einen der Obersten der Hip Sings. Der Tong hielt Kriegsrat und kam zu dem Schluss, dass Ling Tchens Ermordung nach Rache schrie. Noch ehe ein Monat vergangen war, wurde Big Mike tot in seinem Bett gefunden. Der Raum war voller Gas, das mithilfe eines dünnen Gartenschlauchs von einem offenen Hahn im Flur durch das Schlüsselloch in das Schlafzimmer geleitet worden war.

Von allen Weißen, die in Chinatown ihr Glück versuchten, erlangte Chuck Connors den größten Ruhm. Er war als Sohn einer ehrbaren irischen Familie an der Mott Street geboren und auf den Namen George Washington Connors getauft worden. Sein Spitzname kam von seiner Vorliebe für ›chuck steak‹ – Rinderkamm, den er in seiner wilden Jugendzeit an Stöcken über Gossenfeuern röstete. In den Zeitungen wurde damals viel über ihn berichtet, besonders seit er als König der Laufburschen galt. Man nannte ihn auch den ›Weisen von der Doyers Street‹ und den ›Philosophen der Bowery‹. Chuck Connors' einzigartige Redeweise machte Schule, und sein Witz, Scharfsinn und Talent zum Geschichtenerzählen trugen ihm erhebliches Ansehen ein. In seiner Jugend war er ein viel versprechender Boxer im Leichtgewicht gewesen, aber in späteren Jahren verkam er zum Tresenhocker und Herumtreiber. Er saß oft stundenlang vollkommen regungslos auf einem Stuhl im Chatham Club, der gegen die Wand gekippt war, während Scharen von Touristen ihn ehrfürchtig bestaunten.

Sehr wahrscheinlich stammten die meisten, wenn nicht sämtliche geistreichen Sprüche, die Chuck Connors zugeschrieben wurden, in Wirklichkeit von Frank Ward O'Malley und Roy L. McCardell, die damals für die Zeitungen *Sun* und *World* schrieben. Sie hatten Connors für sich entdeckt, denn er lieferte unentwegt Stoff für neue Geschichten. Man konnte ihm alles Mögliche andichten, und er selbst las gewissenhaft jede Zeitung, um zu erfahren, was er angeblich gerade tat oder dachte. Wenn sonst nichts aufzutreiben war, woraus sich ein Leitartikel machen ließ, dann gab es immer noch Chuck Connors, der durch die ständige Aufmerksamkeit der Presse bald landesweite Berühmtheit erlangte. Seine Sprache – oder besser: die Sprache, die O'Malley und McCardell ihm zuschrieben – ging in Theaterstücke ein und prägte für lange Zeit die allgemeine Vorstellung davon, wie an der Bowery geredet wurde. Hier ist ein typisches Beispiel, das veröffentlicht wurde, nachdem Chuck sich dazu herabgelassen hatte, gemeinsam mit Nellie Noonan, der Königin des siebten Bezirks, das American Theater mit einem Auftritt zu beehren:

To de woods fer mine. I bit so easy de jay must a t'ought he had a dead one on de string. Anyhow he had de show all fixed up an' me in a sleepin' car before even I turns me mind to de wagis for yours truly. Th' first time I goes to de box offis fer me dough I near drops dead. De guy behin' de bars passes me out an envelick wit' $ 15 in it.

»W'at t' 'ell?« says I. »W'at t' 'ell is dis?« says I, like dat, to de bloke in de windy.

»Dat's your wagis«, says de guy.[1]

Chuck Connors trat seine vermutlich einzige reguläre Arbeitsstelle in dem Jahr an, in dem er seiner späteren Frau den Hof machte. Er wurde Heizer auf einer der kleinen Lokomotiven, die die Hochbahnen zogen, bevor diese über Elektroantrieb verfügten. In jener Zeit lebte Connors als nützliches Mitglied der Gesellschaft, bis seine Frau starb. Dann fiel er in seine alten Gewohnheiten zurück

---

[1] Verständlicherweise kann diese Redeweise nicht auf Deutsch wiedergegeben werden. Chuck Connors erzählt, wie er von dem Engagement so überwältigt ist, dass er darüber ganz vergisst, nach der Bezahlung zu fragen. Als er seine erste Gage bekommt, kann er es kaum fassen: In dem Umschlag sind 15 Dollar.

und wurde zur zweifelhaften Zierde Chinatowns. Seine Frau hatte ihm etwas lesen und schreiben beigebracht, und er liebte es, seine Bildung im Chatham Club zur Schau zu stellen, indem er das Alphabet rückwärts aufsagte und sich das Einmaleins abfragen ließ. Er spielte auch oft an Theatern oder Wanderbühnen in Sketchen über die Bowery mit und stand sogar einmal in Oscar Hammersteins berühmtem Varieté Victoria am Broadway auf dem Programm. Nicht lange nach dem Tod seiner Frau wurde Chuck von einem betrügerischen Wirt an der Water Street schanghait und reiste unfreiwillig als Heizer nach England. Sobald das Schiff angelegt hatte, desertierte er und verbrachte zwei Wochen im berüchtigten Londoner Viertel Whitechapel, wo er sich für die Sitten und Gebräuche der Straßenhändler begeisterte. Deren Kleidung beeindruckte ihn besonders, und als er wieder in New York war, ließ er sich bei einem Schneider an der Division Street eine weite Seemannshose und einen blauen, gerade geschnittenen Kolani – eine Seemannsjacke – mit zwei Reihen sehr großer Perlmuttknöpfe anfertigen. Dazu trug er ein blaues Hemd und ein leuchtend buntes, seidenes Matrosenhalstuch. Er versuchte auch, die Kappe mit Perlmuttknopf, die die Straßenhändler in London trugen, in der Herrenmode Chinatowns zu etablieren, konnte aber niemanden dafür begeistern und tauschte sie selbst bald wieder mit der flachen, schwarzen oder braunen Melone, die damals in Mode war.

Nachdem Chuck Connors dank der ständigen Aufmerksamkeit der Presse berühmt geworden war, gründete er den Chuck Connors Club und veranstaltete mehrmals im Jahr Feiern in der Tammany Hall. Er hatte in der Politik in Chinatown und an der Bowery ein Wort mitzureden, übte Einfluss auf das Wahlverhalten der niederen Laufburschen aus und wurde von gekrönten Häuptern der Tammany Hall wie Big und Little Tim Sullivan regelmäßig zu Rate gezogen. Diese beiden Staatsmänner waren Ehrenmitglieder des

Chuck Connors Club, ebenso wie Al Smith, der spätere Gouverneur des Staates New York, und der Schauspieler Richard Mansfield, der Boxchampion John L. Sullivan, Honest Johnny Kelly, der Spielsalonbesitzer, Walt B. McDougall, der Karikaturist, die berühmten Boxer James Corbett und Bob Fitzsimmons und weitere bekannte Persönlichkeiten. Als Chuck Connors älter wurde, lebte er lange in der Dover Street 6 in Ufernähe des East River. Das Mietshaus, in dem er wohnte, wurde Fox's Flats genannt – nach dem Erbauer Richard K. Fox, dem Verleger der *Police Gazette*. Da Chuck Connors keine Miete zahlte, Fox aber dennoch nie versuchte, ihn hinauszuwerfen, wurde allgemein gemutmaßt, der Besitzer hätte ihm ein kostenloses Wohnrecht auf Lebenszeit eingeräumt. Chuck kam allerdings nur gelegentlich zum Schlafen in seine Wohnung. Sonst hielt er sich fast immer in Chinatown auf, wo man ihn zu jeder Tages- und Nachtzeit im Chatham Club antraf.

Chuck Connors starb 1913 im Alter von 61 Jahren im Hudson Street Hospital. Die Ärzte gaben als Todesursache ein Herzleiden an, aber in Wirklichkeit hatte der Verlust der allgemeinen Aufmerksamkeit ihn umgebracht. Er war im Alter senil und dadurch für die Öffentlichkeit uninteressant geworden, litt unter Rheuma und konnte oft tagelang nicht in seinen Lieblingskneipen einkehren. Als die Reporter sahen, dass ihre Quelle für interessante Stories versiegt war, ließen sie Chuck Connors fallen, und ohne die Aufmerksamkeit der Presse geriet er bald in Vergessenheit. Der letzte Nagel zu seinem Sarg war Frank Salvatore, ein italienischer Schuhputzer mit dem Spitznamen Mike the Dago. Dieser begann, sich Young Chuck Connors zu nennen, gründete die Young Chuck Connors Association und gewann ebenso rasch politischen Einfluss, wie das Ansehen des echten Chuck dahinschwand. Als der selbst ernannte Nachfolger einen großen Ball ankündigte, mit dem er der traditionellen Feier des alten Chuck Connors Club Konkurrenz machen wollte, erklärte der ehemalige König der Laufburschen sich schließlich bereit, abzudanken oder wenigstens den Thron zu teilen. Die beiden vereinbarten, dass Chuck Connors im Programm von Young Chucks Ball zwischen Jim Jeffries, dem Weltmeister im Schwergewicht, und James Corbett genannt werden sollte.

Seitdem war der alte Chuck nicht mehr mit dem Herzen bei der Sache. Als er ein paar Jahre später starb, richteten Mitglieder des Presseclubs sein Begräbnis aus. Von all den Abertausenden von Menschen, die ihn gekannt hatten, erschienen nicht einmal 40 zur Beerdigung.

4

Während Chinatown als Kriegsschauplatz der Tongs und zwielichtige Gegend immer mehr in Verruf geriet, vollzog sich an der Bowery wieder einmal ein grundlegender Wandel. Diesmal versank das Viertel so tief im Sumpf von Sittenlosigkeit und Elend, wie es seit den glorreichen Zeiten von Billy McGlory und Owney Geogheghan nicht mehr der Fall gewesen war. Vom Astor Place bis zum Chatham Square wichen die Bierhallen, Konzertsaloons, Tanzlokale und Theater – Zeugnisse des beharrlichen Versuchs, die Bowery zu einem Vergnügungsviertel zu machen – schäbigen Kneipen, die an Kit Burns' Rattenkampfarena, das Hole-in-the-Wall, John Allens Kneipe und andere Spelunken aus den verruchtesten Zeiten der Bowery und des vierten Bezirks erinnerten. Ähnlich abstoßende Lokale waren auch an der Park Row südlich des Chatham Square bis zum City Hall Park, in den Nebenstraßen der Bowery und in der Gegend von Cherry Hill zu finden. Wohl keine andere Stadt in Amerika hatte jemals so üble Kneipen vorzuweisen, wie sie hier unter Namen wie Doctor's, Plague, Hell Hole, Harp House, Cripples' Home und Billy Goat an der Park Row sowie Dump und Princess

Café an der Bowery gediehen, wo sich auch Johnny Kellys Kneipe befand. Nicht weniger abstoßende Spelunken waren das Inferno an der Worth Street, das Workingman's Friend an der Mott Street, die Union Hall an der Elizabeth Street, das Cob Dock an der Hester und Mother Woods' Kneipe an der Water Street. Auch Chick Trickers Fleebag und McGuirks Suicide Hall an der Bowery standen den zuvor genannten an Verkommenheit kaum nach. McGuirks und Mother Woods' Lokale waren die Stammkneipen der Prostituierten und Diebinnen von der Bowery und aus den Hafenvierteln. McGuirk pflegte stolz zu behaupten, in seinem Etablissement hätten sich mehr Frauen das Leben genommen als in irgendeinem anderen Haus auf der Welt. Später wurde das Gebäude von der Hadley Rescue Mission übernommen.

In diesen Kneipen verkehrten nicht nur Gangster, wenn sie gerade knapp bei Kasse waren, sowie Taschendiebe, Einbrecher und Diebe aller Art, sondern vor allem auch Scharen von Schnorrern, Bettlern, Kokain- und Morphiumabhängigen und der ganze obdachlose Bodensatz der Gesellschaft, der allgemein unter der Bezeichnung Bowery-Penner zusammengefasst wurde. Der schwarz gebrannte Schnaps der Prohibitionszeit war der reinste Göttertrank im Vergleich zu dem Whiskey, der hier in großen Gläsern zu fünf Cent ausgeschenkt wurde. Für alle, deren verwöhntem Gaumen der Fusel pur nicht zusagte, gab es eine teuflische Mixtur aus Wasser und Kampferlösung. Dieses Gesöff war noch verheerender als die Mischung, die Johnny Camphine seinerzeit ausgeschenkt hatte. Außerdem wurde heißer Punsch angeboten, der aus Whiskey, Rum, Kampfer, Benzin und Kokainabfällen gebraut war, üblicherweise sechs Cent kostete und garantiert jeden, der einen Tropfen davon probierte, ins Delirium tremens versetzte. In manchen Kneipen, wie zum Beispiel im Doctor's, gab es zu jedem Glas eine Rabattmarke und für sechs Marken ein Glas gratis. Im Billy Goat bekam jeder, der zwischen fünf und halb sechs Uhr

morgens kam, zwei Drinks für fünf Cent. Dieses Sonder-
angebot lockte scharenweise Gäste an, sodass die Polizei
manchmal sogar Reserveeinheiten einsetzen musste, um die
Raufbolde in den Warteschlangen im Zaum zu halten.

Zu den Stammgästen der Kneipen an der Bowery und
der Park Row gehörten viele ehemals gut situierte und
einflussreiche Persönlichkeiten. 1910 traf ein Reporter von
der *New York World* innerhalb einer Stunde im Doctor's
einen Mann, der früher in Baltimore ein wohlhabender
Kaufmann gewesen war, einen weiteren, der aus einer angesehenen Bostoner Familie stammte und die Harvard
University absolviert hatte, und wiederum einen anderen,
der behauptete, er hätte in Yale studiert. Dieser so genannte Gelehrte ließ sich nicht zum Schnorren herab, sondern schlug aus seiner Bildung Kapital. Für einen Drink
oder etwas Geld verfasste er herzerweichende Bittschrif-
ten für professionelle Bettler und für zwei Drinks schrieb
er sogar Verse. Schnorrer, die sich als Blinde ausgaben, erzielten mit dem folgenden Meisterwerk großen Erfolg:

Lasst den armen Blinden im Elend nicht allein,
Gebt ihm einen Groschen – gesegnet sollt ihr sein.
Bedenkt: Vielleicht trifft euch einmal dieselbe Pein,
Drum lasst den armen Blinden im Elend nicht allein.

Das Doctor's war auch die Lieblingskneipe der Schnorrer,
die sich mit simulierten Behinderungen Almosen ergau-
nerten. Der Wirt, Burly Bohan, richtete umsichtigerweise
einen Spind ein, in dem Krücken und Gehstöcke untergebracht wurden, während die Besitzer ihre Einnahmen in
Whiskey, Rum und Kampferlösung umsetzten. Einer der
erfolgreichsten Bettler dieser Branche war der alte Tom
Frizzell, eine berüchtigte Gestalt von der Bowery. Der Titel
des Königs der Schnorrer ging auf ihn über, nachdem Jim
Farrell von dem scharfen Gebräu, das er viele Jahre lang
konsumiert hatte, erblindete, schließlich tobend aus John

Kellys Kneipe in der Bowery 10 getragen werden musste und wenig später auf der Alkoholikerstation des Bellevue Hospital starb. Der alte Tom wählte seinen Platz meist so, dass er die Kupferstiche sehen konnte, die über der Bar hingen. Sie stellten die Porträts von 14 Präsidenten der Vereinigten Staaten dar, und Tom Frizzell pflegte zu sagen, der Anblick der Staatsoberhäupter flöße ihm Mut ein, und es sei dieser Inspiration zu verdanken, dass er in 20 Jahren immer die nötigen fünf oder zehn Cent aufgetrieben hätte, um nicht auf der Straße zu stehen.

An der Rückwand des Doctor's standen zwei lange Tische – die ›Gästezimmer‹, auf beziehungsweise unter denen man für fünf Cent einen Schlafplatz bekam. Die dunkelste Ecke unter dem Tisch war für Jack Dempsey reserviert, einen alten Schnorrer, der sich seine Unterkunft verdiente, indem er Gläser spülte und den Boden mit frischem Sägemehl bestreute. Dempsey war wohl die verkommenste Gestalt unter den Bowery-Pennern. Er behauptete stolz, dass er seit fünf Jahren weder Unterwäsche noch Socken besäße – das war im Jahre 1910 – und seit acht Jahren nicht mehr in einem Bett geschlafen hätte. Dempsey war ganz süchtig nach Kampfer und außerdem kokainabhängig. Wenn er einen Whiskey bekommen konnte, gab er immer acht bis 15 Tropfen Kampferlösung hinein. Während das scharfe Gesöff ihn noch schüttelte, setzte er sich eine Kokainspritze an den Arm. Wer wie er spritzte, gehörte zur Aristokratie der Drogenszene. Darunter standen die Sniffer, die das Rauschgift durch die Nase einsogen, und ganz unten in der Rangordnung die so genannten ›Eis-Esser‹, die Kokain-, Morphium- oder Heroinkristalle kauten. Damit erzielten sie zwar meist eine schnellere Wirkung, wurden von den anderen aber als gierig verachtet. Außerdem entging ihnen auf diese Art ein großer Teil der angenehmen Vorgefühle.

Das Lokal Dump an der Bowery 9, das von Jimmy Lee und Slim Reynolds geführt wurde, war viele Jahre lang eine Lieblingskneipe der Schnorrer, die dort ihre Pläne schmiedeten. Goat Hinch und Whitey Sullivan, die beide später auf dem elektrischen Stuhl für ihre Verbrechen hingerichtet wurden, gehörten zu den berüchtigten Stammgästen des Dump. Goat Hinch erfand angeblich einen Trick, wie man mithilfe eines speziellen Gebräus Krankheitssymptome erzeugen konnte, die einen darin unterstützten, auf der Straße Mitleid zu erheischen. Manchmal kaute er sogar ein Stück übel riechender Seife, deren Furcht erregende Wirkung ihm jedes Mal einen wahren Geldsegen in Form von Fünf- und Zehncentmünzen bescherte. Das Dump bot ebenso wie andere Kneipen auch Schlafgelegenheiten. Reynolds und Lee hatten sich allerdings eine besonders raffinierte Vorrichtung ausgedacht: Sie schraubten gut zwei Meter von der Rückwand entfernt niedrige Eisenstützen in den Boden, brachten an der Wand ein Metallgerüst an und spannten zwischen den Halterungen ein starkes Netz auf. Wenn ein Gast der Wirkung von Rauschgift oder Whiskey mit Kampfer erlegen war, warf man ihn einfach in das Netz und ließ ihn seinen Rausch ausschlafen.

In den letzten Jahren vor dem Ersten Weltkrieg bewirkten verstärkte Razzien der Polizei und verbesserte wirtschaftliche Bedingungen, dass die meisten der verkommenen Kneipen an der Bowery schlossen und die Gestalt des Bowery-Penners allmählich aus dem Stadtbild verschwand. Einzelne Vertreter dieser Spezies blieben allerdings noch jahrelang erhalten, und auch ein paar Kneipen wurden noch in der Zeit der Prohibition weitergeführt. Dann wurde jedoch kein Whiskey zu 5 Cent mehr ausgeschenkt, sondern schwarz gebrannter Schnaps, der zwischen 15 und 25 Cent kostete. Einer der letzten Bowery-Penner war der Hoakie, der behauptete, in Heidelberg studiert zu haben. Er verwies stolz auf mehrere Narben in seinem Gesicht und schwor, sie stammten aus Duellen mit deutschen Kommilitonen. Der Hoakie trug Sommer wie Winter einen langen, schweren Mantel, den er am Hals mit einem Band zuschnürte. Ein dickes Seil diente als Gürtel. Wenn er ging, rasselten und schepperten unter dem Mantel ein Pfännchen, eine Blechtasse, eine Metallflasche mit hochprozentigem Alkohol, Messer, Gabel und Löffel. Mit diesen Utensilien bereitete der Hoakie sich an den Docks am East River seine Mahlzeiten aus Essensresten, die er in Mülltonnen aufgestöbert hatte, und war niemandem unter der Sonne etwas schuldig.

Kapitel 15

Der letzte Krieg der alten Gangs

1

Als Louie the Lump der irdischen Laufbahn von Kid Twist inmitten einer gaffenden Menge auf Coney Island ein jähes und spektakuläres Ende setzte, ging die Leitung der drei wichtigsten Banden, die aus der alten Monk-Eastman-Gang hervorgegangen waren, auf Big Jack Zelig, Jack Sirocco und Chick Tricker über. Von den Dreien brachte allerdings nur Zelig es zu bleibendem Ruhm als Gangsterboss, denn Tricker und Sirocco waren im Hauptberuf Saloonwirte und widmeten sich erst an zweiter Stelle der Führung ihrer Gangs. Sirocco war beinahe eine ebenso imposante Erscheinung wie der legendäre Monk Eastman. Er trug stets eine karierte Kappe und rasierte sich selten. An der Bowery führte er eine einträgliche Ginkneipe, die nach der Schließung einiger Chinatown-Spelunken zum Stammlokal der Gangster wurde. Trickers Kneipe an der Park Row wurde 1910 auf Betreiben des Committee of Fourteen hin geschlossen. Der Besitzer hatte allerdings bereits ein Jahr vor dem Eingreifen der Reformer den größten Teil seiner Geschäfte in das Viertel verlegt, das früher als Satan's Circus berüchtigt gewesen war. Tricker übernahm Dan the Dudes Stag Café an der West 28th Street in der Nähe des Broadway und machte es unter dem Namen Café Maryland im Handumdrehen zu einer der verruchtesten Spelunken dieses zwielichtigen Viertels. Seine Gangster – etwa 30 erstklassige Ganoven, die sich regelmäßig im Café Maryland trafen – widmeten sich den Geschäften der Unterwelt: Einbruch, Drogenhandel und Überfallkommandos zählten zu ihren Betätigungsfeldern. Um die Verbindung zur Lower East Side nicht ganz abzubrechen, übernahm Tricker einen Anteil an Jack Pioggis Kneipe an der Doyers Street beim Bloody Angle. Etwa ein Jahr später wurde er außerdem zum Besitzer des Fleabag, einer anrüchigen Kneipe in der Bowery 241.

Das Café Maryland wurde in den wenigen Jahren seiner Existenz immer wieder zum Schauplatz verhängnisvoller Ereignisse. In einem Streit unter Trickers eigenen Leuten, bei dem es um eine Frau ging, wurden Ende 1909 drei Männer erschossen, und etwa ein Jahr später beging der Gangsterboss selbst den schweren Fehler, den Zorn der Gophers auf sich zu ziehen. Möglicherweise unterschätzte Tricker die Stärke und Kühnheit der Schrecken der West Side oder er glaubte an Gerüchte, nach denen die Gophers in interne Streitigkeiten verwickelt waren – wie auch immer, Tricker ließ jedenfalls zu, dass einer seiner Ganoven in Hell's Kitchen eindrang, das leicht verführbare Herz von Ida the Goose eroberte und mit ihr im Triumph an die West 28th Street zurückkehrte, wo sie in aller Form zur Schönheitskönigin des Maryland gekrönt wurde. Ida the Goose war eine berühmte Schönheit der Unterwelt und blickte auf eine Reihe von Liebschaften mit Anführern der Gophers zurück, sodass ihr Verschwinden großen Aufruhr verursachte. Die Gophers forderten empört ihre Rückkehr, und als sie sich weigerte, ihren neuen Liebhaber zu verlassen, schickten sie einen Unterhändler zu Chick Tricker und drohten damit, die Dame mit Waffengewalt zurückzuerobern. Als Tricker sich weigerte einzugreifen, zog der Botschafter von der West Side wutschnaubend wieder ab. Die Gophers begannen sofort damit, sich zum Kampf zu rüsten, aber dann geschah zunächst wochenlang nichts. Mit der Zeit ließen Trickers Gangster, die schwer bewaffnet auf den Angriff gewartet hatten, in ihrer Wachsamkeit nach. Auch die strengen Sicherheitsvorkehrungen im Maryland wurden wieder gelockert. Dann, eines Abends im Oktober, als der erste Schnee des Jahres fiel, betraten plötzlich vier der berüchtigtsten Kämpfer der Gophers das Café. Auch der Ganove, dem man Ida the Goose abspenstig gemacht hatte, war dabei. Sie gingen zur Bar wie gewöhnliche Gäste und bestellten Bier, während ein halbes Dutzend Gangster, die an den Tischen saßen, sie nervös beobachtete. Trickers Leute waren so verblüfft über die Dreistigkeit, mit der die Gophers einfach so in das Stammlokal ihrer Erzfeinde spazierten, dass sie gar nicht an Angriff dachten.

Ida the Goose brach schließlich das Schweigen. »Also wirklich!«, rief sie fassungslos. »Jungs, ihr habt aber Nerven!«

Die Gophers beachteten sie gar nicht, sondern tranken in aller Ruhe ihr Bier. Als die Gläser leer waren, sagte einer: »Also, dann mal los!«

Sie wirbelten herum, acht Revolver blitzten auf, und noch ehe Chick Trickers verblüffte Männer selbst die Waffen ziehen konnten, pfiffen die Kugeln durch die Bar. Die beiden Barkeeper, die nicht zu Trickers Kriegern gehörten, tauchten blitzschnell hinter die Theke, während fünf der sechs Gangster aus Trickers Bande kampfunfähig zu Boden gingen. Der sechste, eben der kühne Ritter, der Ida the Goose aus Hell's Kitchen entführt hatte, warf seine Waffe weg, kroch hastig über den Boden und ging hinter den voluminösen Röcken seiner Angebeteten in Deckung. Die Gophers warteten mit gezogenen Revolvern in aller Ruhe ab, denn jetzt war Ida the Goose an der Reihe. Diese verhielt sich so, wie es sich für eine echte Dame aus Hell's Kitchen gehörte: Sie blickte kurz auf den Elenden nieder, der ihr Herz erobert und sie aus dem Reich der Gophers gelockt hatte, und zog ihn dann mit verächtlichem Schulterzucken aus seinem Versteck hervor.

»Na, komm schon«, sagte Ida the Goose. »Jetzt bist du fällig!«

Sie stieß ihn in die Mitte des Raums, wo er zitternd auf die Knie fiel. Und dann war er tatsächlich fällig. Vier Revolver blitzten auf, und der Gangster brach von vier Kugeln getroffen zusammen. Der Gopher, dessen Geliebte Ida the Goose gewesen war, trat vor und legte letzte Hand an. So stand es ihm nach dem Kodex der Unterwelt zu: Er gab seinem Opfer mit einem Schuss in den Kopf den Rest. Anschließend machten die vier Gophers auf dem Absatz kehrt und verließen das Lokal. Ihnen folgte in respektvollem Abstand Ida the Goose, glühend vor Stolz, dass eigens um ihre Gunst eine so große Schlacht ausgetragen worden war. Von nun an hielt sie Hell's Kitchen für alle Zeiten die Treue.

Big Jack Zelig hieß mit bürgerlichem Namen William Alberts. Er wurde 1882 als Sohn einer rechtschaffenen jüdischen Familie an der Norfolk Street geboren und begann seine kriminelle Laufbahn im Alter von 14 Jahren. Damals riss er von zu Hause aus und schloss sich den jungen Taschendieben unter Crazy Butch an. Er war ein gelehriger Schüler mit einer echten Begabung zum Langfinger und machte so rasche Fortschritte, dass er sich bereits nach einem Jahr wieder von seinem Lehrmeister trennte, um sich selbstständig zu machen. Mit großem Erfolg trickste er ahnungslose Tölpel aus und stahl im Gedränge der Bowery und des Chatham Square Geldbörsen und Schmuck. Zelig war ein zierlicher, schmalgesichtiger kleiner Junge mit riesengroßen braunen Augen, die sich, wenn er verhaftet wurde, sofort mit Tränen füllten und so entgeistert dreinblickten, dass das Herz seines Anklägers dahinschmolz und der Vorwurf fallen gelassen wurde. Ein Mann, dem Zelig die Brieftasche und einen kostbaren Diamantring gestohlen hatte, wurde so sehr von Reue überwältigt, den harmlos aussehenden Burschen beschuldigt zu haben, dass er dem jungen Dieb sogar einen neuen Anzug kaufte und ihm noch dazu auch Bargeld förmlich aufdrängte. Zelig behielt sein kindliches Äußeres, bis er Anfang 20 war. Als er lang und schlacksig wurde und die tränengefüllten Augen ihre Wirkung verfehlten, zog er seinen Kopf mit anderen Mitteln aus der Schlinge. Jedes Mal, wenn er angeklagt wurde, erschien ein zartes Mädchen im Gerichtssaal und flehte unter Tränen: »Ach, lieber Herr Richter, in Gottes Namen – stecken Sie meinen Mann, den Vater meines Kindes, doch bitte nicht ins Gefängnis!«

Justitias einfache Diener schmolzen angesichts dieser Auftritte regelmäßig dahin und ließen Zelig immer wieder mit einer Verwarnung davonkommen – er solle ein guter Junge sein und zu Frau und Kind heimkehren, die er in Wirklichkeit gar nicht hatte. Doch schließlich geriet der junge Gauner an den erfahreneren Recorder John W. Goff, der später Richter am Obersten Bundesgericht wurde und dessen Urteilvermögen nicht so leicht zu trüben war. Richter Goff hörte dem Mädchen geduldig bis zu Ende zu, gab dann mit sanfter Stimme Anweisung, es aus dem Saal zu entfernen, und verurteilte Zelig zur ersten seiner zahlreichen Gefängnisstrafen. Nachdem das Mädchen ausgedient hatte, verschwand es von der Bildfläche, und Zelig verschaffte sich die nötige Rückendeckung, indem er Monk Eastmans Gang beitrat. Er machte sich in kurzer Zeit einen Namen in der Unterwelt und war dafür berüchtigt, dass er äußerst gekonnt mit Totschläger und Revolver umging. Als Eastman inhaftiert wurde, war Zelig nach Kid Twist und Richie Fitzpatrick wohl der engste Vertraute des Anführers. Er hielt im Streit um die Nachfolge zwischen Twist und Fitzpatrick treu zu Ersterem. Nach Twists Tod schlug Zelig Jack Sirocco und Chick Tricker vor, die Gang unter sich aufzuteilen und den Mitgliedern freizustellen, welcher Fraktion sie sich anschlossen. Die bedeutendsten Eastman-Ganoven und -Killer setzten auf Zelig, dessen wachsender Ruhm außerdem Scharen ehrgeiziger Jungen anlockte, die darauf brannten, sich als kühne Schläger und Revolverschützen zu beweisen. Zu den berühmtesten dieser Neuzugänge zählten Gyp the Blood, Lefty Louis, Dago Frank und Whitey Lewis, die durch den Rosenthal-Mord in die Geschichte eingingen. Ihre wirklichen Namen lauteten Harry Horrowitz, Louis Rosenberg, Frank Cirofici und Jacob Siedenshner. Horrowitz wurde von seinen Kameraden ursprünglich Gib the Blood genannt, aber das klang zu hart, und die Reporter machten nach einer Weile Gyp the Blood daraus.[1] Unter diesem Namen schrieb er dann auch ein furioses Kapitel Gangstergeschichte.

Wenn Gyp gerade nicht Jack Zeligs Aufträge ausführte oder in den Bowery-Kneipen Betrunkene ausraubte, sorgte er in den billigen Tanzlokalen an der East Side für Ordnung. Er galt bald als der beste Rausschmeißer seit Monk Eastman – und das wollte wahrhaftig etwas heißen. Gyp the Blood verfügte über enorme Kräfte und prahlte oft damit, dass er das Rückgrat eines Mannes über seinem Knie brechen könne. Er stellte diese Fähigkeit sogar mehrmals vor Zeugen unter Beweis. Einmal packte er einen harmlosen Fremden und brach ihm das Rückgrat gleich dreimal, weil er um zwei Dollar gewettet hatte, dass er das könne. Darüber hinaus war Gyp ein ausgezeichneter Revolverschütze und ging ebenso gekonnt mit Sprengstoff um. Den Bomben galt sogar seine besondere Vorliebe. »Ich hör's so gern krachen«, erklärte er. Unabhängig von seiner Zusammenarbeit mit Zelig leitete Gyp the Blood auch eine eigene kleine Bande aus Einbrechern und Taschendieben. Sie hieß Lenox Avenue Gang und operierte im Norden der Stadt, um die 125th Street herum. Whitey Lewis war ein drittklassiger Boxer gewesen, entwickelte sich aber unter Big Jacks Anleitung zum Meisterschützen und Totschläger-Experten ersten Ranges. Lefty Louis betätigte sich hauptsächlich als Taschendieb, schlug allerdings auch Mordaufträge nicht aus, während Dago Frank ein weithin berühmter Killer war. Ein Auftrag, bei dem kein Blut floss, war unter seiner Würde. Er hatte vor dem Rosenthal-Mord angeblich bereits sechs Kerben im Revolver. Val O'Farrell,

---

[1] gib: Bolzen; gyp (sprich: dschip): Nepper – *Anm. d. Übers.*

ein berühmter Kriminalist des Central Office, der in der Unterwelt als einer der drei Musketiere bekannt war – die anderen beiden waren seine Mitarbeiter Kinstler und Duggan –, beschrieb ihn einmal als den abgebrühtesten Kerl der Welt. Dago Frank hatte sich zunächst Chick Trickers Fraktion angeschlossen, aber als es ihm darin nicht turbulent genug zuging, lief er zu Zelig über. Er hatte eine Freundin, die ebenfalls eine berüchtigte Kriegerin war und Dutch Sadie genannt wurde. Sie trug in ihrem Muff ein riesiges Fleischermesser, das immer wieder gute Dienste leistete, wenn ihr Liebhaber einmal in Bedrängnis geriet.

Mit dieser fähigen Mannschaft konnte Big Jack Zelig die unterschiedlichsten Dinge unternehmen. Unter anderem machte er einige Jahre lang rege Geschäfte mit Auftragsarbeiten wie Schläger-, Mord- und Sprengstoffkommandos. Dabei waren seine Lohnforderungen äußerst bescheiden. Manchmal – wenn es sich nicht gerade um eine bekannte Persönlichkeit handelte und nicht zu befürchten war, dass die Polizei sich besonders eingehend mit dem Fall beschäftigen würde – verzichtete er sogar gänzlich auf das Honorar und begnügte sich mit den Wertsachen, die das Opfer bei sich trug. Einer von Zeligs Gefolgsleuten nannte der Kriminalpolizei einmal die folgenden Tarife, auf die der Gangsterboss bei besonders riskanten Aufträgen allerdings einen kleinen Risikozuschlag erhob:

Messerschnitt im Gesicht . . . . . $ 1 bis 10
Schuss ins Bein . . . . $ 1 bis 25
Schuss in den Arm . . . . $ 5 bis 25
Bombenanschlag . . . . $ 5 bis 50
Mord . . . . $ 10 bis 100

Aber obwohl Mord und Verstümmelung so billig feilgeboten wurden, gab es Zeiten, in denen die Geschäfte schlecht gingen, sodass Zelig die Taschen nicht immer voller Gold hatte. Als er eines Abends gegen Ende des Jahres 1911 einmal knapp bei Kasse war und bei einer neuen Freundin Eindruck schinden wollte, überfiel er ein Bordell an der East Side und raubte der Besitzerin 80 Dollar. Die Frau schaltete daraufhin die Polizei ein, was ganz und gar nicht üblich war. Ein Beamter wurde zu Zelig geschickt, um ein ernstes Wort mit ihm zu reden und ihn zu größerer Vorsicht zu ermahnen, traf den Gangsterboss aber schlecht gelaunt und wenig umgänglich an. Es kam zum Streit und schließlich zur Festnahme. Als der Polizeimeister auf der Wache einen geladenen Revolver in Zeligs Tasche fand, kam zum Vorwurf des Raubes auch noch der des illegalen Waffenbesitzes hinzu. Zelig, der wegen seiner Vorstrafen mit langjähriger Gefängnishaft rechnen musste, beauftragte Tricker und Sirocco, die geraubten 80 Dollar zurückzugeben und die Bordellbesitzerin einzuschüchtern, damit sie nicht gegen ihn aussagte. Tricker und Sirocco unternahmen nichts, aber Jimmy Kelly, ein Bowery-Kneipenwirt und Anführer einer kleinen Gang, schickte schließlich jemanden zu der Frau. Diese schwor bei der Verhandlung, sie habe Zelig noch nie gesehen und er ähnele nicht im Entferntesten dem Mann, der sie beraubt habe. Damit war die Anklage wegen Raubes hinfällig. Auch den Vorwurf des illegalen Waffenbesitzes konnte Zelig mithilfe seiner politischen Beziehungen bald ausräumen. Als er nach ein paar Tagen wieder auf freiem Fuß war, schwor er Rache an den beiden Verrätern.

Schon wenige Stunden nach seiner Freilassung traf er Tricker auf der Straße. Er drängte ihn in einen Hauseingang, bohrte ihm einen Revolver in den Bauch und sagte: »Ich krieg dich schon dran dafür, dass du mich im Stich gelassen hast.«

Weniger als zwei Stunden später sprach er dieselbe Drohung gegen Sirocco aus. Dabei verlieh er seinen Worten Nachdruck, indem er den Lauf seines Revolvers an Siroccos Nase rieb. »In einer Woche seid ihr tot«, sagte er. »Beide, du und Tricker.«

Tricker und Sirocco begannen sofort damit, Sicherheitsvorkehrungen zu treffen. Sie ließen auch verlauten, sie fänden es äußerst erfreulich, wenn Big Jack Zelig plötzlich und auf rätselhafte Weise ums Leben käme. Am frühen Abend des 2. Dezember 1911 betrat Julie Morrell, ein unabhängiger Ganove und berüchtigter Killer, einen Saloon an der 14th Street und begann eine Unterhaltung mit Ike the Plug. Dieser tarnte sich als Taschendieb, arbeitete aber in Wirklichkeit als Geheimagent und Spion für Zelig und lieferte ihm wertvolle Informationen über die Vorgänge im feindlichen Lager. Reichlich Alkohol hatte Morrell gesprächig gemacht, sodass er Ike the Plug anvertraute, er habe den Auftrag, Big Jack Zelig umzubringen, und beabsichtige, dies noch in derselben Nacht zu erledigen, und zwar auf besonders spektakuläre Weise.

»Ich verpass' diesem großartigen Juden so 'ne Ladung Löcher, dass er untergeht!«, prahlte Morrell.

Im Stuyvesant Casino unten an der 2nd Avenue veranstalteten die Boys of the Avenue gerade ihren großen Jahresball, bei dem Jack Zelig als Sponsor mit seiner gesamten Gang anwesend war. Die Männer trugen Abendgarderobe und führten die Damen am Arm. Ike the Plug stürmte in das Lokal und warnte Zelig, Julie Morrell sei darauf aus, ihn zu erschießen, und könne jeden Moment dort sein. Zelig, der in der Nähe des Eingangs gesessen und seine Getreuen huldvoll begrüßt hatte, zog sofort an einen Tisch auf der anderen Seite der Tanzfläche um, von dem aus er die Tür gut im Blick hatte. Um ein Uhr früh erschien Julie Morrell. Er hatte sich so ausgiebig Mut antrinken müssen, dass er kaum noch stehen konnte. Der Revolver fiel ihm beinahe aus der Hand. Trotzdem wankte er entschlossen auf die Tanzfläche und starrte in die Runde.

»Wo is' dieser Big Jud' Zelig?«, grölte er. »Ich muss ihn alle machen, den großen Juden!«

Zelig sprach mit scharfer Stimme, und die Tänzer zogen sich zurück. Das Licht ging aus, dann fiel ein Schuss. Als die Polizei eintraf, lag Julie Morrell mit einer Kugel im Herzen am Boden. Zelig war untergetaucht und blieb verschwunden, bis die Ermittler ihn nach zwei Wochen an der East Side in einen Hinterhalt lockten, indem sie ihm einen gefälschten Brief mit der Unterschrift seiner Geliebten zuspielten. Der Gangsterboss wurde festgenommen, aber umgehend wieder auf freien Fuß gesetzt. Mit einer neuen Kerbe im Revolver – wenigstens in den Augen der Gangster, die Morrells Tod auf sein Konto verbuchten – nahm Zelig seinen Rachefeldzug gegen Tricker und Sirocco wieder auf. In der folgenden Woche schickte er mehrmals Gangstertrupps zu Überfällen auf Saloons und Spielhallen mitten in Siroccos Revier. Auch Trickers Kneipen wurden heimgesucht. Tricker und Sirocco vergalten Gleiches mit Gleichem, drangen ihrerseits in Zeligs Territorium vor und mischten dessen Geschäfte auf. Jedes Mal, wenn einer von Big Jacks Gangstern auf einen von der gegnerischen Seite traf, kam es zum Kampf, und innerhalb von zwei Wochen starb ein halbes Dutzend Männer durch Schüsse und Messerstiche. Ein Mitglied von Siroccos Bande fiel in einer Schlacht an der südlichen Bowery. Als darauf nicht sofort eine Strafexpedition folgte, wurden Zeligs Leute dreister und wagten sich bis ins Herz des feindlichen Reviers vor: Jack Pioggis Kneipe an der Doyers Street.

Chick Tricker war gerade in der Gegend, um an der East Side nach dem Rechten zu sehen, und saß in Pioggis Kneipe, als Zelig mit einem halben Dutzend Ganoven in das Lokal stürmte. Sie trugen in beiden Händen Revolver und schossen um sich, bis die Magazine leer waren. Aber in ihrer Hast zielten sie nicht sorgfältig genug, sodass niemand getroffen wurde. Als Verstärkung von Trickers und Siroccos Leuten eintraf, musste Zelig den Rückzug antreten, ohne dass er mehr ausgerichtet hatte, als ein paar Fensterscheiben zu zerschießen und die Bar zu demolieren. Am nächsten Morgen nahm die Polizei Zelig und ein halbes Dutzend seiner Leute fest, aber die Politiker engagierten professionelle Bürgen und holten die Männer gegen Kaution schnell wieder aus der Haft. Gerade als Zelig aus dem Gerichtsgebäude trat, rannte jedoch plötzlich ein Gangster, der ihm im Schatten des Tombs aufgelauert hatte, über die Straße und feuerte drei Schüsse auf ihn ab. Eine Kugel traf den Gangsterboss dicht hinter dem Ohr. Die Kriminalbeamten verhafteten Charley Torti, ein Mitglied von Siroccos Gang. Tortis Kumpane eilten ihm zu Hilfe und lieferten sich eine wilde Schlacht mit den Polizisten, aber diese schwangen kräftig die Schlagstöcke und behielten den Gefangenen in ihrer Gewalt.

Selbst der Anschlag auf Zelig und Tortis Verhaftung setzten dem Krieg kein Ende. Am nächsten Abend, während Zelig im Krankenhaus noch mit dem Tode rang, stiegen acht seiner Leute in zwei Taxen und fuhren zu Chick Trickers Saloon an der Bowery. Sie riefen nach Tricker, und als dieser in der Tür erschien, schossen sie, was ihre Revolver hergaben. Tricker warf sich flach auf den Boden und leerte zwei Magazine mit Schüssen auf das schnell fahrende Auto. Er selbst blieb unverletzt, aber Mike Fagin, der sich in der Umgebung der Kneipe herumtrieb, wurde von einem Schuss ins Bein getroffen, und in der Kneipe blieb nicht eine Fenster- oder eine andere Glasscheibe unversehrt. Tricker und Sirocco mobilisierten sofort ihre Gangs. Für den Rest der Nacht versank die East Side im Chaos unablässig knallender Revolver und wütender Kampfschreie. Vier von Zeligs Männern erschossen um Mitternacht einen Ganoven aus Siroccos Gang am Eingang eines Saloons an der Bowery. Zwei Stunden später trafen ein Dutzend von Zeligs Gefolgsleuten und ebenso viele Gangster von Tricker und Sirocco an der Kreuzung 9th Street/2nd Avenue aufeinander. Es gab einen heftigen Schusswechsel, bei dem auf jeder Seite ein Ganove schwer verwundet wurde. Bis zum Morgengrauen kam es zu insgesamt neun Schießereien und rund 20 Zusammenstößen zwischen einzelnen Mit-

gliedern der beiden Gangs, die mit Messern und Totschlägern erbittert aufeinander losgingen. Als die Polizei früh
am nächsten Morgen erkannte, welches Ausmaß die
Ausschreitungen erreichten, wurden an allen bekannten
Stammkneipen der Gangster Posten aufgestellt, die jeden
Gast nach Waffen durchsuchten. Dabei wurden ein paar
kleinere Ganoven verhaftet und auf die Wache gebracht.
Auch Chick Tricker kam in Gewahrsam, wurde aber gleich
darauf wieder freigelassen. Trotz dieser Maßnahmen und
der Appelle der Politiker dauerten die Kämpfe noch etwa
eine Woche lang an. Schließlich griff die Polizei rigoros
durch, verhaftete 19 Gangster und beschlagnahmte eine
Wagenladung Revolver, Dolche, Totschläger, Schlagringe,
Stilette und andere Waffen. Dieses ungewohnt energische
Vorgehen schüchterte die Gangsterbosse so ein, dass sie die
Fehde aus reinem Selbsterhaltungstrieb beilegten.

2

Einige Jahre vor seinem Feldzug gegen Jack Sirocco und
Chick Tricker hatte Big Jack Zelig eine traditionelle Einnahmequelle der Gangster für sich entdeckt. Die Art und
Weise, wie er diese ausbeutete, hatte weit reichende Folgen. Sie wurde ihm schließlich selbst zum Verhängnis und
trug entscheidend zum Untergang der Gangs bei. Zelig
plünderte systematisch die billigen Stuss- und Würfelspiel-
lokale an der Lower East Side, denn deren Betreiber galten
als der Abschaum der Unterwelt und verfügten kaum
über Verbindungen zur Polizei oder über politische Beziehungen. Mit den Besitzern der gehobenen Spielsalons dagegen schloss der Gangsterboss Bündnisse. Er stellte bewaffnete Männer zu ihrem Schutz ab, organisierte Überfälle auf ihre Rivalen und Bombenanschläge auf deren
Spielhallen. Er hetzte der Konkurrenz sogar den Bezirks-

staatsanwalt und den gesetzestreuen Teil der Polizei auf den Hals und schüchterte ihre Klientel durch wiederholte Überfälle und Machtdemonstrationen ein. Dadurch verlagerte sich der Schwerpunkt von Zeligs Machenschaften immer mehr auf die Gegend um den Times Square herum, auch wenn der Gangsterboss seine Machtstellung im Süden Manhattans keineswegs aufgab. Der Stadtteil unmittelbar nördlich des alten ›Filet‹-Reviers in den Straßen mit den 40er Nummern, die man Roaring Forties – ›wilde Vierziger‹ – nannte, hatte sich nämlich zur neuen Hochburg des Glücksspielgewerbes entwickelt. In dem Gebiet zwischen 40th und 50th Street beziehungsweise 5th und 8th Avenue gab es kaum eine Straße, an der nicht mindestens ein halbes Dutzend exklusiver Spielsalons in Betrieb war.

Diese Gegend war zugleich das Herz des Theater- und Nachtlebens der Stadt und Standort vieler berühmter, aber auch berüchtigter Etablissements. Jack's Restaurant war nicht nur für seinen irischen Schinken berühmt, sondern ebenso für die schnelle Eingreiftruppe der Kellner, die unliebsame Gäste mit einem Minimum an Aufsehen und einem Maximum an Effizienz vor die Tür setzten. Das Restaurant befand sich an der Ecke 6th Avenue/43rd Street, war rund um die Uhr geöffnet und zählte zu den Stammlokalen von Schriftstellern und Journalisten, die auch häufig im Joel's, einem Chili con Carne-Lokal an der West 41st Street nahe der 7th Avenue, anzutreffen waren. Rector's, ein berühmtes Restaurant mit Cabaret, befand sich am Broadway, Ecke 44th Street, und auf der anderen Straßenseite einen Block weiter südlich war Shanleys Lokal, wo der berühmte Bat Masterson jeden Abend in der Grillstube von den alten Zeiten erzählte, als er mit seinem Freund Wild Bill Hickok im Westen auf Verbrecherjagd gegangen war. Die Knickerbocker Hotel Bar mit ihrem spiegelnden Glas und der polierten Mahagonitheke, über der Maxfield Parrishs berühmtes Gemälde von Old King Cole hing, befand sich an der Kreuzung Broadway/42nd Street, gegenüber Considine's Café, wo hauptsächlich Leute von der Pferderennbahn und Boxer verkehrten. Dort wurden inmitten eines beeindruckenden Champagnerflaschensortiments die Verträge zu allen großen Boxwettkämpfen unterzeichnet. Direkt unterhalb des Considine's bemühte man sich im Opera Café vergebens darum, die Gäste zu Abendgarderobe zu verpflichten, während das Bustanoby's, der Normandie Grill und das Café Maxim noch weiter südlich, an der 39th beziehungsweise der 38th Street, ganz in der Tradition des alten Satan's Circus standen. Zu Beginn der Ära war auch das Haymarket noch in Betrieb, aber es war bereits zu einem armseligen Schatten seines früheren Glanzes herabgesunken und wurde im Dezember 1913 endgültig geschlossen. An der 7th Avenue gab es eine ähnliche Kneipe, das German Village. Außerdem war die Umgebung des Haymarket, der Bereich der 6th und 7th Avenue und der Straßen mit den 20er und 30er Nummern, nach wie vor eine Hochburg der Prostitution. Unter den zahlreichen Bordellen gab es auch sehr fortschrittliche Etablissements, die mit Registrierkassen ausgestattet waren und ein System mit Wertmarken aus Messing eingeführt hatten, die die Mitarbeiterinnen am Ende jeder Woche gegen Bargeld eintauschten.

Redpath's Café am Broadway zwischen 42nd und 43rd Street beschäftigte erstklassige Barkeeper, die ganz hervorragende Ramoz-Fizz und Sazerac-Coctails mixten. Die Astor Hotel Bar an der 44th Street, die später leider einem Hemdengeschäft und einem Drugstore wich, war verdientermaßen berühmt für ihren Astor Hotel No. 1, ein Mixgetränk aus Traubensaft und schwedischem Rum, und an den Weihnachtstagen standen große Gläser mit Eierlikör und Tom und Jerry servierbereit auf der Theke. Das Churchill's am Broadway, Ecke 48th Street, zählte zu den besten Restaurants der Stadt. Es gehörte dem damals sehr bekannten Captain Jim Churchill und bot zur Unterhaltung der Gäste ein ausgezeichnetes Cabaret. An der Kreuzung von 7th Avenue und 50th Street, etwa drei Häuserblocks nordöstlich des Churchill's, befand sich das Garden, Lieblingslokal von Collegestudenten und reisenden Einkäufern, dessen Show die heißeste in der Stadt war. Darüber hinaus gab es überall am Broadway und in den Querstraßen von der 34th Street bis zum Columbus Circle und noch weiter nördlich Dutzende von Cabarets, Hummer- und anderen Restaurants sowie Bars, die den zuvor genannten kaum nachstanden. Wo in den späten 1920er Jahren zwischen dem Glimmer der Filmpaläste nur noch triste Orangensaftbuden und Chop Suey-Restaurants zu finden waren, herrschten damals buntes Treiben, Heiterkeit und Musik.

Die Kasinos von Honest John Kelly, William Busteed, Sam Emery, Davy Johnson, Dinky Davis und John Daly zählten zu den bekanntesten Salons der gehobenen Klasse, die die unternehmungslustigen Scharen, die allabendlich über den Broadway zogen, zum Glücksspiel einluden. Richard Canfield betrieb einen Spielsalon auf der anderen Seite der Stadt, in der East 44th Street 5, gleich neben Delmonicos berühmtem Restaurant. Auch das Spielkasino in Saratoga Springs, das John Morrissey 1867 eröffnet hatte, gehörte inzwischen Canfield. Er hatte der idyllischen Anlage ein Restaurant, italienische Gärten und eine Kunstgalerie hinzugefügt, deren bestes Stück ein Porträt Canfields von seinem Freund James McNeill Whistler war. Canfields Spielsalon an der 44th Street war der berühmteste in den ganzen USA und blieb bis zum Herbst 1902 von den Behörden unbehelligt. Damals verlor dort angeblich ein Angehöriger der großen Vanderbilt-Dynastie in einer einzigen Nacht 100 000 Dollar. Dieser Vorgang löste einen regelrechten Skandal aus, und wenige Tage später, am 1. Dezember 1902, ordnete der Bezirksstaatsanwalt William Travers Jerome eine Razzia in dem Salon an. Jerome hatte dem Glücksspiel den Kampf angesagt und erreichte die Schließung vieler berühmter Kasinos. Nach der Razzia blieben die Türen und Fensterläden von Canfields Spiel-salon ein Jahr lang geschlossen. Danach wurden die Ge-schäfte mehrmals für kurze Zeit wieder aufgenommen, bis 1904 eine weitere Razzia folgte. In Anschluss daran wurde Canfield wegen illegaler Glücksspielgeschäfte angeklagt. Er bekannte sich schuldig, zahlte 1000 Dollar Strafe und zog sich aus dem Geschäft zurück. Sein Kasino in Saratoga wurde endgültig geschlossen, während das Haus an der 44th Street noch zehn Jahre lang gelegentlich wieder als Spielsalon in Betrieb genommen wurde. Canfield selbst beteiligte sich nach seiner Verurteilung jedoch nicht mehr an diesen Geschäften. Er führte ein ruhiges Leben, bis er 1914 in der U-Bahn stürzte und an den Folgen des Unfalls starb. Er hinterließ ein Vermögen, das die Steuerbehörde auf 841.485 Dollar bezifferte.

Honest John Kelly trug seinen Spitznamen – ›der Ehrli-che‹ –, seit er 1888 als Schiedsrichter des Baseballspiels Bo-ston gegen Providence 10 000 Dollar ausgeschlagen hatte, mit denen man ihn zu Gunsten der Bostoner bestechen wollte. Kelly zog in den späten 90er Jahren des 19. Jahr-hunderts nach New York und eröffnete einen Spielsalon. Als das Geschäft florierte, kamen mehrere weitere Kasinos in verschiedenen Teilen der Stadt hinzu. Das berühmteste war das im Brownstone-Haus West 44th Street 156, das noch viele Jahre später auf dem Besichtigungsprogramm der Touristen stand. Kelly stand während seiner langen Karriere ständig auf Kriegsfuß mit der Polizei. Er prahlte gern damit, dass ihn seine standhafte Weigerung, Schutz-und Schmiergeld zu zahlen, zahlreiche Türen und Fenster gekostet hätte, weil aufgebrachte Kriminalpolizisten ihm immer wieder die Einrichtung demolierten. Die schlimms-te Razzia in Kellys Kasino fand im Jahr 1912 statt. Ein Trupp Polizisten fiel mit Äxten, Beilen und Eisenstan-gen in den Spielsalon ein und zertrümmerte Türen, Fens-ter und Mobiliar. Daraufhin gab Kelly das Lokal an der 44th Street auf und eröffnete den Vendome Club an der

West 141st Street. Er blieb jedoch Eigentümer des anderen Hauses, und die Polizei argwöhnte, dass er darin auch weiterhin illegale Glücksspielgeschäfte trieb. Zwischen 1918 und 1922, als Richard E. Enright Polizeichef war, wurde das Gebäude rund um die Uhr von einem uniformierten Polizisten bewacht. Schließlich verkaufte Kelly es an eine Organisation der Republikanischen Partei. In seinem letzten Lebensjahr betrieb er ohne großen Erfolg einen Salon in Palm Beach, Florida. Honest John Kelly starb am 28. März 1926 im Alter von 70 Jahren.

Es wurde nie nachgewiesen, dass Kasinobesitzer wie Canfield, Kelly und Busteed mit Big Jack Zelig Geschäfte machten. Allerdings gab es immer wieder Berichte, Monk Eastman habe von Canfield Aufträge angenommen, und Zelig kassiere von Honest John ein beträchtliches Schutzgeld. Zeligs Haupteinnahmequelle waren jedoch zweitklassige Spielsalons wie die von Bald Jack Rose, Harry Vallon, Bridgie Webber, Sam Schepps und Herman Rosenthal, der den Spitznamen Beansy trug. Alle diese Männer standen in mehr oder weniger offensichtlichem Zusammenhang mit dem Fall Becker-Rosenthal. Was Rosenthal selbst betraf, war sein Anteil an der Tat über jeden Zweifel erhaben: Er wurde ermordet. Wenn Big Jack Zelig versuchte, aus den Spielsalons dieser Klasse Profit zu schlagen, indem er Aufträge zu Bombenanschlägen, Überfällen, Schießereien, Messerstechereien und dergleichen annahm, machte ihm kein Geringerer als Paul Kelly persönlich Konkurrenz. Dieser war um 1910 herum aus Harlem in die Gegend gezogen und hatte an der 7th Avenue unmittelbar nördlich der Roaring Forties, der ›wilden vierziger‹ Straßen, den New Englander Social and Dramatic Club eingerichtet. Darin versammelte er diejenigen, die von seiner Gang noch übrig waren. In den folgenden beiden Jahren wurden seine Messerstecher und Revolverschützen zu den Schrecken des Theaterdistrikts, und die Polizei legte ihnen zahlreiche Morde zur Last. Der Bezirksstaatsanwalt und

Herman Rosenthal

die wenigen rechtschaffenen Vertreter der Polizeibehörde
ließen Kellys Kasino immer wieder durchsuchen, aber die
Ermittler fanden nie ausreichend belastendes Material,
um den Betrieb zu schließen. Kelly zeigte sich gegenüber
den Kriminalbeamten sogar außerordentlich entgegenkom-
mend: Er schien immer im Voraus zu wissen, wann mit
ihrem Besuch zu rechnen war, empfing sie schon am Eingang oder vor dem Haus und führte sie persönlich herum.
Dabei bekamen die Polizisten allerdings nie etwas Ver-
werflicheres zu sehen als ein Dutzend von Kellys Leuten,
die Schach oder Domino spielten.

Herman Rosenthal steckte ständig in Schwierigkeiten –
entweder stand er mit der Polizei oder mit seinen Kollegen vom Glücksspiel auf Kriegsfuß. Er begann seine Karriere im Wettgeschäft an der Pferderennbahn. 1910 eröffnete er einen Spielsalon in der Nähe von Kuhloffs Kasino
in Far Rockaway auf Long Island. Dort fiel er aber immer
wieder Razzien zum Opfer, denn Kuhloff war ein einfluss-

reicher Mann und schätzte es gar nicht, dass Rosenthal ihm die Kundschaft abspenstig machte. Als Nächstes erwarb Rosenthal Anteile am Hester Club an der 2nd Avenue und geriet sofort mit Bridgie Webber und Sam Paul in Streit. Die beiden betrieben nicht weit von Rosenthals Lokal, an der 3rd Avenue nahe der 13th Street, die äußerst einträgliche Sans Souci Music Hall. Der Konflikt spitzte sich zu, als zwei von Big Jack Zeligs Gangstern Webber auflauerten und ihn brutal zusammenschlugen. Seitdem bekam Rosenthal über Jahre hinweg die Feindschaft fast sämtlicher Polizisten, Politiker und Glücksspielbetreiber der Stadt zu spüren.

Rosenthal eröffnete an der West 116th Street einen weiteren Salon, den die Polizei jedoch nach kurzer Zeit wieder schloss, und richtete dann an der West 45th Street unweit des Broadway ein aufwändigeres Spielkasino ein, in dem immer wieder Razzien stattfanden und das zweimal durch Bombenanschläge verwüstet wurde. Laut Bald Jack

Lieutenant Charles Becker,
Polizeioberkommissar

Roses Aussage im Becker-Rosenthal-Prozess schloss der Kasinobesitzer doch endlich Frieden mit der Polizei, indem er ein Bündnis mit Lieutenant Charles Becker, dem Leiter des Glücksspieldezernats, einging. Das bescherte Rosenthal ein paar friedliche Monate, in denen er unbehelligt und mit gutem Erfolg seinen Geschäften nachging. Im März 1912 fiel er jedoch bei Becker in Ungnade, weil er sich weigerte, 500 Dollar für die Verteidigung von dessen Presseagenten zu zahlen, der beschuldigt wurde, bei einer Razzia in einem Würfelspielsalon einen Mann getötet zu haben.

Lieutenant Becker machte seinem Ärger Luft, indem er am 15. April Rosenthals Kasino an der West 45th Street einer Razzia unterzog, woraufhin Rosenthal öffentlich damit drohte, dem Bezirksstaatsanwalt Charles S. Whitman ausführliche Informationen über das weit reichende und kompliziert vernetzte Protektionssystem der Glücksspielbranche zukommen zu lassen. Daraufhin beschlossen Rosenthals Feinde, ihn ein für alle Mal zum Schweigen zu bringen, denn das Aufsehen, das er erregte, gefährdete das gesamte Glücksspielgeschäft, und sowohl für die Kasinobetreiber als auch für die Polizei standen ungeheure Summen auf dem Spiel. Im Juni 1912 wurde Big Jack Zelig, der gerade im Tombs einsaß, die Entlassung in Aussicht gestellt, wenn er Rosenthals Ermordung arrangierte. Dafür stellte man ihm 2000 Dollar zur Verfügung. Zelig übertrug Gyp the Blood, Lefty Louis, Dago Frank und Whitey Lewis den Auftrag. Wenige Tage später, Anfang Juli, wollten die vier Killer Rosenthal im Garden Café an der 7th Avenue umbringen, wo er mit seiner Frau beim Essen saß. Aber dann verließ die Gangster plötzlich der Mut, und sie zogen unverrichteter Dinge wieder ab.

Am 13. Juli gab Rosenthal eine eidesstattliche Aussage ab, die am nächsten Morgen in der Zeitung *The World* veröffentlicht wurde. Er erklärte darin, dass er ein Bündnis mit Lieutenant Becker geschlossen und dass dieser

*Lefty Louis und
Gyp the Blood*

Big Jack Zelig

Whitey Lewis

Dago Frank

20 Prozent des Gewinns aus dem Spielsalon an der West 45th Street erhalten hätte. Diese Enthüllungen entfesselten einen Skandal, und der Bezirksstaatsanwalt Whitman zitierte Rosenthal umgehend ins Strafgericht. Der Kasinobesitzer erklärte sich endlich zu der lange angekündigten Aussage bereit und traf sich am Abend des 15. Juli 1912 zu einer mehrstündigen Unterredung mit dem Staatsanwalt. Gegen Mitternacht betrat er den Speisesaal des Hotel Metropole an der West 43rd Street unmittelbar östlich des Broadway. Etwa zwei Stunden später saß er immer noch beim Essen, als ein Mann von der Straße hereinkam und sagte, draußen wünsche ihn jemand zu sprechen. Als Rosenthal aus dem Hotel trat, wurde er von vier Killern aus einem wartenden Auto heraus mit einem Schuss ins Herz getötet. Die Mörder konnten zunächst fliehen, wurden aber innerhalb weniger Wochen gefasst. Auch Lieutenant Becker wurde am 29. Juli verhaftet. Gyp the Blood, Dago Frank, Lefty Louis und Whitey Lewis wurden im frühen Herbst vor Gericht gestellt. Big Jack Zelig sollte als einer der Hauptbelastungszeugen auftreten, denn er hatte vor der Anklagejury ausgesagt, er hätte die Mörder im Auftrag von Becker und Bald Jack Rose auf Rosenthal angesetzt. Aber am 5. Oktober 1912, einen Tag bevor Zelig vor Gericht aussagen sollte, wurde er von Red Phil Davidson erschossen, als er an der 13th Street gerade in eine Bahn der 2nd Avenue-Linie einsteigen wollte.

Auch ohne Zeligs Zeugenaussage wurden die vier Mörder schließlich verurteilt und am 13. April 1914 im Gefängnis Sing Sing auf dem elektrischen Stuhl hingerichtet. Lieutenant Becker wurde ebenfalls des Mordes schuldig gesprochen. Sein Gnadengesuch erreichte Charles S. Whitman, der inzwischen zum Gouverneur gewählt worden war. Whitman lehnte es jedoch ab, die Todes- in eine Freiheitsstrafe umzuwandeln, und am 30. Juli 1915 starb auch Becker auf dem elektrischen Stuhl. Seine Freunde behaupteten hartnäckig, das Ganze sei ein abgekartetes Spiel gewesen. Als die Bestattung vorbereitet wurde, brachte die Witwe am Kopfende des Sarges eine silberne Tafel mit folgender Inschrift an:

CHARLES BECKER
AM 30. JULI 1915 ERMORDET
VON GOUVERNEUR WHITMAN

Erst als Polizeiinspektor Joseph A. Faurot Mrs. Becker davon überzeugen konnte, dass sie eine Verleumdungsklage riskierte, wurde das Schild wieder entfernt.

Kapitel 16

Das Ende einer Ära

1

Die Polizei unternahm gegen Ende des Jahres 1910 einen spektakulären Kreuzzug gegen mehrere Gangs, die sich bei der Behörde besonders unbeliebt gemacht hatten oder so dreist geworden waren, dass selbst die Politiker sie aus Angst vor öffentlichen Skandalen nicht mehr zu protegieren wagten. Als der Pulverdampf sich verzogen hatte, saß fast ein Dutzend der berüchtigsten Gestalten der Unterwelt im Gefängnis. Zu den großen Helden, die auf diese Weise aus dem Verkehr gezogen wurden, zählten Newburgh Gallagher und Marty Brennan von den Gophers, Willie Jones von den Gas Housers, Al Rooney aus der Fourteenth-Street-Gang und Itsky Joe Hickman, der selbst ernannte Anführer der Truppe, die von Paul Kellys Five Pointers noch geblieben war; außerdem – wie bereits an anderer Stelle berichtet – Kid Dropper, Johnny Spanish und Biff Ellison. Die Polizei nahm zunächst an, Dropper und Spanish hätten gemeinsam das Kommando über ein und dieselbe Gang übernommen, als Paul Kelly in den Norden der Stadt zog. Später stellte sich jedoch heraus, dass jeder eine eigene Bande anführte. Die beiden waren allerdings eng befreundet und unternahmen viele Aktionen gemeinsam, bis sie sich später wegen einer Frau zerstritten.

Gallagher und Brennan hinter Schloss und Riegel zu bringen, hatte einige Schießerei und Knüppelei in Hell's Kitchen erforderlich gemacht, und die Polizei war rechtschaffen erleichtert, als die Aktion gegen die unerschrockenen Gophers abgeschlossen war. Die Gang war durch die Festnahme ihrer Anführer jedoch erheblich geschwächt,

Kid Dropper

sodass sie ein paar Monate später unter dem Druck eines weiteren Feldzuges gegen sie schließlich auseinanderbrach. Ganz verschwand sie allerdings nicht von der Bildfläche. Der Anlass für die vernichtende Aktion war, dass die Gophers ebenso wie andere Hell's Kitchen-Gangs vor ihnen viele Jahre lang immer wieder ergiebige Raubzüge auf Güterwagons und Depots der New York Central Railroad entlang der 11th Avenue unternahmen. Da von den Gesetzeshütern keine Hilfe zu erwarten war, stellte die Bahngesellschaft schließlich eine eigene Polizeitruppe auf, deren einzige Aufgabe es war, gegen die Übergriffe der Gophers einzuschreiten. Viele der Schutzmänner waren ehemalige Polizisten, die bereits schlimme Erfahrungen mit den Gangstern gemacht hatten und froh waren, es diesen endlich einmal heimzahlen zu können. Ungehindert von korrupten Politikern zogen sie begeistert an die West Side, jagten die Gophers mit ihren Knüppeln kreuz und quer durch Hell's Kitchen und machten ihnen, wie ein Polizist es voller Stolz formulierte, mal so richtig die Hölle heiß. Als die Gangster zum Revolver griffen, schlugen die privaten Wachleute sie mit ihren eigenen Mitteln, denn sie waren schnellere und bessere Schützen. Zahlreiche Gangster wurden verwundet, einige landeten im Gefängnis, und kaum ein Gopher kam ohne eine tüchtige Tracht Prügel davon. Nachdem die neue Schutztruppe ein paar Monate lang mit Knüppeln und Totschlägern in Hell's Kitchen gewütet hatte, mieden die Gophers die Bahnanlagen wie der Teufel das Weihwasser. Seither galten die Wachleute der New Yorker Eisenbahn als natürliche Feinde der Hell's-Kitchen-Ganoven.

Die Gopher-Gang zerfiel daraufhin in drei Splittergruppen. Die beiden wichtigeren unterstanden Buck O'Brien und Owen Madden, der in der Unterwelt allgemein als Owney the Killer bekannt war. Die dritte, kleinere Gruppe nannte sich nach ihrem Anführer: die Sullivans. Sullivan selbst war jedoch ein kleines Licht, und als es daran ging, das Reich der Gophers aufzuteilen, wurde die Rechnung ohne ihn gemacht. Buck O'Brien übernahm offiziell das Ge-

Owney Madden

biet von der 42nd Street nach Norden bis zur 59th Street und von der 9th Avenue bis zum Ufer des Hudson. Er behauptete seine Herrschaft gegen den Parlor Mob, der gelegentlich aus dem Bereich der Straßen mit den 60er Nummern in das Revier von O'Briens Gang einfiel und versuchte, dessen Leute bis unter die 50th Street zurückzudrängen. Das Territorium von Owney the Killer erstreckte sich südlich der 42nd Street bis an die Reviergrenzen der Hudson Dusters und der Marginals, deren Anführer Tanner Smith war. Madden unterhielt ein freundschaftliches Verhältnis zu Smith, und ihre Leute arbeiteten oft mit vereinten Kräften. Mit den Dusters war er dagegen bitter verfeindet, und die Gangs lieferten sich viele blutige Schlachten.

Madden war das Gegenteil von Monk Eastman: ein gepflegter, zurückhaltender Mann von schmaler Statur, hinter dessen sanftem, engelhaftem Lächeln sich die Gerissenheit und Grausamkeit eines Teufels verbarg. Er stammte aus England und war im Alter von elf Jahren in die USA gekommen. Bereits mit 17 trug er den Spitznamen Owney the Killer. Nur ein Jahr später übernahm er das Kommando über eine der Fraktionen der Gophers, und er war gerade 23, nach Ansicht der Polizei allerdings bereits ein fünffacher Mörder, als er zum ersten Mal im Gefängnis saß. Owney the Killer war ein unvergleichlicher Revolverschütze und Meister im Umgang mit Totschlägern und Schlagringen, von der Geschicklichkeit, mit der er die traditionelle Lieblingswaffe der Gangster, das in Zeitungspapier gewickelten Stück Bleirohr, schwang, ganz zu schweigen. Die Polizei betrachtete ihn als den typischen Gangster der Zeit – gerissen, grausam, dreist und faul. Bevor er im Gefängnis landete, hatte er keinen einzigen Tag seines Lebens gearbeitet und oft großspurig verkündet, dies werde er auch niemals tun. Als ein Kriminalpolizist vom Hauptquartier ihn einmal auf die Bitte eines Zeitungsreporters hin fragte, was er denn die ganze Zeit so treibe, schrieb Owney the Killer freundlicherweise das folgende Protokoll über einen Zeitraum von vier Tagen. Darin verschwieg er allerdings sorgfältig alles, was ihn hätte belasten können.

Donnerstag – nachmittags zum Tanzen. Abends erst Tanz, dann Cabaret. Mit ein paar Mädchen nach Hause gegangen. Später in ein Restaurant, bis Freitag früh um sieben Uhr dort geblieben.

Freitag – den Tag über mit Freda Horner zusammen gewesen. Ein paar besondere Taubenzüchtungen angesehen. Am frühen Abend mit Freunden im Saloon getroffen und bis fünf Uhr morgens geblieben.

Samstag – den ganzen Tag geschlafen. Am späten Nachmittag zum Tanzen in die Bronx gegangen, abends zum Tanz an die Park Avenue.

Sonntag – bis drei Uhr geschlafen. Nachmittags zum Tanz, abends noch mal in dasselbe Lokal. Danach ins Cabaret gegangen und fast die ganze Nacht geblieben.

Kurz nach der Spaltung der Gopher-Gang beschuldigte die Polizei Owney the Killer, einen Italiener umgebracht zu haben, und zwar einzig und allein zur Feier seiner Thronbesteigung. Einige wichtige Zeugen zogen es allerdings vor, von der Bildfläche zu verschwinden, sodass die Ermittler nicht genügend Beweise beibringen konnten, um einen Prozess einzuleiten. Ein Jahr später wurde ein Buchhalter namens William Henshaw in der 9th Avenue-Hochbahn auf der Höhe der 16th Street umgebracht. Er hatte zuvor mit Madden einen Streit um ein Mädchen gehabt, und bevor er im New York Hospital starb, hauchte er mit letzter Kraft, Owney the Killer habe ihn erschossen. Zehn Tage später sahen drei Kriminalpolizisten Madden in einem Hauseingang in Hell's Kitchen herumlungern und konnten ihn nach einer Verfolgungsjagd über die Dächer entlang der 10th Avenue schließlich festnehmen. Es kam jedoch nicht zur Verurteilung, da wiederum die Zeugen verschwanden. Trotzdem bekam Owney the Killer es nach den wiederholten Verhaftungen mit der Angst und vermied ein paar Monate lang jeglichen Ärger mit der Polizei. Er stellte sogar vorübergehend die Überfälle auf Polizisten ein, die jedem wahren Gopher das Herz höher schlagen ließen. In dieser friedlichen Zeit gründeten Madden und Tanner Smith den Winona Club als gemeinsamen Treffpunkt der beiden Gangs. Sie mieteten Räume in einem Haus, das einem rechtschaffenen Hufschmied namens Dennis J. Keating gehörte. Dieser ahnte nicht, wen er sich da ins Haus holte. Die Gangster machten den Winona Club bald zum Schandfleck einer sonst unbescholtenen Gegend, indem sie Saufgelage veranstalteten und die Nachtruhe mit Krawall und Raufereien störten. Weniger als eine Woche nachdem sie eingezogen waren, ging Keating, der selbst im Erdgeschoss wohnte, zu ihnen hinauf und erklärte, die Nachbarn hätten sich schon beschwert und wenn sie keine Ruhe gäben, würde er sie hinauswerfen. Keating traf auf Owney the Killer und Tanner Smith, die gerade an einem Tisch saßen und über einer Flasche Whiskey ihre Regierungsgeschäfte besprachen. Ein halbes Dutzend Mitglieder beider Gangs hatte es sich in dem Klubraum bequem gemacht und hörte zu, wie ein musikalisch begabter Ganove das Klavier bearbeitete.

»Sie dürfen hier oben nicht solchen Krach machen«, sagte Keating, »sonst setze ich Sie vor die Tür.«

»Sie wollen *mich* vor die Tür setzen?«, fragte Madden mit einem sanftem Lächeln. »Sagen Sie, haben Sie von Owney Madden gehört? Ja? Schön, also ich bin Owney Madden!«

Keating starrte den berühmten Gangsterboss einen Moment lang an, dann machte er kehrt und stieg die Treppe wieder hinab. Von nun an wagte er nicht einmal mehr, die Polizei von den Gangstern und ihren Machenschaften zu unterrichten, denn er wusste, dass sie ihn für alles verantwortlich machen würden – und die Gophers waren für ihre prompten und fantasievollen Racheaktionen berüchtigt. Keating hätte wenigstens damit zu rechnen gehabt, dass sein Haus in die Luft gesprengt würde. Als schließlich ein Nachbar sich beschwerte, wurde Schutzmann Sindt beauftragt, Nachforschungen anzustellen. Sobald er erfuhr, mit wem er es zu tun hatte, trat er eilig den Rückzug an und bat den Leiter seines Reviers um Unterstützung. Daraufhin wurde Sergant O'Connell mit einem Trupp Reservisten zu dem Haus geschickt. Maddens Spione hatten den Gangsterboss jedoch vorgewarnt, und so standen die Polizisten vor verschlossenen, mit Möbeln verbarrikadierten Türen, hinter denen sich die Gangster verschanzt hatten. Auf die Aufforderung zu öffnen, reagierten sie mit Drohungen und Flüchen, und als Sergant O'Connell begann, mit seinem Schlagstock an die Tür zu hämmern, durchschlug eine Kugel die Fensterscheibe und streifte einen Polizisten am Kopf.

»Wir knallen jeden Bullen ab, der versucht, hier reinzukommen!«, rief Owney the Killer.

Sergant O'Connell und seine Männer zogen sich hinter eine Häuserecke zurück. Dann wurden zwei der Schutzmänner vorgeschickt. Sie sollten versuchen, durch die Hintertür ins Haus zu gelangen, während die übrigen die Gangster ablenkten, indem sie gut sichtbar vor dem Gebäude über die Straße marschierten. Sergeant O'Connell ging an die Tür und verwickelte Madden und Smith in ein Wortgefecht. Die Ganoven scharten sich indessen um ihre Anführer und wollten hören, wie diese der Polizei trotzten. Dadurch blieb ein Fenster in der rückwärtigen Hauswand unbewacht, durch das die beiden Polizisten einstiegen. Sie schlichen unbemerkt bis zu dem Raum, in dem die Gangster versammelt waren, und fielen dann mit ihren Knüppeln über Madden und seine Gefolgsleute her. Als die Ganoven vor dem plötzlichen Ansturm zurückwichen, stürmten Sergeant O'Connells Männer zur Tür, schlugen sie ein und drangen in das Gebäude vor. Eine Viertelstunde später wurden die Gangster blutend und in Handschellen auf die Straße getrieben und unsanft in einen Polizeiwagen verladen, der sie zur Wache brachte. Doch als Owney the Killer, der noch minderjährig war, am nächsten Morgen dem Richter vorgeführt wurde, ließ dieser es bei einer wohlwollenden Ermahnung und einer Geldstrafe von 500 Dollar bewenden, die für ein halbes Jahr zur Bewährung ausgesetzt wurde. Tanner Smith kam ebenfalls mit einer eher symbolischen Strafe davon. Kaum war er wieder auf freiem Fuß, eilte er sofort zur City Hall und erreichte, dass man ihn zu Bürgermeister William J. Gaynor vorließ. Tanner zeigte die Verletzungen, die er in dem Handgemenge davongetragen hatte, und beklagte sich darüber, dass die Polizei ohne jeden Anlass über ihn und seine Freunde hergefallen sei, als sie gerade friedlich Karten spielten. Der Bürgermeister rügte die Polizei öffentlich und erließ die berühmte Order No. 7 – eine Verfügung, nach der Polizisten den Schlagstock nur dann einsetzen durften, wenn ihr Leben bedroht war. Die Beweislast dafür, dass es sich um Notwehr handelte, lag bei der Polizei, und es gab keinerlei Ermessensspielraum mehr für Vorgesetzte, wenn ein Bürger – ob rechtschaffen oder nicht – sich darüber beschwerte, mit einem Knüppel geschlagen worden zu sein. Damit waren den wenigen Polizisten, die noch versuchten, die Stadt von den Gangstern zu befreien, denkbar wirksam die Hände gebunden. Der Erlass stärkte die Position der Gangs erheblich, bis der spätere Bürgermeister John Purroy Mitchel ihn nach rund zwei Jahren wieder aufhob. Die Unterwelt feierte Bürgermeister Gaynors Beschluss. Tanner Smith stand für kurze Zeit im Rampenlicht, und man rühmte seinen Weitblick. Im folgenden Jahr wurde er allerdings verhaftet und wegen illegalen Waffenbesitzes zu einem Jahr Gefängnis verurteilt. Als er seine Strafe verbüßt hatte, war der Untergang der Gangs bereits besiegelt. So erklärte Tanner Smith sich gegen Ende des Jahres 1914 für geläutert und stieg ins Geschäft der

Schauermänner und Schiffsausrüster ein. Er war sehr erfolgreich und führte allem Anschein nach ein rechtschaffenes Leben, bis er 1919 wieder seinen alten Lastern verfiel und über einem Saloon in der Eighth Avenue 129 den Marginal Club eröffnete. Dort wurde er wenige Monate später hinterrücks mit einem Schuss ins Herz getötet. Smith hinterließ ein Vermögen von rund 100 000 Dollar.

2

Maddens engste Vertraute waren Eddie Egan, Bill Tammany und Chick Hyland, von denen in der Unterwelt keiner viel von sich reden machte. Tammany wurde verhaftet und zu 15 Jahren im Sing Sing verurteilt, bevor er überhaupt die Gelegenheit hatte zu zeigen, was in ihm steckte. Chick Hyland kam für vier Jahre ins Gefängnis, und Egan tauchte unter, nachdem sein Anführer verurteilt worden war. Maddens Einnahmequellen waren in der Hauptsache dieselben wie die anderer Gangsterbosse, allerdings scheint er Big Jack Zelig in der Schutzgelderpressung und dem Ausrauben von Spielsalons keine Konkurrenz gemacht zu haben. Er lebte vor allem von Trickdiebstahl, bewaffnetem Raubüberfall, Lagereinbrüchen, Erpressung von Kaufleuten und Saloonbesitzern und den Zuwendungen zwielichtiger Politiker. Madden machte sich mit seinem ehrgeizigen und herrschsüchtigen Auftreten dutzendweise Feinde, denn er hatte es unverhohlen darauf abgesehen, sich zum König aller Gangs aufzuschwingen. Zahlreiche Mordanschläge wurden auf ihn verübt, doch Maddens Leben geriet nie ernsthaft in Gefahr, bis er am Abend des 6. November 1912 einen Ball der Dave Hyson Association in der Arbor Dance Hall besuchte. Das Lokal hieß früher Eldorado und befand sich im heutigen Theaterviertel an der 52nd Street nahe der 7th Avenue. Die Dave

Hyson Association war nur ein Vorwand, denn wenn ein eingetragener Verein als Veranstalter auftrat, konnte die Verbrauchssteuer umgangen werden, und es durfte auch über die Sperrstunde hinaus Alkohol ausgeschenkt werden. Also gründete jeder Kellner einen eigenen Verein, und man veranstaltete reihum den ganzen Winter hindurch Bälle.

Die Stimmung hatte gerade den Höhepunkt erreicht, als plötzlich Owney the Killer den Saal betrat. Er schritt über die Tanzfläche, blieb mit verschränkten Armen in der Mitte stehen und sah sich drohend um. Augenblicklich verstummte die Musik, die Frauen drängten zu den Ausgängen, und die Männer wichen zurück und hielten ihre Waffen bereit.

Doch der Gangster winkte hoheitsvoll ab. »Macht nur weiter, amüsiert euch!«, rief er. »Ich leg' hier heute abend keinen um!«

Er winkte Dave Hyson zu sich und reichte dem vor Angst zitternden Kellner mit großer Geste die Hand. »Sie sollen tanzen, Dave«, befahl er. »Ich will euch Jungs doch nicht das Fest verderben.«

Dann setzte er sich gut sichtbar auf die Galerie und beobachtete das Treiben. Mehrere Stunden lang saß er allein dort, trank Whiskey und genoss die scheuen Blicke der Frauen und den Neid anderer, weniger berühmter Gangster. Kurz nach Mitternacht stieg eine Frau die Treppe empor und setzte sich zu ihm an den Tisch. Sie war hübsch und schlug den Gangsterboss mit ihrem reizenden Geplauder und ihrer offensichtlichen Verehrung so sehr in ihren Bann, dass Owney the Killer gar nicht bemerkte, wie nach und nach elf Männer heraufkamen und sich unauffällig in seiner Nähe niederließen. Als die Frau schließlich wieder nach unten ging, blickte Owney the Killer träge auf die Tanzfläche hinunter. Dann ließ er den Blick über die Galerie schweifen und sah sich plötzlich auf drei Seiten von Feinden umgeben – elf Männer, die ihn mit eisigen

Blicken musterten. Er wusste, dass sie ihn umbringen wollten und dass sie schießen würden, bevor er auch nur nach seiner Waffe greifen könnte. Aber Owney the Killer war kein Feigling. Er erhob sich langsam und hielt den Blicken stand.

»Na, was ist, Jungs?«, rief er. »Ihr legt ja doch keinen um! Habt ihr etwa schon mal wen kaltgemacht?«

Einer der elf Männer stieß einen Fluch aus. Damit war der Bann gebrochen. Es knallte, und Owney the Killer brach im Kugelhagel der Revolver zusammen. Während er bewusstlos am Boden lag, verließen seine Widersacher in aller Ruhe das Lokal, ohne dass jemand versuchte, sie aufzuhalten. Nach einer Weile bahnten sich einige Polizisten einen Weg durch die Menge und ließen den Gangster ins Krankenhaus bringen. Als ein Kriminalbeamter ihn später danach befragte, wer auf ihn geschossen hätte, entgegnete Madden: »Tut nichts zur Sache. Die Jungs kriegen die schon. Es geht keinen außer mir was an, wer mir die Kugeln verpasst hat.«

Die Ärzte entfernten ein halbes Dutzend Geschosse aus dem Körper des Gangsters, der sich nur sehr langsam erholte. Von den elf Männern, die auf ihn geschossen hatten, starben drei binnen weniger als einer Woche eines gewaltsamen Todes.

Während Maddens Genesung tauchte Little Patsy Doyle – ein unbedeutendes Mitglied der früheren Gophers, das sich häufig am Broadway herumgetrieben hatte – plötzlich in Hell's Kitchen auf und schlug ohne ersichtlichen Grund einen Polizisten nieder. Als diese Tat in der Unterwelt auf allgemeine Anerkennung stieß, wurde Doyle mutiger und versuchte, das Kommando über die Gang an sich zu reißen, indem er das Gerücht ausstreute, Madden werde einen bleibenden Schaden zurückbehalten. Dabei wurde Little Patsy nicht nur von Ehrgeiz getrieben, sondern auch von einem tief sitzenden Groll. Seine Freundin, Freda Horner, hatte ihm nämlich den Laufpass gegeben und angekündigt, sie werde Owney the Killer heiraten oder wenigstens mit ihm zusammenleben, was in der Unterwelt dasselbe bedeutete. Little Patsy konnte eine kleine Gruppe unzufriedener Ganoven um sich scharen, aber noch ehe er viel erreicht hatte, wurde Madden aus dem Krankenhaus entlassen und ergriff sofort Maßnahmen gegen den Aufstand. Kaum war Owney the Killer wieder in Hell's Kitchen, da wurde Little Patsy mit einem Stück Bleirohr beinahe totgeschlagen. Er setzte jedoch mit dem Mut der Verzweiflung zum Gegenschlag an und überfiel einige von Maddens wichtigsten Leuten mit dem Totschläger. Über Tony Romanello, einen Freund von Owney the Killer, fiel er sogar mit Messer und Revolver her, denn Romanello hatte sich darüber lustig gemacht, dass Madden ihm die Freundin ausgespannt hatte.

Little Patsy wurde ein immer größeres Ärgernis, sodass Madden ihn auf die schwarze Liste setzte. Unter den Hell's-Kitchen-Ganoven begannen Gerüchte zu kursieren, Little Patsy sei ein Polizeispitzel und werde sie verpfeifen. Die Anhänger des Rebellen fielen einer nach dem anderen von ihm ab und kehrten zu Owney the Killer zurück. Schließlich war die Zeit reif, Little Patsy für immer zum Schweigen zu bringen. Madden wählte für diese Aufgabe zwei seiner besten Schützen, Art Biedler und Johnny McArdle. Die drei heckten gemeinsam einen Plan aus, und Freda Horner wurde beauftragt, mit Margaret Everdeane zu sprechen. Diese war eine enge Freundin zahlreicher Gophers und die aktuelle Geliebte von Willie the Sailor, der eigentlich William Mott hieß. Die beiden Frauen sollten Little Patsy in einen Hinterhalt locken. So geschah es, dass Margaret Everdeane Little Patsy am Abend des 28. November 1914 anrief und ihm weismachte, Freda Horner verzehre sich vor Liebe zu ihm und sehne sich danach, sich mit ihm zu versöhnen.

»Die arme Kleine ist fix und fertig, weil sie so mit dir umgesprungen ist, Patsy«, sagte Margaret Everdeane. »Sie will dich sehen. Ich und Willie bringen sie mit, dann kannst du mit ihr reden.«

Man verabredete ein Treffen, und kurz vor Mitternacht betrat Little Patsy einen Saloon an der Ecke 8th Avenue/ 41st Street. Er war in Gedanken viel zu sehr mit Freda Horner beschäftigt und übersah die drei Männer, die auf der gegenüber liegenden Straßenseite im Schatten lauerten. Er bemerkte auch nicht, dass zwei weitere keine drei Minuten nach ihm durch die Schwingtür in den Saloon traten. Little Patsy eilte an der Bar vorüber ins Hinterzimmer, wo Margaret Everdeane mit Willie the Sailor an einem Tisch saß. Freda Horner war jedoch nicht zu sehen.

»Wo ist Freda?«, fragte Little Patsy misstrauisch.

»Nur gerade mal kurz rausgegangen«, erwiderte Margaret. »Sie muss jeden Moment zurück sein. Setz dich doch, Patsy.«

Gleich darauf kam der Barkeeper herein und sagte, draußen sei ein Mann, der Little Patsy sprechen wolle. Der Gangster betrat die Bar, sah aber niemanden, den er kannte.

»Wer hat nach mir gefragt?«, erkundigte er sich.

»Ich«, sagte eine Stimme.

Als Little Patsy sich zu dem Sprecher umwandte, traf der erste Schuss ihn in die Brust. Er taumelte und brach dann unter zwei weiteren Schüssen zusammen. Mühsam und unter Schmerzen kam er wieder auf die Beine und griff nach seinem Revolver, hatte aber nicht mehr die Kraft, ihn aus der Tasche zu ziehen. Little Patsy wankte wie ein Betrunkener aus dem Lokal, und sein Gesicht war so weiß wie der Schnee, der draußen in einer dünnen Schicht auf dem Gehweg lag. Vor dem Lokal brach er tot zusammen.

Owney the Killer wurde zwei oder drei Tage nach der Tat verhaftet, und Freda Horner und Margaret Everdeane traten im Prozess als Belastungszeuginnen auf. Madden, der tobend und unter Tränen beteuerte, das Ganze sei ein abgekartetes Spiel, wurde zu zehn bis 20 Jahren im Sing Sing verurteilt, während Johnny McArdle eine Haftstrafe von 13 Jahren erhielt und Art Biedler für 18 Jahre ins Gefängnis musste. Die Kriminalpolizisten im Hauptquartier atmeten indessen erleichtert auf, als sie den Namen Owney the Killer von ihrer Liste streichen konnten. Doch schon im Januar 1923 wurde Madden auf Bewährung entlassen, nachdem er nicht einmal die Mindeststrafe verbüßt hatte. Er trat eine Stelle bei einem Taxiunternehmen an – offiziell, um die Fahrer vor unlauterem Wettbewerb zu schützen, was mit anderen Worten bedeutete, dass er die Konkurrenz mit dem Totschläger außer Gefecht setzte. Owney übte diese Tätigkeit jedoch nur wenige Monate lang aus. Die nächste Nachricht von dem Gangsterboss war die, dass er mit fünf anderen Männern in der Nähe von White Plains in der County Westchester verhaftet wurde, als die Polizei sie mit einer Lastwagenladung gestohlenen Alkohols im Wert von 25 000 Dollar erwischte. Madden behauptete vor Gericht, er sei nur als Anhalter mitgefahren und habe über die Fracht nichts gewusst. Da man ihm das Gegenteil nicht beweisen konnte, wurde das Verfahren schließlich eingestellt, und Owney the Killer verschwand weitgehend von der Bildfläche. Angeblich hatte er jedoch noch bei mehreren Nachtclubs in Harlem und im Zentrum Manhattans die Finger im Spiel.

3

Während Big Jack Zelig mit seinen Leuten gegen Chick Tricker und Jack Sirocco Krieg führte und Owney Madden aus einer Splittergruppe der früheren Gophers eine erstklassige Truppe aufbaute, traten zugleich überall in New York Dutzende anderer Gangs in Erscheinung. Das Wohlwollen, mit dem Polizei und Politiker Zeligs Machenschaften und denen der übrigen Gangsterbosse der Zeit begegneten, ermutigte die aufstrebenden jungen Gauner der Stadt ungemein. Anfang 1911 erschien im Hafenviertel am East River, im alten vierten Bezirk, Terrible John Torrio auf der Bildfläche. Er führte die James Street Gang an, die beinahe fünf Jahre lang ein ausgedehntes Gebiet in Angst und Schrecken versetzte. Dann zog er in den Westen, wo er in der Unterwelt Chicagos bald von sich reden machte. Die Gangs von Joe Baker und Joe Morello kämpften erbittert um die Vorherrschaft an der Upper East Side. Dabei kam es am 17. April 1912 an der Kreuzung von 114th Street und 3rd Avenue zu einer großen Schlacht, in der fünf Männer getötet wurden, und der Konflikt spitzte sich zu, bis die Gangster einander am Ende buchstäblich in Stücke schossen. Die Red Peppers und die Duffy Hills veranstalteten an der East 102nd Street in der Gegend um die 3rd und 2nd Avenue immer wieder nächtliche Raufereien, während die Pearl Buttons, Erzfeinde der Hudson Dusters, gegen Ende des Jahres 1910 in den Norden der Stadt zogen und das Gebiet um die West 100th Street zwischen Broadway und Central Park in Besitz nahmen. Der Parlor Mob, der bisher den Gophers unterstanden hatte, zog sich aus Hell's Kitchen zurück, als dort die Wachtruppe der New York Central Railroad eingerichtet wurde. Fortan machte er das ärmliche Wohnviertel um den Central Park und die 66th Street herum unsicher.

Gegen Ende des Jahres 1911 wurde die Car-Barn-Gang gegründet, die wenig später bereits zu den gefürchtetsten Verbrecher- und Randaliererbanden der Stadt zählte. Sie setzte sich hauptsächlich aus den jugendlichen Taugenichtsen zusammen, die sich an den Docks am East River herumtrieben, stahlen, sich prügelten und Betrunkene ausplünderten. Nachdem diese jungen Gauner sich zusammengeschlossen hatten, entwickelten sie sich jedoch zu Revolverschützen und Straßenräubern, und das Revier der Car-Barn-Gang, das sich etwa von der 90th bis zur

100th Street und von der 3rd Avenue bis zum East River erstreckte, wurde ein ebenso gefährliches Terrain wie Hell's Kitchen. Der erste Hinweis für die Polizei, dass die Gauner dieser Gegend sich organisiert hatten, war ein Plakat. Es hing eines Tages plötzlich an einem Laternenpfahl in der Nähe der alten Bahndepots an der Kreuzung 2nd Avenue/97th Street, von deren Lagerhallen, den ›car barns‹, der Name der Gang stammte.

Achtung

ZUTRITT FÜR BULLEN VERBOTEN!

AB SOFORT WERDEN IN DIESEM GEBIET
KEINE POLIZISTEN GEDULDET.

Dies ist ein Beschluss der
CAR BARN GANG

Wie die Polizei bald feststellen musste, waren die Car Barners gut gerüstet und brannten darauf, ihren Beschluss durchzusetzen. Nachdem ein halbes Dutzend Polizisten, die sich in das Sperrgebiet gewagt hatten, mit Messern und Totschlägen attackiert worden war, drangen die Polizeistreifen nur noch in Gruppen zu viert oder fünft in das Revier der Gang vor. Als Bürgermeister Gaynors Erlass gegen den Einsatz von Schlagstöcken aufgehoben wurde, begann auch das Sondereinsatzkommando einen Feldzug gegen die Car Barners. Die bewaffnete Spezialtruppe unternahm mehrere Vorstöße und knüppelte die Gangster dabei gnadenlos nieder, aber erst nachdem zwei der wichtigsten Anführer auf dem elektrischen Stuhl hingerichtet worden waren, gelang es der Polizei, die Gang endgültig zu zerschlagen. Bei den beiden Märtyrern handelte es sich um Big Bill Lingley und Freddie Muehfeldt, der unter dem Spitznamen The Kid bekannt war. Lingley galt als Mitbegründer der Car-Barn-Gang. Er war ein weithin bekannter Desperado und Einbrecher, der mit seinen Totschlägern und zwei Revolvern skrupellos über Polizisten und harmlose Bürger herfiel. Freddie Muehfeldt stammte aus einer anständigen Familie und tat sich in seiner frühen Jugend in der Sonntagsschule besonders hervor – so sehr, dass seine Mutter schon hoffte, er würde die Priesterlaufbahn einschlagen. Aber in seinen späteren Teenagerjahren wurde der Junge arbeitsscheu und begann, im Hafen herumzustreunen. Big Bill Lingley, dessen großspuriges Gehabe die Jungen des Viertels begeistert nachahmten, wurde sein leuchtendes Vorbild. Der ältere Gauner nahm den viel versprechenden Jungen unter seine Fittiche, und beide gingen gemeinsam daran, den Car Barners Ehre und sich selbst einen Namen zu machen. Sie unternahmen mit einem halben Dutzend Gefolgsleuten eine Serie höchst einträglicher Überfälle auf Saloons nördlich der 14th Street bis zur Bronx. Ihre Glückssträhne riss jedoch ab, als ein Spirituosenhändler in der Bronx, am Nordufer des Harlem River, Widerstand leistete und versuchte, seine Kasse zu verteidigen. Big Bill und Freddie Muehfeldt brachten ihn kurzerhand um. Daraufhin wurden beide wegen Mordes verurteilt, und so endete The Kids Laufbahn noch vor seinem 21. Geburtstag.

Südlich des Reviers der Car Barners, um die 59th Street herum, trieben die Bridge Twisters ihr Unwesen in den düsteren Straßen unter den Zufahrten zur Queensboro Bridge über den East River. Auf der Höhe der 40th Street kam es vom Flussufer landeinwärts bis zur 3rd Avenue ständig zu Zusammenstößen zwischen der Tunnel-Gang, den Terry Reilleys und den Corcoran's Roosters unter der Führung von Tommy Corcoran. Die Gas-House-Gang beherrschte immer noch die Gegend um die 18th Street vom Ufer bis zur 4th Avenue, auch wenn die glorreichen Tage, die die Gang zu Zeiten Monk Eastmans und Paul Kellys erlebt hatte, vorüber waren. Der letzte große Häuptling der Gang, Tommy Lynch, fiel Anfang 1914 in einer blutigen Schlacht gegen die Jimmy-Curley-Gang, deren Anführer sich Gold Mine Jimmy Carrigio nannte. Danach verschwanden die Gas Housers von der Bildfläche. Etwas weiter südlich befand sich das Revier der Carpenters, einer kleinen, aber mordlustigen Gang, und an der Lower East Side wimmelte es nur so von mehr oder minder bedeutenden Gangs unterschiedlicher Größe. Da gab es die Little Doggies, die Neighbors' Sons, die Dock Rats, die Chisel-Gang, die Folly-Gang und die Frog Hollows, die auch im Norden der Stadt ihr Unwesen trieben und auf den Menschenhandel mit Weißen spezialisiert waren. Diese Gang zerbrach schließlich, als im Herbst 1913 drei ihrer wichtigsten Mitglieder zu Gefängnisstrafen von insgesamt mehr als 42 Jahren verurteilt wurden. Außerdem gab es in der Gegend die Gangs von Dopey Benny Fein, Joe the Greaser, der eigentlich Joseph Rosensweig hieß, Billy Lustig, Pinchey Paul, Little Rhody, Punk Madden, der nicht mit seinem Namensvetter Owney the Killer verwandt war, Pickles Laydon, Ralph the Barber, der in Wirklichkeit Ralph Daniello hieß, Yoske Nigger, dessen bürgerlicher Name Joseph Toplinsky lautete, Johnny Levinsky und Charles Vitoffsky, der Charley the Cripple genannt wurde. An der Lower West Side trieben von der Battery aufwärts unzählige kleine Gangs ihr Unwesen, die die Gemüse- und Geflügelmärkte heimsuchten und aus dem Konkurrenzkampf in der Branche Profit schlugen. Die spektakulärste Tat dieser Ganoven war die Ermordung des Geflügelhändlers Barnett Baff im Jahre 1914. Mehrere Gangsterbosse teilten sich das Honorar für diesen Auftragsmord, das angeblich 4200 Dollar betrug. Der Todesschütze selbst bekam jedoch nur 50 Dollar. Die Polizei war überzeugt davon, dass Baffs geschäftliche Rivalen ihn aus dem Weg schaffen ließen, denn der Wettbewerb war hart, und es war keine Seltenheit, dass die Händler Gangster engagierten, um unliebsame Rivalen auszuschalten, indem sie deren Geschäfte verwüsten und sie, wenn nötig, sogar umbringen ließen.

Yoske Nigger, Charley the Cripple und Johnny Levinsky spezialisierten sich darauf, Pferde zu stehlen und zu vergiften. Bis 1913 hatten sie in dieser äußerst einträglichen Branche eine Art Monopolstellung aufgebaut. Dann teilten sie den Sektor geschickt untereinander auf und arbeiteten etwa zwei Jahre einträchtig nebeneinander, wobei sie sich bei besonders schwierigen Aufträgen sogar gegenseitig mit Männern aushalfen. Yoske Nigger konzentrierte sich auf die Geschäfte der Bauern, Gemüsehändler und Mietställe, während Levinsky den Handel mit Speiseeis zu seinem Spezialgebiet machte und Charley the Cripple aus dem Konkurrenzkampf der Soda- und Mineralwasserhändler und -hersteller Kapital schlug. Die Honorare der Gangster variierten je nach Umfang und Risiko der Aufträge. Meist lagen sie an der Obergrenze dessen, was die Marktlage eben erlaubte. Als einmal ein Gangster der Polizei Auskunft über diese Machenschaften gab, nannte er die folgenden Durchschnittstarife:

tödlicher Schuss	$ 500
nicht tödlicher Schuss	$ 100
ein Pferdegespann vergiften	$ 50
ein einzelnes Pferd vergiften	$ 35
ein Pferd mit Wagen stehlen	$ 25

Die Schüsse bezogen sich, wie der Gangster erläuterte, auf Menschen. Diese Preise waren allerdings extrem hoch; die Anführer vieler Gangs an der East Side erledigten Mordaufträge schon für 20 Dollar, und im Südteil New Yorks wimmelte es nur so von Gangstern, die schon zu Preisen zwischen zwei und zehn Dollar saubere Arbeit garantierten. Die jeweilige Höhe des Honorars richtete sich einerseits danach, wie prominent das Opfer war, und andererseits danach, wie dringend der jeweilige Killer gerade Geld brauchte.

Die genannten Banden stellten nur einen verschwindend geringen Teil der Gangs dar, die in den letzten Jahren jener Ära der Herrschaft der Gangster überall auf Manhattan Island ihr Unwesen trieben. Gegen Ende des Jahres 1913 – etwa ein Jahr nach Big Jack Zeligs Ermordung – gab es wahrscheinlich mehr Gangs in New York als jemals zuvor in der Geschichte der Stadt. Ihre Zahl und die komplizierten Verflechtungen zwischen ihnen waren so unüberschaubar, dass es von Hunderten nicht mehr als andeutungsweise Berichte gibt. Sie waren nicht mehr als ein kurzes Aufblitzen im Bewusstsein der Polizei und der Presse, das im Erlöschen einen Kometenschweif aus Gaunereien und Bluttaten hinterließ. Allerdings war die Gesamtzahl der Gangster damals wohl kaum höher als während Monk Eastmans Herrschaft, denn die einzelnen Gangs hatten erheblich weniger Mitglieder. Die Zeiten, in denen ein Anführer 500 bis 1000 Männer unter seinem Banner versammeln konnte, waren mit dem Untergang der großen Gangs der Eastmans, Gophers und Five Pointers ein für alle Mal vorbei. Die Gangsterbosse des frühen 20. Jahrhunderts konnten selten mehr als 30 oder 40 Leute ins Feld führen. Daher trieben in Gebieten, die früher von einer einzigen großen Gang beherrscht worden waren, nun zahllose kleine Banden ihr Unwesen, die einander ständig bekriegten, immer wieder in fremdem Territorium wilderten und jede Gelegenheit ergriffen, sich durch Raub oder Mord zu bereichern. Außerdem waren die Strukturen flexibler geworden: Während die Gangster der alten Zeiten in unverbrüchlicher Treue zu ihrem Anführer gestanden hatten, arbeitete nun nicht selten ein einziger Gangster in jeweils unterschiedlichen Funktionen für drei oder vier Bosse zugleich. Dazu kamen zahlreiche unabhängige Ganoven, die sich nur ganz gezielt im Rahmen bestimmter Mord- oder Überfallkommandos und anderer Aktionen einem Gangsterboss anschlossen. Diese lockere Organisationsform begann, sich in der Unterwelt immer mehr durchzusetzen, da die eigentlichen Gangs ihre politischen Schirmherren verloren und von der Polizei rigoros bekämpft wurden.

4

Die Gangs, die in den ersten Jahren nach Big Jack Zeligs Tod den Ostteil Manhattans beherrschten, waren zu jedem Verbrechen bereit, das ihre Auftraggeber wünschten. Trotzdem flossen ihre Einnahmen wesentlich spärlicher als in den alten Zeiten. Die meisten Spielsalons waren nach dem Skandal um Herman Rosenthal und seine Ermordung geschlossen worden, und die übrigen wurden von der Polizei nur noch widerwillig geduldet. Auch die Politiker übten inzwischen große Zurückhaltung darin, die Gangster, die der Öffentlichkeit ein so unerträglicher Dorn im Auge waren, vor ihren Karren zu spannen. Die Gangsterbosse mussten sich also nach neuen Betätigungsfeldern umsehen. Ein äußerst ergiebiges war der Arbeitskampf, von dem die gesamte East Side und insbesondere die Kurzwarenbranche betroffen war. Gegen Ende des Jahres 1911 begannen die Gewerkschaften, Ganoven zu engagieren, die Streikbrecher umbrachten oder zusammenschlugen und Arbeiter, die sich den Organisationen nicht anschließen wollten, einschüchterten. Die Arbeitgeber heuerten ihrerseits Gangster dazu an, Streikposten zu verprügeln und Gewerkschaftsversammlungen zu überfallen. Die Ganoven traten meist nicht selbst als Streikbrecher auf, sondern wurden hauptsächlich zu deren Schutz eingesetzt, denn körperliche Arbeit war ihnen zuwider. Die eigentlichen Arbeitskräfte wurden aus den Scharen von Gelegenheitsarbeitern rekrutiert, die die Stellenvermittlungen an der Bowery und der 6th Avenue überschwemmten. Mit der Zeit bildete sich eine Klasse von

Arbeitern heraus, die sich auf diese besonders gut bezahlte Tätigkeit spezialisierten und auf der Suche nach Streiks von Stadt zu Stadt zogen. Sie wurden verächtlich als ›finks‹ bezeichnet, während die bewaffneten Wachleute, die zu ihrem Schutz angeheuert wurden, als ›nobles‹ bekannt waren.[1] Später übernahmen Privatdetektive von Agenturen diese Aufgabe.

Binnen weniger Monate wurden Knüppel, Messer und Revolver überall an der East Side zum festen Bestandteil des Arbeitskampfes. Die Aufträge der Gewerkschaften wurden hauptsächlich von den Gangs von Dopey Benny, Joe the Greaser, Little Rhody, Pinchey Paul und Billy Lustig ausgeführt. Die Arbeitgeber mussten sich indessen mit den Diensten der weniger mächtigen Banden begnügen. Die Anführer der großen Gangs standen mit einem festen Wochenlohn von 25 bis 50 Dollar auf der Gehaltsliste der Gewerkschaften. Zusätzlich bekamen sie zehn Dollar pro Tag für jeden Mann, den sie einsetzten, Streikbrecher zusammenzuschlagen oder widerspenstige Arbeiter einzuschüchtern. Davon behielten die Gangsterbosse zweieinhalb Dollar für sich und zahlten die übrigen siebeneinhalb dem jeweiligen Ganoven als Lohn aus. Die Gewerkschaftsvertreter verpflichteten sich darüber hinaus, gegebenenfalls für Geldstrafen aufzukommen, Kautionen zu stellen, Rechtsanwälte zu engagieren und den Gangstern durch ihre Beziehungen zu Polizei und Politik die bestmögliche Protektion zu verschaffen. Dopey Benny sicherte sich zusätzlich ab, indem er für ein festes Jahreshonorar einen Anwalt engagierte. Dieser gewiefte Jurist formulierte die Verträge so, dass daraus nicht allzu klar ersichtlich war, um welche Art von Dienstleistung es sich handelte. Dagegen wurde explizit festgelegt, dass der Gangsterboss für den Fall, dass er ins Gefängnis käme, weiter-

---

[1] fink: am. Slang für Verräter und allgemein für eine unliebsame, verächtliche Person; noble: Edelmann – *Anm. d. Übers.*

Dopey Benny

hin Anspruch auf sein Gehalt hätte. Außerdem beschäftigte Dopey Benny jahrelang einen professionellen Bürgen, der nicht nur den Gangsterboss selbst, sondern auch dessen Gefolgsleute gegen Kaution aus der Haft holte, wann immer es nötig war.

Dopey Benny nahm seine Verbrecherlaufbahn im Alter von zehn Jahren auf. Anfangs streunte er durch die Straßen der East Side und stahl Pakete von Boten- und Lieferwagen. Der nächste Schritt auf der Karriereleiter war sein Aufstieg zum Straßenräuber. Zugleich spezialisierte er sich darauf, Betrunkene auszuplündern. Später wurde er ein exzellenter Taschendieb und schließlich der größte – oder jedenfalls erfolgreichste – Gangsterboss seiner Zeit, auch wenn er Monk Eastman bei weitem nicht das Wasser reichen konnte. Dopey Benny war nicht drogenabhängig, sondern sein Spitzname rührte daher, dass er von klein auf Probleme mit Polypen hatte und schlecht durch die Nase atmen konnte. Deshalb sah er immer mürrisch und schläfrig aus. Da er unter den Gangsterbossen seiner Zeit nicht seinesgleichen hatte, unterstellten sich nach und nach ein halbes Dutzend kleinerer Gangs seiner Führung. Darunter waren die Little Doggies, die Überbleibsel der Hudson Dusters, einige Mitglieder der Gophers, die vor den Knüppeln der Eisenbahn-Schutztruppe an die East Side geflohen waren, und die Banden unter Porkie Flaherty und Abie Fisher. Dopey Benny teilte die Südhälfte Manhattans in Bezirke ein, die er jeweils einer der kleineren Gangs zuwies. Deren Mitglieder kämpften mit Totschlägern und Revolvern meist auf der Seite der Arbeiterorganisationen, ließen sich aber auch bereitwillig von den Arbeitgebern engagieren, wenn diese ihnen zuerst ein Angebot machten. Es kam daher nicht selten vor, dass Dopey Bennys Leute in einem Bezirk für die Gewerkschaften und in einem anderen zugleich gegen sie kämpften. Jahrelang gab es kaum einen Streik in New York, in dem diese Gangster nicht eingesetzt wurden, und Dopey Benny nahm in dieser Zeit durchschnitlich 15000 bis 20000 Dollar pro Jahr ein. Der Gangsterboss war so gefürchtet, dass ihm einmal eine Gruppe von Arbeitgebern 15000 Dollar dafür zahlen wollte, dass er sich aus einem drohenden Streik heraushielt. Aber Dopey Benny lehnte das Angebot entrüstet ab und erklärte, sein Herz schlage für die Arbeiter, und er werde sich mit seinen Leuten jederzeit in den Dienst der Gewerkschaften stellen. Als er schließlich von der Justiz zur Rechenschaft gezogen wurde und ein Geständnis vor dem Bezirksstaatsanwalt ablegte, beschrieb er seine Machenschaften folgendermaßen:

»Bei meinem ersten Auftrag ging es darum, in einem Betrieb ein paar Arbeiter zusammenzuschlagen. Dafür zahlte man mir zehn Dollar für jeden Mann, den ich dafür brauchte, und 100 Dollar für mich selbst. Ich suchte etwa 15 Männer aus. Später sprach ich noch mal mit meinem Auftraggeber und sagte ihm, ich könnte die Sache für das

Geld, das er mir angeboten hatte, nicht erledigen – ich bräuchte mehr Leute, als ich gedacht hätte, und wenn er mir nicht mehr zahlte, würde ich den Job nicht machen.

Er ließ sich schließlich darauf ein, mir 600 Dollar zu zahlen. Ich trommelte meine Leute zusammen und teilte sie in Trupps ein. Sie bewaffneten sich mit Knüppeln und Rohrstücken von Gasleitungen – Pistolen waren nicht im Spiel. Als die Arbeiter Feierabend hatten, fielen meine Männer über sie her und schlugen sie zusammen. Ich hielt mich dabei eher im Hintergrund. Ich gab meinen Leuten Anweisungen und blieb in der Nähe, aber ich machte selbst nicht mit. Als die Sache erledigt war, traf ich mich wieder mit dem Mann, mit dem ich verhandelt hatte, und fragte ihn, ob er zufrieden wäre. Er sagte, ich hätte gute Arbeit geleistet, und gab mir die 600 Dollar bar auf die Hand.

Daraufhin sprach es sich herum, dass ich sowas machte, und ich konnte mich vor Aufträgen kaum noch retten. Manchmal ging es nur um einzelne Leute. Irgendwer kam an und sagte, da sollte einer zusammengeschlagen werden, und ging mit mir wohin, um mir den zu zeigen, den ich überfallen sollte. Dann musste ich nur noch eine günstige Gelegenheit abpassen, und anschließend kassierte ich mein Geld.

Einmal, als wir einen Auftrag zu erledigen hatten, waren da ein paar Mädels mit Polizeipfeifen, und bevor wir abhauen konnten, kam auch schon die Polizei. Ich wurde geschnappt und kriegte 30 Tage und drei von den anderen je 15 Tage. Die ganze Zeit, als ich meine Strafe absaß, bekam ich weiter die 15 Dollar pro Tag, einen Teil davon allerdings erst später.

Danach kamen eine ganze Menge Aufträge, für die ich nicht extra bezahlt wurde – nur das normale Gehalt, das waren 25 Dollar die Woche. Damals kriegte ich das regelmäßig und berechnete nicht jeden Job einzeln. Später nahm ich dann wieder immer soundsoviel für einen bestimmten Auftrag. Einmal waren es 350 Dollar. Dieses Geld kam dann noch zu den 25 Dollar hinzu, die ich sowieso pro Woche bekam. Ich brauchte 30 Männer für den Auftrag, und es gab viele Verletzte.

Im Januar 1914 wurde ich wegen eines Überfalls angeklagt und zu 15 Jahren im Hochsicherheitsgefängnis verurteilt, aber später wurde das Urteil aufgehoben, und ich kam wieder raus. Die ganze Zeit, als ich im Gefängnis war, bezog ich weiter mein Gehalt und übernahm noch einige Aufträge zusätzlich. Manche davon waren ganz unspektakulär – keine Waffen und so, nur Leute einschüchtern und bedrohen –, und manchmal ging es richtig zur Sache.«

Einige der gewalttätigsten unabhängigen Ganoven schlossen sich Dopey Bennys Truppe an, weil es sie reizte, dass sie bei ihm ständig Gelegenheit hatten, ihre Fähigkeiten unter Beweis zu stellen. Dazu kamen Überläufer aus rivalisierenden Gangs. Selbst Joe the Greaser verlor viele seiner besten Leute, aber er war klug genug, seinen völligen Untergang zu verhindern, indem er ein Bündnis mit Dopey Benny einging. Er gestand diesem die Oberherrschaft über alle Gangs zu, führte aber weiterhin seine eigene Bande als selbstständige Einheit. Diese Allianz verhalf Dopey Benny und Joe the Greaser zu einer Vormachtsstellung. Little Rhody, Pinchey Paul, Billy Lustig und rund 20 weitere Anführer kleiner Gangs hatten dagegen das Nachsehen, wenn die Gewerkschaftsvertreter Aufträge vergaben. In ihrer Verzweiflung schlossen die kleineren Banden sich zusammen und erklärten gegen Ende des Jahres 1913 Dopey Benny und Joe the Greaser den Krieg. Eine Schießerei an der Kreuzung Grand Street/Forsyth Street bildete den Auftakt. Die Gangster waren allerdings notorisch schlechte Schützen, sodass niemand verletzt wurde, sondern bei der wilden Schießerei lediglich einige Schaufenster zu Bruch gingen und auf den belebten Straßen Panik ausbrach. Unter den Anstiftern des Krieges befand sich ein Mann, der unablässig versuchte, die Herrschaft von Dopey Benny und Joe the Greaser zu untergraben. Er war unter dem Namen Jewbach bekannt und entwickelte sich mit der Zeit zu einem derartigen Ärgernis, dass Nigger Benny Snyder, ein Gefolgsmann von Joe the Greaser, den Auftrag erhielt, ihn aus dem Weg zu schaffen. Nigger Benny überfiel Jewbach an der Kreuzung von Rivington und Norfolk Street mit einem Messer, konnte ihm aber nur zwei Schnittwunden zufügen, bevor er verhaftet wurde. Jewbach verkündete lautstark, er werde Nigger Benny hinter Gitter bringen, woraufhin Joe the Greaser ihm mit einem halben Dutzend seiner Männer einen Besuch abstattete. Während die Gangster Jewbach niederdrückten, schnitt Joe the Greaser ihm ein großes Stück aus der Unterlippe heraus.

»Dies wird dir eine Lehre sein«, sagte Joe the Greaser, »damit du nicht mehr so viel redest.«

Jewbach konnte wochenlang nicht sprechen und war so eingeschüchtert, dass er nicht vor Gericht erschien und Nigger Benny freigesprochen wurde. Später wurde Pinchey Paul tot aufgefunden. Nigger Benny geriet in Verdacht, und die Umstände waren so belastend, dass er vor dem Bezirksstaatsanwalt ein Geständnis ablegte. Er versuchte, die Verantwortung für den Mord auf Joe the Greaser abzuwälzen, und behauptete, dieser habe ihm fünf Dollar dafür gezahlt. Nigger Benny kam für 20 Jahre ins Gefängnis. Joe the Greaser bekannte sich des Totschlags schuldig und wurde im Dezember 1915 zu zehn Jahren im Sing Sing verurteilt.

Im Vergleich zu den Bandenkriegen früherer Zeiten war dieser zwar harmlos, aber letztendlich führte er zum Untergang der Gangs. Im November 1913 gerieten die rivalisierenden Ganoven vor einer Hutfabrik an der Greenwich Street aneinander. Dopey Bennys Leute lauerten dort den Arbeitern auf, die sich nicht am Streik beteiligen wollten.

Im Dezember wurde das Sechstagerennen im Madison Square Garden von einer Auseinandersetzung in Mitleidenschaft gezogen, bei der Dopey Bennys Leute einen ihrer Widersacher erschossen. Weniger als einen Monat später, Anfang Januar 1914, versammelten etwa 40 Ganoven sich vor der Arlington Hall am St. Mark's Place, wo die Lenny & Dyke Association einen Ball veranstaltete. Der führende Kopf dieses Vereins war Tommy Dyke, der Wirt von Chick Trickers Kneipe an der Bowery. Die Gangster suchten in Hauseingängen Deckung und beschossen einander beinahe eine halbe Stunde lang. Dabei wurde zwar keiner von ihnen verwundet, aber Frederick Strauss, ein Gerichtsangestellter, der auf dem Weg zu einer Versammlung in den Schusswechsel geriet, wurde tödlich getroffen. Strauss war ein angesehener und höchst einflussreicher Bürger, sodass der Fall weite Kreise zog. Zu jener Zeit hatte Tammany Hall gerade die Bürgermeisterwahl verloren, und John Purroy Mitchel, ein Reformer, hatte das Amt übernommen. Er wies den Polizeichef Douglas I. McKay sofort an, mit allen Mitteln gegen die Gangster durchzugreifen. Zugleich hob er den Beschluss seines Vorgängers Gaynor gegen den Gebrauch von Schlagstöcken auf und versicherte den Polizisten, dass sie nichts zu befürchten hätten, wenn sie es für nötig hielten, einen Gangster zu verprügeln.

Polizeichef McKay suspendierte umgehend den Leiter des Reviers, in dem die Schießerei stattgefunden hatte. Dann nahm die uniformierte Truppe mit der Unterstützung einer großen Einheit der Kriminalpolizei unter dem Kommando des stellvertretenden Polizeichefs George S. Dougherty den Kampf gegen die Unterwelt auf und verhaftete binnen 24 Stunden mehr als 100 Gangster. Viele kamen ins Gefängnis, denn die Tammany-Organisationen im Distrikt waren durch die verlorene Wahl erheblich geschwächt. Die Politiker des Wigwam waren daher nicht in der Lage, ihre traditionellen Verbündeten zu schützen.

Im April trat Arthur Woods, der ehemalige Stadtsekretär, McKays Nachfolge als Polizeichef an und setzte den Kampf gegen die Gangster noch energischer fort. Inzwischen leitete der Bezirksstaatsanwalt Charles A. Perkins eine Untersuchung über die Verbindungen der Arbeiterorganisationen zur Unterwelt ein. Vertreter der jüdischen Gewerkschaft begannen eine Kampagne zur Finanzierung ihrer Verteidigung, indem sie von den 60 000 Mitgliedern eine wöchentliche Abgabe von sieben Cent erhoben. Als die Ermittlungen der Staatsanwaltschaft immer neues belastendes Material zu Tage förderten, wurde der Betrag auf 40 Cent erhöht. Gegen Ende des Jahres 1914 wurde Dopey Benny verhaftet. Nachdem er bis Mai geduldig darauf gewartet hatte, dass seine Freunde in der Politik und bei den Gewerkschaften ihn aus dem Gefängnis holten, wurde ihm klar, dass sie ihn im Stich ließen. Daraufhin verhandelte er mit dem Bezirksstaatsanwalt, der ihm eine milde Strafe zusicherte, wenn er ein umfassendes Geständnis ablegte. Dopey Benny gab ausführlich Auskunft über seine Verbindungen und Aktivitäten über einen Zeitraum von mehreren Jahren. Daraufhin wurden Verfahren gegen elf Gangster und 23 Gewerkschaftsvertreter eingeleitet, aber keiner der Arbeitervertreter kam je ins Gefängnis. Die Vorwürfe wurden schließlich fallen gelassen, als Staatsanwalt Edward Swann, Perkins' Nachfolger, im Juni 1917 vor dem staatlichen Strafgericht erklärte, er habe nicht genügend Beweise für eine Verurteilung. Dopey Benny wurde ein halbes Jahr nach seinem Geständnis erneut verhaftet und des Mordes an Frederick Strauss am St. Mark's Place beschuldigt. Die Geschworenen kamen jedoch nicht zu einem einstimmigen Urteil, sodass das Verfahren im Mai 1917 eingestellt wurde. Nachdem der Gangsterboss mehrmals mit der Polizei zu tun gehabt hatte, war seine Vorherrschaft an der East Side endgültig gebrochen. Seine Gang war inzwischen zerschlagen worden, und die Gewerkschaften wollten nichts mehr mit ihm zu tun haben.

Woods brachte im ersten Jahr seiner Amtszeit als Polizeichef mehr als 200 Größen der Unterwelt hinter Schloss und Riegel. Die Gangster, gegen die nicht genügend Beweise vorlagen, wurden von Streifenpolizisten gnadenlos verprügelt und von der Kriminalpolizei genau beobachtet. Mitte des Jahres 1916 hatte die Polizei die Hudson Dusters zerschlagen und Manhattan Island von der Südspitze bis weit in den Norden von den Umtrieben der unzähligen kleineren Gangs befreit. Als die Organisationen auseinander fielen, wandten die Gangster sich legalen Geschäften zu oder wurden zu gewöhnlichen Kriminellen, die in kleinen Gruppen operierten. Einige wenige arbeiteten noch im Auftrag der Gewerkschaften, aber die meisten Gewerkschaftsvertreter zogen es inzwischen vor, den Arbeitskampf mit anderen Mitteln zu führen. Die Maßnahmen der Polizei und Bürgermeister Mitchels entschlossenes Vorgehen gegen die Messerstecher, Schläger und Revolverschützen, die die Stadt so lange terrorisiert hatten, jagten ihnen gehörig Angst ein. Von diesem Zeitpunkt an gab es in New York keine nennenswerten Gangs mehr, bis gegen Ende des Jahres 1917 Johnny Spanish und Kid Dropper aus dem Gefängnis entlassen wurden. Die beiden kehrten sofort an die East Side zurück und versuchten, an die glorreichen alten Zeiten anzuknüpfen. Sie wollten erneut ihre alte Fehde aufnehmen, die noch aus der Zeit stammte, als die beiden Männer Mitglieder der Five-Points-Gang unter Paul Kelly gewesen waren. Jeder von ihnen stellte eine Truppe von etwa 30 Mann auf, und es kam zu mehreren kleineren Auseinandersetzungen, die jedoch wenig Schaden verursachten und die Polizei kaum interessierten. Schließlich wurde Johnny Spanish am 29. Juli 1919 vor einem Restaurant in der 2nd Avenue 19 von drei Männern ermordet. Sie schlichen sich von hinten an und schossen, was die Magazine hergaben.

Kid Dropper wurde sofort verhaftet, aus Mangel an Beweisen aber wieder freigelassen, obwohl seine Feindschaft mit Spanish allgemein bekannt war. Außerdem stellte sich heraus, dass die beiden um die wenigen Aufträge, die die Gewerkschaften noch vergaben, gestritten und ihre Gangs bei einem Streik in der Bekleidungsbranche auf entgegengesetzten Seiten ins Feld geführt hatten. Zu Monk Eastmans und Paul Kellys Zeit war Kid Dropper nur ein zweitrangiger Ganove gewesen, aber durch Johnny Spanishs Tod stieg er zur Galionsfigur der Unterwelt auf. Auch äußerlich hatte er sich inzwischen völlig verändert: Während er früher eine ungepflegte Erscheinung mit nachlässigem Gang gewesen war, kleidete er sich nun, wie es ihm in seiner neuen Position geziemte. Wenn er den Broadway oder die East Side mit seiner Gegenwart beehrte, trug er stets einen karierten, übertrieben modisch geschnittenen Anzug mit Gürtel, dazu schmale, spitze Schuhe sowie Hemd und Krawatte in ausgefallenen Mustern und Farbkombinationen. Über dem rundlichen Gesicht, das während der langen Haft fahl geworden war, saß eine schicke Melone, die keck über ein Auge herabgezogen war. In den Sommermonaten trug Dropper stattdessen einen Strohhut mit auffallend schmaler Krempe und einem leuchtend bunten Band. Er mochte auch seinen alten Spitznamen Kid nicht mehr, sondern ließ sich lieber Jack nennen und taufte seine Gang auf den Namen Rough Riders of Jack the Dropper.

Nachdem Dropper aus dem Gefängnis entlassen worden war, hatte er etwa drei Jahre lang großen Erfolg in der Gegend der Straßen Madison, Monroe und Rutgers Street. Gelegentlich unternahm er auch Streifzüge in das Theaterviertel am Broadway und andere Stadtteile. Dabei schien er eine einzigartige Immunität zu genießen. Die Polizei brachte ihn während dieser Zeit zwar mit insgesamt 20 Mordfällen in Verbindung, aber das Beweismaterial reichte nie aus, um ihn vor Gericht zu bringen. Kid Dropper schlug aus diversen kriminellen Machenschaften großen Profit und verlieh seine Schläger auch Gewinn

Little Augie

bringend an die wenigen Gewerkschaften, die noch mit derartigen Mitteln gegen ihre Widersacher vorgingen. Sein Erfolg ermutigte Jacob Orgen, der auch unter dem Namen Little Augie bekannt war und früher in den unteren Rängen von Dopey Bennys Gang gestanden hatte, sich erneut kriminellen Machenschaften zuzuwenden. Er gründete eine kleine Bande, der er den Namen Little Augies gab. Auch Solomon Schapiro, der bisher im Alleingang gearbeitet hatte, führte jetzt eine kleine Gang ins Feld. Sie bestand aus Italienern, während die Revolverschützen und Schläger der Rough Riders und Little Augies ausschließlich Juden waren.

Little Augie und Solomon Schapiro verbündeten sich während eines Streiks der Wäschereiarbeiter im Jahre 1923 gegen Kid Dropper. Im August desselben Jahres kam es an der Essex Street zu einer Schießerei zwischen den Gangs. Zwei unbeteiligte Passanten, die sich nicht rechtzeitig in Sicherheit bringen konnten, kamen dabei ums Leben. Von den Gangstern wurde dagegen keiner verwundet. Vier Tage später wurden Kid Dropper und 15 seiner Leute an der Kreuzung von Broadway und 43rd Street verhaftet. Die Beweise dafür, dass sie etwas mit den Morden zu tun hatten, waren jedoch so spärlich, dass das Schiedsgericht im Essex Market Court auf eine Anklage verzichtete. Die Polizei traf daraufhin Anstalten, Kid Dropper zum West Side Court zu bringen, wo er sich wegen illegalen Waffenbesitzes verantworten sollte. Da man im Hauptquartier davon erfahren hatte, dass die Rough Riders planten, ihren Anführer zu befreien, wurden im Gebäude und darum herum ein halbes Dutzend Schutzmänner und Kriminalpolizisten in Stellung gebracht. Captain Cornelius Willemse, der schon an dem Feldzug gegen die East-Side-Gangs beteiligt gewesen war, leitete den Einsatz. Sobald Kid Dropper den Gerichtssaal verließ, wurde er von Polizisten umringt, die ihre Revolver im Anschlag hielten und auf alles gefasst waren.

Unterdessen hatte sich auf der Straße eine Horde Schaulustiger versammelt, um einen Blick auf den berühmten Gangsterboss zu erhaschen. Kid Dropper wurde durch eine schmale Gasse in der Menge zu einem Taxi geführt, das am Straßenrand bereitstand. Die Kriminalbeamten bemerkten, dass Little Augie seinem Feind einen Unheil verkündenden Blick zuwarf. Sie sahen jedoch nicht, dass Louis Kushner, der in der Unterwelt unter dem Namen Louis Cohen bekannt war, in einem Hauseingang gegenüber mit der Hand am Revolver auf eine Gelegenheit lauerte, den Anführer der Rough Riders umzubringen. Kushner war ein kleines Licht in Little Augies Gang und hatte bisher nur Handlangerdienste geleistet. Insgeheim träumte er aber davon, ein großer Killer zu werden – ein berühmter Gangster und harter Kerl, dessen Name in den Schlagzeilen zu lesen war. Außerdem hegte der Möchtegern-Held einen tiefen Groll gegen den großen Kid Dropper, denn der hatte unlängst belastendes Material gegen Kushner in die Hände bekommen und versucht, damit 500 Dollar von ihm zu erpressen. Und so hatten Rache und Ruhmsucht zugleich Kushner zum Essex

Market Court getrieben – nicht als Schaulustigen, sondern als Mörder.

Als Dropper mit der Polizeieskorte das Taxi erreichte, öffnete Detective Jesse Joseph die Tür und stieg als Erster ein, gefolgt von dem Gangsterboss. Detective La Battaglia und Captain Willemse standen neben der Tür und erteilten dem Fahrer Anweisungen, sodass die Abfahrt sich etwas verzögerte. Diese Gelegenheit nutzte Louis Kushner, um sich unbemerkt über die Straße heranzupirschen und hinter einem anderen Taxi zu verstecken. Nun konnte er Kid Droppers Kopf durch die kleine Heckscheibe sehen. Plötzlich schoss Kushner mit der Schnelligkeit einer Schlange aus seinem Versteck hervor, hielt die Mündung seines Revolvers an das Glas und drückte ab. Die Kugel durchschlug die Scheibe und den Schädel des Gangsterbosses, der in sich zusammensank. Sein Kopf fiel gegen Detective Josephs Brust. Als Kushner erneut feuerte, schrie der Fahrer des Wagens auf und fuhr sich mit der Hand ans Ohr. Zwei weitere Schüsse dröhnten aus Kushners Revolver, dann stürzte sich Captain Willemse auf ihn. Er glaubte, sein Kollege im Wagen sei getroffen. Kushner befreite seinen Arm mit einer Drehung aus dem Griff des Polizisten und schoss noch einmal. Die Kugel riss Captain Willemse den Hut vom Kopf. Doch im nächsten Augenblick warfen sich mehrere Polizisten auf den Attentäter und entwanden ihm den Revolver. Kushner leistete keinen weiteren Widerstand. Bleich und mit wild funkelndem Blick blickte er in die Runde der Polizisten und sagte mit einem tiefen Seufzer: »Ich hab' ihn erwischt! Und jetzt brauch' ich 'ne Zigarette.«

Little Augie und Sammy Weiss, einer seiner wichtigsten Gefolgsleute, wurden umgehend verhaftet. Aber die Polizei ließ sie wenig später wieder laufen, denn Kushner beteuerte, er habe die Tat ganz allein geplant und keinerlei entsprechenden Auftrag von Little Augie erhalten. Der junge Mörder wurde schließlich zu 20 Jahren bis lebenslänglich verurteilt und im Sing Sing inhaftiert. Droppers Gang zerfiel gleich nach seinem Tod. Wenige Wochen nach dem Anschlag redete die Polizei ein ernstes Wort mit Solomon Schapiro und Little Augie. Was dabei im Einzelnen besprochen wurde, ist nicht bekannt. Jedenfalls zogen sich die beiden unmittelbar im Anschluss daran aus dem Geschäft zurück. Während Schapiro völlig von der Bildfläche verschwand, musste Little Augie, der weitaus Gefährlichere von beiden, sich zweimal wöchentlich auf der Polizeiwache an der Clinton Street melden. Monk Eastman und der alte Mose von den Bowery Boys hätten sich bei jenem Anblick im Grabe umgedreht: Da stand Little Augie, der letzte Gangsterboss der Ära, feist, herausgeputzt und mit seinen geliebten rehbraunen Gamaschen zahm vor einem Polizeimeister und berichtete mithilfe seines Notizbuches artig, was er in den vergangenen Tagen getrieben hatte!

Die Polizei erließ Little Augie nach zwei Jahren diese lästige Auflage, behielt ihn aber weiterhin mehr oder weniger streng im Auge, sodass er einige Jahre lang gezwungenermaßen ein friedliches Leben führte. Im Herbst 1925 begann er dann, am Broadway mit schwarz gebranntem Alkohol zu handeln, den er an illegale Kneipen und Nachtklubs verkaufte. Dieses neue Unternehmen lief prächtig, und Augie äußerte bereits ein Jahr später Freunden gegenüber, er könne sich bald zur Ruhe setzen. Doch die Schnapshändler, denen er die Kundschaft abspenstig machte, hatten seinen Tod bereits beschlossen. Am 16. Oktober 1927 wurde Little Augie vor dem Haus in der Norfolk Street 103, zwischen Delancey und Rivington Street, umgebracht, als er gerade mit seinem Leibwächter Legs Diamond sprach. Vier Männer näherten sich in einem schwarzen Tourenwagen, ein Ruf ertönte, und als der Gangsterboss sich umwandte, tötete einer der Männer ihn mit einem Schuss in den Hinterkopf. Little Augie wurde in einem prächtigen, kirschroten Sarg bestattet, der mit weißem Satin ausgeschlagen war. Auf dem Deckel prangte eine silberne Tafel mit der Aufschrift:

JACOB ORGEN

25 JAHRE ALT

In Wirklichkeit war er 33 gewesen, aber seit er die Führung der Gang übernommen hatte, waren acht Jahre vergangen, und an jenem Tag hatte sein Vater ihn für tot erklärt.

Bibliografie

Das Material zu diesem Buch stammt größtenteils aus Zeitungen und Zeitschriften, Polizei- und Gerichtsakten sowie aus persönlichen Gesprächen mit Kriminellen und Polizeivertretern. Außerdem wurden mehr als 200 Bücher und Broschüren herangezogen, darunter auch Standard-Geschichtsbücher und -Nachschlagewerke, Berichte von Reformorganisationen, Lebenserinnerungen von Kriminellen sowie Mitarbeitern der Polizei und Justiz, Stadt- und Reiseführer etc. Im Folgenden werden nur ein paar der wichtigsten Werke genannt:

Account of the Terrific and Fatal Riot at the New York Astor Place Opera House. Anonym. (1849)

Barnard, William F.: *Forty Years at the Five Points.* (1893)

Barnes, David: *The Metropolitan Police.* (1864)

Barrett, Walter: *The Old Merchants of New York City.* (1885)

Brace, Charles Loring: *The Dangerous Classes of New York and Twenty Years' Work among them.* (1880)

Byrnes, Thomas: *Professional Criminals of America.* (1886–1895)

Costello, A. E.: *Our Police Protectors; a History of the New York Police.* (1885)

Gerard, J. A.: *London and New York: Their Crime and Police.* (1853)

Green, J. H.: *Report of Gambling in New York.* (1851)

Headley, Joel Tyler: *The Great Riots of New York, 1712 to 1873.* (1873)

Howe, William F./Hummel, Abraham: *Danger! A True History of a Great City's Wiles and Temptations.* (1886)

Ingersoll, Ernest: *A Week in New York.* (1892)

King, Moses: *King's Handbook of New York City.* (1892)

Ladies of the Mission: *The Old Brewery and the New Mission House at the Five Points.* (1854)

Lewis, Alfred Henry: *The Apaches of New York.* (1912)

Lewis, Alfred Henry: *Nation-Famous New York Murders.* (1914)

Longchamp, Ferdinand: *Asmodeus in New York.* (1868)

Martin, Edward Winslow: *Secrets of the Great City; The Virtues and the Vices, the Mysteries, Miseries and Crimes of New York City.* (1868)

Moss, Frank: *The American Metropolis: From Knickerbocker Days to the Present Time.* 3 Vols. (1897)

Mott, Hopper Striker: *The New York of Yesterday; a Descriptive Narrative of Old Bloomingdale.* (1908)

Myers, Gustavus: *History of Tammany Hall.* (1917)

Parkhurst, Charles H.: *My Forty Years in New York.* (1923)

Parkhurst, Charles H.: *Our Fight with Tammany.* (1923)

Rider, Fremont (ed.): *Rider's New York City.* (1924)

Robinson, Solon: *Hot Corn: Life Scenes in New York Illustrated.* (1854)

Stone, William L.: *History of New York City.* (1872)

Sutton, Charles: *The New York Tombs: Its Secrets and Mysteries.* (1874)

The Volcano Under the City. By A Volunteer Special. (1887)

Thrasher, Frederic M.: *The Gang.* (1927)

Valentine's Manual of Old New York. (1866–1927)

Wakeman, Abram: *History of Lower Wall Street and Vicinity.* (1914)

Walling, George W.: *Recollections of a New York Chief of Police.* (1888)